पुलिस की बारात

फूलन देवी और चंबल गैंग

(उ.प्र. क्राइम फाइल)

पुलिस की बारात

फूलन देवी और चंबल गैंग

(उ.प्र. क्राइम फाइल)

बृजलाल

आई.पी.एस. (सेवानिवृत्त)

संसद सदस्य राज्यसभा

शिवांक प्रकाशन

नई दिल्ली - 110002

लेखक	बृजलाल
प्रकाशक	शिवांक प्रकाशन
	12-B, गोला कॉटेज, अंसारी रोड
	दरियागंज, नई दिल्ली–110002
ISBN	978-93-93285-25-6
दूरभाष	011–43586184, 9811734184
ई–मेल	shivank.prakashan@gmail.com
मुद्रक	Shivank Prakashan
प्रथम संस्करण	2022

अनुक्रमांक

पुस्तक परिचय

हर घटनाक्रम का समय निश्चित होता है । मैंने कभी सोचा भी नहीं था, कि मैं पुस्तक लिखूंगा । मेरे जीवन मैं भी एक ऐसा मोड़ आया, जिसने मुझे पुस्तक लिखने के लिए प्रेरित किया और मैंने कलम उठा ली ।

मैं वर्ष 2011 में उत्तर प्रदेश का पुलिस महानिदेशक बना । वर्ष 2012 के शुरुआत में उत्तर प्रदेश विधानसभा के आम चुनाव हुए और मार्च 2012 में अखिलेश यादव के नेतृत्व में उत्तर प्रदेश में समाजवादी पार्टी की सरकार बनी । मुझे लखनऊ से महानिदेशक बाबा साहब डॉ0 भीमराव आम्बेडकर पुलिस अकादमी मुरादाबाद भेजा गया । एक दिन मैंने अखबार में पढ़ा कि बेहमई–नरसंहार (14.2.1981) में मुख्य भूमिका निभाने वाला फूलन देवी का पति मानसिंह यादव जमानत पर छूटकर कानपुर देहात में रह रहा है । मैंने एस0 पी0 जालौन से बात करके मानसिंह यादव को मुरादाबाद बुलाया और उससे लगभग 8 घंटे लगातार बात की । मैं 1982 में अपर पुलिस अधीक्षक जालौन के पद पर तैनात था । उस समय चम्बल के कुख्यात डकैत गिरोहों मलखान सिंह, घनश्याम, लालाराम–श्रीराम, फूलन देवी–मानसिंह आदि की गतिविधियां जारी थी । मैं भी एण्टी- डकैती अभियान में बहुत सक्रिय रहा । चम्बल गिरोहों पर पहले भी पुस्तकें लिखी गईं और फिल्में भी बनी । मैंने भी चम्बल के डकैत गिरोहों के अलावा उत्तर प्रदेश के माफिया सरगनाओं पर लिखने का मन बनाया और लेखनी चल पड़ी । इसी क्रम में मैंने जुलाई 2012 में पहले मानसिंह यादव से चम्बल गिरोहों के बारे में विस्तार से बात किया था ।

30 जुलाई 2012 को मेरी नियुक्ति डी0जी0 सिविल डिफेंस उत्तर प्रदेश के पद पर लखनऊ में हुई । अक्टूबर 2012 में भारत सरकार द्वारा मुझे विशेष महानिदेशक सी0आर0पी0एफ0 के पद पर नियुक्त किया गया और जुलाई 2013 में मुझे डी0जी0 सी0आर0पी0एफ0 प्रणव सहाय (आई0पी0एस0–1975) के सेवानिवृति के बाद मुझे देश के सबसे बड़ी पैरामिलिट्री फोर्स का महानिदेशक

बनाया जाना था । उत्तर प्रदेश की समाजवादी पार्टी की सरकार ने मुझे दुर्भावनावश भारत सरकार की सेवा के लिए कार्यमुक्त नहीं किया गया और मैं डी0जी0 सिविल डिफेंस के पद से ही 30 नवंबर 2014 को सेवानिवृत हुआ । सिविल डिफेंस में काम कम था जिसके कारण मुझे लेखन कार्य में पर्याप्त समय मिला । सेवानिवृति के बाद लेखन कार्य में रुकावट अवश्य आई परन्तु अप्रैल 2018 में अनुसूचित जाति/ अनुसूचित जनजाति आयोग का चेयरमैन बनने पर लेखन कार्य में तेजी आई ।

मेरी पहली पुस्तक "सियासत का सबक" (जोगेन्द्र नाथ मंडल) वर्ष 2021 में शिवांक प्रकाशन, नई दिल्ली से प्रकाशित हुई, जिसका प्राक्कथन उत्तर प्रदेश में मुख्यमंत्री योगी आदित्यनाथ जी ने लिखा । इस पुस्तक की काफी सराहना हुई और मुझे 2 अगस्त 2022 को उत्तर प्रदेश हिंदी संस्थान द्वारा 2.5 लाख का "आचार्य नरेन्द्र देव पुरस्कार" प्राप्त हुआ । मेरी दूसरी पुस्तक "इंडियन मुजाहिदीन–निशाने पर गुजरात" अगस्त 2022 में शिवांक प्रकाशन द्वारा प्रकाशित हुई, जिसका भी प्राक्कथन मुख्यमंत्री उत्तर प्रदेश श्री योगी आदित्यनाथ जी द्वारा 31 जुलाई 2022 को लिखा गया ।

जो पुस्तक पहले आनी थी, वह अब "पुलिस की बारात–फूलन देवी और चंबल गैंग" (उत्तर प्रदेश क्राइम फाइल) के रुप में मेरे लेखन की तीसरी कड़ी है । इस पुस्तक को मुख्य रुप से तीन भागों में बांटा जा सकता है । पहला भाग पश्चिमी उत्तर प्रदेश में हुए, गैंगवार पर आधारित है । गैंगवार की शुरुआत 1976 में शुरु हुई जब मेरठ की तहसील गाजियाबाद को नया जिला बनाया गया, जो देश की राजधानी दिल्ली से उत्तर प्रदेश में आगमन का द्वार भी है । उसी वर्ष गाजियाबाद जिले की तीन तहसीलों में आने वाले क्षेत्र को विकसित करने के लिए 17 अप्रैल 1976 को "न्यू ओखला इंडस्ट्रीयल डेवलेपमेंट अथारिटी" का गठन हुआ जिसको नोएडा कहा गया । 6 मई 1997 को नोएडा को जिला गाजियाबाद से अलग करके जिला गौतमबुद्ध नगर बनाया गया, लेकिन आज भी यह नोएडा के नाम से ही जाना जाता है । नोएडा की जमीनें खादर और उसर थी । किसानों की माली हालत ठीक नहीं थी और वे खेती और पशुपालन करके जीवन–यापन करते थे । नोएडा में देशी–विदेशी कंपनियों के कारखाने लगने लगे जिससे जमीनों के दाम आसमान छूने लगे । फिर जमीनों के दाम ऐसे बढ़े कि पैदल चलने वाले किसान सीधे मंहगी गाड़ियों के मालिक बन गये ।

जहां खुशहाली नये आयाम तय कर रही थी, वहीं अपराधिक घटनाएं भी एका-एक नये कीर्तिमान स्थापित करने लगी । जमीनों के अधिग्रहण, कारखानों के ठेके, स्क्रैप के कारोबार, सामग्री-आपूर्ति, मजदूरों के ठेके आदि में माफिया-गैंग दखल देने लगे । इतना ही नहीं वे कारखानों के मालिकों से हफ्ता वसूली करने लगे । यह, वह दौर था जब दिल्ली व पश्चिमी उत्तर प्रदेश में कई माफिया सरगना सक्रिय हो गये और मजबूत गैंग बना लिये । माफिया सरगनाओं को राजनेताओं का भी संरक्षण मिला । माफियाओं द्वारा फिरौती के लिए अपहरण, रंगदारी एक व्यवसाय का रुप ले लिया । गिरोहों में वर्चस्व को लेकर गैंगवार शुरु हुई जिसमें सैकड़ों लोग मारे गए । माफियाओं को संरक्षण देने वाले कई राजनेता भी गैंगवार की भेंट चढ़ गए ।

पुलिस की बारात एक ऐसी ही सत्य घटना पर आधारित है, जिसका मैं ही मुख्य किरदार था । अपंग हवलदार महेन्द्र सिह त्यागी की हत्या (24 मई 1992) मेरठ पुलिस लाइन में माफिया सरगना तेजपाल गूजर द्वारा कराई गयी थी । मैंने हवलदार त्यागी की मौत का बदला एक महीने में लेने की शपथ ली थी और 22 जून 1992 को पुलिस मुटभेड़ में तेजपाल गूजर को मार कर अपना शपथ पूरा किया था । 29 जनवरी 1990 को माफिया सरगना बब्बू त्यागी की हत्या तेजपाल गूजर ने पटियाला हाउस कोर्ट परिसर में दिन-दहाड़े की थी, जिसमें हवलदार महेन्द्र त्यागी घायल होकर स्थाई रुप से अपंग हो गये थे । बब्बू त्यागी के मारे जाने के बाद तेजपाल गूजर राजधानी दिल्ली के अतिरिक्त पश्चिमी उत्तर प्रदेश और हरियाणा का सबसे बड़ा माफिया सरगना बनकर उभरा । तेजपाल की वर्ष 1990-91-92 में अपराध से कमाई लगभग 1 लाख रुपये रोजाना थी । तेजपाल गूजर और त्यागी गैंग के आपसी टकराव में तीन दर्जन से अधिक लोग मारे गये और राजधानी दिल्ली में एके-47 की तड़तड़ाहट आम बात हो गई थी ।

20 जून 1992 को दिल्ली पुलिस कमिश्नर एम0बी0 कौशल ने दिल्ली, सीमावर्ती हरियाणा और पश्चिमी उत्तर प्रदेश के वरिष्ठ पुलिस अधिकारियों की बैठक बुलाई, जिसमें एस0एस0पी0 मेरठ के रुप में मैं भी शामिल हुआ था । उसी बैठक में तेजपाल सहित अन्य माफिया सरगनाओं पर समन्वित कार्यवाही का निर्णय लिया गया और सरगनाओं पर एक- एक लाख का पुरस्कार घोषित किया गया । मैंने हवलदार त्यागी की हत्या का बदला लेने के लिए एक टीम

बनाई जिसको लेकर मैं दिल्ली सहित उसके अन्य ठिकानों पर स्वयं रेड करता था । अंततः मैंने उसे उसके मामा के गाँव उस्तरा थाना- गुलावटी, बुलंदशहर में 24 जून 1992 को दिन-दहाड़े हुई साहसिक मुटभेड़ में मार गिराया । मैंने पुलिस की टीम एक बस में लेकर ग्राम-उस्तरा पहुंचा था, जिसे एक बारात का रुप दिया था । बस पर "शकील अहमद वेड्स हमीदा" के स्टीकर लगाये गए थे और लॉउडस्पीकर पर बारात के गाने बजाये जा रहे थे । मैंने ऐसा इसलिए किया था, जिससे में गांव में दिन में पहुंच जाऊ और तेजपाल गैंग को किसी प्रकार का शक ना हो । मेरा यह प्रयोग सफल रहा और देश के अखबारों, पत्र-पत्रिकाओं द्वारा हेडलाइन में प्रकाशित किया गया । मुझे दिल्ली पुलिस द्वारा घोषित एक लाख का पुरस्कार प्राप्त हुआ और भारत के राष्ट्रपति द्वारा मुझे बहादुरी के लिए पुलिस मेडल प्रदान किया गया ।

पुस्तक का दूसरा भाग बहुचर्चित फूलन देवी और अंतर्राज्यीय कुख्यात डकैत गैंग मलखान सिंह में एक समय नंबर 2 की हैसियत रखने वाले घनश्याम सिंह उर्फ घंशा बाबा पर लिखी गई है । दस्यु सरगना मलखान सिंह गैंग (आई0एस0-44) 17 जून 1982 को मध्यप्रदेश के मुख्यमंत्री अर्जुन सिंह के समक्ष भिंड में आत्मसमर्पण किया था । आत्मसमर्पण की यह घटना देश के अखबारों की सुर्खियां बनी । घनश्याम गैंग मलखान से संपर्क बनाते हुए, अलग गैंग बन चुका था जिसे "आई0 एस0-41" कोड दिया गया था । फूलन देवी-मानसिंह गैंग (आई0आर0-76) और घनश्याम गैंग (आई0एस0-41) 12 फरवरी 1983 को एक साथ भिंड में मुख्यमंत्री अर्जुन सिंह के समक्ष आत्मसमर्पण किये थे ।

दस्यु फूलन देवी पर बहुत कुछ लिखा गया और उसकी जीवनी पर आधारित फिल्म "बैंडिट क्वीन" भी बनी । फिल्म में तथ्यों को तोड़-मरोड़ कर मसाला-फिल्म तैयार की गई थी । मेरी पुस्तक में फूलन के बचपन से लेकर डाकू बनना, आत्मसमर्पण करके जेल में रहना तथा 1996-1999 में लोकसभा का सांसद बनना और 25 जुलाई 2001 को दिल्ली में उसके घर के सामने शेर सिंह राणा द्वारा की गई दर्दनाक हत्या की कहानी सही तथ्यों पर आधारित है । लोक-कथाओं और बैंडिट क्वीन में फूलन के किरदार को काफी बढ़ा-चढाकर दिखाया गया है । यह भी कहा गया कि दस्यु सरगना बाबू गूजर और विक्रम मल्लाह ने उसका अपहरण कर लिया था, जो तथ्य से परे है । विक्रम मल्लाह रिश्ते में फूलन का ममेरा भाई था, जिससे फूलन के अतरंग रिश्ते

बन गये थे । 29 जुलाई 1979 को शाम नागपंचमी के दिन विक्रम मल्लाह अपने गैंग लीडर बाबू गूजर के साथ फूलन के घर गुढ़ा का पुरवा पहुंचा और फूलन अपनी स्वेच्छा से उसके साथ चली गई । जमीनी विवाद के कारण उसका उत्पीड़न उसके चचरे भाई मैयादीन ने की थी और 16 दिसंबर 1978 को फूलन के खिलाफ थाना कालपी जालौन में डकैती का फर्जी मुकदमा लिखवाकर उसे जेल भेजवा दिया था । गिरोह में शामिल होने के बाद गैंग लीडर बाबू गूजर ने उसके साथ बलात्कार किया था । विक्रम मल्लाह ने 1979 में खानपुर औरेया (तब जिला इटावा) के बीहड़ में बहता कुंआ के पास सोते समय बाबू गूजर की हत्या कर दी थी । बाबू गूजर की हत्या के बाद विक्रम गैंग लीडर बना, जिससे गैंग में फूलन का कद बढ़ गया । विक्रम गैंग के सदस्य लालाराम और श्रीराम ने सोते समय 12/13 अगस्त 1980 की रात में विक्रम मल्लाह और उसके विश्वस्त साथी बारेलाल मल्लाह की हत्या कर दी ।

विक्रम मल्लाह की हत्या के बाद गैंग की कमान लालाराम–श्रीराम के हाथ आई और वे फूलन को जबरदस्ती अपने साथ कुछ दिन रखे रहे । लालाराम–श्रीराम और गिरोह के लोगों ने उसके साथ बलात्कार किया और गैंग की महिला दस्यु कुसुमा नाइन ने बीहड़ में उसे निर्वस्त्र करके अपमानित किया । आमतौर पर उस समय यह कहा गया कि फूलन को ग्राम- बेहमई में एक हफ्ता रखकर वहां के निवासी ठाकुरों ने भी बलात्कार किया, जो सत्यता से परे है । बेहमई नरसंहार 14 फरवरी 1981 को हुआ था जिसकी अगुवाई फूलन देवी के पति मानसिंह (विक्रम मल्लाह के मारे जाने के बाद) के नेतृत्व में बने संयुक्त गैंग द्वारा किया गया था जिसमें बाबा मुस्तकीम, बलवान गडरिया आदि के भी गैंग शामिल थे । फूलन द्वारा एक भी गोली नहीं चलाई गई थी । बेहमई नरसंहार में कुल 20 लोग मारे गये थे जिसमें 17 ठाकुर एक काछी (पिछड़ा) एक मुस्लिम तथा एक अनुसूचित जाति के व्यक्ति शामिल थे ।

बेहमई नरसंहार का बदला लालाराम–श्रीराम गैंग द्वारा 5 मई 1984 को ग्राम- अस्ता, कानपुर में 15 लोगों की सामूहिक हत्या करके लिया गया था, जिसमें मारे गये 13 फूलन देवी की जाति के मल्लाह तथा दो नाई (पिछड़ा वर्ग) के लोग थे । इस नरसंहार को मीडिया द्वारा उस तरह नहीं प्रसारित किया गया जैसा कि बेहमई नरसंहार को व्यापक रुप से प्रकाशित किया गया था । बेहमई नरसंहार में संयुक्त गिरोह बनाने में मुख्य भूमिका निभाने वाला बाबा मुस्तकीम

4 मार्च 1981 को ग्राम- दस्तमपुर, कानपुर देहात, में हुए पुलिस मुटभेड़ में अपने साथी इमामुद्दीन के साथ मारा गया । बलवान गडरिया भी बहुत दिन जिंदा नहीं रह पाया और मात्र 10 दिन के बाद ही 24 फरवरी 1981 को जालौन जिले के ग्राम-परासन के बीहड़ों में अपने आधा दर्जन साथियों के साथ मारा गया जिसमें थाना-भोगनीपुर, कानपुर के बहादुर इंस्पेक्टर मूलचंद शहीद हो गये ।

दस्यु सरगना बाबा मुस्तकीम का अन्य गिरोह काफी सम्मान करते थे और बाबा कहते थे । गिरोह के सदस्यों को विश्वास था कि उसके पास कुछ ईश्वरीय शक्ति है । वह गैंग के सदस्यों को मंत्र पढ़कर ताबीज बनाकर देता था । ताबीज पहनकर गैंग के लोगों विश्वास हो जाता था कि पुलिस की गोली उनका कुछ नहीं बिगाड़ सकती है । मुस्तकीम के मारे जाने के बाद उसके गिरोह के सदस्यों ने दस्तमपुर मुटभेड़ के लिए वहां के निवासियों को दोषी मान लिया । प्रतिशोध लेने के लिए 27/28 जून 1992 की रात्री 11 बजे गैंग में ग्राम-दस्तमपुर, कानपुर देहात में धावा बोला और 10 लोगों की गोली मारकर हत्या कर दी जो सभी यादव जाति के थे ।

दस्तमपुर नरसंहार के बाद उत्तर प्रदेश के मुख्यमंत्री विश्वनाथ प्रताप सिंह (भारत के प्रधानमंत्री 1989-90) ने घटना की नैतिक जिम्मेदारी लेते हुए अपने पद से त्यागपत्र दे दिया ।

इस पुस्तक में कुछ पुलिस मुटभेड़ों पर भी लिखा गया है । पुस्तक में दिए गये फोटोग्राफ भी बड़े महत्तपूर्ण हैं जिसमें 15 अगस्त 1982 को ग्वालियर के जंगलों में मेरे द्वारा लिया गया दस्यु सरगना घनश्याम उर्फ घंशा बाबा, उसका भाई करन सिंह और मन्नी सिंह अनघौरा के भी फोटो हैं । मैंने उस समय गिरोहों के हथियारों और पुलिस के हथियारों को भी दिखाया है, जो काफी रोचक है । उस समय गिरोहों के पास जो हथियार थे वह पुलिस के हथियारों से अधिक घातक थे, परंतु फिर भी पुलिस फोर्स द्वारा बहादुरी से उनसे मुटभेड़ करके गिरोहों का सफाया किया गया ।

बृजलाल

1

पश्चिमी उत्तर प्रदेश का गैंगवार

वर्ष 1976 में मेरठ की तहसील गाजियाबाद को मेरठ से निकालकर नया जिला गाजियाबाद बनाया गया। गाजियाबाद, नई दिल्ली से लगा हुआ तथा सड़क व रेल मार्ग से सीधा जुड़ा हुआ है, जिसके कारण इसे "गेटवे ऑफ यूपी" भी कहा जाता है। आपातकाल (वर्ष 1975-77) के दौरान गाजियाबाद जिले की तीन तहसीलों के क्षेत्र को विकसित करने के लिये 17 अप्रैल, 1976 को "न्यू ओखला इंडियस्ट्रीयल डेवलेपमेंट ऑथारिटी" का गठन किया गया, जिसका कुल क्षेत्रफल 1042 वर्ग किलोमीटर है, जिसे नोएडा कहा गया। 6 मई 1997 को इसे गाजियाबाद से अलग करके नया जिला गौतमबुद्ध नगर बनाया गया, लेकिन आज भी यह नोयडा के नाम से ही जाना जाता है।

यह क्षेत्र दिल्ली से लगा हुआ है और इसे एक आधुनिक औद्योगिक नगर के रूप में विकसित किये जाने का लक्ष्य था। नोएडा का गठन कांग्रेस पार्टी के युवा नेता और तत्कालीन प्रधानमन्त्री इन्दिरा गाँधी के पुत्र संजय गाँधी की परिकल्पना पर आधारित था, जिसे इस युवा नेता ने विशेष रूचि लेकर तीव्र गति से विकसित कराया। संजय गांधी की वायुयान दुर्घटना में 23 जून 1980 को मत्यु हो गयी थी। संजय गाँधी अपनी माँ इन्दिरा गांधी के राजनैतिक उत्तराधिकारी बनना चाहते थे। उस समय केन्द्र सरकार और कांग्रेस शासित राज्यों में संजय गांधी की तूती बोलती थी। नोयडा के साथ-साथ गाजियाबाद जिले का भी बड़े पैमाने पर औद्योगिकीकरण किया गया। मात्र आठ-दस साल में ही गाजियाबाद और नोयडा में तमाम देशी-विदेशी कम्पनियों का जाल बिछ गया, जो औद्योगिक दृष्टिकोण से उत्तर प्रदेश का सबसे विकसित क्षेत्र बन गया।

जिन क्षेत्रों को नोयडा में शामिल किया गया, वहां की जमीनें ऊसर और खादर की थी और बिल्कुल उपजाऊ नहीं थीं। उस क्षेत्र के किसानों में गूजर

जाति के लोगों का बाहुल्य था, जो पशुपालन एवं खेती करके अपना गुजर-बसर करते थे। नोयडा बनते ही उनके भाग्य बदल गये। पूरे क्षेत्र में देशी-विदेशी कम्पनियों के कारखाने लग गये और जमीनों के दाम आसमान छूने लगे। गाजियाबाद की जमीनें विशेषकर लोनी की जमीनें बहुत महंगी हो गयीं। दिल्ली से सटे लोनी की जमीनों के दाम पहले से ही आसमान छू रहे थे, चूकिं वह दिल्ली से सटा हुआ है और शहादरा मेट्रो स्टेशन से मात्र नौ किलोमीटर की दूरी पर है। वर्ष 1960 के दौरान जब दिल्ली में ग्रेटर कैलाश के आसपास की जमीनें बिक रही थीं, तब दिल्ली, कोलकाता और गुजरात के बिल्डरों ने किसानों की जमीनों को मंहगे दामों में खरीदा और बाद में वहां के दबंगों ने जमीनें बिकवानी शुरू कीं।

वर्ष 1982 में एशियन गेम्स के दौरान फिर से जमीनों के दाम एकाएक बढ़ गये, जिसमें लोनी भी शामिल था, जो पश्चिमी उत्तर प्रदेश में गैंगवार का केन्द्र बना। देखते ही देखते इस क्षेत्र के गरीब किसान करोड़पति बन गये। विकास के साथ आपराधिक घटनाओं में भी तेजी आयी। जमीनों के अधिग्रहण, कारखानों के ठेके, स्क्रैप के कारोबार, सामग्री की आपूर्ति, मजदूरों का ठेका आदि में माफिया-गैंग दखल देने लगे। इतना ही नहीं, वे कारखानों के मालिकों से हफ्ता वसूली भी करने लगे। यह वह दौर था जब दिल्ली व पश्चिमी उत्तर प्रदेश में कई माफिया सरगना सक्रिय हो गये और उनके मजबूत गैंग बन गये। माफिया सरगनाओं को राजनेताओं का भी संरक्षण मिला। माफियाओं के स्वार्थ की टकराहट, गैंगवार में बदल गयी, जिसमें सैकड़ों लोग मारे गये। विकास के साथ शुरू हुआ गैंगवार अब भी जारी है और गाहे-बगाहे ए0के0-47 की तड़तड़ाहट सुनाई पड़ती है।

सुन्दर डाकू

ग्राम दुजाना, थाना दादरी, जिला नोयडा का रहने वाला सुन्दर सिंह, फौज छोड़कर डाकू बन गया, जिसे लोग सुन्दर डाकू के नाम से जानते थे। सुन्दर सिंह, ग्राम दुजाना के रहने वाले चौधरी छज्जू सिंह गूजर के घर पैदा हुआ था। छज्जू सिंह की दो शादियां हुई थी। पहली पत्नी बलदेई से एक पुत्र ने जन्म लिया, जिसका नाम मंगल सिंह रखा गया, दूसरी पत्नी अफीमी से चौधरी छज्जू सिंह के आंगन में तीन पुत्रों की किलकारियां गूंजी। उन्होंने उनके नाम भोपाल सिंह,

सूरज सिंह और सुन्दर सिंह रखे। तीसरे नम्बर का पुत्र छः फिट से अधिक लम्बा और गठीले बदन का गोरा-चिट्ठा नौजवान बना, जो बचपन से ही बहुत शरारती था। उसका मन पढ़ाई-लिखाई में नहीं लगता था, मारपीट करने में उसे मजा आने लगा और मीर भोज इण्टर कॉलेज दादरी, नोयडा में उसकी दादागिरी चलने लगी। बड़ी मुश्किल से उसने नकल करके दसवीं की परीक्षा पास कर ली। अपनी बदमाशी के कारण छात्र जीवन में ही वह पुलिस की नजरों में चढ़ गया। उसी दौरान उसने दादरी थाने में तैनात एक दरोगा पर हमला करके घायल कर दिया। छज्जू सिंह समझ गये कि सुन्दर अपराध की राह पर चल पड़ा है। एक जिम्मेदार पिता होने के कारण उन्होंने उसे घर से दूर किसी सरकारी नौकरी में भेजना चाहा। छज्जू सिंह अपने प्रयास में सफल रहे और बलिष्ठ कद-काठी के पुत्र सुन्दर सिंह को वर्ष 1964 में राजपूताना रायफलस में सिपाही बनने का मौका मिल गया। छज्जू सिंह की चिन्ता दूर हो गयी, अब उनका पुत्र अपराध से दूर हो कर फौजी बन गया है। घर में खुशियां मनायीं गयी और गांववालों को लड्डू बांटे गये। फौजी वर्दी पहनकर सुन्दर जब पहली बार गांव आया तो उसके घर पर रिश्तेदारों की भीड़ जमा हो गयी। छह फुटा सुन्दर पर फौजी वर्दी भी खूब फब रही थी। परिवार का सम्मान भी बिरादरी में एकाएक बढ़ गया और शादी के रिश्ते आने शुरू हो गये।

ट्रेनिंग पूरी होते ही, वर्ष 1965 में भारत-पाकिस्तान युद्ध छिड़ गया, जिसमें सुन्दर ने भी अपनी बटालियन के साथ भाग लिया। सुन्दर का मन फौज की नौकरी में नहीं लग रहा था, क्योंकि वह स्वच्छंद प्रवृति का व्यक्ति था और उसे फौज का अनुशासन व बंदिश बिल्कुल पसन्द नहीं थी। सुन्दर, फौज छोड़कर घर भाग आया, परन्तु उसके पिता ने काफी समझा-बुझाकर उसे दोबारा सेना में वापस भेज दिया, परन्तु थोड़े दिन बाद ही वह सेना की एस0एल0आर0 रायफल लेकर भाग आया और मरते दम तक सेना का भगोड़ा सिपाही बना रहा।

सेना का कठिन प्रशिक्षण और युद्ध में भाग लेने से सुन्दर की हिम्मत सातवें आसमान पर पहुंच गयी थी और वह रायफल, पिस्टल, लाइट मशीनगन, कार्बाइन और हैंड ग्रेनेड चलाने में माहिर हो गया था। सबसे पहले सुन्दर के परिवार का गाँव के ही एक व्यक्ति से विवाद था, जिसे सुन्दर ने हथगोले से हमला करके मौत के घाट उतार दिया। उस हत्याकाण्ड के बाद ही गाँव की राजनीति तो नही सुलझी, परन्तु दुजाना गॉव का यह युवक अपने रास्ते से

भटक कर वर्ष 1967 तक बहुचर्चित सुन्दर डाकू बन गया और फिर कभी उसने पीछे मुड़कर नहीं देखा।

शुरू-शुरू में वह ग्राम दुजाना के पास छपरौला, वैदपुरा तथा अन्य समीपवर्ती गाँवों में स्थित भट्ठा मालिकों से वसूली करने लगा और लोग उसे सुन्दर फौजी के नाम से जानने लगे। वह अपने खर्चे के अलावा भट्ठा मालिकों से पीटर-स्कॉच की बोतल भी लेता था, जो उस समय सत्तर-अस्सी रूपये की मिलती थी और मंहगी शराब मानी जाती थी। प्रोफेसर विश्वेश्वर दयाल, एम0एम0एस0 कॉलेज, गाजियाबाद में रसायन शास्त्र के अध्यापक थे और साथ ही साथ भट्ठा मालिक भी थे। ग्राम छपरौला में उनके दो भट्ठे थे। गाजियाबाद के सबसे बड़े 4 भट्ठे लाला रघुवर दयाल के थे, जो बसन्त सिनेमा, गाजियाबाद के मालिक भी थे। सुन्दर अक्सर भठ्ठों पर जाता था और हमेशा अपनी जेब में रिवाल्वर रखता थ। वह अपने खर्चे के लिये सौ-दो-सौ रूपया वसूल लेता था। विश्वेश्वर दयाल ने अपने मुनीम को आदेश दे रखा था कि सुन्दर द्वारा मांगे गये रूपये तुरन्त दे दिया करे और यदि वह शराब मांगे तो उसे पीटर-स्कॉच की बोतल लाकर दे दे।

एक बार एक भट्ठा मालिक के मुनीम ने उसे देहाती गुण्डा समझकर देशी शराब की बोतल पकड़ा दी, जिसको सुन्दर ने मुनीम के सिर पर मारकर तोड़ दिया और बोला कि तू मुझे नहीं जानता कि मै। फौजी सुन्दर डाकू हूँ और केवल अंग्रेजी शराब ही पीता हूँ। फौज में उसे पीने के लिये कैण्टीन से रम मिलती थी, परन्तु डकैत बनते ही, सुन्दर का टेस्ट बदल गया था और वह केवल व्हिस्की पीने लगा था। वह शराब का बड़ा शौकीन था और रोजाना अपने गुर्गों के साथ शराब पीता था। प्रोफेसर दयाल की शादी जून 1975 में हुई थी। 14 सितम्बर 1975 को रात के एक बजे उनके लोहिया नगर, गाजियाबाद के ऊपरी मंजिल की घण्टी बजी। उन्होंने जब दरवाजा खोला तो देखते क्या हैं, सुन्दर डाकू रिवाल्वर ताने खड़ा है। जैसे ही वे दरवाजे से बाहर आये, सुन्दर ने अपनी रिवाल्वर उनके सीने पर लगा दिया। "लाला मुझे पहचाना नहीं" सुन्दर ने बुलन्द आवाज में कहा। उसके एक साथी डकैत के हाथ में ग्रेनेड था और तीसरा भी रिवाल्वर लिये था। सुन्दर ने प्रोफेसर दयाल से तुरन्त पांच हजार रूपये मांगे, जो उस समय बड़ी रकम थी। उनके पीछे-पीछे उनकी नव विवाहिता पत्नी और माँ भी आ गयीं और उन्होंने गिड़गिड़ा कर प्रोफेसर साहब के प्राणों की भीख मांगी।

उनमें से एक डकैत रकम सिंह ने कहा कि उस्ताद गोली मत मारना, यह हमारे गुरूजी हैं। रकम सिंह, एम0एम0एस0 कॉलेज में प्रोफेसर दयाल द्वारा पढ़ाया गया था, जिसके कारण वह उन्हें अच्छी तरह पहचानता था। उसके अनुरोध पर सुन्दर ने गोली नहीं चलायी और पैसा लेकर लौट पड़ा। उसने सोने के जेवरों से लदी उनकी पत्नी व माँ को कुछ नहीं कहा और न ही जेवर मांगे। उनके बंगले के बाहर खड़ी मर्सडीज कार में बैठकर वह निकल गया। यह कार सुन्दर ने किसी धनाड्य लाला से जबरन ले ली थी।

वर्ष 1976 आते-आते आपातकाल के दौरान सुन्दर राजस्थान, हरियाणा, दिल्ली और उत्तर प्रदेश पुलिस का नम्बर-1 ''मोस्ट-वांटेड'' डकैत बन चुका था और उसके ऊपर उस समय पांच हजार रूपये का इनाम घोषित किया गया था। सुन्दर या तो अकेला, नहीं तो केवल दो-तीन साथियों के साथ बड़े-बड़े सेठों के घर पहुंच जाता था और आनन-फानन में लूट करके अपनी गाड़ी से फरार हो जाता था। उस समय जहां चम्बल के डकैत बीहड़ों में पैदल घूमते थे, वहीं सुन्दर स्वयं, गाड़ी चलाकर दुस्साहसिक लूट करता था। चार राज्यों की पुलिस सुन्दर के पीछे पड़ी रही, परन्तु वह हाथ नहीं आया। देश भर में सुन्दर डाकू के इश्तिहार लगवाये गये और सूचना देने पर पांच हजार रूपये का इनाम देना तय किया गया। उसी दौरान फरीदाबाद में सुन्दर से पुलिस की मुठभेड़ हो गयी। सुन्दर तो भाग निकला परन्तु उसके दो साथी बदमाश ग्राम बली, बागपत निवासी रकम सिंह और हरियाणा का जयचन्द्र मुठभेड़ में मारे गये। मौके पर सुन्दर का सेना का पहचान-पत्र छूट गया। वही एक ब्लैक एण्ड व्हाइट फोटो पुलिस के रिकार्ड में थी जो उसके इश्तिहार पर लगायी गयी थी। जाड़े के दिनों में सुन्दर लम्बा कोट और सिर पर हैट पहनता था और हाथ में बैटन व जेब में रिवाल्वर लेकर चलता था। बात-बात में गोली चलाना उसकी आदत बन चुकी थी। एक बार हरियाणा में कुछ लोग साइकिलों से जा रहे थे, सुन्दर ने अपने गुर्गों से कहा कि कौन उन पर निशाना लगा सकता है? गुर्गों ने तो गोली नहीं चलायी परन्तु सुन्दर ने ताबड़तोड़ गोलियां चलाकर तीन निर्दोष व्यक्तियों की हत्या कर दी। यह हत्या मात्र निशाना लगाने के लिये जीवित टारगेट पर फायर किये गये थे। वह करोलबाग, दिल्ली में एक बड़े सर्राफा व्यापारी के घर पहुंचा और दरवाजा खोलते ही सेठ जी के 24 साल के इकलौते पुत्र को तीन गोलियां मारकर हत्या कर दी। घर की एक महिला को भी गोली लगी, जिससे वह घायल हो गयी।

6 पुलिस की बारात: फूलन देवी और चंबल गैंग (उ.प्र. क्राइम फाइल)

अब राजस्थान, दिल्ली, हरियाणा, पश्चिमी उत्तर प्रदेश में सुन्दर डाकू का डंका बजने लगा। सुन्दर एक शहरी डकैत था और लूट तथा डरा-धमकाकर वसूली उसका पेशा बन चुका था। वर्ष 1976 में नोयडा का गठन हो चुका था और उसका तेजी से विकास संजय गाँधी के नेतृत्व में चल रहा था। आपातकाल के दौरान प्रधानमन्त्री इन्दिरा गाँधी के बाद संजय गाँधी का ही फरमान चलता था। वे दिल्ली व आसपास के राज्यों में सुन्दर के आतंक से काफी चिन्तित थे और उन्होंने उसे शीघ्र पकड़ने का आदेश दिया, जिसके आधार पर राजस्थान, दिल्ली, हरियाणा व उत्तर प्रदेश पुलिस की संयुक्त टीमें बनायी गयी। सुन्दर का गाँव दुजाना उस समय जिला बुलन्दशहर में था, जहां राम आसरे (आई0पी0एस0-1960) पुलिस अधीक्षक थे। थाना दादरी का थानाध्यक्ष एक तेज-तर्रार दरोगा के0के0 गौतम को बनाया गया था। सुन्दर का गाँव दुजाना भी थाना दादरी में आता था। अपने गांव में सुन्दर का आना-जाना कभी-कभी ही होता था।

के0के0 गौतम, जो डिप्टी एस0पी0 के पद से सेवानिवृत्त होकर गाजियाबाद में बस गये, बताते हैं कि उस समय दिल्ली के डी0आई0जी0 पी0एस0 भिण्डर, गुड़गांव हरियाणा के एस0पी0 टेक चन्द अपनी टीम के साथ दादरी आते रहते थे और संयुक्त अभियान लगातार चलाया जा रहा था। एस0पी0 बुलन्दशहर राम आसरे ने डी0आई0जी0 मेरठ से बात करके एक दर्जन घुड़सवार पुलिस भी उपलब्ध करायी थी, जिससे नोयडा के खादर क्षेत्र में सुन्दर का पीछा किया जा सके। दादरी थाने में पच्चीस नये दरोगा, पचास तेज तर्रार हेड कॉन्सटेबल/कॉन्सटेबल, सुन्दर डाकू को पकड़ने के लिए लगाये गये थे। पुलिस का दबाव बढ़ता गया और सुन्दर कुछ दिन आराम करने के लिये राजपूताना रायफल जयपुर पहुंच गया, जहां उसका एक फौजी साथी सूबेदार के पद पर तैनात था। सुन्दर, बटालियन गेट पर पहुंचा जहां सेना द्वारा कड़ी चेकिंग की जा रही थी। सुन्दर के पास थाना बिसरख के दरोगा से लूटी गयी रिवाल्वर थी, जिसके साथ सुन्दर गिरफ्तार कर लिया गया। सेना ने उसे जयपुर पुलिस को सौंप दिया, जहां पी0एस0 भिण्डर, डी0आई0जी0 दिल्ली खुद पहुंच गये और रिमाण्ड पर उसे अपने साथ दिल्ली ले आये जहां उसे शहादरा थाने में पूछताछ के लिये रखा गया।

कहा जाता है कि काँग्रेस के युवा नेता संजय गाँधी स्वयं थाने पहुंच गये। अगर सुन्दर गिरफ्तार नहीं होता तो उसके आतंक के कारण उनका ड्रीम प्रोजेक्ट

नोयडा के विकसित होने में बाधायें उत्पन्न होतीं। सुन्दर को पुलिस कस्टडी रिमाण्ड पर लेकर पूछताछ होती रही, जिसमें के0के0 गौतम भी शामिल रहे। सुन्दर की माँ, उसके घर की महिलाओं और बहनों से भी पूछताछ के लिये थाना दादरी पर रखा गया था, जहां थानाध्यक्ष गौतम ने उनके साथ अच्छा बर्ताव किया था, जिससे सुन्दर बहुत प्रभावित हुआ था।

उसने दिल्ली पुलिस से कहा कि अपने छिपाये गये हथियारों के बारे में वह केवल के0के0 गौतम को ही बतायेगा। गौतम बताते हैं कि हथकड़ी बेड़ी में जकड़े सुन्दर ने दिल्ली पुलिस से हथकड़ी खोलने को कहा, जिससे वह गौतम का पैर छू सके। पैर छूने के बाद उसने सब कुछ सच-सच उगल दिया। इंस्पेक्टर शाहदरा रोहताश सिंह, के0के0 गौतम के साथ सुन्दर के बताये गये थाना दादरी के एक गाँव, जो दुजाना से तीन-चार किलोमीटर दूर था, पहुंचे और सुन्दर ने करीब डेढ़ दर्जन रायफल, रिवाल्वर, पिस्टल, बारह बोर बंदूकें एवं ग्रेनेड बरामद करवा दिये। दिल्ली पुलिस सुन्दर को हरियाणा, राजस्थान के ठिकानों पर ले जाकर सारे सबूत इकट्ठा करती रही और उसके गुर्गों की भी गिरफ्तारियां होती रहीं।

दिल्ली पुलिस के अनुसार पुलिस टीम सुन्दर को हथकड़ी लगाकर जमुना नदी पर बने पैन्टून ब्रिज से गुजर रही थी, तभी सुन्दर झटका देकर जमुना नदी में कूद गया, जहां से बाद में उसकी लाश बरामद हुयी। यह घटना वर्ष 1975 की है, जब देश में आपातकाल लगा हुआ था। इस प्रकार पश्चिमी उत्तर प्रदेश सहित तीन राज्यों में आतंक का पर्याय बने सुन्दर डाकू का खात्मा हो गया। अन्तिम गिरफ्तारी से पहले वह आठ-नौ साल दिल्ली की तिहाड़ जेल सहित मेरठ, बुलन्दशहर एवं गुड़गॉव की जेलों में भी रह चुका था।

सुन्दर डाकू का प्रकरण यहीं समाप्त नहीं होता है। आपातकाल के बाद सन् 1977 में देश में जनता पार्टी की सरकार बनीं और देश के कद्दावर नेता मोरारजी देसाई भारत के प्रधानमन्त्री बने। उन्होंने देश के किसान नेता के रूप में चर्चित और उत्तर प्रदेश के पूर्व मुख्यमन्त्री चौधरी चरण सिंह को देश का उपप्रधानमंत्री व गृह मन्त्री बनाया। आपातकाल के दौरान कांग्रेस की इन्दिरा गाँधी सरकार द्वारा किये गये अत्याचारों की जांच होने लगी। सुन्दर डाकू के घरवाले और वहां के गूजर नेता, चौधरी साहब के पास पहुंचे और उन्होंने दिल्ली पुलिस पर

आरोप लगाया कि सुन्दर डाकू की दिल्ली पुलिस द्वारा हत्या कर दी गयी है। चौधरी साहब तो गृह मन्त्री थे, उन्होंने फौरन सी0बी0आई0 जांच का आदेश कर दिया। चौधरी साहब की राजनीति "अजगर" (अहीर, जाट, गूजर, राजपूत) किसानों पर आधारित थी जो उनके मुख्य वोट बैंक थे। सुन्दर डाकू की मौत की सी0बी0आई0 जांच कराने में उन्हें बड़ा राजनैतिक लाभ भी मिलने वाला था। सी0बी0आई0 ने तत्परता से जांच करना शुरू कर दिया और पी0एस0 भिण्डर, डी0आई0जी0, दो अन्य आई0पी0एस0 अधिकारयों सहित तेरह पुलिस अधिकारियों को जेल में डाल दिया गया, जहां वह लगभग एक साल तक रहे। सी0बी0आई0 ने थानाध्यक्ष दादरी के0के0 गौतम को चश्मदीद गवाह बनाया था कि उनके सामने दिल्ली पुलिस द्वारा सुन्दर डाकू को पानी में डुबोकर मार दिया गया था।

मुकदमा तीस हजारी न्यायलय में चलना शुरू हो गया, जहां उस समय बहुचर्चित फिल्म "किस्सा कुर्सी का" मामला भी न्यायालय में चल रहा था। इसी दौरान के0के0 गौतम इन्सपेक्टर पद पर प्रोन्नत होकर मुरादनगर, गाजियाबाद में तैनात हो गये, जिन्हें इन्सपेक्टर का तमगा एस0पी0 गाजियाबाद तिलक काक (आई0पी0एस0-1971) ने पहनाया। उत्तर प्रदेश कैडर के त्रिनाथ मिश्रा (आई0पी0एस0-1964) उस समय एस0पी0, सी0बी0आई0 थे और सुन्दर डाकू मर्डर केस का सुपरविजन कर रहे थे। त्रिनाथ मिश्रा ने गवाही देने से पहले के0के0 गौतम को बुलाया और सी0बी0आई0 का पक्ष मजबूती से रखने का निर्देश दिया। के0के0 गौतम न्यायालय पहुंचे, लेकिन सी0बी0आई0 की थ्योरी से पलट गये और बयान दिया कि उन्होंने कुछ नहीं देखा है, सी0बी0आई0 ने उन्हें धमकाकर झूठी गवाही लिखी है। गौतम का बयान दिल्ली पुलिस के अधिकारियों के पक्ष में निर्णायक साबित हुआ और मुकदमा छूट गया। वर्ष 1980 में पी0एस0 भिण्डर, उत्तर प्रदेश कैडर के जे0एन0 चर्तुवेदी (आई. पी.एस. 1951) के बाद दिल्ली के दूसरे पुलिस कमिश्नर बनाये गये और उनकी पत्नी केन्द्र सरकार में कई बार मन्त्री बनीं। डिप्टी एस0पी0 गुरूचरन सिंह, सन्धू पुलिस अधीक्षक के पद से एवं इन्सपेक्टर सुखदेव सिंह, डिप्टी एस0पी0 के पद से सेवानिवृत्त हुये। सुन्दर की गिरफ्तारी के समय फर्श बाजार थाने के इन्सपेक्टर रहे रोहताश सिंह भी दिल्ली पुलिस स्पेशल सेल से डी0सी0पी0 के पद से सेवानिवृत्त हुये। राजनीति के इस खेल में एक डी0आई0जी0 सहित तेरह पुलिस अधिकारियों को जेल में रहकर प्रताड़ना सहनी पड़ी थी।

महेन्द्र फौजी-सतबीर गैंग का उदय

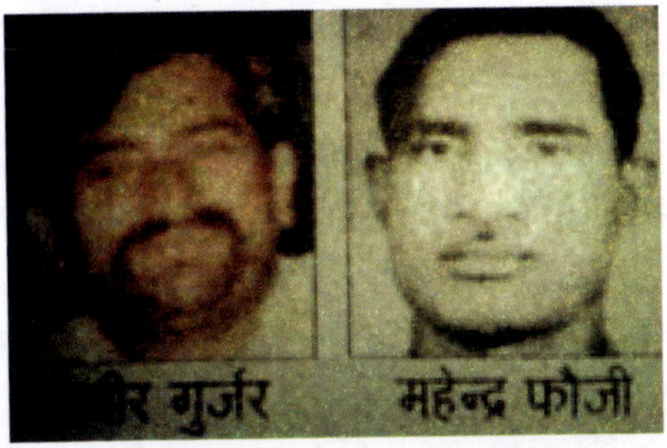

सुन्दर के मरने के बाद कुछ दिन पश्चिमी उत्तर प्रदेश में शान्ति रही, किन्तु वर्ष 1980 के बाद फिरौती के लिये अपहरण की घटनायें गाजियाबाद, नोयडा, बुलन्दशहर, मेरठ, मुजफ्फरनगर, सहारनपुर में तेजी से बढ़ी और धनाड्य किसानों, ठेकेदारों, व्यापारियों का अपहरण करके लाखों रूपयों की वसूली की जाने लगी। इन माफिया सरगनाओं को राजनैतिक संरक्षण भी मिलने लगा। राजनैतिक व्यक्ति भी इन अपराधियों के माध्यम से अपार धन कमाने लगे और अपने परिवार व समर्थकों को उपकृत करने लगे। उस दौरान ग्राम मेवला, थाना लोनी के निवासी महेन्द्र फौजी और सतबीर गूजर ने अपना अलग-अलग साम्राज्य कायम कर लिया। ये दोनों लोनी नगर पालिका के चेयरमैन एवं कांग्रेसी नेता जगमाल द्वारा पाले गये थे, परन्तु पैसों के लेन-देन को लेकर दोनों के रास्ते अलग-अलग हो गये और उनके बीच खूनी जंग छिड़ गयी।

दोनों गूजर जाति के थे और एक ही गाँव के रहने वाले थे। महेन्द्र फौजी, सेना से सेवानिवृत्त होकर घर आया था और सतबीर एम0ए0, एल0एल0बी0 पढ़ा-लिखा नौजवान था। दोनों ने पश्चिमी उत्तर प्रदेश, दिल्ली, हरियाणा के नौजवानों को अपने गैंग में शामिल किया और आधुनिक स्वचालित हथियारों से लैस करके मजबूत गैंग बना लिये। महेन्द्र फौजी एवं सतबीर दोनों को लोनी चैयरमैन जगमाल अपने साथ जोड़कर जमीनों पर कब्जा करने लगा और खुद भू-माफिया बन गया। महेन्द्र फौजी से पहले सतबीर, जगमाल से जुड़ा हुआ था। सतबीर ने ही महेन्द्र फौजी को जगमाल से जोड़ा था।

सन् 1965 व 1971 की लड़ाई में भाग लेने वाला महेन्द्र फौजी सेना से सेवानिवृत्त होकर अपने घर आया था और उसके पास उस समय कोई काम नहीं

था। सतबीर ने ही उसका परिचय जगमाल से करवाया और वह भी जगमाल के लिये जमीनों के धंधे में शामिल हो गया। फौजी महत्वाकांक्षी था, वह जगमाल का गुर्गा बनकर नहीं रहना चाहता था और जमीनों के धंधे में अपना अधिक हिस्सा मांगने लगा। जगमाल उसे अब तक अपना पिछलग्गू समझ रहा था, जो उसकी भूल थी। आपसी लेन-देन में अनबन हो जाने के कारण **1 अक्टूबर 1989 को महेन्द्र फौजी ने जगमाल की हत्या कर दी। सतबीर, जगमाल की हत्या से बहुत व्यथित हुआ, क्योंकि वह उसे अपना गुरू मानता था। वह अपने को माफ नहीं कर पा रहा था, क्योंकि उसी ने महेन्द्र फौजी का परिचय जगमाल से कराया था।**

सतबीर ने सबसे पहले महेन्द्र फौजी की बहन महेन्द्री के सम्मान के लिये ग्राम पूठी परीक्षितगढ़ में दो मुस्लिम लड़कों की दिन-दहाड़े हत्या कर दी थी। इस घटना के बाद सतबीर का वकील बनने का सपना टूट गया और वह अपराध की डगर पर चल पड़ा। शुरूआत तब हुई, जब महेन्द्र फौजी सेवानिवृत्त होने के बाद अपने घर के आंगन में बैठा था, तभी उसकी बहन महेन्द्री जार-जार रोती हुयी उसके पास आयी। उसने अपने भाई महेन्द्र फौजी को बताया कि उसके ससुराल ग्राम पूठी में दो मुस्लिम लड़कों ने उसे छेड़ा, परन्तु उसके पति ने डर के कारण कुछ भी नहीं किया। सतबीर भी फौजी के पास बैठा था और महेन्द्री के साथ हुई इस घटना से उसका भी खून खौल उठा। वह तुरन्त अपने मित्र फौजी का साथ देने के लिये तैयार हो गया और दोनों अपने कुछ साथियों के साथ ग्राम पूठी, परीक्षितगढ़ मेरठ पहुंचे और दोनों मुस्लिम लड़कों सहित उनकी मां की भी दिन-दहाड़े हत्या करके अपनी बहन के अपमान का बदला ले लिया।

एक गाँव के रहने वाले महेन्द्र फौजी के सुख-दुख में साथ निभाने वाला सतबीर, जगमाल की हत्या के बाद अपने मित्र महेन्द्र फौजी से अलग हो गया। अब दोनों एक-दूसरे के खून के प्यासे हो गये और दोनों में गैंगवार छिड़ गया। सतबीर ने महेन्द्र फौजी के पिता, पत्नी को भी गम्भीर चोट पहुंचाकर अपमानित किया। महेन्द्र फौजी तिलमिला उठा और उसने सतबीर और उसके गैंग के सदस्यों को जान से मारने की कसम खा ली। महेन्द्र फौजी को गाजियाबाद निवासी डी0पी0 यादव का संरक्षण मिला और सतबीर को डी0पी0 यादव के विरोधी विधायक महेन्द्र भाटी

का संरक्षण प्राप्त हो गया। दोनों गिरोहों में भयंकर गैंगवार शुरू हो गया और इस गैंगवार में कई राजनीतिक एवं महत्वपूर्ण व्यक्ति मारे गये, जिसमें कुछ इस प्रकार हैं:-

1- महेन्द्र फौजी द्वारा 5 व्यक्तियों की सामूहिक हत्या (7 जनवरी 1987)

7 जनवरी 1987 को लोनी में ही बुल्ली उर्फ मुल्ली पुत्र जसवन्त निवासी गढ़ी कटैया, सेलकराम पुत्र काले गूजर निवासी जावली, नरेन्द्र पुत्र रतिराम निवासी डाबरा थाना दनकौर, चंडी पुत्र चक गूजर निवासी गढ़ी कटैया एवं मामचंदी पत्नी रतिराम निवासी गढ़ी कटैया की सामूहिक हत्या की गयी थी, जिसका मुकदमा मु0अ0सं0 13/1987 धारा 147/148/149/307/302 आईपीसी में ऋषिपाल पुत्र मथुरा निवासी ग्राम गढ़ी कटैया द्वारा थाना लोनी में लिखाया गया था। इस घटना में महेन्द्र फौजी, चाहत, टेकू पुत्रगण भीम सिंह निवासी मेवला भट्टी, भीम सिंह पुत्र शादी गूजर निवासी मेवला भट्टी, राजबीर गूजर पुत्र नत्थू गूजर निवासी बागपत, हरीश पुत्र हंसराज निवासी चन्द्रावल को नामजद किया गया था। इस घटना में 9 मई 1997 को अपर जिला एवं सत्र न्यायालय द्वारा आरोपियों को आजन्म कारावास की सजा मिली।

2- जगमाल, चैयरमैन, लोनी टाउन एरिया की हत्या (1 अक्टूबर 1989)

सन् 1976 में मेरठ से अलग होकर गाजियाबाद जिला बना और उसी वर्ष नोएडा का भी गठन हुआ। नोएडा और गाजियाबाद में तमाम कारखाने लगने लगे, जिससे जमीनों के दाम आसमान पर पहुंच गये। वर्ष 1982 में एशियन गेम्स के दौरान फिर से जमीनों के दाम एकाएक बढ़ गये, जिसमें लोनी भी शामिल था। जगमाल, कांग्रेस पार्टी से जुड़ा हुआ था और लोनी टाउन एरिया का चैयरमैन बना। वह जमीनों का धंधा करने लगा, जिसमें उसे बहुत कमाई हो रही थी। जमीन कब्जा करने के लिए बाहुबल की जरूरत थी, जो उसे सतबीर गूजर निवासी मेवला भट्टी लोनी से मिली। सतबीर ने अपने गांव के रहने वाले महेन्द्र फौजी की मुलाकात जगमाल से करा दी और दोनों उसके लिए काम करने लगे। पैसे के लेन-देन में महेन्द्र फौजी की जगमाल से तनातनी हो गयी, जो उसकी मृत्यु का कारण बना।

1 अक्टूबर 1989 को महेन्द्र फौजी ने अपने गैंग के सदस्यों राजबीर पुत्र नत्थू निवासी बागपत, अरूण पुत्र रघुप्रकाश निवासी सैकी मुजफ्फर नगर, पाल

सिंह उर्फ लक्कड़पाला पुत्र गुरूबचन सिंह निवासी बढ़ई मंगलौर हरिद्वार, राकेश गौतम, राशिद अली पुत्र मुस्तफा निवासी लोनी और औलाद अली पुत्र हाशिम निवासी लोनी ने मिलकर जगमाल पर गोलियां चलाई, जिसमें जगमाल के साथ रतन सिंह निवासी रेसकी थाना खैर अलीगढ़ भी मारा गया। इसका मुकदमा मु0अ0सं0 366/1989 धारा 147/148/149/307/302 आईपीसी में 1 अक्टूबर 1989 को थाना लोनी में कायम किया गया। राजनैतिक हस्ताक्षेप के कारण यह मुकदमा क्राइम ब्रांच सी0आई0डी0 को स्थानांतरित किया गया। सी0आई0डी0 द्वारा आरोपियों के विरूद्ध आरोप पत्र न्यायालय भेजा गया।

जगमाल की हत्या के बाद कभी मित्र रहे सतबीर गूजर और महेन्द्र फौजी के रास्ते जुदा हो गये। दुश्मनी इतनी बढ़ी कि दोनों में ऐसा गैंगवार छिड़ा, जिसने कई महत्वपूर्ण राजनैतिक व्यक्तियों के साथ दर्जनों लोगों की हत्याएं हुई।

3- प्रताप सिंह पुत्र नवाब सिंह गूजर निवासी सिखरानी लोनी की हत्या 18 मई 1917-1991

18 मई 1991 को प्रताप सिंह की हत्या लोनी में ही गोली मारकर कर दी गयी। प्रताप सिंह, जगमाल के विरोधी राशिद अली के नजदीक था। इसका मुकदमा 18 मई 1991 को मु0अ0सं0 221/1991 धारा 302 आईपीसी में थाना लोनी में औलाद अली पुत्र हाशिम निवासी उपरकोट ने लिखवाया। इस हत्या में मदन भैया निवासी जावली थाना लोनी, रणपाल पुत्र लखमी निवासी काजीपुर थाना खरखौंदा मेरठ, सतबीर गूजर निवासी मेवला भट्टी लोनी, बबलू उर्फ राजकुमार निवासी कोतवाली लोनी, केशव पुत्र अंगद निवासी दयालपुर थाना गोकुलपुरी दिल्ली, महेन्द्र पुत्र रूपचन्द्र निवासी वजीरपुर थाना अशोक विहार नई दिल्ली नामजद किये गये। यह मुकदमा 16 जुलाई 1998 को अपर जिला एवं सत्र न्यायालय से छूट गया। प्रताप सिंह की हत्या भी सतबीर गूजर और महेन्द्र फौजी गैंग के बीच हुई गैंगवार का नतीजा था।

4- राशिद अली, चैयरमैन, टाउन एरिया लोनी की हत्या (13 अगस्त 1990)

राशिद की लोनी टाउन एरिया के चुनाव को लेकर जगमाल से राजनैतिक दुश्मनी थी, जिसकी हत्या 1 अक्टूबर 1989 को महेन्द्र फौजी गैंग द्वारा कर दी गयी थी। राशिद अली और उसका भाई औलाद अली, महेन्द्र फौजी गैंग को पनाह दे रहे थे। सतबीर, जगमाल की हत्या से बौखलाया हुआ था और वह हर

हालत में अपने गुरू जगमाल की हत्या का बदला लेना चाहता था। राशिद अली की हत्या के लिये एक पीजो जीप खरीदी गयी और उसके विन्ड स्क्रीन के बन्द शीशे को हटाया गया। 13 अगस्त 1990 को सतबीर अपने साथियों रणपाल गूजर पुत्र लखमी निवासी काजीपुर मेरठ, अपने साढू अशोक पुत्र रघुवीर गूजर निवासी गजरौला, कालूराम निवासी कमाला, केशव गूजर पुत्र अंगद निवासी दयालपुरी दिल्ली, अनिल पुत्र खजान निवासी गेसीपुर थाना भावनपुर मेरठ, पप्पू उर्फ मदनमोहन पुत्र रेवतीरमन निवासी शास्त्री नगर दिल्ली, विक्रम ठाकुर पुत्र फग्गन सिंह निवासी भीम खेड़ा सिकन्दराबाद बुलन्दशहर, लोकेश पुत्र राम आसरे निवासी फूलबाग कॉलोनी नौचंदी मेरठ, नीरज पुत्र मही सिंह निवासी थाना कासना गौतमबुद्ध नगर, वेगा नाई पुत्र डालचंद निवासी गढ़ी कटैया लोनी, राजकुमार कसाना उर्फ बबलू निवासी लोनी, ओमकार निवासी मुजफ्फरनगर, मुन्ना बजरंगी सहित राशिद अली की जिप्सी का पीछा किया और लोनी कस्बे में दिन-दहाड़े दो ए0के0-47 और एस0एल0आर0 रायफलों से अधाधुन्ध फायर करके राशिद अली, उसके प्राइवेट गनर ब्रम्ह सिंह एवं साजन पुत्रगण मंगू निवासी लोनी, फज्जो पुत्र फतिपाल निवासी लोनी, सतला अंसारी पुत्र अब्दुल रहीम निवासी लोनी तथा मेहरदीन पुत्र मेहरबान निवासी कुरैशियान लोनी की सामूहिक हत्या कर दी। इस घटना में स्थानीय जानकारी राजकुमार कसाना ने इकट्ठा की थी क्योंकि उसे शक था कि उसके वकील भाई की हत्या महेन्द्र फौजी ने राशिद अली के सहयोग से की थी। अपराध जगत में यह भी चर्चा रही कि राशिद अली की हत्या की योजना गाजियाबाद के इंस्पेक्टर प्रीतम सिंह भी शामिल थे।

5- राजवीर भाटी की हत्या (7 अप्रैल 1991)

राजवीर भाटी, पश्चिमी उत्तर प्रदेश के जनता दल के कद्दावर नेता व विधायक महेन्द्र भाटी के छोटे भाई थे। 7 अप्रैल 1991 को महेन्द्र फौजी ने दादरी रेलवे क्रासिंग के पास ए0के0-47 और 7.62 कैलिबर जी-3 स्वचालित रायफलों से गोलियां चलाकर राजवीर भाटी की हत्या कर दी। अपराध जगत में यह चर्चित था कि महेन्द्र सिंह भाटी के विरोधी डी0पी0 यादव ने फौजी गैंग से यह हत्या करवायी है। महेन्द्र फौजी की हर वारदात में जी-3 और ए0के0 47 रायफलों का प्रयोग अवश्य किया जाता था। जी-3 रायफल, गैंग का शातिर लक्कड़ पाला उर्फ सरदार पाल सिंह चलाता था। 7.62 गुणा 51 एम0एम0 कैलिबर की जी-3 रायफल पाकिस्तान स्पेशल फोर्सेज की थी। 1971 बांग्लादेश की लड़ाई में जर्मन

हथियार कम्पनी हेक्लर एंड कॉक द्वारा निर्मित इस रायफल का प्रयोग पाकिस्तानी सेना ने किया था। पाकिस्तानी सेना की करारी हार के बाद हजारों की संख्या में जी-3 रायफलें भारतीय सेना के कब्जे में आयी थी। कुछ रायफलें सेना के कुछ जवान छिपाकर अपने साथ ले आये और मफिया सरगनाओं और डकैतों को बेच दिया। जी-3 रायफलों का प्रयोग चम्बल गैंग के कुख्यात मलखान सिंह गैंग (आई0एस0-44) और घनश्याम गैंग (आई0एस0-41), मुख्तार अंसारी (आई0एस0-191), बृजेश गैंग भी जी-3 रायफलों का प्रयोग करते थे।

6- प्रवीण भाटी की हत्या

महेन्द्र भाटी को आशंका थी कि उसके भाई राजवीर की हत्या में कंही न कंही गाजियाबाद भारतीय जनता पार्टी के जिलाध्यक्ष प्रवीण भाटी का हाथ है। फरवरी, 1992 में प्रवीण भाटी की मत्यु दो ट्रकों की सीधी टक्कर के बीच फंसने से हो गयी थी। प्रवीण भाटी के मरने के बाद उसके पिता तेजपाल भाटी और भाई प्रणीत भाटी को विश्वास था कि यह दुर्घटना नही है, बल्कि हत्या है, जिसे विधायक महेन्द्र भाटी ने दुर्घटना का रूप दिया है। यह परिवार इस घटना के बाद महेन्द्र भाटी का कट्टरदुश्मन बन गया और बदला लेने के लिये महेन्द्र भाटी के कट्टर विरोधी माफिया डी0पी0 यादव से हाथ मिला लिया। "दुश्मन का दुश्मन दोस्त" वाली कहावत यहां भी चरितार्थ हो गयी।

7- जनता दल विधायक महेन्द्र भाटी की हत्या (13 सितम्बर, 1992)

महेन्द्र भाटी, प्रदेश जनता दल के उपाध्यक्ष एवं विधायक थे और मुलायम सिंह यादव के बहुत करीबी थे। उन्होंने सन् 1988 में डी0पी0 यादव को विसरख ब्लाक, जनपद नोयडा से ब्लाक प्रमुख बनवाया था। उस समय महेन्द्र भाटी का राजनैतिक कद बहुत बड़ा हो चुका था। राजेश पायलट दूसरे बड़े गूजर नेता थे, जो केन्द्र की राजनीति में थे और कांग्रेस की सरकार में केन्द्रीय मन्त्री थे। पश्चिमी उत्तर प्रदेश के ग्रामीण क्षेत्रों में महेन्द्र भाटी का प्रभाव राजेश पायलट से कहीं अधिक था और चौपालों में चर्चा का विषय महेन्द्र भाटी ही होते थे। अपने प्रभाव से उन्होंने गाजियाबाद और नोयडा के कारखानों में अपने क्षेत्र के बहुत से लोगों को नौकरी पर लगवा दिया था और लगातार क्षेत्रीय लोगों की मदद के लिये तत्पर रहते थे। ब्लाक प्रमुख बनने के बाद डी0पी0 यादव की

महत्वाकांक्षा बढ़ती गयी। महेन्द्र भाटी ने ही उत्तर प्रदेश के सन् 1989 के विधानसभा चुनाव में, दादरी विधानसभा क्षेत्र से स्वयं, अपने करीबी नरेन्द्र भाटी को सिकन्दराबाद और डी0पी0 यादव को बुलन्दशहर से, जनता दल के टिकट पर चुनाव लड़वाया और तीनों ही विजयी हुये। डी0पी0 यादव जातीय आधार पर तत्कालीन मुख्यमन्त्री मुलायम सिंह यादव के नजदीक आ गये और उन्हें उत्तर प्रदेश सरकार में मन्त्री बना दिया गया।

वर्ष 1990 में विश्वनाथ प्रताप सिंह के नेतृत्व वाली केन्द्रीय सरकार गिर गयी और मुलायम सिंह यादव ने पैंतरा बदलकर जनता दल से अलग होकर चन्द्रशेखर की पार्टी से मिलकर अपनी सरकार बचा ली। इसी क्रम में चन्द्रशेखर की समाजवादी जनता पार्टी ने कांग्रेस पार्टी के सहयोग से केन्द्र में सरकार बनायी। चन्द्रशेखर 10 नवम्बर 1990 को भारत के प्रधानमन्त्री बन गये और 6 मार्च 1991 को अपने पद से त्यागपत्र दे दिया, परन्तु लोकसभा चुनाव तक केयर टेकर प्रधानमंत्री जून, 1991 तक बने रहे।

डी0पी0 यादव भी मुलायम सिंह के साथ चले गये, परन्तु महेद्र भाटी ने विश्वनाथ प्रताप सिंह और चौधरी अजीत सिंह का साथ नहीं छोड़ा और उन्हीं के खेमें में बने रहे। यहीं से डी0पी0 यादव और उनके राजनैतिक गुरू रहे महेन्द्र भाटी में मतभेद उत्पन्न हो गया। सन् 1991 में उत्तर प्रदेश विधानसभा के आम चुनाव हुये और डी0पी0 यादव को मुलायम सिंह यादव द्वारा बुलन्दशहर की विधानसभा सीट से टिकट दिया गया। महेन्द्र भाटी ने अपने सहयोगी ग्राम पतवाड़ी, नोयडा निवासी प्रकाश पहलवान को जनता दल का टिकट दिलाया और बुलन्दशहर से डी0पी0 यादव के खिलाफ चुनाव में खड़ा कर दिया। चुनाव में भयंकर खून-खराबा हुआ और दोनों तरफ से छः-सात लोग मारे गये और काफी लोग घायल हुये। डी0पी0 यादव चुनाव हारते-हारते बचे और यहीं से उनकी महेन्द्र भाटी से दुश्मनी चरम सीमा पर पहुंच गयी।

महेन्द्र फौजी-सतबीर का गैंगवार दादरी तक पहुंच गया और सन् 1991 में महेन्द्र भाटी के भाई राजवीर भाटी की हत्या दादरी रेलवे स्टेशन क्रासिंग पर 7 अप्रैल 1991 को कर दी गयी, जिसमें महेन्द्र फौजी के अलावा डी0पी0 यादव के साले परमानन्द यादव का भी नाम आया। डी0पी0 यादव ने महेंन्द्र फौजी को यह कहकर उकसाया था कि उसके विरोधी सतबीर गूजर को महेन्द्र भाटी बचाये हुये हैं, जो भविष्य में उसके लिये घातक होगा। यहीं से महेन्द्र भाटी की हत्या

की साजिश डी0पी0 यादव द्वारा महेन्द्र फौजी के साथ मिलकर की गयी, जिसकी भनक पहले ही महेन्द्र भाटी को लग गयी थी। **जून 1992 उत्तर प्रदेश विधानसभा सत्र में लिखित प्रश्न उठाते हुये उन्होंने कहा कि राजनैतिक कारणों से उनकी हत्या हो सकती है। पुलिस प्रशासन उन्हें समुचित सुरक्षा नहीं दे रहा है। यदि उन्हें अतिरिक्त सुरक्षा नहीं दी गयी तो अगले विधानसभा सत्र में उनकी शोकसभा होगी और वह सच साबित हुआ।**

13 सितम्बर, 1992 को दादरी विधानसभा के विधायक महेन्द्र भाटी कुछ लोगों के साथ अपने घर पर बैठे थे। शाम के करीब 6:30 बजे उनके पास फोन आया और उन्हें भंगेल बुलाया गया। भाटी को यह बात गम्भीर लगी और वे तुरन्त अपने मित्र उदय प्रकाश आर्या, ड्राइवर देवेन्द्र व पुलिस के गनर कौशिक के साथ चल पड़े, उनके पीछे छोटा भाई अनिल भाटी अपने मित्र धनवीर के साथ मोटरसाइकिल से चल रहे थे। भंगेल रोड पर रेलवे फाटक बन्द होने के कारण उनकी कार रूक गयी। जब फाटक खुला तो सामने दो कारें खड़ी थीं। महेन्द्र भाटी को तुरन्त अनुमान हो गया कि कोई अनहोनी होने वाली है, परन्तु उन्हें सम्भलने का मौका नहीं मिला। ए0के0-47 और जी-3 रायफलों से उनकी गाड़ी को छलनी कर दिया गया। महेन्द्र भाटी और उनके मित्र उदय प्रकाश आर्या की मौके पर ही मौत हो गयी और गनर गम्भीर रूप से घायल हो गया।

मैं उस समय वरिष्ठ पुलिस अधीक्षक मेरठ के पद पर तैनात था। महेन्द्र भाटी अपनी हत्या से एक हफ्ते पहले मुझसे मिले थे। मेरठ पुलिस द्वारा महेन्द्र फौजी गैंग के कई महत्वपूर्ण सदस्य मारे गये थे, जिसमें उसका रिश्तेदार बागपत निवासी शातिर राजवीर गूजर भी शामिल था। महेन्द्र भाटी ने मुझे धन्यवाद दिया कि आपकी पुलिस के प्रयासों से महेन्द्र फौजी गैंग की कमर टूट गयी है। मैंने उन्हें बताया कि आपके द्वारा भी सतबीर गैंग को संरक्षण दिया जा रहा है, जो ठीक नही है। महेन्द्र फौजी गैंग आप पर कभी भी हमला कर सकता है। मैंने उन्हें अपराधियों से दूर रहने की सलाह भी दी थी। उनके मिलने के दो दिन बाद उनके मित्र व मेरठ के सांसद हरीश पाल मुझसे मिलने आये। मैंने उन्हें भी महेन्द्र भाटी पर सम्भावित हमले की जानकारी दे दी थी और उन्हें सलाह दी थी कि वे उन्हें तुरन्त सतर्क रहने के लिये आगाह कर दे। हरीश पाल ने मुझे बताया कि एक हफ्ते में पार्टी की बैठक होने वाली है, वे सम्भावित खतरे से

महेन्द्र भाटी को आगाह कर देंगे। तीन-चार दिन बाद ही महेन्द्र फौजी गैंग द्वारा महेन्द्र भाटी की हत्या कर दी गयी। इस हत्या में महेन्द्र फौजी के अलावा उस गैंग के महत्वपूर्ण सदस्य सरदार लक्कड़ पाला उर्फ पाल सिंह की मुख्य भूमिका थी। लक्कड़ पाला हमेशा 7.62 गुणा 51 एम0एम0 कैलीबर की जी-3 रायफल प्रयोग करता था, जो स्वचालित मोड पर 600 गोली प्रति मिनट फायर करती थी। हत्या के दिन डी0आई0जी0 एस0के0 चन्द्रा, अवकाश पर थे और मैं ही उनका कार्यभार देख रहा था। गाजियाबाद के एस0एस0पी0 वी0के0 गुप्ता (आई0पी0एस0-1982) ने मुझे टेलीफोन से इस घटना के बारे में जानकारी दी। मैंने उन्हें यह भी बताया कि इसमें ए0के0-47 व जी-3 रायफलों का प्रयोग हुआ होगा, जो सत्य पाया गया। मैंने यह भी बताया था कि जी-3 रायफल का प्रयोग राजवीर भाटी एवं मोरना, मुजफ्फरनगर के ब्लाक प्रमुख शोभाराम यादव की हत्याओं में भी किया गया था। बैलिस्टिक विशेषज्ञ की जांच के बाद यह सत्य पाया गया। महेन्द्र भाटी हत्याकाण्ड में स्व0 प्रवीण भाटी के पिता तेजपाल भाटी, उसके भाई प्रणीत भाटी, सरदार लक्कड़ पाला, डी0पी0 यादव के साले करन यादव और डी0पी0 यादव आरोपित किये गये थे। अगस्त, 1993 में राज्य सरकार ने इस केस की विवेचना सी0बी0आई0 को सौंप दी और सी0बी0आई0 ने सभी आरोपियों के विरूद्ध आरोप पत्र लगा दिया।

डी0पी0 यादव एक अपराधी व बाहुबली विधायक था। भाटी परिवार ने सुप्रीम कोर्ट में याचिका दाखिल की कि उत्तर प्रदेश के न्यायालय में हत्या के इस मामलें का ट्रायल होना सम्भव नही है। डी0पी0 यादव के भय से गवाह टूट जायेंगे और उनकी हत्या भी कर दी जायेगी। इन परिस्थितियों में महेन्द्र भाटी हत्याकांड ट्रायल उत्तर प्रदेश से बाहर किसी अन्य राज्य में कराया जाय। उच्चतम न्यायालय ने याचिका के तथ्यों को सही पाते हुये इसका ट्रायल सी0बी0आई0 कोर्ट, देहरादून को स्थानान्तरित कर दिया। आरोप लगाया गया था कि अगर ट्रायल उत्तर प्रदेश में होगा तो डी0पी0 यादव अपने धन-बल और रसूख का इस्तेमाल करके बच जायेगा। 28 फरवरी 2015 को सी0बी0आई0 के विशेष न्यायाधीश अमित कुमार सिरोही की अदालत में डी0पी0 यादव, प्रणीत भाटी, पाल सिंह उर्फ लक्कड़ पाला तथा करन यादव को

आजीवन कारावास की सजा सुना दी गयी। डी0पी0 यादव सहित सभी आरोपी जेल भेज दिये गये। डी0पी0 यादव की अपील पर 10 नवम्बर 2021 को उत्तराखंड हाईकोर्ट ने सुनवाई करते हुए फैसला सुनाया और डी0पी0 यादव को महेन्द्र भाटी हत्याकांड से बरी कर दिया।

8- कमल राज यादव की हत्या (22 सितम्बर, 1992)

कमल राज यादव, डी0पी0 यादव के रिश्ते में बहनोई थे और एक बहुत ही शरीफ इन्सान थे। वे डी0पी0 यादव का कारोबार सम्भालते थे। महेन्द्र भाटी की हत्या के बाद सतबीर गैंग ने प्रण किया था कि उनकी तेरहवीं के पहले डी0पी0 यादव की हत्या प्रतिशोध में कर दी जाय। डी0पी0 यादव अपनी सुरक्षा के प्रति काफी सतर्क था, जिससे उस पर हमला नहीं हो पाया। प्रकाश पहलवान, शराब कारोबारी था और डी0पी0 यादव का विरोधी था। वह डी0पी0 यादव की हत्या कराने के लिये सक्रिय था। डी0पी0 यादव भी शराब का कारोबारी था, जिसे मुलायम सिंह यादव ने अपनी पार्टी में सम्मिलित किया और चुनाव जीतने के बाद मन्त्री भी बनाया था। प्रकाश पहलवान, सतबीर गैंग से जुड़ा हुआ था। उसके कहने पर कमल राज यादव की हत्या मुख्तार अंसारी गैंग के गुर्गे, जौनपुर निवासी मुन्ना बजरंगी द्वारा अपने सदस्यों के साथ मिलकर की गयी थी। सतबीर गूजर और मुख्तार अंसारी गैंग पहले से ही हाथ मिला चुके थे। कमल राज यादव, राजनगर गाजियाबाद की पॉश कॉलोनी में रहते थे। मकान नम्बर आर–13/117 राजनगर के सामने सुबह 10:15 बजे उन पर स्टेनगन और आटोमैटिक पिस्टल से उन पर गोलियां चलाई गयी, जिससे मौके पर ही उनकी मृत्यु हो गयी और सत्यावती नाम की महिला घायल हो गयी थी। **उनकी हत्या महेन्द्र भाटी की हत्या के दसवें दिन 22 सितम्बर 1992 को कर दी गयी। प्रकाश पहलवान का उद्देश्य यह था कि कमल राज यादव की हत्या के बाद डी0पी0 यादव को आर्थिक रूप से काफी झटका लगेगा और उसने मौका पाते ही कमल राज यादव का काम तमाम करवा दिया था। इस घटना के सम्बन्ध में डी0पी0 यादव के भाई राम सिंह यादव निवासी आर–4/47 राजनगर थाना कविनगर गाजियाबाद द्वारा थाना कविनगर में मु0अ0सं0 647/1992 धारा 147/148/149/307/302/120बी आईपीसी व धारा 3/4 टाडा अधिनियम के अन्तर्गत 11:05 बजे मुकदमा कायम कराया गया था। इस**

घटना में प्रकाश पहलवान पुत्र सुनहरी निवासी पतवाड़ी थाना बिसरख, सतवीर गूजर पुत्र बेगराज गूजर निवासी मेवला भट्टी लोनी, प्रकाश पुत्र चन्दन निवासी लखनावली थाना सूरजपुर गाजियाबाद, सतपाल सिंह पुत्र मानसिंह यादव निवासी दौलतपुरा थाना सिहानीगेट और मानसिंह पुत्र सुनहरी निवासी पतवाड़ी थाना बिसरख के विरूद्ध आरोप पत्र संख्या ए-359 दिनांक 6.11.1992 को लगाया गया था।

9- राम सिंह यादव की हत्या (11 जनवी 1998)

राम सिंह यादव, माफिया सरगना डी0पी0 यादव के सगे बड़े भाई थे और निहायत नेक इन्सान थे। उनका किसी से कोई झगड़ा नहीं था। वे गाजियाबाद की पॉश कालोनी राजनगर में रहते थे। वह 11 जनवरी 1998 को सुबह-सुबह घर के बाहर टहल रहे थे कि साढ़े पाँच बजे उनके ऊपर मकान नम्बर 3/24 राजनगर के ठीक सामने अधाधुन्ध गोलियां चलायी गयी। राम सिंह यादव और उनका गनर हेड कांस्टेबिल मोदीन सिंह यादव मौके पर मारे गये। मोदीन सिंह की सरकारी स्टेनगन भी लूट ली गयी थी। इस घटना की रिपोर्ट सूरज यादव पुत्र महाबीर यादव निवासी 4/16 राजनगर थाना कविनगर द्वारा अज्ञात व्यक्तियों के खिलाफ मु0अ0सं0 15/1998 धारा 302/394 आईपीसी में थाना कविनगर में शाम 7 बजे लिखायीं गयी थी। यह मुकदमा 1 जून 1998 को क्राइम ब्रांच सी0आई0डी0 उत्तर प्रदेश को सौंपा गया, जिसमें अन्तिम रिपोर्ट लगा दी गयी थी। असलियत में यह घटना मुख्तार अंसारी गैंग के मुन्ना बजरंगी ने की थी और ए0के0-47 से अधाधुन्ध गोलियां चलायीं थी। राम सिंह यादव का केवल इतना कसूर था कि वे बाहुबली डी0पी0 यादव के भाई थे।

10- कुशल पाल त्यागी की हत्या (15 अप्रैल 1992)

कुशल पाल त्यागी, पूर्व मन्त्री राजपाल त्यागी के सगे भाई थे और पेशे से वकील थे। वह गाजियाबाद बार संघ के अध्यक्ष भी थे। उनका सम्बन्ध महेन्द्र फौजी गैंग से था। उनके बाहुबली डी0पी0 यादव से भी बड़े गहरे सम्बन्ध बताये जाते थे। उनकी भी हत्या गाजियाबाद के राजनगर में 15 अप्रैल 1992 को सुबह 9:45 बजे उनकी गाड़ी पर अधाधुन्ध गोलियां बरसा कर दी गयी थी। कुशल पाल त्यागी, रोजाना सुबह अपनी गाड़ी चलाकर

अपने आवास राजनगर से गाँधीनगर स्टेडियम में जाते थे, जिसकी भनक सतबीर गैंग को थी। टेलीफोन एक्सचेंज राजनगर गाजियाबाद के पास, मुन्ना बजरंगी के नेतृत्व में स्टेनगन से गोलियाँ चलाकर कुशल पाल त्यागी की गाड़ी को छलनी कर दिया गया। आटोमैटिक मोड पर उन्हें कुल 80–90 गोलियां मारी गयी थीं।

कुशल पाल त्यागी ने मौके पर ही दम तोड़ दिया था और उनका साथी सोनू घायल हो गया था। इस सम्बन्ध में थाना कविनगर गाजियाबाद में मु0अ0सं0 227/1992 धारा 302/307/120बी आईपीसी में मुकदमा 15 अप्रैल 1992 को सुबह साढ़े 10 बजे लिखा गया था। पुलिस अभिलेखों में सत्येन्द्र त्यागी निवासी आर–4/28 राजनगर थाना कविनगर ने मुकदमा लिखाया था, जिसमें मनीष उर्फ पप्पू पुत्र नवरंग निवासी रामनगर थाना सिहानी गेट, रोहताश पंडित पुत्र रमेश चन्द्र निवासी राजपुर थाना कविनगर, लक्ष्मण पुत्र ताराचन्द, नरेश पुत्र स्वरूप पंडित निवासी रामनगर थाना सिहानीगेट और पुष्पेन्द्र पुत्र हरि सिंह निवासी अशोक नगर थाना सिहानी गेट की संलिप्तता बतायी गयी थी और उनके विरूद्ध आरोप पत्र संख्या ए–133 दिनांक 25.6.1992 को न्यायालय भेजा गया था। असलियत में यह घटना मुन्ना बजरंगी के साथ उसके विश्वस्त साथी कृपाशंकर चौधरी निवासी चन्दौली (मुम्बई में यू0पी0 एस0टी0एफ0 से हुई पुलिस मठभेड़ में मारा गया), रूपेश और मोनू भी शामिल थे। यह तीनों मुख्तार अंसारी गैंग के शूटर थे और मुम्बई में यू0पी0 एस0टी0एफ0 द्वारा मुठभेड़ में मारे गये। मुख्तार अंसारी का गहरा सम्बन्ध सतबीर गैंग से था और उसके शूटर सतबीर गैंग के साथ मिलकर पश्चिमी उत्तर प्रदेश, दिल्ली, उत्तराखंड, पंजाब, हिमाचल प्रदेश और हरियाणा में फिरौती के लिए अपहरण, रंगदारी और किराये पर हत्याएं करते थे।

मुन्ना बजरंगी, कुशल पाल त्यागी से खार खाता था और उसका मानना था कि कुशल पाल त्यागी की मुखबिरी के कारण दिल्ली में उसके साथ पुलिस मुठभेड़ हुई थी, जिसमें उसका साथी योगेन्द्र गूजर निवासी दादरी, नोयडा मारा गया था। मुन्ना बजरंगी को मरा समझकर मुर्दाघर ले जाया गया, जहां उसके शरीर में हरकत होने लगी और काफी दिन अस्पताल में रहकर वह बच गया। मुन्ना बजरंगी के घायल होने की सूचना पाते ही मुख्तार अंसारी ने अपने सम्पर्क सूत्रों, विशेषकर दिल्ली के चर्चित विवादास्पद नेता रोमेश शर्मा से सम्पर्क किया और सुप्रीम कोर्ट के कई नामी–गिरामी वकील अस्पताल पहुंच गये और घायल मुन्ना

बजरंगी की सुरक्षा के बारे में कार्यवाही सुनिश्चित करायी गयी। मुन्ना बजरंगी के सहयोगियों को शक था कि डी0पी0 यादव अपने धनबल से अस्पताल में आपरेशन के दौरान मुन्ना बजरंगी की हत्या करवा सकता है, जिसके कारण उसके सहयोगी हमेशा सतर्क रहते थे। मुन्ना बजरंगी हमेशा कहता था कि उसका यह हाल कुशल पाल त्यागी ने डी0पी0 यादव के साथ मिलकर कराया है। गाजियाबाद के बहुचर्चित इंस्पेक्टर प्रीतम सिंह सतबीर गैंग के बड़े सहयोगियों में माने जाते थे और अपराध जगत में यह चर्चित रहा कि लोनी के चैयरमैन राशिद, डी0पी0 यादव के भाई राम सिंह यादव, बहनोई कमलराज यादव, कुशल पाल त्यागी की हत्या में उनकी भूमिका रही थी, जो अन्त में उनकी स्वयं की हत्या का कारण बना।

11- तेज पाल सिंह त्यागी की हत्या

तेज पाल सिंह त्यागी, कानपुर विकास प्राधिकरण (के0डी0ए0) में अधिशासी अभियन्ता थे। उनकी भी हत्या वर्ष 1998 में कानपुर में ही कर दी गयी थी। इस घटना में कानपुर के ही मुन्ना, छोटे लाल, सीताराम, इन्द्रजीत, राजेन्द्र कुमार गुप्ता, मनीष और लक्ष्मण का नाम आया और उनका चालान भी किया गया। बताया गया कि उनकी हत्या टेन्डर के विवाद में हुयी थी। अपराध जगत में यह चर्चा अवश्य रही कि इस घटना के षडयन्त्र में कहीं न कहीं सतबीर गूजर गैंग का हाथ था। सतबीर गैंग ने ही इनके भाई एडवोकेट कुशल पाल त्यागी की भी हत्या करायी थी।

12- इंस्पेक्टर प्रीतम सिंह की हत्या (5 नवम्बर 1998)

इंस्पेक्टर प्रीतम सिंह, बिजनौर के रहने वाले थे और सब-इंस्पेक्टर होने के बाद उत्तर प्रदेश के पश्चिमी जिलों में ही तैनात रहे। वे गाजियाबाद के महत्वपूर्ण थानों पर थानाध्यक्ष रहे और उस दौरान वे दादरी के विधायक व जनता दल के कद्दावर नेता महेन्द्र सिंह भाटी के नजदीक आ गये। उनका संरक्षण पाकर वे गाजियाबाद में ही बहुत दिनों तक तैनात रहे। महेन्द्र भाटी द्वारा सतबीर गैंग को पनाह दिया जा रहा था। प्रीतम सिंह का भी सम्बन्ध सतबीर, उसके सहयोगी मुख्तार अंसारी और उसके गैंग के सदस्यों से हो गया था। सतबीर तो उनका अच्छा मित्र बन गया था।

प्रीतम सिंह की शादी का रिसेप्शन गाजियाबाद के चौधरी भवन में आयोजित किया गया था। उस समारोह में सतबीर अपने गुर्गों के साथ शामिल हुआ था। कुशल पाल त्यागी, प्रीतम सिंह का विरोधी था और डी0पी0 यादव व महेन्द्र फौजी के नजदीक था। एक वकील और गाजियाबाद बार एसोसिएशन का अध्यक्ष होने के कारण प्रीतम सिंह ने उसे भी अपनी शादी के रिसेप्शन में आमन्त्रित किया था। समारोह में कुशल पाल त्यागी अपने पांच-छः गुर्गों के साथ घुस आया और घुसते ही सतबीर गैंग के लोनी निवासी राजकुमार उर्फ बब्लू कसाना के पेट में गोली मार दी। सतबीर के सहयोगी, मुजफ्फरनगर के मोरना ब्लाक प्रमुख शोभा राम यादव के पैर में भी गोली लगी। इस गोली-बारी से समारोह में भगदड़ मच गयी और कई लोग घायल हुये। उस समय गाजियाबाद के एस0एस0पी0 उदयन परमार (आई0पी0एस0-1976) भी अपने इंस्पेक्टर के रिसेप्शन में शामिल थे। कुशल पाल त्यागी इस समारोह में हंगामा करवाकर ऐन-केन-प्रकारेण प्रीतम सिंह का तबादला करवाना चाहता था, जिसमें वह सफल भी हो गया। प्रीतम सिंह को तुरन्त बरेली भेज दिया गया और उनके विरूद्ध जांच बैठा दी गयी। इस घटना को समाचार-पत्रों ने प्रमुखता से छापा और इसी विवाद के कारण एक अच्छे आईपीएस अधिकारी एस0एस0पी0 गाजियाबाद उद्‌यन परमार का भी स्थानान्तरण हो गया। वे हरिद्वार 40वीं वाहिनी पी0ए0सी0 बटालियन के कमांडेन्ट बना दिये गये।

प्रीतम सिंह वर्ष 1998 में गाजियाबाद एस0टी0एफ0 में तैनात थे, परन्तु उनका परिवार पुराना कविनगर थाने के आवास सीए-21 में रहता था। उनका तबादला हो चुका था, लेकिन उन्होंने नये स्थान पर कार्यभार ग्रहण नहीं किया था। वह 5 नवम्बर 1998 को सुबह टहलने के बाद अपने घर की सीढ़ियां चढ़ रहे थे। उसी समय सुबह 7:20 बजे सफेद मारूती कार में सवार चार बदमाश उतरे और उन पर ए0के0-47 रायफल और पिस्तौलों से फायरिंग की गयी, जिससे मौके पर ही उनकी मृत्यु हो गयी। इस घटना की रिपोर्ट 5 नवम्बर 1998 को सुबह 7:20 बजे इंस्पेक्टर एस0टी0एफ0 रमेश चन्द्र शर्मा ने लिखायी थी। थाना कविनगर में मु0अ0सं0 628/1998 धारा 302 आईपीसी में अज्ञात बदमाशों के विरूद्ध मुकदमा कायम कराया गया था।

तत्कालीन डी0सी0पी0 क्राइम नई दिल्ली करनैल सिंह द्वारा मीडिया को दी गई सूचना के अनुसार, 25 वर्षीय गोरखपुर निवासी राजन तिवारी ने पूछताछ में घटना की योजना का खुलासा किया था। राजन तिवारी ने बताया था कि प्रीतम

सिंह की हत्या का षडयंत्र बिहार के पूर्व सांसद पप्पू यादव के घर में रचा गया था, जिसमें डी0पी0 यादव, पप्पू यादव, मुरादनगर गाजियाबाद निवासी राजपाल त्यागी, प्रताप मलिक, मोकामा निवासी लल्लन सिंह, मुजफ्फरपुर निवासी मुन्ना शुक्ला और पटना निवासी रितेश मिश्रा शामिल थे। डी0पी0 यादव उस समय राज्य सभा के संसद सदस्य थे। पप्पू यादव पूर्व लोक सभा सदस्य और राजपाल त्यागी समता पार्टी के विधायक थे।

दिल्ली पुलिस के अनुसार, राजन तिवारी ने बताया था कि राजपाल त्यागी, मोकामा बिहार के माफिया सूरजभान से मिले थे, जो उस समय पटना की बेउर जेल में बन्द था। सूरजभान ने राजपाल त्यागी के कहने पर प्रीतम सिंह की हत्या के लिए उसे व्यक्तिगत रूप से पटना बुलाकर दिल्ली भेजा था। सूरजभान ने उसे बताया था कि शूटर लल्लन और मुन्ना शुक्ला भी इस हत्या में शामिल होंगे। डी0पी0 यादव ने प्रीतम सिंह की हत्या के लिए 15 लाख रूपये की सुपारी दी थी। डी0पी0 यादव का मानना था कि उसके बड़े भाई राम सिंह यादव और बहनोई कमल राज यादव की हत्याओं के तार इंस्पेक्टर प्रीतम सिंह से जुड़े हुए है।

राजन तिवारी ने यह भी बताया था कि उसने बिहार के एम0एल0ए0 देवेन्द्र दुबे के साथ मिलकर सन् 1997 में मोतीहारी बिहार में जितेन्द्र सिंह की हत्या की थी। देवेन्द्र दुबे की भी हत्या बाद में बृज बिहारी प्रसाद गैंग द्वारा कर दी गयी थी। उसे पप्पू यादव, डी0पी0 यादव और प्रताप मलिक ने मुन्ना बजरंगी की भी हत्या करने के लिए कहा था, जो उस समय इलाहाबाद की नैनी जेल में बन्द था। राजन तिवारी ने बिहार में हो रहे गैंगवार के सम्बन्ध में भी जानकारी दी थी। उसने बताया था कि उसे बिहार जाकर बृज बिहारी प्रसाद गैंग के विनोद सिंह की हत्या करनी थी, जिसने विधायक देवेन्द्र दुबे, अमर सिंह, भूषण तिवारी, ड्राइवर अमरेन्द्र गुप्ता और घरेलू नौकर जयचन्द की सामूहिक हत्या बिहार के बदरिया गांव में की थी। इस शूटआउट में राजन तिवारी के पैर में गोली लगी थी। इसी दुश्मनी के कारण वह विनोद सिंह की हत्या करना चाहता था। प्रीतम सिंह की हत्या का खुलासा ट्रिब्युन अखबार ने 13फरवरी 1999 को करनैल सिंह डी0सी0पी0 क्राइम नई दिल्ली द्वारा दिये गये बयान के आधार पर प्रकाशित किया था।

प्रीतम सिंह की हत्या में राजन तिवारी निवासी सोहगौरा गोरखपुर, मोकामा बिहार निवासी लल्लन सिंह, मुजफ्फरपुर बिहार निवासी मुन्ना शुक्ला और

रितेश मिश्रा निवासी पटना शामिल थे। 28 अगस्त 1999 को प्रीतम सिंह हत्याकांड की विवेचना सी0बी0आई0 को दी गयी। सी0बी0आई0 ने साक्ष्य न मिलने के कारण इस मामलें में अन्तिम रिपोर्ट लगा दी। प्रीतम सिंह की हत्या के बाद उनके परिवार में ऐसा कोई नही था, जो इस मामलें की पैरवी कर सके। डी0पी0 यादव का बहनोई कमल राज यादव, भाई राम सिंह यादव एवं राजपाल त्यागी के भाई कुशल पाल त्यागी, सतबीर गैंग द्वारा मारे गये थे। अपराध जगत में यह चर्चित था कि इन्सपेक्टर प्रीतम सिंह का सतबीर गैंग से गहरा सम्बन्ध है और सतबीर गैंग द्वारा की गयी हत्याओं की योजनाओं में उनकी भूमिका रहती थी।

मुन्ना बजरंगी की भी हत्या की साजिश रची गयी थी, क्योंकि इन सभी हत्याओं में मुन्ना बजरंगी ही मुख्य शूटर था। मुन्ना बंजरंगी एक दुस्साहसी शूटर था और उस समय माफिया सरगना सतबीर व मुख्तार अंसारी का मुख्य सहयोगी बन गया था। सतबीर और मुख्तार अंसारी के कहने पर उसने पश्चिमी उत्तर प्रदेश, दिल्ली और हरियाणा में दर्जनों हत्याएं की। वह विशुद्ध रूप से प्रोफेशनल शूटर था और पैसे के लिये किसी की भी हत्या कर सकता था। नोयडा, गाजियाबाद में कुछ महत्वपूर्ण व्यक्तियों व रियल इस्टेट से जुड़े कई लोगों की हत्याएं मुन्ना बंजरंगी ने ही की थी, यह अलग बात है कि इन घटनाओं में अन्य किसी का नाम आया हो, जो मूलतः षडयन्त्रकर्ता रहें हों।

मुन्ना बजरंगी के साथ कई हत्याओं में दादरी गाजियाबाद का योगेन्द्र गूजर मुख्य सहयोगी था, जो दिल्ली पुलिस से हुई मुठभेड़ में मारा गया और पुलिस की कई गोलियां लगने के बावजूद मुन्ना बजरंगी जिन्दा बच गया। मुन्ना बजरंगी को मरा हुआ समझकर दिल्ली पुलिस उसे मुर्दाघर ले गई, लेकिन वहां पहुंचने पर उसके शरीर में हरकत होने लगी और उसे अस्पताल भेजा गया, जहां कई महीने भर्ती रहने के बाद वह स्वस्थ हो गया। प्रीतम सिंह की हत्या के समय मुन्ना बजरंगी इलाहाबाद की नैनी जेल में बन्द था, जिसके कारण उसकी हत्या की साजिश उस समय सफल नहीं हो पायी। **7 जुलाई, 2018 को बागपत जेल में शातिर अपराधी सुनील राठी द्वारा मुन्ना बजरंगी की हत्या कर दी गयी। अपराध जगत में यह चर्चा का विषय रहा कि जौनपुर के एक बाहुबली नेता और सेवा निवृत डिप्टी एस0पी0 जी0एन0 सिंह के पुत्र प्रदीप कुमार सिंह की इसमें मुख्य भूमिका थी।**

13-शोभा राम यादव, ब्लाक प्रमुख मौरना, मुजफ्फरनगर और शाहनवाज अंसारी की हत्या (जून 1994)

शोभाराम यादव, शातिर अपराधी सतबीर का बहुत खास और दबंग व्यक्ति था। शुरूआत में इसके द्वारा हत्या की गयी थी, जिसमें वह छूट गया था। इंस्पेक्टर प्रीतम सिंह की शादी के रिसेप्शन में वह सतबीर और उसके गुर्गों के साथ गया था, जहां महेन्द्र फौजी के कुछ गुर्गों द्वारा की गयी फायरिंग में राजकुमार कसाना के साथ घायल भी हुआ था। सन् 1994 में वह अपनी गाड़ी से मुजफ्फरनगर से गाजियाबाद जा रहा था। मुजफ्फरनगर-खतौली के बीच में महेन्द्र फौजी गैंग ने उसकी गाड़ी को ओवरटेक करके घेर लिया और अधाधुन्ध फायरिंग करके शोभाराम यादव और उसके मित्र शाहनवाज अंसारी, डिप्टी चैयरमैन, नगर पालिका गाजियाबाद की हत्या कर दी। ये दोनों सतबीर गैंग के शूटर तो नहीं थे, परन्तु वे सतबीर गैंग की सक्रिय रूप से मदद करते थे। इन दोनों की मौत भी महेन्द्र फौजी एवं सतबीर गैंग के बीच छिड़े गैंगवार की एक कड़ी थी।

14- प्रोफेसर सतबीर की हत्या (10 फरवरी 1991)

पेशे से प्रोफेसर सतबीर मेरठ कॉलेज में अध्यापक था, परन्तु उसका पढ़ाई-लिखाई से कोई लेना-देना नहीं था। वह राजनैतिक दाव-पेंच से मेरठ कॉलेज प्रबन्धन कमेटी द्वारा नियुक्त किया गया था। वह मेरठ के अपराधियों से अपराध करवाता था और उनसे अपना हिस्सा वसूलता था। प्रो0 सतबीर के सम्पर्क में अधिकतर जाट अपराधी थे। पैसो के लेन-देन में उसका स्वयं द्वारा पाले गये बदमाशों से झगड़ा हो गया और 10 फरवरी 1991 को मेरठ के वोल्गा होटल में अधाधुंध फायरिंग करके उसकी हत्या कर दी गयी, जहां वह दावत में भाग लेने गया था। यह हत्या भी बदमाशों की गैंगवार का ही परिणाम था।

15- जनवीर सिंह राठी की हत्या (3 अप्रैल 1991)

जनवीर सिंह राठी पेशे से आर0इ0एस0 (रूरल इंजीनियरिंग सर्विसेज) का जूनियर इंजीनियर था, परन्तु वह भी मेरठ के आपराधिक गैंग से जुड़ा रहता था। उसकी दोस्ती सतबीर गैंग के राजवीर रमाला और रवीन्द्र भूरा से थी। रविन्द्र भूरा भी आर0इ0एस0 में ठेकेदारी करता था। ब्लाक प्रमुख शिवचरन से भी जनवीर

राठी के अच्छे सम्बन्ध थे। रविन्द्र भूरा, मेरठ के सरधना, दौराला, बिनौली, मेरठ सदर सहित कई ब्लाकों में आर0इ0एस0 की ठेकेदारी करता था। भोपाल सिंह, भारतीय क्रान्ति दल (बाद में राष्ट्रीय लोकदल) का विधायक था और उसका भाई सुरेन्द्र दौरालिया भी ब्लाक प्रमुख था। दोनों भाइयों ने रविन्द्र भूरा से कहा कि तुम मेरे नाम से पैसा कमाते हो, अतः हमें भी हिस्सा दो। लेन-देन में झगड़ा बढ़ गया। जनवीर राठी, रविन्द्र भूरा का मित्र था, जिसके कारण विधायक भोपाल सिंह व उसके भाई सुरेन्द्र दौरालिया ने भी उससे दुश्मनी मान ली। जनवीर राठी की भी हत्या विधायक भोपाल सिंह के भाई सुरेन्द्र दौरालिया ने अपने गुर्गो की मदद से मेरठ एस0एस0पी0 आवास के तिराहे पर 3 अप्रैल 1991 को करा दी थी। यह हत्या भी सतबीर गूजर व महेन्द्र फौजी गैंग के गुर्गों के बीच चली गैंगवार का कड़ी थी।

16- ब्लाक प्रमुख शिवचरन की हत्या (3 दिसम्बर 1990)

भोपाल सिंह, चौधरी अजीत सिंह की पार्टी भारतीय क्रान्ति दल (बाद में राष्ट्रीय लोकदल) से विधायक था और वर्ष 1991 में पार्टी बदलकर मुलायम सिंह यादव की समाजवादी पार्टी में सम्मिलित हो गया था। केन्द्र में विश्वनाथ प्रताप सिंह की जनता दल सरकार गिर गयी थी और मुलायम सिंह ने पाला बदलकर समाजवादी पार्टी का गठन किया और अपना मुख्यमन्त्री पद बचा लिया था। उस समय मेरठ में वरिष्ठ पुलिस अधीक्षक के पद पर तैनात रहे बाबूलाल यादव (आई0पी0एस0 1975) ने मुख्यमन्त्री मुलायम सिंह यादव से भोपाल सिंह की बात करायी और वह चौधरी अजीत सिंह की पार्टी छोड़कर मुलायम सिंह की समाजवादी पार्टी में सम्मिलित हो गया। उसे एक हफ्ते में ही मन्त्री बनाया जाने वाला था। वह एक दबंग व्यक्ति था। उसने 3 दिसम्बर 1990 को पी0पी0 मोटर्स-पम्प, बेगमपुल मेरठ में कभी अपने पुराने साथी रहे शिवचरन, ब्लाक प्रमुख, बिनौली की हत्या कर दी। शिवचरन और भोपाल में वर्चस्व की लड़ाई चल रही थी और हत्या का तात्कालिक कारण भोपाल की एक महिला मित्र बनी, जो उसके द्वारा दिये गये लाल क्वाटर्स के शानदार आवास में रहती थी। शिवचरन भी आपराधिक प्रवृत्ति का था, वह भोपाल की महिला मित्र के पास पहुंच गया और उसके साथ छेड़छाड़ की। उस महिला ने तुरन्त टेलीफोन से भोपाल को सूचित किया, जो उस समय बेगम पुल पर ही अपने मोटर गैराज

पर बैठा था। महिला मित्र की बात सुनकर वह आग-बबूला हो गया। इसी बीच एक लड़के ने उसे सूचना दी कि गैराज के सामने पेट्रोल पम्प पर शिवचरन अपनी गाड़ी में तेल भरवा रहा है। भोपाल ने आव न देखा ताव, अपनी .315 बोर रायफल लेकर गैरेज के ठीक सामने पेट्रोल पम्प पर पहुंच गया और कई गोलियां मारकर ब्लाक प्रमुख शिवचरन की हत्या कर दी। उसकी सुरक्षा में लगे हेड कांस्टेबल कंचन गिरि, शैडो कांस्टेबल रामधन और कांस्टेबल महेन्द्र सिंह ने भी गोलियां चलायीं। भोपाल के साथ उसका भाई सुरेन्द्र सिंह दौरालिया और उसके पुत्र हरेन्द्र सिंह को भी इस घटना में नामित किया गया।

भोपाल को सत्ता का इतना नशा था कि उसने सबसे पहले थाने में रिपोर्ट लिखाई कि शिवचरन ने उसके ऊपर जान से मारने के लिये गोली चलायी और आत्मरक्षा में उसने व उसके सुरक्षा कर्मियों ने भी गोली चलायी, जिसमें शिवचरन मारा गया। शुरू में राजनैतिक दबाव के कारण पुलिस ने भी उसकी कहानी पर विश्वास किया, परन्तु शिवचरन के पास तो कोई हथियार ही नहीं मिला। मेरठ में ब्लाक प्रमुख की हत्या से हंगामा खड़ा हो गया और शिवचरन की पत्नी सरोज की रिपोर्ट पर भोपाल व उसके साथियों के विरूद्ध हत्या का मुकदमा कायम करना पड़ा। मजबूरी में राजनैतिक दबाव के बावजूद भी विधायक भोपाल सिंह और उसके साथियों की गिरफ्तारी मेरठ पुलिस को करनी पड़ी। भोपाल अपने राजनैतिक रसूख से जेल में बीमारी का बहाना बनाकर पी0एल0 शर्मा, जिला अस्पताल में दाखिल हो गया, जहां उसे सब सुख-सुविधायें उपलब्ध थीं। उसकी सुरक्षा में कई सुरक्षाकर्मी तैनात किये गये थे और न्यायिक कस्टडी में रहने के बावजूद वह अपने पास अपनी लाइसेन्सी रिवाल्वर भी रखता था।

17- भोपाल सिंह, विधायक, समाजवादी पार्टी की हत्या (28 जनवरी 1991)

शिवचरण सिंह की हत्या के बाद, राजवीर रमाला, रविन्द्र भूरा निवासी वलीदपुर दौराला भोपाल सिंह की हत्या की योजना तैयार करने लगे। शिवचरन का सम्बन्ध राजवीर रमाला और रविन्द्र भूरा से था, जो सतवीर और मुख्तार अंसारी गैंग से जुड़े हुए थे। विधायक भोपाल सिंह की हत्या की साजिश में मुख्य भूमिका मेरठ के चन्द्र प्रकाश त्यागी उर्फ चन्दर त्यागी ने निभायी। इस गैंग को पूरा विश्वास था कि उसके सहयोगी जूनियर इंजीनियर जनवीर राठी की हत्या, प्रोफेसर सतबीर की हत्या व अन्य कई घटनाओं में भोपाल का ही हाथ है।

शिवचरन की हत्या से सतबीर गैंग बौखला गया और उस गैंग के पथ-प्रदर्शक चन्द्र प्रकाश त्यागी ने अपनी बिरादरी के अपराधियों के साथ मुख्तार अंसारी गैंग के बदमाशों को भी जोड़ लिया।

दिल्ली में मेरठ के शातिर बदमाश बब्बू त्यागी की हत्या के बाद चन्दर त्यागी सक्रिय हो गया था। बब्बू त्यागी की हत्या तेजपाल गूजर ने की थी, जो महेन्द्र फौजी गैंग से जुड़ा हुआ था। दिल्ली और पश्चिमी उत्तर प्रदेश में तेजपाल गूजर और चन्द्र प्रकाश त्यागी द्वारा बनाये गये त्यागी-गैंग में गैंगवार चल रहा था। बब्बू त्यागी की हत्या तेजपाल गूजर ने पटियाला हाउस कोर्ट दिल्ली में की थी, जब वह अपने मुकदमें की तारीख पर गया था। तेजपाल गूजर ने बब्बू त्यागी के आपराधिक साम्राज्य पर कब्जा कर लिया था। चन्दर त्यागी गैंग और तेजपाल गूजर गैंग के बीच गैंगवार तेज हो गया और वे एक दूसरे गैंग के सदस्यों पर हमला करवाने लगे। तेजपाल भी अपने गुर्गों के साथ त्यागी गैंग पर लगातार हमलें कर रहा था।

भोपाल सिंह की हत्या का षडयन्त्र, चन्द्र प्रकाश त्यागी ने रच ही दिया। वह जानता था कि यदि भोपाल सिंह, मुलायम सिंह सरकार में मंत्री बन गया, तो वह पश्चिमी उत्तर प्रदेश के ठेकों पर कब्जा कर लेगा। भोपाल सिंह सत्तासीन समाजवादी पार्टी का विधायक बन चुका था और मेरठ पुलिस व प्रशासन पर उसका दबदबा कायम हो चुका था। सत्ता के नशे में चूर होकर ब्लाक प्रमुख शिवचरण की हत्या करके वह इसका संदेश भी दे चुका था। ब्लाक प्रमुख शिवचरन की हत्या के बाद उसके सहयोगियों का विश्वास पुलिस पर से खत्म हो गया था और वे मेरठ पुलिस को भी भोपाल के सहयोगी के तौर पर ही देख रहे थे।

28 जनवरी 1991 की सुबह भोपाल अपने सुरक्षा कर्मियों के साथ अस्पताल परिसर में चहल-कदमी कर रहा था। ठंडक के कारण कोहरा भी था, जिसके कारण सतबीर गैंग के गुर्गे वहां पहुंच गये और आटोमैटिक हथियारों से अधाधुन्ध फायरिंग करके विधायक भोपाल सिंह की हत्या कर दी। उसके साथ लगाये गये सुरक्षा कर्मी डर के कारण दुबक करके अपनी जान बचाये। हत्या के इस सनसनीखेज मामले में भोपाल के पुत्र जोगेन्द्र ने कृष्णपाल निवासी बिलौडी, भोजपुर गाजियाबाद, राम नरेश उर्फ रामू निवासी बामनौली थाना दोघट मेरठ, राजवीर रमाला निवासी रमाला बागपत, धर्मपाल

उर्फ भेड़िया निवासी बामनौली थाना दोघट मेरठ को नामजद किया, परन्तु ये शातिर अपराधी बहुत दिनों तक गिरफ्तार नहीं हो सके।

उस समय अपराध जगत में भी यह चर्चा थी कि हत्या की साजिश त्यागी गैंग के सरगना चन्द्र प्रकाश उर्फ चन्दर त्यागी निवासी भूनी थाना सरूरपुर द्वारा रची गई थी। पटियाला हाउस कोर्ट के बाहर बब्बू त्यागी की हत्या के बाद चन्द्र प्रकाश त्यागी ने त्यागी गैंग की कमान सम्भाल ली थी। वह एल0एल0बी0 पास था और बहुत शातिर दिमाग का था। वह स्वयं कोई अपराध नहीं करता था, परन्तु दिल्ली में अपना अड्डा बनाकर उसने त्यागी गैंग और सतबीर गैंग को एक साथ मिला दिया था। दोनों गैंग के मिलने से इस गैंग की ताकत काफी बढ़ गयी। पश्चिमी उत्तर प्रदेश तथा दिल्ली में हुये तेजपाल और त्यागी गैंग में कई बार गोलियां चलीं, जिसमें दोनों तरफ से ए0के0-47 असाल्ट रायफलों का प्रयोग हुआ। तेजपाल और महेन्द्र फौजी गैंग के कई गुर्गे मारे जा चुके थे। भोपाल सिंह की रविन्द्र भूरा और राजवीर रमाला से दुश्मनी चल रही थी, जो सतबीर गैंग के सक्रिय सदस्य थे। विधायक भोपाल सिंह, सतबीर के विरोधी गैंग महेन्द्र फौजी के बहुत नजदीक आ गया था, जो उसकी हत्या का एक कारण बना।

भोपाल सिंह की हत्या में मुख्य भूमिका राजवीर रमाला की थी। राजवीर रमाला उस समय पूर्वी उत्तर प्रदेश के माफिया सरगना मुख्तार अंसारी के बहुत करीब आ गया था और भोपाल सिंह की हत्या में सतबीर गैंग के सदस्यों के साथ मुख्तार अंसारी गैंग ने भी मुख्य भूमिका निभायी थी। पुलिस रिकार्ड में कुछ भी हो, परन्तु अपराध जगत में यह चर्चा रही कि इस हत्या में राजवीर रमाला, रविन्द्र भूरा के अलावा मुख्तार अंसारी, अताउर्रहमान उर्फ बाबू, निवासी महरूपुर गाजीपुर, प्रेम प्रकाश सिंह उर्फ मुन्ना बजरंगी जौनपुर, गुरमीत बाबा, प्रभुजोत सिंह डिम्पी निवासी मुक्तसर फरीदपुर आदि ने मुख्य भूमिका निभायी थी। इस घटना में एक स्विफ्ट डिजायर कार, लाल बत्ती लगी कन्टेसा कार व होण्डा सिटी कार का इस्तेमाल किया गया था। भोपाल की हत्या के लिए बदमाश तीन गाड़ियों में आये थे। मुख्य शूटरों में मुन्ना बजरंगी, राजवीर रमाला, रविन्द्र भूरा स्विफ्ट डिजायर गाड़ी में सवार थे, जिसे सरदार डिम्पी चला रहा था। बाकी बदमाश दो अन्य गाड़ियों में बैकअप के तौर पर चल रहे थे।

मुख्तार अंसारी का पश्चिमी उत्तर प्रदेश और पंजाब में मजबूत नेटवर्क

राजवीर रमाला, सतवीर के साथ मुख्तार अंसारी के भी बहुत नजदीक था। उस समय दिल्ली, हरियाणा, हिमाचल प्रदेश, उत्तराखण्ड व पंजाब में राजवीर रमाला का बहुत अच्छा नेटवर्क था, जिसका इस्तेमाल मुख्तार अंसारी ने अपने नेटवर्क को बढ़ाने में किया। उस समय पश्चिमी उत्तर प्रदेश के बदमाश, गाजीपुर के मुख्तार अंसारी को छद्म नाम ''महबूब भाई'', अताउर्रहमान उर्फ बाबू को ''जावेद भाई'' और मुन्ना बजरंगी को लोग ''शमीम भाई'' के नाम से जानते थे। उनका असली नाम केवल राजवीर रमाला ही जानता था। उस समय मुख्तार अंसारी की माली हालत अच्छी नहीं थी और वह पैसा कमाने के लिये हर किस्म का अपराध करता था। अपराध जगत में चर्चा रही कि जब भी राजवीर रमाला पर पश्चिमी उत्तर प्रदेश, दिल्ली एवं हरियाणा में दबाव पड़ता था तो वह भागकर गाजीपुर मुख्तार अंसारी के घर में रहता था। मुख्तार अंसारी उसे अपने सम्पर्क सूत्रों के माध्यम से पटना में भी रखता था। अपनी फरारी की हालत में राजवीर रमाला ने काफी समय मुख्तार अंसारी के यहां बिताया था।

इंस्पेक्टर प्रीतम सिंह की नजदीकियां, सतबीर गैंग से सर्वविदित हो चुकी थी। उनको प्रशासनिक आधार पर रायबरेली भेजा गया। अपराध जगत में चर्चा रही कि इंस्पेक्टर प्रीतम सिंह ने सतबीर और मुख्तार अंसारी गैंग को मजबूत बनाया। यह भी कहा जाता है कि उन्होंने रायबरेली के एक बाहुबली विधायक से सतबीर की दोस्ती करा दी थी। सतबीर और मुख्तार अंसारी के गुर्गों को रायबरेली के अलावा लखनऊ में भी ठहराया जाता था।

राजवीर रमाला के पन्द्रह-बीस विश्वस्त साथी, दिल्ली और पश्चिमी उत्तर प्रदेश में सक्रिय थे, जो उसकी फरारी में उसके लिये काम करते थे। अपराध जगत में बहुचर्चित था कि राजवीर रमाला के एक फोन पर दिल्ली, नोयडा, फरीदाबाद आदि जगहों के व्यापारी लाखों रूपया गाजीपुर मुख्तार अंसारी के यहां पहुंचा देते थे। मुख्तार अंसारी को शुरूआत में पैसा दिलाने वाला राजवीर रमाला ही था। दिल्ली पुलिस के एसीपी राजबीर सिंह ने 28 मार्च 1995 को मेहरौली रोड दिल्ली में राजबीर रमाला को मुठभेड़ में मार गिराया था। उसके साथ दूसरा गैंगस्टर इन्द्रपाल सिंह भी मारा गया। एसीपी

राजबीर ने काजीपुर मेरठ निवासी शातिर अपराधी रणपाल गूजर को कुछ महीने बाद ही फरीदाबाद हरियाणा में मुठभेड़ में मार गिराया। कहा जाता है कि मुख्तार अंसारी ने शिमला के जडेजा बिल्डर की हत्या मुन्ना बजरंगी, राजवीर रमाला तथा अताउर्रहमान उर्फ बाबू से करवायी थी।

नोयडा के एम0के0 अग्रवाल बिल्डर का अपहरण मुख्तार अंसारी गैंग के इन्हीं बदमाशों ने मिलकर किया था और पच्चीस करोड़ रूपये की फिरौती मांगी थी, जिसमें मुख्तार अंसारी गिरफ्तार हुआ था और तिहाड़ जेल में रहने के दौरान पश्चिमी उत्तर प्रदेश, दिल्ली, हरियाणा, पंजाब व उत्तराखण्ड के बदमाशों से मेल-जोल बढ़ाकर अपना नेटवर्क मजबूत कर लिया था।

मुख्तार अंसारी के मजबूत नेटवर्क का उसे बहुत फायदा मिला। हरियाणा के एक मुख्य राजनैतिक परिवार से उसके गहरे सम्बन्ध बने और दिल्ली में उस राजनेता के बंगले में रहकर मुख्तार के बेटे उमर और अब्बास दिल्ली के गोयनका स्कूल में पढ़ते थे। उसके सम्बन्ध पंजाब के शातिर बदमाश सरदार प्रभजोत सिंह डिम्पी और जसविन्दर रॉकी से बने। यह दोनों कनाडा में पढ़े लिखे थे और फर्राटे से अंग्रेजी बोलते थे। उत्तर प्रदेश में भी यह दोनों काफी सक्रिय रहे और मुख्तार अंसारी गैंग द्वारा किये गये अपराधों में भूमिका निभायी। डिम्पी 7 जुलाई 2006 को सुखना लेक पंचकुला में मारा गया और जसविन्दर रॉकी 1 मई 2016 को शिमला से पंजाब आते समय रास्ते में एम्बुश करके मार दिया गया। मुख्तार अंसारी को ए0के0-47, ए0के0-56, .45, 30 स्टार और 9एमएम की आधुनिक पिस्तौलें सरदार डिम्पी द्वारा ही दी गयी थी। तमाम घटनाओं में ए0के0-47 और .45 पिस्तौल, मुख्तार अंसारी गैंग के सिग्नेचर वेपन बन गये थे।

मुख्तार अंसारी गैंग द्वारा वाराणसी के नन्द कुमार रूगंटा, कोयला व्यवसायी व विश्व हिन्दू परिषद के अन्तर्राष्ट्रीय कोषाध्यक्ष का भी फिरौती के लिये अपहरण वाराणसी में उनके घर से 22 जनवरी 1997 में किया गया था और फिरौती के करोड़ों रूपये लेकर झूंसी प्रयागराज में उनकी हत्या कर दी गयी थी।

रूगंटा की हत्या के बाद मुख्तार अंसारी ने दिल्ली से कोयला व्यापारी वेदप्रकाश गोयल का उनके घर से अपहरण किया। गोयल, कोयला के बहुत बड़े व्यापारी थे और उनका कोलकाता में भी कार्यालय था। इस अपहरण को मुख्तार

अंसारी, राजवीर रमाला, अताउर्रहमान उर्फ बाबू, रविन्द्र भूरा, डिम्पी सरदार आदि ने अंजाम दिया था और पच्चीस करोड़ रूपये की फिरौती मांगी थी। मुख्तार अंसारी दिल्ली में फिरौती की रकम लेने स्वयं पहुंचा और दिल्ली पुलिस के जाल में फंस गया। वेद प्रकाश गोयल को पंचकुला, हरियाणा में रखा गया था, जहां से वे पुलिस की तत्परता से जिंदा बच गये। मुख्तार अंसारी पर दिल्ली न्यायालय में "टाडा" (टेररिस्ट एण्ड डिसरप्टिव एक्टिविटीज प्रिवेन्शन एक्ट) में मुकदमा चलाया गया और वह काफी दिनों तक दिल्ली की तिहाड़ जेल में रहा।

18- दुष्यन्त वार्ष्णेय की हत्या (23 जून 1993)

दुष्यन्त वार्ष्णेय की मेरठ में नेशनल शुगर इन्डस्ट्रीज, दिल्ली रोड पर थी। वह चीनी मिलों में प्रयोग होने वाली मशीनें बनाता था। पश्चिमी उत्तर प्रदेश में मुख्य रूप से गन्ने का उत्पादन होता है और दर्जनों शुगर मिलें लगी हैं, जिसमें वह मशीनों के कल-पुर्जों की सप्लाई करता था। उसका मेरठ के बड़े व्यापारियों और अधिकारियों के बीच उठना-बैठना था। दुष्यन्त को बदमाशों से मेलजोल रखने का बड़ा शौक था। 1990 के दशक व उसके बाद फिरौती के लिये अपहरण, बदमाशों का मुख्य धन्धा बन चुका था। बड़े व्यापारियों का अपहरण करके लाखों रूपयों की फिरौती वसूली जाती थी। कई बार व्यापारी पुलिस को सूचना भी नहीं देते थे और चुपचाप फिरौती की रकम देकर अपनी जान बचाते थे। अपराध जगत में चर्चा थी कि दुष्यन्त वार्ष्णेय फिरौती की रकम वसूलने में बदमाशों के लिये मध्यस्थ का काम करता था, जिससे उसकी भी अच्छी कमाई हो जाती थी।

23 जून 1993 को अपने दुष्यन्त वार्ष्णेय दिल्ली रोड स्थित अपने फैक्ट्री कार्यालय में बैठे थे। दिन में करीब 2:45 का समय था। फैक्ट्री गेट पर एक कार रूकी और सिक्योरिटी गार्ड धमका कर फैक्ट्री का गेट खोलवा लिया गया। कार सीधे वार्ष्णेय के कार्यालय के सामने रूकी। कार से तीन बदमाश ए0के0-47 लिये फुर्ती से उतरे और दनदनाते हुए वार्ष्णेय के चैम्बर में घुस गये। वार्ष्णेय को कार्यालय से खींचकर बाहर ले आये और गालियां देते हुए ए0के0-47 रायफलों से गोलियों की बौछार कर दी। वार्ष्णेय की तुरन्त मृत्यु हो गयी। वार्ष्णेय के सहायक बाबू गुप्ता पुत्र जयनाथ प्रसाद वैश्य निवासी 534 खैर नगर थाना देहलीगेट भी मारे गये।

लोकेश कुमार पुत्र नरेन्द्र कुमार निवासी 154 वैस्टर्न कचहरी रोड मेरठ द्वारा थाना ब्रहमपुरी मेरठ में मु0अ0सं0 219/1993 धारा 302/307 आईपीसी उसी दिन 3:40 बजे अज्ञात बदमाशों के खिलाफ कायम कराया गया। मैं तुरन्त घटनास्थल पर पहुँचा और कानूनी कार्यवाही शुरू की। मौके पर ए0के0-47 रायफलों के खोखे कारतूस जमीन पर बिछे पड़े थे। मैने तुरन्त अपनी टीम को लगाया और इस जघन्य हत्या कांड के खुलासे में समय नही लगा। कुख्यात सतबीर गैंग के रविन्द्र उर्फ भूरा पुत्र भंवर सिंह जाट वलीदपुर दौराला, राजबीर रमाला पुत्र जीत सिंह रमाला बागपत और शौवीर पुत्र जिले सिंह जाट निवासी तिसर खाँ थाना बीबी नगर बुलन्द शहर की संलिप्तता की जानकारी उजागर हुई। पश्चिमी उत्तर प्रदेश और दिल्ली में पुलिस का दबाव पड़ने पर राजबीर रमाला और रविन्द्र भूरा, गाजीपुर, मऊ, बलिया, आजमगढ़ और बिहार में मुख्तार अंसारी के ठिकानों पर शरण पाते थे। हरियाणा के बहुचर्चित गांव चौटाला में भी इन्हें शरण मिलती थी। राजबीर रमाला का आतंक हरियाणा, दिल्ली, उत्तराखण्ड और हिमांचल प्रदेश में भी था। इन बदमाशों के विरूद्ध **2 अगस्त 1993 को चार्जशीट न्यायालय में प्रेषित की गयी, परन्तु वे गिरफ्तार नही हो पाये। राजबीर रमाला 28 मार्च 1995 को दिल्ली पुलिस से हुई मुठभेड़ में मारा गया।**

रविन्द्र भूरा जेल में था और 17 अक्टूबर 2006 को मेरठ कचहरी में उसकी पेशी थी। न्यायालय के आदेश से उसे पेशी के समय एक दर्जन पुलिसकर्मी उपलब्ध कराये गये थे। रविन्द्र भूरा के ऊपर लगभग 3 दर्जन से अधिक हत्या, फिरौती के लिए अपहरण और रंगदारी वसूलने के मुकदमें चल रहे थे, जो पश्चिमी उत्तर प्रदेश, दिल्ली, हरियाणा, पंजाब और हिमांचल प्रदेश से थे। रविन्द्र भूरा ने राजबीर रमाला के साथ मेरठ के समाजवादी पार्टी के विधायक भोपाल सिंह की भी हत्या 28 जनवरी 1991 को पी0एल0 शर्मा जिला अस्पताल मेरठ में कर दी थी। **भूरा की कुख्यात अजय जडेजा गैंग से दुश्मनी चल रही थी। जैसे ही भूरा न्यायालय परिसर में पहुँचा, सुरक्षा घेरे को तोड़ता हुआ जडेजा गैंग का राजेन्द्र चुरूमुठ उसके पास पहुंच गया और भूरा के सिर में पिस्टल की 3 गोलियां उतार दी। पुलिस द्वारा भी गोली चलायी गयी, जिसमें राजेन्द्र चुरूमुठ, भूरा का भतीजा गौरव चौधरी और मेरठ पुलिस का कांस्टेबल मनोज मारे गये।**

19- सुरेन्द्र दौरालिया की हत्या (7 अगस्त, 2001)

सुरेन्द्र दौरालिया, मुलायम सिंह की समाजवादी पार्टी से जुड़ा हुआ था और सरधना, मेरठ से एम0एल0ए0 का चुनाव भी लड़ चुका था। अपने भाई भोपाल सिंह की हत्या के बाद प्रतिशोध में की गयी कई हत्याओं में उसका नाम आया। मैंने 3 जुलाई 1991 को एस0एस0पी0 मेरठ का कार्यभार ग्रहण किया था और एक महीने बाद ही इसकी गिरफ्तारी दिल्ली में हो गयी। मैं, दो वर्ष से अधिक समय तक मेरठ में तैनात रहा और मेरे रहते हुये दौरालिया ने अपनी जमानत नहीं करवायी। जुलाई, 1993 में मेरठ से मेरा स्थानान्तरण एस0एस0पी0, आगरा के पद पर हो गया। मेरे स्थानान्तरण के बाद सुरेन्द्र दौरालिया जमानत पर आया और समाजवादी पार्टी से एम0एल0ए0 का चुनाव लड़ा, परन्तु हार गया। यह दौराला का ब्लाक प्रमुख रह चुका था और उसके अपराधियों से अच्छे संबंध थे। अपनी दुश्मनी के कारण वह काफी सतर्क रहता था। सुरेन्द्र दौरालिया सुरक्षा कारणों से अपने मकान के ऊपरी कमरे में रहता था, जहां सीढ़ी लगाकर ही जाया जा सकता था। यह सीढ़ी भूतल के एक कमरे से ऊपर गयी थी, जहां दौरालिया रात में मजबूत लोहे के दरवाजे बन्द कर लेता था, जिससे कोई ऊपर न आ सके। उसकी दुश्मनी सतबीर गैंग के शातिर अपराधी रवीन्द्र भूरा, राजवीर रमाला आदि से थी, जो ब्लाक प्रमुख शिवचरन के सहयोगी रहे थे, जिसकी हत्या दौरालिया के बड़े भाई विधायक भोपाल सिंह द्वारा दिन-दहाड़े वर्ष 1991 में की गयी थी।

विरोधी गैंग सुरेन्द्र दौरालिया को ठिकाने लगाने के लिये प्रयासरत था, परन्तु सुरेन्द्र अपनी चालाकी से वह बच रहा था। एक दिन लालकुर्ती मेरठ क्षेत्र में उसके बंगले पर एक जीप पहुंची और कुछ वर्दीधारी जीप से उतरे। नीचे से ही आवाज दी गयी कि डिप्टी एस0पी0 सदर, मेरठ कोई जरूरी बात करना चाहते हैं। दौरालिया उस समय शराब के नशे में सो रहा था। उसकी पत्नी ने पुलिस टीम समझकर भूतल का दरवाजा खोल दिया, जिससे वर्दीधारी बदमाश दनदनाते हुये ऊपरी कमरे में पहुंच गये और सुरेन्द्र दौरालिया सहित उसकी पत्नी रीता चौधरी की भी हत्या कर दी। यह सनसनीखेज हत्याकाण्ड 7 अगस्त, 2001 को घटित हुआ था।

महेन्द्र फौजी, सतबीर और पश्चिमी उत्तर प्रदेश के माफियाओं के पसंदीदा हथियार

2

सुन्दर भाटी और नरेश भाटी में गैंगवार

ग्राम घंघोला, नोएडा निवासी सुन्दर भाटी और नोएडा के ही रिठोरी का रहने वाला नरेश भाटी, कुख्यात सतबीर गूजर गैंग के सदबस्य थे। सतबीर गूजर, ग्राम मेवला भट्टी लोनी गाजियाबाद का रहने वाला था। शुरूआत में सतबीर गूजर और उसी गाँव का महेन्द्र फौजी, जिगरी दोस्त थे। दोनों को दो जिस्म और एक जान के रूप में जाना जाता था। अपराध जगत में दोस्ती और दुश्मनी जान देकर निभाई जाती है। यह कथन सतबीर गूजर और महेन्द्र फौजी पर अक्षरशः लागू होती थी, लेकिन परिस्थितियाँ ऐसी बदली कि दोनों एक-दूसरे के जान के प्यासे हो गये। दोनों गिरोहों में ऐसा गैंगवार छिड़ा कि दिल्ली, हरियाणा और पश्चिमी उत्तर प्रदेश के कई राजनेताओं सहित दर्जनों बदमाश गैंगवार की भेंट चढ़ गये। महेन्द्र फौजी, मई 1994 में बुलन्दशहर पुलिस द्वारा मुठभेड़ में मारा गया और 3 वर्ष बाद ही 1997 में सतबीर गूजर को दिल्ली पुलिस ने द्वारिका में मार गिराया।

सतबीर गैंग में रहने के दौरान सुन्दर भाटी और नरेश भाटी की दोस्ती परवान चढ़ी। सतबीर के मारे जाने के बाद नरेश भाटी और सुन्दर भाटी मिलकर अपराध करने लगे। दिल्ली, हरियाणा और पश्चिमी उत्तर प्रदेश में दोनों फिरौती के लिए अपहरण, किराये पर कत्ल, रंगदारी, लूट और डकैती जैसे जघन्य अपराध करने लगे। पश्चिमी उत्तर प्रदेश, दिल्ली और हरियाणा के व्यापारी, बिल्डर, प्रापर्टी डीलर और कारखानों के मालिक इनके नाम से ही थर-थर काँपते थे। एक फोन पर ही दोनों लाखों रूपये वसूल लेते थे। यदि किसी ने आनाकानी की तो उसकी मौत निश्चित थी। दोनों के पास ए0के0-47, .30 स्टार पिस्टल सहित अत्याधुनिक रायफलें और पिस्तौलें थी। दोनों ने मिलकर काफी धन अर्जित कर

लिया। अपराध जगत में इन दोनों की दोस्ती के किस्से दिल्ली, हरियाणा और पश्चिमी उत्तर प्रदेश में मशहूर थे।

नरेश भाटी का परिवार कभी सीधे-साधे, पढ़े-लिखे और इज्जतदार लोगों की गिनती में आता था। नरेश भाटी के चाचा दिल्ली में एस0डी0एम0 थे और ताऊ विदेश मंत्रालय में तैनात थे। उसके पिता खेती-बाड़ी का काम संभालते थे। नरेश भाटी और उसके परिवार के लोग नोएडा में प्रापर्टी का भी काम करते थे। प्रापर्टी का धंधा ही ऐसा है, जहां पैसे के साथ-साथ दुश्मनी भी बिना मांगे मिलती है। 90 के दशक में प्रापर्टी के विवाद में नरेश भाटी के दादा, पिता और ताऊ की हत्याएँ कर दी गयी। स्वयं की जान बचाने, पिता और दादा की हत्या का बदला लेने के लिए नरेश भाटी ने हथियार उठा लिया।

इसके बाद वह और उसका परिवार अपराध के दलदल में धँसता चला गया। परिवारवालों की हत्या का बदला लेने के लिए ही, नरेश भाटी, सतबीर गूजर गैंग में शामिल हुआ था। सुन्दर भाटी ने अपने मित्र नरेश भाटी का साथ दिया और जान की बाजी लगा कर उसके परिवारवालों की मौत का बदला भी लिया। काफी धन कमा लेने के बाद दोनों ने राजनीति में आकर माननीय बनना चाहा। वे अपने बाहुबल से पश्चिमी उत्तर प्रदेश के शातिर माफिया मदन भइया और डी0पी0 यादव की तरह विधायक बनना चाहते थे।

सुन्दर भाटी और नरेश भाटी में गैंगवार

हितों के टकराव के कारण दोनों दोस्त, दुश्मन बन बैठे। सुन्दर भाटी, सिकन्दराबाद में ट्रक यूनियन पर कब्जा करना चाहता था। 1990 दशक के अन्तिम दिनों में नरेश भाटी की अपने साथी सुन्दर भाटी से सिकंद्राबाद में ट्रक यूनियन पर कब्जे को लेकर दरार पड़ गयी। इसके बाद दोनों एक-दूसरे के जानी-दुश्मन बन गये। दोनों गैंग के बीच नोएडा और ग्रेटर नोएडा में स्क्रैप और ट्रांसपोर्ट के ठेकों को लेकर कई बार गोलियां चली। इस गैंगवार में कर्मचारी यूनियन के दो प्रेसीडेंट भी मारे गये। दादरी के स्क्रैप व्यापारी फरमान अली की हत्या भी इसी गैंग के बीच चलने वाली गैंगवार का नतीजा थी।

राजनीति में कदम

नरेश भाटी अपने बाहुबल से जिला पंचायत नोएडा का चेयरमैन बन गया था। वह लालबत्ती वाली गाड़ी में घूमता था। उसके साथ पुलिस का गनर भी

रहता था। अब नरेश भाटी का रूतबा काफी बढ़ चुका था, जिसको सुन्दर भाटी बर्दास्त नही कर पा रहा था। नरेश भाटी अब आम चुनाव 2002 में दादरी विधान सभा सीट से चुनाव लड़कर विधायक बनना चाहता था। दादरी विधान सभा सीट पर कभी गूजर बिरादरी के बड़े नेता महेन्द्र भाटी का कब्जा होता था, जिनकी हत्या सितम्बर 1992 में कर दी गयी थी। नरेश भाटी को विश्वास था कि वह आसानी से गूजर बाहुल्य दादरी विधान सभा से चुनाव जीत जायेगा। नरेश भाटी के चुनाव लड़ने की बात सुनकर, सुन्दर भाटी का पारा सातवें आसमान पर चढ़ गया और वह हर हालत में नरेश भाटी को विधायक बनने से रोकना चाहता था। दादरी विधान सभा से सुन्दर भाटी ने ओम प्रकाश चौटाला की भारतीय राष्ट्रीय लोक दल से पर्चा भरा, जबकि नरेश भाटी ने निर्दलीय उम्मीदवार के रूप में पर्चा भर दिया। ओम प्रकाश चौटाला ने खुद सुन्दर भाटी के लिए दादरी में चुनाव रैली करके वोट मांगे, परन्तु चुनाव में दोनों हार गये। वे एक–दूसरे को अपनी हार का कारण मानने लगे।

गैंगवार की शुरूआत

वर्ष 2003 में नरेश भाटी मेरठ के कस्बा खरखौंदा गये थे। सुन्दर भाटी गैंग ने उन पर हमला कर दिया। इस हमलें में नरेश भाटी का ड्राइवर और गनर मारे गये, जबकि नरेश भाटी ने भाग कर जान बचायीं। 28 मार्च 2004 को सुन्दर भाटी ने नरेश भाटी पर घंघोला गांव की पुलिया पर पुनः हमला करवाया। अब की बार भाग्य ने नरेश भाटी का साथ नही दिया और वे मारे गये। उस समय वह जिला पंचायत के चेयरमैन थे। इस घटना में सुन्दर भाटी गैंग का नाम आया।

नरेश भाटी की मौत के बाद उसके भाई रणपाल भाटी ने गैंग की कमान संभाली। उसने पलटवार किया और वर्ष 2005 में सुन्दर भाटी के भाई प्रताप पटवारी सहित तीन लोगों की हत्या कर दी। पुलिस ने दोनों गिरोहों पर शिकंजा कसना शुरू कर दिया।

27 मई 2006 की रात में सिकन्द्राबाद में रणपाल भाटी पुलिस मुठभेड़ में मारा गया। रणपाल भाटी पर उस समय एक लाख रूपये का पुरस्कार घोषित था।

रणपाल की मौत के बाद उसके छोटे भाई रणदीप ने गैंग की कमाल संभाली जिसमें उसका भांजा अमित कसाना भी शामिल हुआ। इस गैंग में अनिल दुजाना और नन्दू उर्फ रावण भी शामिल हो गये। पेशी पर लाते समय 11 फरवरी

2013 को बिजनौर में नन्दू उर्फ रावण की हत्या कर दी गयी। क्रास फायरिंग में घिटोरा खेकड़ा निवासी बदमाश बब्लू गूजर भी मारा गया, जो सुन्दर भाटी गैंग से जुड़ा था। इस घटना के दो महीने बाद ही हापुड़ में पेशी के दौरान सुन्दर भाटी गैंग का चक्रसेनपुर बादलपुर निवासी अशोक की हत्या कर दी गयी। गैंग-वार चरम सीमा पर पहुँच गया था। नरेश भाटी गैंग अब बौखलाहट की सीमा पार कर गया था और हर-हालत में सुन्दर भाटी का खात्मा करना चाहता था। 18 नवम्बर 2011 को सुन्दर भाटी अपने साले की शादी में शामिल होने गाजियाबाद जिले के साहिबाबाद के एक मैरिज होम में आया था। नरेश भाटी का भांजा अमित कसाना, गैंग के साथ मैरिज हॉल में घुस गया और सुन्दर भाटी को निशाना बनाते हुए गोली-बारी शुरू कर दी। सुन्दर वहाँ से भाग निकला, परन्तु इस हमलें में तीन लोग मारे गये। वर्ष 2013 में खेड़ी के प्रधान जयचन्द, धूमनखेड़ा के नन्दू और समाजवादी पार्टी के नेता डबरा निवासी चमन भाटी की हत्याएं इसी गैंगवार की एक कड़ी थी। चमन भाटी हत्याकांड में नरेश भाटी के छोटे भाई रणदीप भाटी का नाम आया।

नरेश भाटी का छोटा भाई रणदीप भाटी ने रणपाल भाटी की मौत के बाद गैंग की कमान संभाली थी। पुलिस द्वारा रणदीप गैंग को आईएस-298 के नाम से पंजीकृत किया गया। रणदीप पर भी एक लाख रूपये का पुरस्कार घोषित किया गया, जिसके गैंग में एक समय 22 शातिर बदमाश शामिल थे। गैंग लीडर रणदीप को गिरफ्तार कर लिया गया। रणदीप का छोटा भाई कुलबीर भी गैंग में शामिल हो गया। सुन्दर भाटी को पुलिस ने वर्ष 2014 में गिरफ्तार करके जेल भेज दिया, लेकिन उसका भाई सिंगराज भाटी फरार हो गया। नरेश भाटी की हत्या के बाद सुन्दर भाटी का दबदबा बढ़ता गया। उसके बाहुबल से उसकी पत्नी दो बार ब्लाक प्रमुख बनीं। वर्ष 2014 में होली के अवसर पर एक नेता की पहल पर दोनों परिवारों के बीच समझौता हुआ। दोनों गिरोहों के बीच हुए गैंगवार में 50 से अधिक लोग मारे गये थे।

सुन्दर भाटी को आजीवन कारावास की सजा

दिसम्बर 2014 में घंघोला गाँव के एक निर्माणाधीन मकान से नोएडा पुलिस ने कुख्यात सुन्दर भाटी को गिरफ्तार किया था। उस समय उसका गैंग डी-11 के नाम से पंजीकृत था। सुन्दर भाटी पर गौतमबुद्ध नगर में 27, हरियाणा में 7,

बुलन्दशहर में 5, मेरठ में 1 और गाजियाबाद में 2 मुकदमें सहित कुल 42 मुकदमें दर्ज थे। सुन्दर भाटी, जेल से ही अपना गैंग चला रहा था, जिसके कारण उसे सोनभद्र जेल भेज दिया गया था। समाजवादी पार्टी नेता हरेन्द्र नागर की हत्या में सुन्दर भाटी सहित 12 लोगों को 25 मार्च 2021 को दोषी करार देते हुए आजन्म कारावास की सजा सुनाई गयी। अपर सत्र न्यायाधीश नोएडा अनिल कुमार सिंह की अदालत ने सुन्दर भाटी, योगेश, विकास पंडित, कालू, दिनेश, अनूप भाटी, यतेन्द्र चौधरी, सोनू, बॉबी, ऋषिपाल, सिंगराज तथा सुरेन्द्र पंडित को दोषी करार दिया था। सत्र न्यायालय ने हरेन्द्र नागर के सरकारी गनर भूदेव शर्मा के परिजनों को जुर्मानें के एक लाख 80 हजार रूपये में से 50 प्रतिशत हिस्सा देने को आदेश दिया। हरेन्द्र नागर की हत्या नियाना गाँव में 8 फरवरी 2015 को की गयी थी। फायरिंग में गोली लगने से सुन्दर भाटी गैंग का एक बदमाश भी मारा गया था। यह पहला मौका था कि पश्चिमी उत्तर प्रदेश के किसी बड़े गैंग लीडर को आजीवन कारावास की सजा मिली थी।

3

पुलिस की बारात

3 जुलाई, 1991 को मेरी नियुक्ति वरिष्ठ पुलिस अधीक्षक, मेरठ के पद पर हुई थी। 24 मई 1992 को रविवार का दिन था। मैं अपने कार्यालय से दिन के 1:30 बजे लौट कर आवास आकर गोपनीय कार्यालय में बैठा ही था, कि मुझे सूचना मिली की पुलिस लाइन में रहने वाले विकलांग हवलदार महेन्द्र त्यागी की हत्या कर दी गई है। मैं तुरंत पुलिस लाइन के ओ-ब्लाक पहुँचा। हवलदार महेन्द्र त्यागी की हत्या उनके गले की नस काट कर की गयी थी और उनके मुँह पर एक टेप चिपका हुआ था। हवलदार महेन्द्र त्यागी, वर्ष 1989 में कुख्यात अपराधी बब्बू त्यागी के गनर थे। बब्बू त्यागी जमानत पर छूट कर आया था और मेरठ यूथ कांग्रेस का जिलाध्यक्ष बन गया था। यूथ कांग्रेस का जिलाध्यक्ष बनते ही बब्बू त्यागी का रूतबा बढ़ गया। इस शातिर अपराधी को कांग्रेस पार्टी की सिफारिश पर गनर दे दिया गया। बब्बू त्यागी ने अपने बिरादरी के हवलदार महेन्द्र त्यागी को अपने साथ गनर ड्युटी में लगवाया था।

बब्बू त्यागी 29 जनवरी, 1990 को नई दिल्ली के पटियाला हाऊस कोर्ट में अपने मुकदमे की पेशी में गया हुआ था, जहाँ महेन्द्र त्यागी उसकी सुरक्षा ड्यूटी में लगे थे। उसी दिन पटियाला हाऊस कोर्ट परिसर में उसके दुश्मन तेजपाल गूजर, जो कभी बब्बू का सहयोगी था, अपने साथियों के साथ आ धमका और बब्बू त्यागी पर गोलियों की बौछार कर दी। हवलदार महेन्द्र त्यागी जब तक कुछ समझ पाते, उन्हें भी गोली लग गई। उन्हें तुरन्त अस्पताल भेजा गया तो पता चला कि गोली उनके स्पाइनल कार्ड में घुस गई है। वे बच तो गये लेकिन उन्हें लकवा मार गया और वह पूरी तरह विकलांग हो गये। अब उनकी दिनचर्या बिस्तर तक ही सीमित हो कर रह गई। पत्नी उषा त्यागी उनकी देखभाल में लगी रहती थी। मैं, हर शुक्रवार को पुलिस लाइन में परेड पर जाता

था, तो वह अपने पति को व्हील चेयर पर बैठाकर अक्सर मुझसे मिलती थी और मैं दवा आदि की व्यवस्था करता रहता था। नियमतः उन्हें सेवानिवृति दे दी जानी चाहिये थी, परन्तु मानवता के आधार पर मैंनें उन्हें सेवानिवृत नहीं किया था और पुलिस लाइन में उन्हें टेलीफोन ड्यूटी पर दिखाया जाता था।

एक ऐसा पुलिसकर्मी जो अपने बिस्तर तक सीमित रह गया हो और किसी से कोई दुश्मनी न हो, की हत्या होना आश्चर्यजनक था। मैंने, मेरठ एवं पश्चिमी उ0प्र0 के माफिया सरगनाओं के खिलाफ अभियान छेड़ रखा था और उस समय मुझे सभी कुख्यात अपराधियों के बारे में पूर्ण जानकारी थी। मुझे यह समझने में समय नहीं लगा कि यह हत्या तेजपाल गूजर द्वारा कराई गयी है। तेजपाल गूजर पटियाला हाऊस में बब्बू त्यागी की सनसनीखेज हत्या के गवाहों की एक-एक करके हत्या कर चुका था और हवलदार महेन्द्र त्यागी ही एक अकेले मुख्य गवाह बचे थे। वह घटना में स्वयं गंभीर रूप से घायल हुए थे, अतः उनकी अकेली गवाही पर तेजपाल गूजर को सजा मिलना तय था। तेजपाल गूजर हत्या के इस मामले की अंतिम कड़ी को समाप्त करना चाहता था और अंततः सफल हो गया था। मेरठ पुलिस लाइन काफी बड़ा है जिसमें करीब एक हजार जवान और उनके परिवार के लोग रहते थे। महेन्द्र त्यागी का आवास तीन मंजिले फैमिली क्वार्टर के भूतल पर था। दिन दहाड़े पुलिस लाइन में हत्या कर फरार हो जाना बड़ी दु:साहसिक घटना थी। ऐसी घटना से जनमानस में भी गलत संदेश जाता है कि जब पुलिस के जवान अपने घर में ही सुरक्षित नही है तो दूसरे की सुरक्षा कैसे करेंगे।

महेन्द्र त्यागी की हत्या तेजपाल गूजर ने बड़े ही सुनियोजित ढंग से करवाया था। इस घटना के करीब पन्द्रह-बीस दिन पहले महेन्द्र पाल त्यागी के आवास पर एक व्यक्ति आया और अपने को ग्राम छपरौला, गाजियाबाद का कुलदीप त्यागी नाम बताकर परिचय दिया। बाद में जानकारी हुई कि वह व्यक्ति कुलदीप त्यागी न होकर तेजपाल गैंग का शातिर अपराधी अजीत पाल गूर्जर था। तथाकथित कुलदीप त्यागी ने हवलदार त्यागी से अपनी बहन का फोटो दिखाकर रिश्ता करवाने का आग्रह किया। उसने यह भी बताया कि जब वह बब्बू भैय्या के साथ डयूटी पर थे, तो वे किन-किन महत्वपूर्ण त्यागी समाज के व्यक्तियों के घर जाते थे। एक असहाय व्यक्ति जो दो साल से अधिक समय से बिस्तर पर पड़ा हो उसके पास कोई व्यक्ति आकर बात-चीत कर ले तो उसे बड़ी ही

मानसिक शान्ति मिलती है। इसी का फायदा उठाकर उसने कहा कि उसे त्यागी समाज के महत्वपूर्ण व्यक्तियों ने बताया है कि उसकी बहन का रिश्ता आप आसानी से तय करा सकते हैं। महेन्द्र ने उसे बताया कि वह घर छोड़कर कहीं जा नहीं पाते हैं, अतः उनके लिए रिश्ता तय कराना आसान नहीं है, लेकिन उसके बार-बार आग्रह करने पर वे रिश्ता तय कराने के लिए तैयार हो गये। ग्राम छपरौला गाजियाबाद त्यागियों का एक महत्वपूर्ण गाँव है। महेन्द्र त्यागी ने कुलदीप त्यागी की बातों पर विश्वास कर लिया। कुलदीप कुछ दिन बाद पुनः महेन्द्र त्यागी के आवास पुलिस लाइन में आकर मिला।

परिवार ने उसका आवभगत किया और बातचीत में महेन्द्र ने उसे बताया कि पुलिस लाइन में ही उसके क्वार्टर के पास रहने वाले एक कॉन्सटेबल सेवक राम त्यागी का पुत्र विवाह योग्य है। सेवकराम त्यागी, उनकी पत्नी और पुत्र को वहीं बुला लिया गया और कुलदीप त्यागी से उनका परिचय कराया गया। कुलदीप त्यागी ने अपनी बहन का फोटो दिखाया। लड़की बड़ी खुबसूरत और पढ़ी लिखी थी। छपरौला गाँव के त्यागी वैसे भी बड़े सम्मानित माने जाते थे। फोटो देखकर सेवकराम त्यागी, उनकी पत्नी और बेटे ने अलग हट कर विचार-विमर्श किया और शादी करने के लिए सहमत हो गये। कुलदीप ने यह भी कहा कि वह अपनी इकलौती बहन की शादी बड़ी धूम-धाम से करना चाहता है और वह काफी दहेज भी देगा। उसने कहा कि वह इस रिश्ते से बहुत खुश है और अपने माता-पिता से बात करके एक हफ्ते बाद पुनः आने का वादा करके चला गया।

कुलदीप 24 मई, 1992 को दोपहर करीब 12 बजे महेन्द्र त्यागी के आवास पर पहुँचा और सेवकराम त्यागी और उनकी पत्नी के साथ-साथ महेन्द्र त्यागी की पत्नी को लड़की देखने के लिए आग्रह किया। महेन्द्र त्यागी की पत्नी ने कहा कि उनका जाना संभव नहीं है, क्योंकि उनके दो छोटे बच्चों के अलावा घर पर कोई नहीं है, जो उनके बिना पति की देखभाल कर सकें। इस पर कुलदीप ने कहा कि उसके साथ आए उसके रिश्तेदार देवेन्द्र त्यागी यहां रह कर उनकी देखभाल कर लेंगे। केवल चार-पांच घंटे की ही तो बात है, लड़की देखकर शाम तक वापस आ जायेंगे। महेन्द्र त्यागी की पत्नी ने उसका आग्रह स्वीकार कर लिया और उस व्यक्ति के द्वारा लायी गयी सफेद एम्बेसडर कार में बैठकर सेवकराम त्यागी और उनके परिवार के साथ गाजियाबाद चली गयी।

परिवार के रवाना होने के कुछ देर बाद तक तथाकथित देवेन्द्र त्यागी, महेन्द्र त्यागी से बातचीत करता रहा। उसने कहा कि उसके कुछ मित्र कचहरी में आए हैं और वे भी आपसे मिलना चाहते हैं। वह 15-20 मिनट में दो और व्यक्तियों को अपने साथ ले आया और सभी बातचीत, हँसी-मजाक करने में मशगूल हो गये। उस समय भयंकर गर्मी पड़ रही थी और फैमिली क्वार्टर में रहने वाले जवानों के परिवार अपने घरों के अन्दर थे। लू चलने के कारण पुलिस कॉलोनी में चहल-पहल गायब थी। घर में महेन्द्र त्यागी के अलावा उनके 8 और 6 वर्ष के दो छोटे बच्चे ही थे, जो घर में ही खेल रहे थे। इन तीनों व्यक्तियों में से एक ने फुर्ती से अपनी जेब से ल्यूकोप्लास्ट निकालकर महेन्द्र त्यागी के होंठों पर चिपका दिया और दो व्यक्तियों ने बच्चों का मुंह दबाकर बाथरूम में बंद करके बाहर से कुंडी लगा दी। पूर्णत: विकलांग महेन्द्र त्यागी की आवाज भी बन्द हो गयी थी। बदमाशों ने उस्तरे से उनके गले की मोटी नस काट दी। इन तीनों बदमाशों के पास .32 बोर की एफएम ब्राउनिंग बेल्जियन पिस्तौलें थी, परन्तु उन्होंने गोली मारकर हत्या इसलिए नहीं किया, क्योंकि गोली की आवाज से वे पुलिस लाइन में पकड़े जा सकते थे।

पुलिस लाइन पहुंचते ही मैंने बारीकी से निरीक्षण किया और मुझे यह समझने में देर नही लगी कि यह हत्या तेजपाल गूजर द्वारा सुनियोजित ढंग से करा कर बब्बू त्यागी हत्याकांड के अन्तिम गवाह को भी खत्म कर दिया गया है। पूर्णत: विकलांग व्यक्ति की हत्या का और कोई कारण हो ही नहीं सकता था। घटना के तुरंत बाद महेन्द्र त्यागी के एक रिश्तेदार घर पर आये और घुसते ही कमरे में बिस्तर पर महेन्द्र त्यागी को मरा हुआ पाया था और उन्होंनें ही बच्चों को बाथरूम से बाहर निकाला। पड़ोसियों को एम्बैसडर कार का नंबर भी मालूम नहीं था। कुछ बच्चों ने मुझे बताया कि महेन्द्र त्यागी के घर के बाहर एक काले रंग की स्कूटर खड़ी थी, जिस पर तीन लोग बैठ कर चले गये थे।

मैंने तुरंत वरिष्ठ पुलिस अधीक्षक गाजियाबाद को घटना की जानकारी दी और उनसे अनुरोध किया कि वे छपरौला गाँव तथा उसके आस-पास के होटलों की चेकिंग करवा लें क्योंकि बदमाशों द्वारा उनकी भी हत्या की जा सकती थी। काले रंग की स्कूटर बहुत कम संख्या में होते हैं, अत: मैंने जिले भर के थानाध्यक्षों को तुरंत वायरलैस से निर्देशित किया कि वह अपने-अपने क्षेत्र में सड़कों पर चेकिंग करना शुरू करें और काले रंग के स्कूटर पर तीन सवारी को रोक कर पूछताछ

किया जायें। मेरा अनुमान था कि तेजपाल गूजर अपने गाँव बिचपुरी थाना अमीनगर सराय मेरठ (अब बागपत), अवश्य जायेगा और उसके शूटर भी वहां जा सकते हैं। तेजपाल गूजर के पिता मूलतः बिचपुरी के ही रहने वाले थे, जो दूध के कारोबार के लिए चन्द्रावल, दिल्ली में बस गये थे। मेरा अनुमान सही निकला और मेरठ देहात में थाना बालेनी के सामने से काले स्कूटर से गुजर रहे तीन लोगों को थानाध्यक्ष दुलारे लाल ने रोक लिया। तीनों स्कूटर छोड़कर भागने लगे और पुलिस फोर्स पर गोलियां चलायीं। दुलारे लाल की टीम ने उन्हें घेर कर हथियार डालने पर मजबूर कर दिया।

तीनों बदमाशों के पास से बेल्जियम की बनी एफएम ब्राउनिंग पिस्तौलें बरामद हुई। गिरफ्तार व्यक्तियों के नाम नारायन पुत्र विश्राम निवासी 2/25 गली नं0-5 ब्रहमपुरी थाना सीलमपुर नई दिल्ली, नवीन कुमार पुत्र ऋषि कुमार निवासी प्रेम सिंह लहरिया-सराय जिला दरभंगा बिहार तथा तीसरे का नाम सोनू उर्फ हरदयाल पुत्र नारायण सिंह निवासी 883 प्रेमनगर थाना रूपनगर, नई दिल्ली मालूम हुआ। मैं, तुरन्त थाना बालेनी पहुंचा और स्वयं तीनों बदमाशों से पूछताछ की। उन्होंने हत्या का राज खोल दिया। वे तीनों तेजपाल गैंग के शार्प शूटर थे और महेन्द्र त्यागी की हत्या की योजना तेजपाल ने बना कर यह हत्या करवाई थी। वह स्वयं कार से मेरठ आया था और तीनों शूटर खाली हाथ बस से आये थे। तेजपाल, मेरठ के एक होटल में रूका और वहीं पर तीनों शूटरों को बुलाकर पिस्तौलें थमाई। उसने, यह साफ-साफ कहा कि महेन्द्र त्यागी की हत्या गला काट कर किया जाये। किसी भी हालत में गोली न चलाई जायें अन्यथा पुलिस लाइन में घेरे जा सकते हैं। पिस्तौल का प्रयोग उसी समय किया जाए जब पुलिस द्वारा उन्हें घेरने का का प्रयास किया जाए।

हवलदार महेन्द्र त्यागी की दर्दनाक हत्या से मुझे बड़ा आघात पहुंचा। अखबारों में भी पुलिस की कड़ी आलोचना स्वाभाविक थी। मैंने उसी समय पुलिस के जवानों के बीच प्रतिज्ञा की कि मैं एक महीने के अंदर इस माफिया को अंतिम अंजाम तक पहुँचा कर ही दम लूंगा। मैं स्वयं दिल्ली सहित पश्चिमी उत्तर प्रदेश में तेजपाल के ठिकानों पर लगातार रेड करता रहा। दिल्ली में तेजपाल और उसके विरोधी त्यागी गैंग में खूनी जंग छिड़ी थी और उसमें दोनों तरफ के कई बदमाश मारे जा चुके थे। राजधानी में हो रही गैंगवार दिल्ली पुलिस के लिए सिर दर्द बन गयी थी। दिल्ली पुलिस भी तेजपाल की गिरफ्तारी के लिए जीं-जान से जुटी थी। दिल्ली में हो रहे गैंगवार से राजधानी पुलिस की बदनामी हो रही थी और गृह शंकर राव चव्हाड़ मन्त्री भारत सरकार पुलिस

कमिश्नर एम0बी0 कौशल (आई0पी0एस0-1963) को इस गैंग को काबू करने के लिये लगातार दबाव बनाये हुये थे।

माफिया सरगना तेजपाल गूजर

तेजपाल गूजर का जन्म 23 मार्च, 1958 को चन्द्रावल, दिल्ली निवासी फकीरचंद के घर हुआ था। फकीरचंद गूजर ग्राम बिचपुरी थाना अमीनगर सराय मेरठ से चन्द्रावल जाकर बस गये थे और दूध का कारोबार करके परिवार का गुजर बसर करते थे। उनके चार बेटे थे- गोपाल, महिपाल, तेजपाल और ब्रहमपाल। तीन बेटियॉ भी थी। तेजपाल का बांया हाथ बचपन से ही खराब था, जिसको लेकर फकीरचंद चिंतित रहते थे। वह चाहते थे कि तेजपाल ठीक से पढ़ लिख ले तो उसकी जिंदगी सुधर जायेगी, परन्तु ऐसा नहीं हो सका। तेजपाल ने कमलानगर के बिड़ला स्कूल से पाँचवी तो जैसे-तैसे पास कर ली लेकिन इसके आगे वह पढ़ नहीं पाया।

जब वह ग्यारह-बारह साल का था, तभी उसने उद्दंड युवकों के साथ उठना-बैठना शुरू कर दिया था। 15 साल का हुआ तो उसने चाकूबाजी की छोटी-मोटी वारदातें करना शुरू किया। उसकी गतिविधियां 1970 से शुरू हो गयी थी। तेजपाल पर चाकूबाजी का सबसे पहला मुकदमा वर्ष 1973 में थाना सब्जी मंडी, दिल्ली में दर्ज हुआ। उसकी मुलाकात बहुचर्चित प्रताप सिंह कैरो हत्याकांड के अपराधी सूर्या से हुई और उसके कहने पर उसने अपने भाई महिपाल के साथ मिलकर मुकीमपुरा सब्जीमंडी में विनोद की हत्या कर दी। इस हमले में तेजपाल को जेल जाना पड़ा। वर्ष 1973 में तेजपाल पर तीन अन्य मुकदमें भी थाना सब्जीमंडी, दिल्ली में दर्ज किये गये।

एक बार जेल में रह आने के बाद तेजपाल की अपराधिक गतिविधियॉ बढ़ती गयीं। देखते-देखते उसका आतंक शक्तिनगर, कमलानगर, चंद्रावल और रूपनगर में फैल गया। अब वह चाकू के बल पर ठेला वाले, पटरी और छोटे-छोटे दुकानदारों से 'हफ्ता' वसूलने लगा था। कुछ ही दिनों में उसके ऊपर थाना सब्जीमंडी, रूपनगर, रोशनआरा रोड, तिलकमार्ग, कालकाजी और मंगोलपुरी आदि थानों में हत्या, डकैती और लूट के कई मुकदमें दर्ज हुए और वह कई बार जेल गया। अब वह शातिर बदमाश बन चुका था। जेल रहकर उसकी मुलाकात कई शातिर बदमाशों से हुई थी। तेजपाल ने उन्हें भी अपने गैंग में

शामिल कर लिया। तेजपाल का आतंक चरम सीमा पर तब पहुँचा, जब उसने वर्ष 1985 में शास्त्री नगर इलाके में राजू की हत्या कर दी। यह हत्या उसने अपने मित्र अनिल के लिए की थी। दरअसल राजू भी चाकूबाज था। उसने, अनिल के जीजा पर चाकू से हमला किया था। अनिल ने तेजपाल से शिकायत की और तेजपाल ने दिन-दहाड़े सड़क पर राजू को दौड़ा-दौड़ा कर चाकू मारा जिससे उसकी मौके पर ही मौत हो गई। इस हत्या से तेजपाल के आतंक की कोई सीमा नही रहीं और बाजारों में उसकी हफ्ता वसूली बढ़ गयी। वह बड़े दुकानदारों को फोन कर के रंगदारी वसूलने लगा। स्थिति यहां तक पहुंच गई कि लोग उसकी शिकायत थाने में करने से डरने लगे।

जेल में बब्बू त्यागी और मदन भइया से मुलाकात

राजू की हत्या का मुकदमा थाना सब्जीमंडी दिल्ली में दर्ज हुआ, जिसका मुख्य गवाह था, राजू का दोस्त हरकेश। तेजपाल जब राजू की हत्या के मामले में तिहाड़ जेल में बंद था, तो उसकी मुलाकात बब्बू त्यागी और जावली लोनी के माफिया मदन भइया से हुई। पश्चिमी उ0प्र0 और पूर्वी दिल्ली में सक्रिय मदन गूजर उर्फ मदन भइया पर हत्या, डकैती और अपहरण के कई मुकदमें चल रहे थे। मदन भइया और तेजपाल में घनिष्टता बढ़ गई जिसका एक कारण यह भी था कि दोनों गूजर जाति के थे। संयोग से उन्हीं दिनों हरिकेश भी एक मामले में गिरफ्तार होकर तिहाड़ पहुंचा था। मदन भइया जानता था कि हरिकेश का संबंध शातिर अपराधी नरेन्द्र त्यागी उर्फ बब्बू त्यागी से है जो जिला मेरठ के ग्राम खजुरी का रहने वाला था। बब्बू त्यागी भी उस समय जेल में ही था। मदन भैया ने तेजपाल को आश्वासन दिया कि वह बब्बू से कहकर हरिकेश को गवाही न देने के लिए राजी करवा लेगा। मदन ने अपना वादा निभाया और हरिकेश ने राजू हत्याकांड में गवाही नहीं दी, जिसके फलस्वरूप तेजपाल गूजर, राजू हत्याकांड से बरी हो गया। तेजपाल, अब बब्बू त्यागी और मदन भइया से मिलकर अपराध करने लगा।

उन दिनों नरेन्द्र त्यागी उर्फ बब्बू त्यागी का दिल्ली और पश्चिमी उ0प्र0 में बड़ा आतंक था। बब्बू त्यागी मेरठ के कुख्यात अपराधी सुनील त्यागी का उत्तराधिकारी बन गया था, जो पुलिस मुठभेड़ में वर्ष 1987 में मारा जा चुका था। सुनील त्यागी ग्राम कालन्द, थाना सरधना का रहने वाला था और मेरठ में

ही बैंक डकैती करके कुख्यात हो चुका था। सुनील त्यागी का मुख्य काम धनाढ्य लोगों का अपहरण कर धन वसूलना तथा किराये पर हत्या करना था। बब्बू त्यागी ने अपने गुरू सुनील त्यागी के नक्शे-कदम पर चलना शुरू किया और जल्दी ही मेरठ, गाजियाबाद, मुजफ्फरनगर, बुलन्दशहर और दिल्ली में भी अपराध करने लगा। अब उसका एक शक्तिशाली संगठित गिरोह बन चुका था।

जेल से बाहर आकर तेजपाल, बब्बू त्यागी का दाहिना हाथ बन गया। वह उसका एहसानमंद भी था क्योंकि राजू हत्याकाण्ड में गवाहों को तोड़ने में बब्बू की भी मुख्य भूमिका थी। बब्बू त्यागी अब पश्चिमी उत्तर प्रदेश, दिल्ली के व्यापारियों से हफ्ता वसूलने लगा, जिसमें एशिया की सबसे बड़ी फल-सब्जी मण्डी आजाद नगर भी थी। वह अपने बाहुबल पर ठेकेदारों को सरकारी टेण्डर दिला देता था और टेण्डर लेने वाले से मोटी रकम वसूलता था। जिस दिन टेण्डर खुलता था, बब्बू अपने गैंग के साथ पहुंच जाता था और उसको देखकर लोगों की हिम्मत नही होती थी कि वो टेण्डर-फार्म खरीद सकें। टेण्डर-फार्म, वही खरीदते थे जिसको बब्बू त्यागी चाहता था। इसके अलावा बड़े-बड़े धनपतियों को धमका कर मनचाही रकम वसूल लेता था। वह अपने गैंग के सदस्य को किसी धनाढ्य व्यक्ति के पीछे लगा देता था जो कई दिन पीछा करके उसकी गतिविधियों पर नजर रखता था।

वह कितने बजे घर से कौन सा कपड़ा पहन कर निकला, बच्चों को स्कूल किस गाड़ी से पहुंचाया और कब अपने दफ्तर गया आदि की जानकारी उसके गुर्गे, बब्बू तक पहुंचाते थे। बब्बू त्यागी फोन करता था- "वाह लाला, आज कल आपकी काफी कमाई हो रही हैं। आज आप लाल टी-शर्ट और काली पैंट पहनकर अपनी काली ऐम्बेसडर गाड़ी से जिन जगहों पर गये थे, उन सब की जानकारी मेरे पास है। यह शब्द सुनते ही, व्यक्ति के होश ठिकाने आ जाते थे। कभी-कभी बब्बू, लाला के घर के बाहर फायरिंग करवा देता था और कभी लिफाफे में एक कारतूस चिट्ठी के साथ घर में फेंकवा देता था। लोग इतने दहशत में आ जाते थे कि बब्बू उनसे मनमानी रकम वसूल लेता था और उसके खिलाफ पुलिस में शिकायत करने की किसी में हिम्मत नहीं होती थी। तेजपाल भी करीब 3 साल तक बब्बू का सहयोगी बनकर अपराधिक गतिविधियों में लगा रहा।

बब्बू, त्यागी गिरोह का मुखिया था और तेजपाल उस गिरोह का मामूली-सा सदस्य। उसे हिस्सा भी उसी हिसाब से मिलता था। तेजपाल की महत्वाकांक्षाएं

बहुत ज्यादा थी उसने सोचा कि बब्बू का पिछलग्गू बनकर उसे बहुत कुछ मिलने वाला नही है, क्यों न वह स्वयं का गैंग बनाकर माफिया सरगना बन जायें। बब्बू के साथ रहकर उसके तमाम बदमाशों से सम्बन्ध बन गये थे और उसने अपराध करने के गुर अपने बॉस बब्बू त्यागी से सीख लिए थे। एक सुनियोजित योजना बनाकर उसने बब्बू त्यागी का साथ छोड़ा और अपना अलग गिरोह बना लिया। सन् 1988 में तेजपाल पुनः जेल गया।

बब्बू त्यागी भी उस समय जेल में था। पैसे के लेन-देन को लेकर उसका बब्बू त्यागी से झगड़ा हो गया। झगड़े के पीछे मुख्य वजह प्रापर्टी डीलर इन्द्रपाल तोमर द्वारा लोनी क्षेत्रा में खरीदी गई 25 एकड़ जमीन थी। इस जमीन पर तेजपाल और बब्बू त्यागी दोनों की नजरें थी। तोमर ने वह जमीन तेजपाल गूजर को दे दिया। यहीं से तेजपाल और बब्बू त्यागी गिरोह के बीच खूनी जंग शुरू हो गई। दोनों गिरोहों के लोग आमने-सामने आ गये और दिल्ली की सड़कों पर दिन-दहाड़े फायरिंग और हत्याओं का सिलसिला शुरू हो गया। दोनों की वसूली का इलाका एक ही था, जिसमें एशिया की सबसे बड़ी सब्जी-फल मंडी, आजादपुर प्रमुख थी। आजादपुर सब्जी मंडी, देश ही नही बल्कि एशिया की सबसे बड़ी सब्जी मंडी है। यहां देश के कोने-कोने से थोक में सब्जियां और फल हजारों ट्रकों द्वारा लायी जाती है और थोक में बिक्री होती हैं। इस सब्जी मंडी में उत्तर प्रदेश, हरियाणा, उत्तराखंड, पंजाब, हिमाचल, कर्नाटक, मध्य प्रदेश, जम्मू कश्मीर, महाराष्ट्र और राजस्थान से सब्जियां और फल रोजाना आते हैं और थोक का काम करने वाले आढ़तिये पड़ौसी राज्यों और दिल्ली में भेजते हैं।

वर्ष 1987 में बब्बू त्यागी तिहाड़ जेल में काफी दिनों से बंद था और उसकी जमानत नही हो पा रही थी। बस क्या था, तेजपाल को तो बिन मांगी मुराद मिल गयीं। मैदान खाली था, बस उस पर बाहुबल से कब्जा करना था। जेल में बंद होने के कारण बब्बू का अपने गुर्गो पर पकड़ ढ़ीली पड़ गई थी। तेज पाल ने त्यागी गिरोह के कुछ सदस्यों को तोड़कर और अपने गुर्गो को मिलाकर अपना अलग मजबूत गिरोह बना लिया। तिहाड़ जेल में बंद बब्बू त्यागी को जब यह सूचना मिली कि तेजपाल उसके गुर्गो को तोड़ कर अपना गैंग बना लिया है, तो वह बिलबिला उठा। उसने तेजपाल को धमकी भिजवाई कि जेल से बाहर आते ही वह उसे मार देगा, उसको वह हल्के में न लें। तेजपाल, बब्बू की धमकी से जरा भी विचलित नहीं हुआ और उसने तुरन्त निर्णय ले लिया कि बब्बू त्यागी को जेल से बाहर आते ही मार डालना है, अन्यथा वह उसका जीना हराम कर देगा।

जब बब्बू त्यागी जेल से बाहर आया, तब तक तेजपाल का गैंग काफी शक्तिशाली हो चुका था। उसने बब्बू त्यागी के इलाके पर कब्जा जमा लिया था, जिसमें एशिया की सबसे बड़ी फल-सब्जी मंडी आजादनगर भी शामिल थी। अब उसके पास न तो पैसे की कमी थी और न ही गिरोह की ताकत। **दिल्ली पुलिस के आंकड़ों के अनुसार तेजपाल की उस समय की कमाई पचहत्तर हजार से एक लाख रूपये प्रतिदिन थी। अपराध जगत में चर्चित था, कि उसे केन्द्रीय मंत्री बलराम जाखड़ और एच0के0एल0 भगत का संरक्षण प्राप्त था। वह दिल्ली पुलिस के एक डी0आई0जी0 और पुलिस के कुछ निचले स्तर के अधिकारियों के सम्पर्क में रहता था। इसलिए बब्बू त्यागी चाहकर भी तेजपाल का कुछ बिगाड़ नही पाया।**

बब्बू त्यागी अपनी गुंडई के बल पर ग्राम खजुरी थाना परीक्षितगढ जनपद मेरठ स्थित अपने गांव के इंटर कालेज का प्रबंधक बन गया था। वर्ष 1988 में फलावदा, मेरठ निवासी कांग्रेसी विधायक जकीउद्दीन ने उसे कांग्रेस पार्टी में शामिल करवा दिया और अपने राजनैतिक प्रभाव से मेरठ पुलिस लाइन से हवलदार महेन्द्र त्यागी को उसकी सुरक्षा में लगवा दिया था। कुछ वरिष्ठ कांग्रेसी नेता भी चाहते थे कि चुनावी जीत में बब्बू त्यागी का बाहुबल पार्टी के लिए बहुत लाभदायक होगा।

29 जनवरी, 1990 को बब्बू त्यागी, चन्द्रप्रकाश त्यागी निवासी मेरठ की मारूति कार लेकर पटियाला हाऊस कोर्ट दिल्ली पहुँचा। पटियाला हाऊस कोर्ट में उसे अपने केस के सिलसिले में जानकारी हासिल करनी थी। बब्बू के साथ उसका अंगरक्षक महेन्द्र त्यागी तथा एक अन्य व्यक्ति भी था। कार से उतरकर बब्बू ने अपने साथी को कोर्ट में भेज दिया और स्वयं महेन्द्र त्यागी के साथ कैंटीन की ओर चला गया। ठीक उसी समय तेजपाल अपने दो साथियों विधान सिंह और जमील के साथ पटियाला हाऊस कोर्ट आ धमका। उन तीनों ने बब्बू और उसके अंगरक्षक को जरा भी मौका दिये बगैर, गोलियों की बौछार शुरू कर दी। बब्बू त्यागी को अपने बचाव का मौका ही नही मिल पाया और वह मौके पर ही मारा गया। हवलदार महेन्द्र त्यागी जब तक अपना हथियार निकालते उन्हें भी कई गोलियां लगी, जिसमें सबसे गम्भीर घाव उन्हें स्पाइनल कार्ड में लगी गोली से हुआ। उनकी जान तो बच गई, परन्तु उन्हें स्थाई रूप से लकवा मार गया और पूरे जीवन भर उनकी दिनचर्या बिस्तर पर सीमित रह गयीं। तेजपाल

ने अपने गुर्गों के साथ मिलकर बब्बू त्यागी को 11 गोलियां मारी थी और सुनिश्चित कर लिया कि वह किसी भी हालत में जिंदा न बचने पाये। हत्या करने के बाद तेजपाल अपने दोनों साथियों के साथ न्यू पटियाला हाऊस कोर्ट परिसर से बाहर आया और अपनी मारूति वैन में बैठकर फरार हो गया। **इस मामले में तेजपाल पकड़ा भी गया लेकिन अपने राजनैतिक रसूख से 20 अक्टूबर 1991 को पैरोल पर जेल से बाहर आ गया और फिर कभी पुलिस के हाथ नही आया। उसने न्यायालय में प्रार्थना-पत्र दिया कि उसकी माँ, गम्भीर रूप से बीमार है और वह उनकी सेवा के लिए पैरोल चाहता है। उसने अच्छे वकील लगाये और कोर्ट द्वारा उसे पैरोल मिल गयी थी।**

बब्बू त्यागी की हत्या के बाद तेजपाल गूजर, दिल्ली के अपराध-जगत पर पूरी तरह छा गया, जो बड़ी-बड़ी रकमें पहले बब्बू को मिलती थी वह सब तेजपाल को मिलने लगी। उसके गिरोह के सदस्यों में उसके भाई महिपाल उर्फ लीलू के आलावा वेदप्रकाश उर्फ वेदा, नीरज, राकेश उर्फ कालिया, चंगेज खां, परमजीत उर्फ पम्मू, नरेन्द्र सिंह, जगदीश चन्द्र, जमील, देवकुमार त्यागी, अरविंद कुमार, सलीम उर्फ रमेश, अजीत और ललित कुमार आदि थे। यह गिरोह आजादपुर मंडी, कमलानगर, शक्तिनगर, रूपनगर के उद्योगपतियों और दुकानदारों से मोटी-मोटी रकमें वसूलने लगा। जो व्यापारी रंगदारी देने से इंकार करता, उसे मौत के घाट उतारने की धमकी दी जाती थी। तेजपाल ने तो पहले ही राजनेताओं से नजदीकियां बढ़ा लीं थीं, जिसके कारण उसे राजनैतिक संरक्षण मिल रहा था। उसने दिल्ली डेवलपमेंट ऑथारिटी (डी0डी0ए0) के ठेकों पर भी कब्जा कर लिया और अपने मन-माफिक ठेकेदारों को ठेके दिला कर धन वसूलने लगा। उसे पैसें की कमी नही रही जिसके कारण उसके साथ शातिर बदमाश जुड़ते गये और सन् 1989-1990 तक उसकी अवैध वसूली पचहत्तर हजार रूपये से एक लाख रूपये रोजाना पहुंच गयी।

वर्ष 1992 में तेजपाल गूजर गैंग के सदस्य

1. तेजपाल गूजर पुत्र फकीरचंद निवासी चन्द्रावल थाना रूपनगर नई दिल्ली। (गैंग लीडर)
2. महिपाल सिंह उर्फ लीलू (भाई तेजपाल गूजर) निवासी चन्द्रावल थाना रूपनगर नई दिल्ली।

3. नीरज पुत्र बालमुकुंद निवासी चन्द्रावल थाना रूपनगर नई दिल्ली।
4. राकेश उर्फ कालिया निवासी चन्द्रावल थाना रूपनगर नई दिल्ली।
5. वेद प्रकाश उर्फ वेदा निवासी चन्द्रावल थाना रूपनगर नई दिल्ली।
6. चंगेज खान उर्फ डब्बू निवासी दरभंगा बिहार।
7. परमजीत सिंह उर्फ पम्मू निवासी गोविंदपुरी, कालका जी, दिल्ली।
8. नरेन्द्र पुत्र सूबे सिंह निवासी राजपुर, गन्नौर, हरियाणा।
9. जगदीश चन्दर पुत्रफतेह सिंह, निवासी गुम्मार, थाना कन्नौर जिला सोनीपत, हरियाणा।
10. जमील निवासी दरभंगा बिहार।
11. देवकुमार त्यागी पुत्र ब्रहमदत्त, निवासी मुजफ्फरनगर, उत्तर प्रदेश।
12. अरविंद कुमार निवासी फरीदाबाद, हरियाणा।
13. सलीम उर्फ रमेश उर्फ गफूर खान निवासी पश्चिम बंगाल।
14. अजीत निवासी ट्राई नगर, दिल्ली।
15. ललित कुमार, निवासी प्रताप पार्क दिल्ली।

त्यागी गैंग

16. नरेन्द्र त्यागी उर्फ बब्बू त्यागी पुत्र रामनाथ सिंह निवासी ग्राम खजुरी थाना परीक्षितगढ़, मेरठ। (गैंग लीडर)
17. चन्द्र प्रकाश त्यागी पुत्र पूरन सिंह निवासी भूनी थाना सरधना, मेरठ। (गैंग का पथ प्रदर्शक)
18. बृज मोहन त्यागी पुत्र प्रकाश त्यागी निवासी जुल्हेड़ा, थाना सरधना मेरठ, उत्तर प्रदेश।
19. धर्मेन्द्र पुत्र प्रेम सिंह, निवासी बिड़ला लाइन नई दिल्ली।
20. मंगू त्यागी, निवासी ईसापुरमुण्ड, थाना असमौली जिला सम्भल।
21. मनोज त्यागी पुत्र लाल बिहारी निवासी ई-4/451 नंदनगरी, दिल्ली।
22. वीरेन्द्र त्यागी उर्फ निक्कू निवासी मेरठ, उत्तर प्रदेश।
23. अमित त्यागी, (कुख्यात सुनील त्यागी का छोटा भाई) निवासी सरधना, मेरठ, उत्तर प्रदेश।
24. जितेन्द्र त्यागी (नरेन्द्र उर्फ बब्बू त्यागी का भाई) निवासी खजुरी, मेरठ।
25. हरीश निवासी सब्जीमंडी मलकागंज, दिल्ली।

26. कुलदीप सिंह पुत्र मुरारी लाल, निवासी परीक्षितगढ़, मेरठ।
27. वीरेन्द्र पुत्र वेदप्रकाश त्यागी निवासी तिगरीधाम, जिला अमरोहा।
28. सत्येन्द्र पुत्र वेद प्रकाश निवासी तिगरीधाम, जिला अमरोहा।
29. मुकेश गौड़ निवासी लाजपतनगर, दिल्ली।
30. रवीन्द्र उर्फ भूरा जाट, निवासी वलीदपुर, थाना दौराला, मेरठ।
31. अरविंद चौधरी निवासी, गुपाड़ा मुजफ्फरनगर, उत्तर प्रदेश।
32. भूपिन्दर निवासी फरीदाबाद हरियाणा।
33. त्रिलोक सिंह, प्रापर्टी डीलर, प्रियदर्शनी विहार गीता कालोनी, दिल्ली।
34. गुरमीत सिंह उर्फ बिट्टू निवासी दुर्गापुरी, नंदनगरी, दिल्ली।
35. सतीश कुमार निवासी जवाहरनगर, थाना लोनी गाजियाबाद।
36. शरद त्यागी निवासी सरधना, जिला मेरठ।
37. मनोज त्यागी निवासी खमोली थाना मुरादनगर, गाजियाबाद।

तेजपाल गूजर और बब्बू त्यागी गिरोह में गैंगवार

बब्बू त्यागी की हत्या के बाद तेजपाल गिरोह और त्यागी गिरोह एक-दूसरे के खून के प्यासे हो गये। बब्बू त्यागी की हत्या के बाद त्यागी गैंग की कमान उस समय चालीस वर्षीय वकील और मेरठ की संचार सलाहकार समिति के सदस्य चन्द्र प्रकाश त्यागी उर्फ चन्दर त्यागी निवासी भूनी, थाना सरधना, जिला मेरठ ने संभाली। चन्द्र प्रकाश त्यागी एक शिक्षित और एल0एल0बी0 पढ़ा शातिर दिमाग का नौजवान था। उसने त्यागी गैंग और सतबीर गूजर गैंग को आपस में मिलाकर एक मजबूत गैंग तैयार कर लिया ताकि बब्बू त्यागी की मौत का बदला लेने के साथ-साथ माफिया साम्राज्य पर काबिज किया जा सके।

उसी समय पूर्वी उत्तर प्रदेश के माफिया सरगना मुख्तार अंसारी, उसके गैंग के सदस्य मुन्ना बजरंगी, संजीव जीवा, अताउर्रहमान बाबू, राजवीर रमाला, रवीन्द्र भूरा, प्रभुजोत सिंह उर्फ डिम्पी सरदार और पंजाब के जसविंदर रॉकी आदि के जुड़ने से इस गैंग की ताकत कई गुना बढ़ चुकी थी। चन्द्र प्रकाश त्यागी अब त्यागी गैंग का कर्ता-धर्ता बन गया था। वह स्वयं घटनाओं में भाग नहीं लेता था, लेकिन गैंग की सभी महत्वपूर्ण घटनाओं की योजना उसी के द्वारा तैयार की जाती थी। वह अपने शक्तिशाली गिरोह से दिल्ली, हरियाणा, हिमाचल प्रदेश, उत्तराखंड और पश्चिमी उ0प्र0 में अपराधिक वारदातें करवाता रहा। दोनों गिरोहों में वर्चस्व की लड़ाई में तीन दर्जन से अधिक लोग मारे गये।

त्यागी और तेजपाल गूजर गैंग के बीच गैंगवार

1-लोनी गाजियाबाद-दिल्ली बार्डर के प्रापर्टी डीलर इन्द्रपाल तोमर ने तेजपाल को बुराड़ी गांव में पच्चीस बीघा जमीन पर कब्जा करवाया। करोड़ों रूपये की इस जमीन पर त्यागी गिरोह की भी नजर थी। इसी रंजिश को लेकर 7 अक्टूबर, 1991 को त्यागी गिरोह के सतीश ने साथियों के साथ, तिमारपुर दिल्ली इलाके में तेजपाल गिरोह के पवन कुमार व ललित कुमार पर गोलियां चलाकर मौके पर ही मार डाला। इस गैंगवार में तेजपाल गैंग की ओर से इन्द्रपाल तोमर गवाह था।

2-22 फरवरी, 1992 को त्यागी गिरोह के लोगों ने सरस्वती विहार, दिल्ली में प्रतिशोध लेकर इंद्रपाल तोमर को मार डाला।

3-उसी वर्ष तेजपाल गैंग के भसीन और अजीत मारे गये और चंगेज खॉ घायल हुआ।

4-18 जनवरी 1992 को दक्षिणी दिल्ली के गोविन्दपुरी में फिर दोनों गिरोहों की मुठभेड़ हो गई, जिसमें तीन लोग मारे गये।

5-15 जून 1992 को ग्रेटर कैलाश में तेजपाल गैंग ने त्यागी गिरोह के दो लोगों को मार गिराया।

6-15 जून को त्यागी गैंग के दो लोगों के मारे जाने से चन्द्र प्रकाश त्यागी तिलमिला उठा और उसने तेजपाल के भाई महिपाल और उसके मुख्य सदस्यों को मारने की तुरन्त योजना बना डाली।

7-16 जून, 1992 को दक्षिणी दिल्ली के खजुरी मोड़ पर त्यागी गैंग ने तेजपाल के भाई महिपाल को घेर लिया। महिपाल पर ए0के0-47 से धुआंधार गोलियां चलाई जिसमें महिपाल को कुल सोलह गोलियां लगी। गैंग ने समझा कि महिपाल मर चुका है, परन्तु वह गंभीर रूप से घायल होने के बावजूद बच गया।

तेजपाल गूजर को महेन्द्र फौजी का साथ

1- तेजपाल को अपने ऊपर मंडराते हुए खतरे का आभास था और उसने सतबीर गैंग के दुश्मन अपने ही सजातीय महेन्द्र फौजी गैंग से हाथ मिला लिया। सतबीर गूजर और महेन्द्र फौजी दोनों ग्राम मेवला, गाजियाबाद के रहने वाले थे

और शुरू में एक साथ थे परन्तु बाद में वर्चस्व की लड़ाई में एक दूसरे के खून के प्यासे हो गये थे। महेन्द्र फौजी तथा सतबीर दोनों गिरोहों को पश्चिमी उत्तर प्रदेश के बड़े-बड़े राजनेताओं का संरक्षण प्राप्त था। ये गैंग जमीन-जायदाद पर कब्जे के अतिरिक्त फिरौती के लिए अपहरण की बड़ी-बड़ी वारदाते कर रहे थे। इनके आतंक से दिल्ली सहित पश्चिमी उत्तर प्रदेश के जिलें गाजियाबाद, मेरठ, मुजफ्फरनगर, सहारनपुर, बिजनौर के बड़े व्यापारी, ठेकेदार और बड़े किसान थर-थर कांपते थे। उस समय अपहरण करके फिरौती वसूलना एक उद्योग बन चुका था। नोएडा और गाजियाबाद के उद्योगपतियों और बिल्डरों से वसूली आमबात हो गयी थी।

2- तेजपाल, महेन्द्र फौजी का साथ पाकर मजबूत हो गया, परन्तु त्यागी गिरोह के कर्ता-धर्ता चन्द्रप्रकाश ने तेजपाल गैंग पर हमलें तेज करवा दिए और उसके गुर्गे चुन-चुन कर मारे जाने लगे। त्रिलोक सिंह, गुरूनानक लैंड फाईनेंस पूर्वी दिल्ली का मालिक था और प्रियदर्शनी विहार में रहता था। उसने पूर्वी दिल्ली में जमीन के धंधे से काफी धन कमाया था। उसने जिला गाजियाबाद के थाना लोनी के गूजर बेल्ट में भी काफी जमीनें किसानों से खरीदी थी और शातिर अपराधी सतबीर गूजर को संरक्षण देने लगा था। वह पहले महेन्द्र फौजी को भी संरक्षण देता था, क्योंकि गूजर बेल्ट में उसकी भी बड़ी धाक थी। त्रिलोक सिंह ने बीस-पच्चीस एकड़ जमीन लोनी गाजियाबाद क्षेत्र में किसानों को टोकन मनी देकर कब्जा कर लिया और उन्हें जमीन का पूरा पैसा नहीं दिया। जब किसान जमीन का पैसा मांगते थे तब त्रिलोक सिंह टाल-मटोल करता था। गूजर किसानों ने अपने बिरादरी के कुख्यात तेजपाल गूजर से संपर्क किया। तेजपाल, त्रिलोक सिंह को धमकाने लगा। तंग आकर 15 जून 1992 को त्रिलोक सिंह ने समझौते का बहाना बनाकर दोनों गिराहों को अपने ससुर के घर गोविंदपुरी में बुला लिया। उसका उद्देश्य था कि आपसी मुठभेड़ में कई लोग मारे जायेंगे और पुलिस इनके पीछे पड़ जायेगी, जिससे गैंग कमजोर होगा और उसे राहत की सांस लेने का मौका मिल जायेगा। दोनों गैंग तय समय पर आ गये। यह क्या, दोनों गिरोहों ने अपने को एक-दूसरे के आमने सामने पाया। फिर क्या, दोनों गिरोहों के बीच धुंआ-धार गोलियां चलने लगी। ए0के0-47 और आधुनिक पिस्तौलों की रैटलिंग से पूरा इलाका थर्रा गया। इस मुठभेड़ में त्यागी गिरोह का मनोज चरौरा मारा गया और बृजमोहन त्यागी

घायल हो गया। तेजपाल गिरोह के सलीम, अजीत मारे गये और चंगेज खाँ, घायल हो गया। तेजपाल और त्यागी गिरोह की दुश्मनी अब चरम सीमा पर पहुंच चुकी थी। 15 जून को त्यागी गिरोह ने तेजपाल के दो साथियों विजय त्यागी और अरविन्द की ग्रेटर कैलाश में हत्या कर दी।

3- दिल्ली में लगातार हो रहे गैंगवार से दिल्ली पुलिस की नींद हराम हो गई थी। दोनों गिरोहों की लड़ाई, सड़को पर उतर आई थी, जिससे गृह मंत्रालय भारत सरकार की चिंता स्वाभाविक थी। गृह मंत्रालय ने दिल्ली के पुलिस कमिश्नर एम0बी0 कौशल, (आई0पी0एस0-1963) को कई बार गृह मंत्रालय में बुलाया और दोनों गिरोहों के सफाये के लिए आदेश दिये। इन दोनों गिरोहों की गतिविधियां दिल्ली के अतिरिक्त समीपवर्ती राज्य हरियाणा और पश्चिमी उत्तर प्रदेश में भी चल रही थी, जिसके कारण इन दोनों राज्यों की पुलिस का सहयोग आवश्यक हो गया था।

4- जनवरी 1992 से ही त्यागी और तेजपाल गैंग एक दूसरे को मारने के लिए पिल पड़े थे। गैंगवार इतना तेज हुआ कि दिल्ली पुलिस की नींद हराम हो गई। रोजाना सड़कों पर गोलियां चल रही थी और दोनों गिरोहों के चौबीस लोग मारे जा चुके थे। गृह मंत्रालय भारत सरकार द्वारा रोजाना पुलिस कमिश्नर दिल्ली एम0बी0 कौशल को प्रभावी कार्यवाही करने के निर्देश दिये जा रहे थे, जिससे दोनों गिरोहों पर काबू पाया जा सके। रोजाना की गोलाबारी से सरकार की छवि पर गलत असर पड़ रहा था और राष्ट्रीय राजधानी की मीडिया भी इन घटनाओं को इस तरह दिखा रही थी, कि दिल्ली पुलिस, अपराध नियंत्रण में फेल हो चुकी है।

दिल्ली पुलिस कमिश्नर कार्यालय में बैठक

1- 20 जून, 1992 को दिल्ली पुलिस कमिश्नर एम0बी0 कौशल ने अपने कार्यालय में एक बैठक बुलाई, जिसमें दिल्ली के अलावा उत्तर प्रदेश और हरियाणा के वरिष्ठ पुलिस अधिकारी शामिल हुए और दोनों गिरोहों के सफाये पर रणनीति बनाई गयी। उत्तर प्रदेश से मेरठ जोन के आई0जी0 अशोक कांत शरण (आई0पी0एस0-1964), डी0आई0जी0 रेंज मेरठ एस0के0 चन्द्रा, मैं स्वयं, एस0एस0पी0 गाजियाबाद, एस0एस0पी0 बुलंदशहर, एस0एस0पी0 मुजफ्फरनगर व एस0एस0पी0 सहारनपुर इस बैठक में शामिल हुए। तेजपाल गूजर

की गिरफ्तारी के लिए दिल्ली पुलिस द्वारा एक लाख रूपये के पुरस्कार की घोषणा की गयी।

मैंने उस मीटिंग में कई महत्वपूर्ण बिन्दु उठाये कि जब अपराधियों के लिए क्षेत्र की कोई सीमा नहीं है तो पुलिस अधिकारियों को भी क्षेत्र की सीमा नहीं होनी चाहिए। किसी भी राज्य की पुलिस के द्वारा सूचना मिलने पर किसी भी दूसरे राज्य में कार्यवाही के लिए जाने में दूसरे राज्य की पुलिस को कोई आपत्ति नहीं होनी चाहिए और उन्हें पूरा सहयोग भी मिलना चाहिए। मेरे सुझाव को सभी अधिकारियों ने माना और दिल्ली पुलिस ने तो अपनी लिखित सहमति भी दी।

वैसे कानून के अनुसार किसी भी राज्य की पुलिस को देश में कहीं भी अपराधियों के विरूद्ध कार्यवाही करने का अधिकार प्राप्त हैं, परन्तु कभी-कभी कानून-व्यवस्था की समस्या उत्पन्न हो जाने के कारण स्थानीय पुलिस का सहयोग आवश्यक हो जाता है। कहीं-कहीं तो अधिकारी अपनी प्रतिष्ठा का प्रश्न बनाकर, दूसरे राज्य की पुलिस कार्यवाही पर उंगुली उठाने लगते हैं।

2- हवलदार महेन्द्र त्यागी की हत्या के दिन मैंने प्रतिज्ञा की थी कि एक महीने के अन्दर मैं तेजपाल को ठिकाने लगा दूंगा। मैं जीं-जान से तेजपाल गूजर की गिरफ्तारी के लिए लगा हुआ था। मैंने मीटिंग में बड़े विश्वास के साथ कहा कि मेरे पास सूचना है और मैं दो-चार दिनों के भीतर ही तेजपाल को ठिकाने लगा दूंगा। मेरे अति आत्मविश्वास पर पुलिस कमीश्नर एम0बी0 कौशल को थोड़ा आश्चर्य अवश्य हुआ, परन्तु आई0जी0 मेरठ जोन अशोक कांत शरण ने कहा कि बृजलाल उनके द्वारा प्रशिक्षित अधिकारी हैं और यह उ0प्र0 पुलिस के इन्काउंटर स्पेशिलस्ट हैं। पुलिस कमिश्नर एम0बी0 कौशल ने भी मेरा हौसला बढ़ाया और उम्मीद जतायी कि ऑपरेशन तेजपाल में मुझे सफलता अवश्य मिलेगी।

3- इस मीटिंग के पहले से ही मैं तेजपाल गैंग पर दिल्ली, गाजियाबाद, मेरठ, आदि जगहों पर लगातार रेड कर रहा था और मैंने जानबूझकर तेजपाल के मामा राजपाल सिंह के गाँव उस्तरा थाना गुलावटी बुलंदशहर में दबिश नहीं दी थी। यह मेरी अपनी रणनीति थी कि तेजपाल को यह लगे कि मुझे उसके मामा के गाँव उस्तरा थाना गुलावटी की जानकारी नहीं है। अपनी रणनीति के तहत मैंने चन्द्रावल दिल्ली में स्वयं उसकी आलीशान कोठी पर दबिश दी। उसकी

माँ और बहन अपने राजनैतिक रसूख के कारण पुलिस फोर्स से बहस करने लगीं कि पुलिस द्वारा जबरदस्ती उसके बेटे को परेशान किया जा रहा है। मैंने शालीनतापूर्वक उसकी माँ को सलाह दिया कि वे अपने पुत्र तेजपाल को कानून के हवाले करवा दें अन्यथा अंजाम बहुत बुरा होगा। मैंने यह भी कहा कि तेजपाल को कानून के फंदे में बहुत ही जल्दी जकड़ लूंगा और यदि उसने गोली चलाई तो उसका जवाब गोली से ही दूंगा। उसने विकलांग हवलदार महेन्द्र त्यागी की निर्मम हत्या की है जिस पर मैंने उसे एक महीने में ठिकाने लगाने की कसम खायी है और मैं उस पर अडिग हूँ। जिस प्रकार तेजपाल की अपराधिक गतिविधियां चल रही थी, उससे तो यही लग रहा था कि उसके दिन बहुत कम रह गये हैं। तेजपाल की मॉ होने के नाते आप उसे कानून के हवाले कर दें, अन्यथा उसके कफन का इंतजाम कर लें।

4–आपरेशन तेजपाल के लिए मैंने टी0पी0 नगर थानाध्यक्ष बृजपाल सिंह सोलंकी और सिपाही रणबीर सिंह को अपनी कोर टीम में रखा। मैं, हमेशा अपनी टीम में ऐसे लोगों को रखता था, जो निडर हो और मेरे साथ पूरी तरह कदम से कदम मिला कर चल सके। संवेदनशील ऑपरेशन में सूचना उन्हीं पुलिस कर्मियों से साझा की जाती है जो आवश्यक होता है। मैं हमेशा ऑपरेशन की कोर टीम, दो–तीन पुलिस कर्मियों की ही बनाता था जो मेरे निर्देश पर कार्यवाही करते थे। मैं अपने संपर्क सूत्रों को भी बहुत गोपनीय रखता था और ऑपरेशन की प्लानिंग भी स्वयं करता था। मैंने केवल तेजपाल गूजर ही नही, अन्य अभियानों में सब इंस्पेक्टर और इंस्पेक्टर रैंक से ऊपर के अधिकारियों को टीम में नही रखा और न ही उनसे कोई जानकारी साझा करता था। दिल्ली में रेड करते समय भी मेरे साथ मेरी यही टीम रहती थी। मेरा मानना था कि यदि एस0पी0, डिप्टी एस0पी0 में ऑपरेशन में भूमिका निभाने की क्षमता न हो तो उन्हें टीम में नही रखना चाहिए।

5–एक दिन बृजपाल सोलंकी ने मुझे बताया कि एक व्यक्ति मास्टर सुरेन्द्र (बदला हुआ नाम), जो पेशे से अध्यापक थे, उनसे जमीन के विवाद के सम्बन्ध में मिलने आये थे। वह जमीनी विवाद को सुलझाने के लिए उन्हें एक लाख रूपये की रिश्वत की भी पेशकश कर रहे थे। सोलंकी ने रिश्वत लेने से मना कर दिया, परन्तु मास्टर सुरेन्द्र से बातचीत में उन्हें लगा कि इस व्यक्ति को तेजपाल गूजर गैंग के बारे में अच्छी जानकारी है। सोलंकी ने सुरेन्द्र से उसी दिन

मुझ से मुलाकात कराई। मैंने मास्टर सुरेन्द्र को अपने कार्यालय में बैठाकर कॉफी पिलायीं और उनसे तेजपाल के बारे में बात करता रहा। जमीन विवाद में उनका पक्ष सही था। मैंने उनसे कहा कि मेरठ जिले में सही काम करने के लिए किसी को रिश्वत देने की जरूरत नही है, उनका काम अवश्य होगा। मैंने मास्टर सुरेन्द्र को तेजपाल गैंग की सूचना देने के लिए तैयार कर लिया और उनके जमीन विवाद का समाधान भी करने के लिए आश्वस्त कर दिया।

6-हवलदार महेन्द्र त्यागी की हत्या के कारण मैं तेजपाल को हर हालत में कानून के शिकंजे में जकड़ना चाहता था और उस समय उसकी गिरफ्तारी ही मेरी प्राथमिकता थी। मैं, दिल्ली, पश्चिमी उत्तर प्रदेश और हरियाणा में तेजपाल के ठिकानों पर लगातार रेड करने लगा। इसी रणनीति में मैंने अनुमान लगा लिया कि तेजपाल छिपने के लिए अपने मामा के गाँव उस्तरा थाना गुलावटी, बुलंदशहर अवश्य जायेगा, क्योंकि अन्य सभी ठिकानों पर लगातार पुलिस की दबिश पड़ रही थी। मैं, सुरेन्द्र मास्टर, दरोगा सोलंकी और सिपाही रणबीर को लेकर ग्राम उस्तरा गया और रणबीर के एक रिश्तेदार के घर खाना खाया। सिपाही रणबीर ने अपनी रिश्तेदारी में मेरा परिचय रणबिजय सिंह बता कर दिया। मैंने आगाह कर दिया था कि जरा सी भी गलती घातक हो सकती है। मास्टर सुरेन्द्र और हम तीनों के अलावा किसी को भी कानों-कान ''ऑपरेशन तेजपाल'' की भनक नही लगनी चाहिए। मैंने तेजपाल के मामा राजपाल सिंह का घर देखा और आस-पास के घरों का भी जायजा लिया। राजपाल गूजर के घर के पीछे खेत थे। मैंने अनुमान लगा लिया कि जब तेजपाल को घर के सामने से गिरफ्तारी का प्रयास किया जायेगा तो उसके पास एक ही विकल्प होगा कि वह खेतों की तरफ भागेगा और कुछ दूर सूखी काली नदी में मोर्चाबंदी करने का प्रयास करेगा, जो बाद में सच निकला।

तेजपाल बहुत शातिर था और जहां भी वह रूकता था, उस जगह से दूर-दूर तक उसके वॉचर लगे रहते थे, जो किसी भी संदिग्ध व्यक्ति की जानकारी उसे देते रहते थे। तेजपाल को पुलिस के अलावा सबसे ज्यादा खतरा त्यागी गैंग से था, जो हाथ धोकर उसके पीछे पड़ा था। त्यागी गैंग का दिमाग चन्द्र प्रकाश त्यागी, बड़ा शातिर और योजना बनाने में माहिर था। उसी की रणनीति पर त्यागी गैंग तेजपाल के गुर्गों पर हमले कर रहा था।

ऑपरेशन तेजपाल

7- ग्राम उस्तरा, मुख्य सड़क मार्ग पर नहीं था और गुलावटी में पक्की सड़क के बांये कच्ची सड़क से ग्राम उस्तरा पहुंचा जा सकता था। मैंने अपने सहयोगियों के साथ तेजपाल गूजर के मामा का घर जून, 1992 के दूसरे हफ्ते में ही जाकर रेकी कर ली थी। तेजपाल के मामा राजपाल सिंह का घर गांव के बिल्कुल किनारे पर था और उसके घर के पीछे खेत थे। कुछ दूरी पर काली नदी बहती थी, जो उस समय सूखी हुई थी। मैंने गांव की रेकी करके यह पाया कि अगर हम गॉव में किसी तरह पहुँच जाये और तेजपाल के मामा राजपाल सिंह के घर पर रेड करें तो तेजपाल और उसका गैंग गाँव के बाहर सूखी काली नदी की तरफ भागकर कवर ले सकता है, क्योंकि उस समय गन्ने की पुरानी फसल बहुत छोटी थी और छिपने के लिए पर्याप्त नहीं थी।

8- ग्राम उस्तरा में रेकी करने के बाद मैंने बृजपाल सोलंकी, सिपाही रणबीर के साथ बैठकर मंत्रणा की और तेजपाल गूजर की गिरफ्तारी की रणनीति तय कर दी। मेरा अपना मत था कि जब भी गिरफ्तारी का प्रयास किया जायेगा तो ए0के0-47 जैसे घातक हथियारों से लैश, शातिर तेजपाल गैंग पुलिस पर आक्रमण करने से नहीं चूकेगा। उसके पास कई स्वचालित हथियार होने की सूचना थी। मैंने निर्णय लिया कि उस्तरा गाँव में दबिश दिन में दी जायेगी। आमतौर पर पुलिस की दबिश रात में दी जाती है जिससे छिप कर आसानी से पहुंचा जा सकें। तेजपाल के पास 600 गोली प्रति मिनट फायर करने वाली ए0के0-47, 9 एम0एम0 कार्बाइन और .30 चाइनीज स्टार पिस्तौलें थी। तेजपाल को पुलिस अलावा त्यागी गैंग से भी खतरा था और वह अच्छी तरह जानता था कि चन्द्रप्रकाश त्यागी किसी भी हालत में चुप नही बैंठेगा। दबिश की हालत पर तेजपाल अपने ऑटोमेटिक हथियारों से धुंआधार गोली अवश्य चलायेगा, जिससे पुलिस कर्मियों की भी जान जा सकती है और मैं यह खतरा मोल नही ले सकता था। रात में हमें भी गोली चलानी पड़ती और मैं यह कतई नहीं चाहता था कि हमारी गोली से गाँव का कोई निर्दोष व्यक्ति मारा जायें।

9- आमतौर पर अपराधियों की गिरफ्तारी रात के अंतिम पहर में की जाती है, जिस समय गैंग को दबिश की संभावना कम रहती है और अंतिम पहर में वे गहरी नींद में भी रहते हैं। अक्सर इनके द्वारा देर रात तक शराब पी जाती

है जिससे वे प्रातः देर तक सोते रहते हैं। मेरे सामने समस्या यह थी कि ग्राम उस्तरा में पुलिस दिन में कैसे दाखिल हो जिससे गैंग को पता न लगे, जो दिन के उजाले में संभव नहीं हो पा रहा था। मैंने काफी सोच-विचार के बाद तेजपाल की गिरफ्तारी की जो योजना बनाई वो उत्तर प्रदेश पुलिस के इतिहास में पहले किसी ने नहीं बनाई थी।

10- **पुलिस की बारात "SHAKEEL AHMAD WEDS HAMEEDA"** अगर मैं पुलिस की गाड़ियों या प्राइवेट कारों से अपनी टीम को लेकर जाता तो तेजपाल के वॉचर पुलिस पार्टी या त्यागी गैंग समझकर पहले से ही सावधान हो जाते और उस्तरा गॉव में अपने सजातीय लोगों का सहयोग लेकर कहीं छिप सकते थे या फरार हो जाते। उस समय हिन्दुओं की शादियों का समय नहीं था और पश्चिमी उत्तर प्रदेश में मुसलमानों की शादियां दिन में होती थी। जब हिन्दुओं की शादी का मुर्हूत नही होता तो मुस्लिम लोग अधिकतर शादियां उसी समय करते है, क्योंकि उस समय बाजार में सामान कुछ सस्ते हो जाते हैं। हिन्दू शादिया की सहालग के समय, सामानों की मांग अधिक होने के कारण, बाजारों में मंहगाई बढ़ जाती है।

मैंने उस्तरा गाँव में मुसलमानों की बारात बनाकर घुसने की योजना बनाई। अपनी योजना के अनुसार मैंने 30-35 पुलिसजनों की एक पार्टी बनाई, जिसमें अपर पुलिस अधीक्षक राजकुमार विश्वकर्मा (आई0पी0एस0-1988), दरोगा बृजपाल सिंह सोलंकी तथा चुने हुए कुछ पुलिसकर्मी शामिल थे। प्रस्थान करने के पहले मैं मेरठ जेल रोड स्थित आई0जी0 जोन कार्यालय पहुँचा, जहां आई0जी0 अशोक कांत शरण, डी0आई0जी0 रेंज एस0के0 चन्द्रा महत्वपूर्ण बैठक कर रहे थे। मैंने उन्हें अपनी योजना के बारे में अवगत कराया। उस समय जनपद बुलंदशहर के एस0एस0पी0 एम0एस0 बाली (आई0पी0एस0-1976) थे, जो मुझसे एक वर्ष सीनियर थे। मैंने अपने अधिकारियों को बताया कि सूचना अति संवेदनशील एवं महत्वपूर्ण है, जिसके कारण मैंने गोपनीयता के दृष्टिकोण से यह योजना अभी एस0एस0पी0 बुलन्दशहर से साझा नहीं की है। आवश्यकता पड़ने पर आपको व एस0एस0पी0 बुलन्दशहर को वायरलैस से सूचित करूंगा। उस समय मोबाइल फोन नहीं थे और गॉव में टेलीफोन लाइन भी उपलब्ध नहीं थीं। केवल शहरों, बड़े कस्बों में टेलीफोन व पी0सी0ओ0 उपलब्ध थे। ग्राम उस्तरा से कस्बा गुलावटी ही सबसे नजदीक जगह थी, जहां से पी0सी0ओ0 द्वारा सम्पर्क किया जा सकता था।

11- 21 जून, 1992 को कॉन्सटेबल रणबीर, मास्टर सुरेन्द्र, जिनको मैंने ग्राम उस्तरा में लगाया था, ने कस्बा गुलावटी आकर पी0सी0ओ0 से मुझे जानकारी दी कि तेजपाल गैंग की आमद ग्राम उस्तरा में हो गयी है और उसने गाँव के बाहर वॉचर लगा दिये हैं।

इस खबर को सुनते ही मैंने अपनी योजना के अनुसार न्यू गुप्ता ट्रांसपोर्ट मेरठ की एक प्राइवेट बस नं0 यू0एच0एन0-1829 किराये पर ली, जिसका ड्राइवर जगन सिंह, निवासी नन्दपुरी मेरठ था। बस की बॉडी पर कई जगह 'SHAKEEL AHMAD WEDS HAMEEDA' के पोस्टर चिपका दिये गये। बस की छत पर एक लाउड स्पीकर लगाया गया, जिस पर शादी के गीत और फिल्मी गानें बजाये जा रहे थे।

बाराती बनकर हमारी पुलिस पार्टी 22 जून, 1992 को पहले कस्बा गुलावटी पहुंची, जहाँ पर मास्टर सुरेन्द्र ने बताया कि तेजपाल गॉव में आ चुका है और गांव के चारों तरफ उसके वाचर लगे हुये हैं, जो गांव में आने वाली हर गाड़ियों और संदिग्ध व्यक्तियों पर नजर रखे हुये हैं। तेजपाल ने अपने लोगों को बता रखा था कि मेरठ पुलिस, दिल्ली, मेरठ, नोयडा, गाजियाबाद, मुजफ्फरनगर व हरियाणा में उसके ठिकानों पर लगातार दबिश डाल रही है।

ग्राम उस्तरा का ठिकाना अभी उन्हें पता नहीं है परन्तु हमेशा चौकन्ना रहकर बाहर से आने वाले गाड़ियों पर नजर रखना है। पुलिस के अलावा त्यागी गैंग के लोग भी यहां हमला कर सकते हैं। मैंने पुलिस पार्टी की बस को गांव से तीन किलोमीटर पहले रोक दिया और पहली बार अपनी टीम के सदस्यों को तेजपाल की फोटो दिखायीं और उसकी गिरफ्तारी के संबंध में अपनी योजना समझायी। रेकी करने के कारण मुझे गाँव की पूरी जानकारी थी, इसलिए मैंने अपने पुलिस फोर्स के जवानों को बताया कि मुझे हर-हालत में तेजपाल को गिरफ्तार करना है। चूंकि मैंने रेकी कर रखी है इसलिए उसको गिरफ्तार करने वाली टीम का नेतृत्व मैं स्वयं करूंगा। मैंने अपनी टीम में दरोगा बृजपाल सिंह सोंलकी, दरोगा वीरेन्द्र सिंह यादव, सिपाही रणवीर सिंह और अपने गनर विनोद कुमार तथा फजल खान सोलंकी को रखा। आउटर कार्डन का नेतृत्व मैंने पुलिस अधीक्षक ग्रामीण मेरठ, राजकुमार विश्वकर्मा को सौंपा।

मैं समझ रहा था कि तेजपाल के लोग चौबिसों घंटे सतर्क रहेगें और चप्पे-चप्पे पर उसके वॉचर तैनात होंगे, जो पुलिस फोर्स या विरोधी गैंग की

सूचना उसे तत्काल देगें। यदि मैं पुलिस की गाड़ी या प्राइवेट छोटी गाड़ियों से टीम के साथ जाता तो तेजपाल को तुरन्त मालूम हो जाता कि या तो पुलिस फोर्स आ रही है या उसका दुश्मन त्यागी गैंग। बारात की बस मैंने इसलिये तैयार की थी कि उसे शक न होने पाये और मैं सीधे तेजपाल गैंग के ठिकाने तक पहुँच जाऊँ।

उस्तरा गाँव में घुसते ही बस की छत पर लगे लाऊडस्पीकर से गीत- ''आज मेरे यार की शादी है, लगता है जैसे सारे संसार की शादी है। वक्त है खुबसूरत बड़ा शुभ लगन मुहुरत, देखों क्या खूब जमी है, दूल्हें की भोली सूरत'' बज रहा था। शादी गीत बजने से खेत में काम करने वाले तथा तेजपाल गैंग के लोगों को जरा भी आभास नहीं हुआ कि बारात के रूप में पुलिस उनके ठिकाने पर पहुँच रही है। मैं, कार्बाइन लेकर ड्राइवर की सीट के बगल में हरी टी-शर्ट, जींस, जालीदार टोपी पहने बैठा था और हमारी पुलिस टीम बस में अपने हथियारों को फर्श पर रखकर सादे कपड़ों में बाराती बन कर बैठी थी। मैंने फोर्स को अच्छी तरह से ब्रीफ किया था कि तेजपाल गैंग ए0के0-47 जैसे आधुनिक हथियारों से लैस है और वह गिरफ्तारी से बचने के लिये फायरिंग करने से नहीं चूकेगा। यदि पुलिस पार्टी पर गैंग द्वारा जानलेवा हमला होता है तो हम लोग भी अपने बचाव में गोली चलायेंगें। गोली का बदला गोली से ही दिया जायेगा, परन्तु यह ध्यान रहे कि किसी भी हालत में किसी निर्दोष व्यक्ति को कोई क्षति नहीं पहुँचनी चाहिये।

दिन के करीब 1:30 बजे मेरी बस ग्राम उस्तरा में पहुँची तो कौतुहलवश गाँव वाले भी मेरी बस के तरफ देखने लगे। मेरी पुलिस टीम के लोग भी जालीदार टोपी पहने थे, जिससे गाँव वाले इसे मुसलमानों की बारात समझ रहे थे। योजना के अनुसार बस राजपाल गूजर के घर के पास रूकी तो गांव वाले समझे कि बाराती, रास्ता भूल कर यहां आ गए हैं, क्योंकि उस्तरा गांव में एक भी मुस्लिम परिवार नहीं है और न ही आसपास किसी के यहां शादी ही है। गांव वालो ने सोचा कि बाराती शायद पानी पीने के लिए रूके होंगे। मुझे सूचना थी कि तेजपाल गाँव के बाहर थोड़ी दूर अपने मामा राजपाल के ट्यूबवैल पर गैंग के सदस्यों के साथ रूका है और अपने प्लान के अनुसार मैं वहीं जाना चाहता था। जब मेरी बस तेजपाल के मामा के घर के पास पहुंची तो बिजली का लटका हुआ तार बस की छत पर लगे लाऊडस्पीकर में फंस गया। गनीमत थी कि उस

समय बिजली नहीं आ रही थी नहीं तो हमारी टीम गम्भीर खतरे में पड़ जाती। मैंने ड्राइवर को बिजली का तार हटाने के लिये कहा परन्तु यह क्या! तेजपाल तो हमारे सामने पन्द्रह–बीस फुट दूर बरामदे में बैठा हुआ ताश खेल रहा था। तेजपाल और उसके साथी भी हमारी बस की तरफ देखने लगे। मैं बस में आगे बैठा था, अतः सबसे पहले मेरी नजर तेजपाल पर पड़ी। कानूनी रूप से बिना गैंग द्वारा गोली चलाये पुलिस गोली नहीं चला सकती है।

मैं अपनी कोर टीम के साथ धीरे से हथियार उठाकर बस के अगले दरवाजे से बाहर उतरने लगा और योजना के अनुसार आउटर कार्डन की टीम बस के पीछे से उतरने लगी। हथियार देखते ही तेजपाल गैंग सतर्क हो गया और काली नदी की तरफ गोली चलाते हुए भागने लगा। हम लोगों ने उसका पीछा किया परन्तु तेजपाल गैंग गोलियां चलाते हुये भागता ही रहा। मैंने तेज आवाज में लाउडहेलर से तेजपाल को ललकारा कि मैं एस0एस0पी0 मेरठ बृजलाल हूँ और वह पुलिस के समक्ष आत्मसमपर्ण कर दे। आउटर कार्डन टीम उसके सदस्यों को पकड़ने का प्रयास करने लगी। 600 राउन्ड प्रति मिनट की दर से ए0के0–47 राइफलों की तड़तड़ाहट पूरे क्षेत्र में गूंज रही थी।

तेजपाल काली नदी में कूद गया। काली नदी उस समय सूखी हुयी थी। हवलदार महेन्द्र त्यागी की हत्या हुए 28 दिन बीत चुके थे और मैं अपनी सौगन्ध को हर–हालत में पूरा करना चाहता था, क्योंकि मैंने अपने पुलिस के जवानों व उनके परिवार के सामने कहा था कि एक महीने में इस हत्या का बदला अवश्य लूँगा। मैं अपनी कोर टीम के साथ काली नदी में कूद गया और आमने–सामने गोलियों का अदान–प्रदान होने लगा। मेरा लक्ष्य तेजपाल गूजर था। मैं, काली नदी की तलहटी में क्रालिंग करते हुये आगे बढ़ रहा था। मुझे तेजपाल करीब 20–25 मीटर दूर पिस्टल से फायरिंग करता हुआ दिखायी पड़ गया। मैंने अपनी कार्बाइन का रूख तेजपाल की तरफ मोड़ दिया, जिससे तेजपाल बुरी तरह घायल हुआ और जब तक हम उसके पास पहुँचे उसके प्राण–पखेरू उड़ चुके थे।

आत्मरक्षार्थ पुलिस द्वारा गोलियों से मृत बदमाश के बारे में थानाध्यक्ष बीरेन्द्र सिंह यादव ने बताया कि यही बदमाश तेजपाल गूजर है। मृतक बदमाश तेजपाल के पास एक पाकिस्तानी पिस्टल बरामद हुई, जिसके ऊपर CAL-7.63 (30)

Automatic, F F-299 MADE IN PAKISTAN लिखा था। गांव से तेजपाल की मारूति कार नं0 डी0एल0-2सी0बी0 1569 भी बरामद हुई, जो गांव के एक किसान रामफल के ट्यूबवेल पर खड़ी थी। मैंने तुरंत वायरलेस से वरिष्ठ पुलिस अधीक्षक, बुलंदशहर एम0एस0 बाली को मुठभेड़ की सूचना दी और वे स्वयं मौके पर आ गये और मेरे साहस और बहादुरी की सराहना की।

मेरे द्वारा ली गयी प्रतिज्ञा पूरी हो चुकी थी। हवलदार महेन्द्र त्यागी की हत्या के अट्ठाइसवें दिन मैंने अपनी प्रतिज्ञा तेजपाल गूजर को मुठभेड़ में धराशायी करके पूरी की थी। मुठभेड़ का समाचार जब पुलिस कमिश्नर दिल्ली, एम0बी0 कौशल को मिली तो उन्होंने मुझे अपने कार्यालय में बुलाकर प्रेस बीफ्रिंग कराई। मुझे दिल्ली पुलिस द्वारा घोषित एक लाख रूपये का नकद पुरस्कार दिया गया।

दिल्ली पुलिस द्वारा तेजपाल पर घोषित किये गये पुरस्कार का पत्र :-

DECLARATION OF REWARD

The Commissioner of Police, Delhi is pleased to announce a cash reward of Rs. 1,00,000/- (One Lakh) which will hold good for a period of one year with effect from 20.06.92 to any person or persons who may supply information or clue(s) or render any help in getting the arrest of any of the following Criminals, namely:-

1- Tej Pal
2. Satbir Gujjar
3. Mohinder Fauzi
4. Chander Prakash Tyagi
5. Ashok Tyagi

The Commissioner of Police, Delhi reserves with himself the right to decide finally by whom the reward has been earned and in what proportion it will be distributed amongst various claimants in case more than one claimant comes forward for the same.

Sd/

(A.K. Sinha)

Dy. Commissioner of Police : HQ (II)

Delhi T.P.

No. 27661-94/CT-AC-III, dated, Delhi the 22.7.92

Copy forwarded to :-

1. P.A. To C.P. Delhi.
2. All Addl. CsP Delhi, New Delhi.
3. All Distts. DCsP Delhi/New Delhi including
4. DCsP/IG Airport and Crime & Rlys.
5. H.A.R./PHQ.

पुलिस महानिदेशक उत्तर प्रदेश प्रकाश सिंह का प्रशस्ति पत्र

तेजपाल गूजर के मुठभेड़ में मारे जाने पर पुलिस महानिदेशक, उत्तर प्रदेश, प्रकाश सिंह द्वारा मुझे प्रशस्ति पत्र दिया गया और मेरे साहस और नेतृत्व की सराहना की गई। उन्होंने 24 जून 1992 को प्रशस्ति पत्र में लिखा कि तेज पाल गूजर के आतंक से दिल्ली पुलिस बहुत चिंतित थी और वह उत्तर प्रदेश के लिए भी खतरा बन गया था।

प्रकाश सिंह — अ0शा0प0सं0 :डीजी-1-83-92

Prakash Singh

पुलिस महानिदेशक

उत्तर प्रदेश, लखनऊ 226001

DIRECTOR GENERAL OF POLICE

U.P. LUCKNOW 226001

दिनांकः जून 24, 1992

प्रिय बृज लाल,

कुख्यात अपराधी तेजपाल सिंह मेरठ पुलिस द्वारा जनपद बुलंदशहर में 22 जून, को मारा गया।

2- तेजपाल की गतिविधियों से दिल्ली पुलिस को विशेष चिन्ता थी। उत्तर प्रदेश के लिए भी यह व्यक्ति एक खतरा था।

3- तेजपाल के उन्मूलन में आपने जिस सूझबूझ, बहादुरी और कुशल नेतृत्व का परिचय दिया, वह वास्तव में प्रशंसनीय है।

4- मैं आपके इस कार्य की सराहना करता हूँ।

भवदीय

हस्ता0

(प्रकाश सिंह)

श्री बृज लाल,

वरिष्ठ पुलिस अधीक्षक, मेरठ।

प्रतिलिपिः निम्नलिखित को सूचनार्थ :

(1) पुलिस उपमहानिरीक्षक, मेरठ परिक्षेत्र, मेरठ।

(2) पुलिस महानिरीक्षक, मेरठ जोन, मेरठ।

आई0जी0 जोन मेरठ, ए0के0 शरण का प्रशस्ति पत्र

आई0जी0 जोन मेरठ, ए0के0 शरण (आई0पी0एस0 1964) ने मुझे 24 जून 1992 को अपने कार्यालय में बुला कर प्रशस्ति पत्र दिया। उन्होंने तेजपाल से हुई मुठभेड़ की घटना को एक उत्कृष्ट और बहादुरी भरा कार्य बताया। उन्होंने अपने पत्र में लिखा कि मेरे द्वारा अति सावधानी और कुशल योजना बना कर इस मुठभेड़ को अंजाम दिया गया, जिसमें मेरा नेतृत्व और बहादुरी सराहनीय है। यह उत्तर प्रदेश पुलिस के लिए एक चमकदार उपलब्धि है।

उन्होंने यह भी लिखा कि राजधानी में चल रहे गैंगवार से दिल्ली पुलिस बहुत चिंतित थी। पुलिस कमिशनर ने मेरठ जोन के सभी एस0एस0पी0, हरियाणा और दिल्ली पुलिस के अधिकारियों की बैठक करके माफिया सरगनाओं को ठिकाने लगाने पर चर्चा हुई थी, जिसमें तेजपाल गूजर उनकी प्राथमिकता में प्रथम स्थान पर था। ए0के0 शरण, 1979 में एस0एस0पी0 आजमगढ़ तैनात थे और मैं उनके साथ ए0एस0पी0 (ट्रेनिंग) के रूप में तैनात था। मैंने 20 जून 1992 को दिल्ली में हुई मीटिंग में कहा था कि मैं एक महीने में तेजपाल को ठिकाने लगा दूंगा तब कुछ अधिकारियों को मेरे अतिविश्वास पर आश्चर्य भी हुआ था। आई0जी0 ने उसी समय कहा था– "He is master killer of UP police". मैंने दो दिन बाद ही अपने आई0जी0 और गुरू ए0के0 शरण के विश्वास को परिणाम में बदल दिया था।

Do No. MZ-I-30-92/1066

A.K.Sharan, IPS

INSPECTOR GENERAL OF POLICE
MEERUT ZONE
MEERUT

Dated June 24, 1992

My Dear Brij Lal,

Please accept my heartiest congratulation for the excellent and courageous encounter with notorious Mafia Gang Leader Tejpal Goojar on 22.06.1992 resulting in the killing of the Don. Police force under your leadership showed great bravery and the entire operation was meticulously planned.

2- Tejpal had created terror in Delhi and after recent gang war-fare there was panic in Delhi Police. He was also active in Ghaziabad and Meerut district. The high level meeting at Delhi attended by Commissioner of Police Delhi, officer from Haryana and Meerut Zone had put up elimination of the gang as number one priority. This brave act has brought laurels and glory to the UP Police.

3. Please convey my appreciation to Sri Vishkarma, SP (RA) and other Police official and men who participated in this gallant encounter.

4. I am requesting DGP to kindly consider keeping this letter in your Personal File.

Yours Sincerely,
(A.K. Sharan)

Sri Brij Lal,
Sr. Supdt. of Police
Meerut.

Copy to DGP UP, with the request that copy of the appreciation letter may kindly be ordered to be kept on the personal File of Shri Brij Lal, SSP, Meerut.

पुलिस कमिश्नर दिल्ली का प्रशस्ति पत्र

पुलिस कमिशनर दिल्ली, एम0बी0 कौशल (आई0पी0एस0 1963) ने पुलिस महानिदेशक, उत्तर प्रदेश, प्रकाश सिंह को लिखे पत्र 14 अगस्त 1992 द्वारा मेरे नेतृत्व, साहस और योजनाबद्ध तरीके से तेजपाल गूजर को मुठभेड़ में मारे जाने की भूरि-भूरि प्रशंसा की गई। उन्होंने लिखा कि दिल्ली और उत्तर प्रदेश सीमा पर कुछ शातिर बदमाशों ने आतंक मचा रखा था, जिससे दिल्ली के निवासियों में भय का वातावरण उत्पन्न हो गया था। इन अपराधियों ने अपने बाहुबल से सरकारी संस्थाओं के टेंडर पर कब्जा कर लिया था। सबसे खराब

स्थिति यह थी कि दिल्ली में इन बदमाशों ने आपस में गैंगवार छेड़ रखा था। तेजपाल के मारे जाने से दिल्ली और उत्तर प्रदेश की सीमा पर हो रहे अपराधों पर अनुकूल प्रभाव पड़ेगा। अंग्रेजी में लिखा गया पत्र निम्नवत है:-

CONFIDENTIAL

M.B. KAUSHAL अर्ध सरकारी पत्र संख्या D.O. No. 3319721

पुलिस आयुक्त दिल्ली

COMMISSIONER OF POLICE
DELHI POLICE HEAD QUARTER,
INDRAPRASTHA ESTATE
NEW DELHI 110002
August 14, 1992

Some notorious criminal gangs of Delhi and UP had raised their ugly heads and had succeeded in creating a sense of insecurity and panic amongst the residents of Delhi and border districts of UP. Prominent amongst these gangs were Tejpal gang, Tyagi gang and Satbir Gujjar gang. They had almost taken control of the tender business of Govt. agencies by use of their muscle power and were indulging in kidnappings for ransom, murders and robberies. The worst were the shoot-out incidents in Delhi due to gang warfare between these groups. A coordination meeting between the officers of Delhi and neighboring districts of UP and Haryana was held at the Police Headquarters of Delhi Police to launch an all-out attack on these gangs. It was decided that the artificial boundary of jurisdiction, of which the criminals were taking advantage, be removed.

Shri Brij lal, SSP, Meerut took special interest in launching drive against these gangsters. The success achieved by Shri Brij Lal in Killing Tejpal, one of the most notorious gang leaders, in an encounter with UP Police, is a rare act of bravery and exhibits his Qualities of leadership and planning. Killing of this desperate criminal is highly commendable and had very desirable affect on the crime situation on Delhi-UP border. I would like to convey my deep appreciation to Shri Brij Lal, SSP, Meerut for this outstanding work.

Yours sincerely,
Sd/-
(M.B. KAUSHAL)

Shri Prakash Singh
Director General of Police,.
Uttar Pradesh,
Lucknow.
Copy to Inspector General of Police, Meerut for Information.

बहादुरी के लिए राष्ट्रपति का पुलिस पदक

इस साहसिक मुठभेड़ में मुझे तथा मेरे साथ उप निरीक्षक बृजपाल सोलंकी को महामहिम राष्ट्रपति द्वारा बहादुरी के लिए पुलिस पदक, 9 जून 1994 को प्रदान किया गया। अलंकरण-पत्र इस प्रकार है:-

PRESIDENT'S SECRETARIAT

NOTIFICATION

New Delhi the 9th June, 1994

No.99-Press/94: The President is pleased to award the Police Medal for Gallantry to the undermentioned officers of the Uttar Pradesh Police:

NAME AND RANK OF OFFICERS

Shri Brij Lal,
Sr, Supdt. of Police,
Meerut.

Shri Brijpal Singh Solanki
Sub- Inspector of Police
Meerut.

Statement of services for which the decoration has been awarded

At about 9 A.M. on 22.6.1992 Shri Brij Lal, SSP, Meerut received information through an informer that Tej Pal and his associates had been staying in village Ustran of District Bullandshahr. Immediately on receipt of this information, Shri Brij Lal along with Shri Brijpal Singh Solanki, S.I. proceeded to village Ustran in the guise of farmers to precisely locate the hide-outs of Tej Pal. On return Shri Brij Lal got in touch with nearby Police Stations and directed them to assemble at a point with available force, The Police force then boarded a private bus no. UHN-1829 on hire with stickers pasted on the glass which read 'SHAKEEL AHMAD WEDS HAMEEDA' and proceeded to village Ustran in the guise of a marriage party. On reaching the village Shri Brij lal was informed that Tej Pal and his associates were present in the fields of one Khem Chand situated along the bank of Kali Nadi, and were armed with sophisticated weapons. Shri Brij Lal divided the police force into three parties, the first lead by Shri Brij Lal himself which included Shri Brijpal sing Solanki, the second party led by Station Officer Bahsuma was directed to proceed along the eastern side the third party led by Station Officer, kharkhauda was directed to go across the Kali Nadi and proceeded along the western direction. Shri Brij Lal and his party decideds to confront the desperadoes.

Shri Brij lal and his party reached near the Kali Nadi where they saw three armed desporadoos sitting at a distance, who on seeing the police party, approaching them took positions and opened fire at the police party. Shri Brij Lal challenged the desperadoes to surrender as they were in the police net, but Tej Pal and his accomplices responded with abuses and showered a volley of bullets on Shri Brij Lal who had a narrow escape. Undeterred by the immense danger ahead, Shri Birj Lal jumped down the shore of Kali Nadi and fired at the desperadoes. Encouraged by the gallant leadership Shri Brij Pal Singh Solanki, S.I. and other members of his party, opened fire at the desperadoes in self defence. After sometime the firing from the desperadoes stopped, Shir Brij Lal moved ahead and found one desperado was dead, while the other had crossed the river where they were chased by party number three. However, they managed to escape. The dead criminal was identified as Tej Pal Gujjar who was involved in more than two dozen cases of murder, kidnapping etc. and carried a reward of Rs 1,00,000/- on his head. One automatic pistol CAL 7.63 alongwith live/ fired cartridges were recovered from the dead criminal.

In this encounter S/Shri Brij Lal Sr,Supt. Of Police and Brijpal Singh Solanki, Sub Inspector, displayed conspicuous gallantry, courage and devotion to duty of a high order.

These awards are made for gallantry under rule 4(1) of the rules governing the award of Police Medal and consequently carry with them the special allowance admissible under rule 5, with effect from the 22nd June 1992.

(G.B. Pradhan)

Director

राष्ट्रीय स्तर के अखबारों और पत्रिकाओं में तेजपाल-मुठभेड़ के समाचार

इस साहसिक मुठभेड़ की सर्वत्र प्रशंसा हुई और इंडिया टुडे तथा अन्य समाचार पत्रों में इस साहसिक घटना को प्रकाशित किया गया। इंडिया टुडे, अंग्रेजी द्वारा 31 अगस्त 1992 के अंक में तथा इंडिया टुडे के हिन्दी अंक में 15 जुलाई 1992 को इसे प्रकाशित किया गया जो इस प्रकार है:-

इंडिया टुडे

15 जुलाई 1992

दिल्ली,

सरगना का सफाया

राजधानी और उसके आसपास गिरोहों की लड़ाई से पुलिस सक्रिय

उत्तर प्रदेश के बुलन्दशहर जिले के उस्तरा गांव में 22 जून की दोपहर एक बस में गये 'बारातियों' ने जो कारनामा किया उसने दिल्ली और पश्चिमी उत्तर प्रदेश की पुलिस को बड़ी राहत पहुंचाई। दरअसल वह 'बारात' मेरठ से गयी पुलिस पार्टी थी जो दुर्दान्त अपराधी तेजपाल की खोज में वहां पहुंची थी। तेजपाल वहां से भागने की कोशिश में मारा गया।

मेरठ के वरिष्ठ पुलिस अधीक्षक, बृजलाल कहते हैं, "तेजपाल के बाद महेन्द्र फौजी, सतबीर गूजर, अशोक त्यागी और चन्द्र प्रकाश त्यागी जैसे अपराधी गिरोह हमारे निशाने पर हैं।" बृजलाल के एक साल के कार्यकाल में मेरठ पुलिस 15 मुठभेड़ों में 26 खतरनाक अपराधियों को मार गिराने का दावा करते हैं।

पुलिस सूत्रों के अनुसार ये सभी अपराधी गिरोह इस क्षेत्र में जाटों के सामाजिक और राजनैतिक वर्चस्व को चुनौती देने के लिये उभरे सुनील त्यागी के गिरोह से निकले हैं, यह गिरोह उत्तर प्रदेश, दिल्ली, हरियाणा और राजस्थान में डकैती, राहजनी, भाड़े पर हत्या एवं फिरौती के लिये अपहरण जैसे अपराधों में सक्रिय था। 1987 में आपसी लड़ाई में सुनील त्यागी के मारे जाने के बाद यह गिरोह बिखर गया। अस्सी के दशक के शुरूआत में दिल्ली, उ0प्र0, हरियाणा से जुड़े क्षेत्रों में नये उद्योग लगने से जमीन-जायदाद के दाम अचानक बहुत बढ़ गये और नवधनाढ्यों और लघु उद्योगपतियों की बाढ़ सी आ गई। इससे इन इलाकों में विभिन्न अपराधी गिरोहों को पनपने का मौका मिल गया। मेरठ शहर

से पांच बार विधायक रह चुके मंजूर अहमद कहते हैं "राजनीतिकों और पुलिस के संरक्षण में ही अपराधियों का यह 'व्यवसाय' पनप रहा है।"

तेजपाल गूजर पहले बब्बू त्यागी के गिरोह में था। बब्बू द्वारा तेजपाल की शारीरिक अपंगता का मजाक उड़ाने तथा बुराड़ी गांव में जमीन पर कब्जे के सवाल पर दोनों के बीच हुई अनबन जानलेवा दुश्मनी में बदल गयी।

29 जनवरी 1990 को तेजपाल गिरोह ने दिल्ली की पटियाला हाउस अदालत में बब्बू त्यागी की हत्या की। इस सिलसिले में तेजपाल को गिरफ्तार किया गया मगर वह माँ की बीमारी का फर्जी सर्टिफिकेट दिखाकर नवंबर 1991 में पैरोल पर छूटा और फरार हो गया। इसके बाद शुरू हुये गैंगवार का ब्यौरा कुछ इस प्रकार है:

21 जनवरीः दक्षिण दिल्ली की गोविंदपुरी में हुई मुठभेड़ में दोनों गिरोह के तीन लोग मारे गये।

22 फरवरीः तेजपाल के साथी इंदरपाल तोमर की हत्या।

24 मईः मेरठ पुलिस लाइन में बब्बू त्यागी के घायल अंगरक्षक महेन्द्र त्यागी की तेजपाल गिरोह द्वारा हत्या।

15 जूनः दिल्ली के ग्रेटर कैलाश में त्यागी गिरोह के दो साथियों की हत्या।

18 जूनः खजूरी मोड़ पर त्यागी गिरोह के हमले में तेजपाल का भाई महिपाल बुरी तरह घायल हो गया।

इस गैंगवार से त्रस्त दिल्ली पुलिस ने 20 जून को उत्तर प्रदेश और हरियाणा के वरिष्ठ पुलिस अधिकारियों की संयुक्त बैठक बुलाई, जिसमें इन अपराधी गिरोह के सफाये की रणनीति तैयार हुई। दुर्दान्त अपराधियों को जिंदा या मुर्दा पकड़ने पर इनाम राशि बढ़ाने के साथ इस पर भी सहमति हुई कि पुलिस के लिए अपराधियों को धर दबोचने या मार गिराने के लिए क्षेत्राधिकार की कोई बंदिश नहीं रहेगी। बृजलाल कहते है, "जब अपराधी अपना कार्यक्षेत्र बदलते रहते हैं तो पुलिस पर ही क्षेत्राधिकार की बंदिश क्यों रहे।"

लेकिन तेजपाल के मारे जाने के बाद भी महेन्द्र फौजी, सतबीर गूजर और अशोक त्यागी के अपराधी गिरोह पुलिस के लिए सिरदर्द बने हुए है। तेजपाल और त्यागी गिरोहों के बचे सदस्य अपने-अपने सरगना तेजपाल और नरेंद्र उर्फ बब्बू की मौत का बदला लेने की तैयारी में है। जानकार सूत्रों के अनुसार

तेजपाल और बब्बू त्यागी के सहयोगियों के क्रमश: महेन्द्र फौजी और सतबीर गूजर के गिरोहों के साथ मिल जाने से दिल्ली और आसपास के इलाको में गैंगवार बढ़ने की आशंका है। इन गिरोहों की पहुंच राजनीतिको, पुलिस और प्रशासन तक बताई जाती है।

ऐसे में यह नहीं लगता कि यह सिलसिला केवल पुलिस मुठभेड़ में अपराधियों की हत्याओं से थमने वाला है।

जयशंकर गुप्त, मेरठ से

SUN

August 1, 1992

GANGTERS ON THE RUN

By Shashi Kant Vats

After the elimination of Tejpal gang, it appears that the ongoing gangwars have come to halt, at least for the time being. Though Tejpal is no more, the gang has not forgotten its enemity with the Tyagi gang. Meanwhile, Tyagi is on the run and Mahendra Fauji gang is as good as impotent. During the past months or so members of many gangs have either been shot dead or captured.

Today, all the existing gangs, such as Satvir Gujjar, Mahendra Fauji, Tejpal Gujjar have gone underground.

Satvir Gujjar and Mahendra Fauji both belong to Loni in UP and both were with Sunil Tayagi's gang. They were associated with some influential men in property business, including the Loni Town Chairman Jagmal. While Mahendra Fauji cleared off Jagmal and his brother, Jagmal's opponenet Rashid Ali was killed by the Satvir gang.

It was during a dispute between Tejpal and Tyagi gangs, that Tejpal and Tyagi gangs encountered each other in a dramatic fashion. The culprit was property dealer Trilok Singh who had made crores of rupees by way of buying land at nominal prices.

During the recent months, Tejpal had come closer to Mahendra Fauji gang and had slowely developed his own gang. To eliminate Mahendra Fauji gang. It has the most modern weapons, has a big gang and then he has his men in the police. Apart from these, he has money to buy silence. He recently escaped from prison with several of his men.

More than the Meerut police, the Delhi and Gaziabad police have been taken up with Fauji. Ever since the Meerut police killed his right hand man Rajvir, Fauji has been shaken up. Fauji gang too may be considered. If anybody dared to speak against him, he was Quickely eliminated. Only a month back, the Tejpal gang had killed Mahendra Singh Tyagi of Meerut police lines who was the main witness of Babbu Tyagi killing.

Tejpal had devised a novel method of earning money. He would scare away potential contractors of DDA etc. and would grab the contracts himself or in the name of his own men. His earning was to the tune of a lakh rupee a day.

The police is of the opinion that the Tejpal gang is as good as finished. Tejpal has left property worth crores and it is feared that the gang members themselves will be fighting over the fortunes.

However, it is difficult as broken gang, there are only three surviving members in this gang, Fauji himself, Jaipal and Lakkar alias pala. Fauji's main earnig source was ransom. Fauji who used to roam free does not have a hiding place today.

With this the police believe that the major gangs have witnessed changed scenario and that new gangs are being formed.

"MYTH OF POLICE INACTIVITY HAS BEEN BROKEN"

The SSP of Merrut, Brijlal has taken it upon himself to eliminate the active gangs with determination. It was a part of this drive that the notorious criminal Tejpal Gujjar was shot down in Bulandsahar. Tejpal carried reward of 1.25 lakh on his head.

Brijlal has become Quite popular after the killing of dacoit Tejpal. SUN met him for an interview. Excerpts:

What was the strategy which was used to corner Tejpal?

Tejpal was the main culprit to the killing of Babbu Tyagi, the original gangleader of the Tyagi gang. Then on May 24, constable Mahendra Tyagi was shot dead by his men. We have been on his look out since then.

One informer told us that Tejpal was in hiding in his uncle's house at Ustra village. The rest is known—how a police party went to ambush the gang leader in which he was killed.

Who is likely to be the successor of the Tejpal gang?

Tejpal's brother Mahipal alias Lilu is alive but he does not have the required guts. The rest of the members are either Biharis or those from hill areas. None of them is really active unless called for.

Apart from Tyagi, Tejpal and Fauji gangs which are the other active gangs?

Among the other gangs, the first is Satvir Gujjar gang. A vital person of Mahendra Fauji gang, Rajvir was recently killed encounter between gangs in Delhi. The Tejpal gang is as good as finished. On the other smaller gangs, their leadres are so frightened that they are not coming out of jail for fear of rival gangs.

It's said that these criminal gangs recive political patronage.

It is true and both Fauji gang and Satvir gang are Quite friendly with some MLAs.

D.P. Yadav and Madan Bhaiyya political personalities. What actions are being planned to avert their pressure?

Madan Bhaiyya has several criminal cases against him. Otherwise, why would he be in jail despite being an MLA, so there is no Question of being under pressure. Police does not spare anyone.

Can such notorious gangs thrive any more?

At first people did not belive that police takes action. Today this myth is broken. Today people are coming forward with information. In this atmosphere of trust between the people and police, no gang will be able to thrive.

Why do these gangsters prefer cities like Delhi to hide?

Actually in big cities it's easier to hide. In small towns and villages, criminal activities and criminals are exposed easily. For example Tejpal's main source of earning was through DDA which ran into crores. Apart from these they would grab westlands or plots of poor people and sell it at lucrative prices as the property dealing in cities is as big business.

जनसत्ता

नई दिल्लीः मंगलवार, 23 जून, 1992

तेजपाल मुठभेड़ में मारा गया

जनसत्ता संवाददाता

नई दिल्ली, 22 जून, दो दर्जन हत्याओं के अपराधी और दिल्ली पुलिस के लिए सिर दर्द बने तेजपाल सिंह गूजर को मेरठ पुलिस ने आज एक मुठभेड़ में मार गिराया। मुठभेड़ बुलन्दशहर जिले में गुलावटी थाने के उस्तरा गांव में हुई। तेजपाल को जिंदा या मुर्दा पकड़ने पर दिल्ली पुलिस ने एक लाख रूपए का इनाम घोषित कर रखा था।

मुठभेड़ में शामिल पुलिस दस्ते का नेतृत्व मेरठ के एसएसपी बृजलाल ने किया। मेरठ में उनकी तैनाती की एक साल की अवधि में मुठभेड़ में मारा गया तेजपाल 28वां अपराधी है। शनिवार को दिल्ली के पुलिस आयुक्त एम0बी0 कौशल ने मेरठ और गाजियाबाद के एसएसपी के साथ बैठक की थी। जिसमें दिल्ली में सक्रिय अपराधी गिरोह के सफाये के लिये मदद मांगी थी।

मेरठ के एसएसपी बृजलाल ने आज टेलीफोन पर घटना की जानकारी दी। उन्होंने बताया कि 24 मई को तेजपाल गिरोह के लोगों ने मेरठ पुलिस लाइंस में हवलदार महेन्द्र त्यागी की हत्या की थी। हत्यारों को मेरठ पुलिस ने गिरफ्तार कर लिया था पर सरगना तेजपाल पुलिस के हाथ नहीं लग रहा था।

बृजलाल ने बताया कि दिल्ली में अपने भाई महिपाल पर त्यागी गिरोह के जानलेवा हमले के बाद से तेजपाल दिल्ली से भागकर उस्तरा गाँव में अपने मामा के घर पर रह रहा था। उन्हें मुखबिर से इसकी सूचना मिल गई थी। इस सूचना के आधार पर ही मुठभेड़ की योजना बनाई गई।

मुठभेड़ के लिए पुलिस पार्टी एक बस में मेरठ से उस्तरा गाँव के लिए आज दोपहर 12 बजे रवाना हुई। बुलंदशहर पुलिस को इसकी कोई इत्तिला नहीं दी गई। बस को बारात की शकल दी गई। चूंकि इन दिनों हिन्दुओं के यहां ब्याह-शादी का सीजन नहीं है, इसलिए बारात को मुसलमानों की बारात का रूप दिया गया। शकील वेड्स हमीदा के स्टिकर बस के शीशें पर चारों तरफ चिपका दिए गये थे। बस में एसएसपी बृजलाल और एसपी (देहात) राजकुमार

विश्वकर्मा के अलावा करीब 10 दरोगा और तीन दर्जन सिपाही सवार हुए। कुछ वर्दी में और बाकी सादे कपड़ों में। एक बजकर दस मिनट पर बारात की बस उस्तरा गांव में पहुंची। तेजपाल के मामा राजपाल सिंह के घर के बाहर जैसे ही बाराती बस से उतरे तेजपाल को पुलिस की असलियत का एहसास हो गया और वह पैदल ही गांव के बाहर की तरफ भागा। पीछे-पीछे पुलिस थी। बकौल बृजलाल उसने स्वचालित पाकिस्तानी पिस्तौल से पुलिस पर गोली भी चलाई पर आखिरकार उसे मार गिराया गया।

बृजलाल ने तेजपाल की तलाश में 24 मई को उसके पैतृक गांव बिचपुड़ी में भी दबिश दी थी। वे खुद ट्रैक्टर चलाकर छद्मवेश में वहां गए थे पर तेजपाल नहीं मिला था। गांव वालो से बृजलाल कह आए थे कि तेजपाल ने हवलदार महेन्द्र की हत्या करा कर मेरठ पुलिस से पंगा लिया है अब उसे बक्शा नहीं जाएगा। एसएसपी बृजलाल के मुताबिक तेजपाल का पिस्तौल बरामद कर लिया गया है।

मूलरूप रूप से मेरठ जिले के अमीनगर सराय थाने के बिचपुड़ी गाँव का तेजपाल गूजर दिल्ली के चंद्रावल गांव में रह रहा था। एक हाथ खराब होने के बावजूद तेजपाल ने अपराध जगत में काफी नाम कमाया। पुलिस सूत्रों का कहना है कि तेजपाल गिरोह की औसतन वसूली एक लाख रूपए रोजाना थी।

तेजपाल पहले त्यागी गिरोह में ही था। लेकिन 1989 में उसके गिरोह के सरगना नरेंद्र त्यागी उर्फ बब्बू से मतभेद हो गए। इसी रंजिश के चलते तेजपाल ने जनवरी 1990 में पटियाला हाउस में दिनदहाड़े बब्बू त्यागी की हत्या कर दी थी। तेजपाल गिरोह राजधानी में ठेकेदारों से धन वसूलने से लेकर जमीन माफिया के रूप में कुख्यात था। त्यागी गिरोह से उसकी रंजिश बदस्तूर चल रही थी। इस रंजिश के चलते दोनों गिरोह में एक साल में तीन-चार मुठभेड़ हुई थी। जिनमें दोनों पक्षों के कई लोग मारे गए। अभी 15 जून को त्यागी गिरोह ने तेजपाल के दो साथियों विजय त्यागी और अरविन्द की ग्रेटर कैलाश में हत्या कर दी थी। 16 जून को तेजपाल के छोटे भाई महिपाल पर त्यागी गिरोह के लोगों ने ही वजीराबाद पुल के पास अधाधुंध आठ गोलियां बरसाई थीं पर घायल महिपाल की जान बच गई थी।

नवभारत टाइम्स

मंगलवार 23 जून 1992

तेजपाल पुलिस से मुठभेड़ में मारा गया

नवभारत समाचार

मेरठ 22 जून

दिल्ली का कुख्यात माफिया सरगना तेजपाल आज मेरठ पुलिस द्वारा बुलंदशहर जिले के गुलावटी थाने के एक गांव उस्तरा में बेहद नाटकीय मुठभेड़ के बाद मार गिराया गया। दिल्ली पुलिस द्वारा गत सप्ताह तेजपाल को जिंदा या मुर्दा गिर गिरफ्तार करने पर सवा लाख रूपए का इनाम घोषित किया गया था। तेजपाल के खिलाफ दिल्ली में हत्या, डकैती व जबरन वसूली के दो दर्जन से अधिक मामले दर्ज थे।

पिछले कुछ समय से दिल्ली में आतंक का पर्याय बन गया तेजपाल गूजर मेरठ पुलिस द्वारा दिन-दहाड़े हुई एक मुठभेड़ में मारा गया। मेरठ के वरिष्ठ पुलिस अधीक्षक बृजलाल के नेतृत्व में बुलंदशहर जिले के गुलावटी थाने के गांव उस्तरा में हुई यह मुठभेड़ बेहद नाटकीय रही। मेरठ के वरिष्ठ पुलिस अधीक्षक को चार दिन पूर्व यह जानकारी मिली थी कि तेजपाल उस्तरा गांव में छिपा है। उन्होंने ट्रांसपोर्ट नगर थाने के प्रभारी को पूरी जानकारी एकत्र करने के लिए भेजा। इसके बाद दो दिन पूर्व बृजलाल खुद उस्तरा गांव गए और तेजपाल को मार गिराने की रणनीति बनाने में जुट गए। गांव में पुलिस की गाड़ी पहुंचने पर तेजपाल को जानकारी होने की आशंका को ध्यान में रखते हुए एक शादी पार्टी के लिए बस किराए पर ली। बस पर शकील अहमद वेड्स हमीदा के स्टिकर लगे थे। पुलिस पार्टी में चालीस लोग थे। गांव के लोगों को लगा कि गांव में कोई बारात आई है। बस सीधी तेजपाल के मामा राजपाल गूजर के घर पर जाकर रूकी। पुलिस ने घर की घेराबंदी कर ली। पुलिस को देखते ही तेजपाल ने पुलिस पर गोलियां चलाते हुए निकल भागने की कोशिश की। पुलिस दल ने तेजपाल पर स्टेनगन व कार्बाइन से गोलियां चलाई। तेजपाल घटनास्थल पर ही धराशाही हो गया। तेजपाल के कब्जे से एक पाकिस्तानी पिस्टल एफ. एफ.-299 बरामद हुई।

तेजपाल ने अपने आपराधिक जीवन की शुरूआत 1973 में सब्जी मंडी, दिल्ली में विनोद की हत्या से की। इसके बाद 1985 में तेजपाल ने शास्त्री नगर में राजू की हत्या की। इसके बाद तेजपाल तिहाड़ जेल में बब्बू त्यागी के संपर्क में आया। बब्बू ने तेजपाल के खिलाफ राजू हत्याकांड के गवाह तोड़ने में तेजपाल की मदद की थी।

कुछ समय बाद तिहाड़ जेल में बब्बू त्यागी और तेजपाल के बीच कहा–सुनी हो गई। दोनों के बीच विवाद का एक और कारण बुराडी गांव में कुछ जमीन को लेकर था। 29 जनवरी 90 को तेजपाल ने बिहार के दरभंगा जिले के जमील और विधान सिंह के साथ मिलकर पटियाला हाउस में बब्बू त्यागी की हत्या कर दी। बब्बू त्यागी की हत्या के बाद दिल्ली में तेजपाल का आंतक चरम सीमा पर पहुंच गया। तेजपाल गिरोह के महत्वपूर्ण सदस्य महिपाल, नीरज, राकेश, वेदप्रकाश, चंगेज खान, परमजीत, नरेन्द्र, जमील, सलीम, ललित देव त्यागी बताए जाते हैं।

बब्बू त्यागी की हत्या के बाद गिरोह से शुरू हुई रंजिश में तेजपाल के अनेक साथी मारे गए। 22 फरवरी 92 को तेजपाल के साथी इंद्रपाल तोमर की त्यागी गैंग ने हत्या कर दी। एक प्रापर्टी डीलर त्रिलोक सिंह के यहां दोनों गिरोहों के बीच हुई मुठभेड़ में तेजपाल के दो साथी अजीत और सलीम मारे गए। चंगेज खान घायल हुआ। त्यागी गैंग का मनोज सिंह भी इस मुठभेड़ में मारा गया। बृजमोहन त्यागी घायल हुआ। इसके बाद अभी पांच दिन पूर्व तेजपाल के भाई महिपाल को गोलियां चला कर गंभीर रूप से घायल कर दिया। ग्रेटर कैलाश के पास तेजपाल के दो साथी देव त्यागी व अरविंद मारे गए।

अपराधी गिरोह के बीच शुरू हुई इस खूनी रंजिश से दिल्ली पुलिस में हड़कम्प मच गया। शनिवार को दिल्ली के पुलिस आयुक्त ने मेरठ और गाजियाबाद के वरिष्ठ पुलिस अधीक्षक को बुलाकर बैठक की। दिल्ली पुलिस के निर्देश पर तेजपाल को मार गिराने की रणनीति बनाई गई।

बब्बू त्यागी हत्याकांड में गवाह महेन्द्र त्यागी की एक माह पूर्व मेरठ पुलिस लाइन में हत्या कर दिए जाने के बाद बुलंदशहर पुलिस अधीक्षक बृजलाल ने तेजपाल को मार गिराने की सौंगध खाई थी। अपराधी गिरोह के बीच बदले समीकरण में तेजपाल खुले आम महेन्द्र फौजी से जुड़ गया था। जिसके चलते दिल्ली में जबर्दस्त वारदातों की आशंका बन रही थी।

अमर उजाला

मंगलवार 23 जून, 1992

अपराधी सरगना तेजपाल मारा गया

(स्टाफ रिपोर्टर)

मेरठ 22 जून। दिल्ली के भवन निर्माण ठेकेदारों, प्रापर्टी डीलरों व व्यापारियों से करीब एक लाख रूपये प्रतिदिन गुंडा टैक्स वसूलने वाले दिल्ली व पश्चिमी उत्तर प्रदेश के अपराधी सरगना तेजपाल सिंह गूजर को एस0एस0पी0 मेरठ बृजलाल ने नाटकीय ढंग से थाना गुलावटी (बुलन्दशहर) के गांव उस्तरा में एक मुठभेड़ में मार गिराया।

दिल्ली व पश्चिमी उत्तर प्रदेश में आतंक का पर्याय बने अपराधी गिरोहों के सरगनाओं में महेन्द्र फौजी से भी अव्वल नम्बर पर आने वाले अपराधी सरगना तेजपाल सिंह गूजर की मेरठ पुलिस को एक हेड कान्स्टेबिल महेन्द्र सिंह त्यागी की हत्या की साजिश व बालेनी थाना क्षेत्र में एक मुठभेड़ के दौरान फरार हो जाने के मामलों में तलाश थी। दिल्ली पुलिस ने बीती 20 जून को एक इन्टर स्टेट पुलिस कान्फ्रेंस में तेजपाल गूजर और बब्बू त्यागी गिरोहों के आतंक पर चिंता व्यक्त की थी।

बुलन्दशहर जिले के थाना गुलावटी के गांव उस्तरा में हुयी मुठभेड़ का विवरण देते हुए वरिष्ठ पुलिस अधीक्षक, बृजलाल ने बताया कि 24 मई को यहां पुलिस लाइन में हेड कान्स्टेबिल महेन्द्र सिंह त्यागी की हत्या के बाद से ही तेजपाल सिंह गूजर के पीछे पुलिस की खोजी आंखे लग गयी थी। कुछ दिन पूर्व उन्हें पता चला था कि तेजपाल सिंह गूजर की पनाहगाह गुलावटी के उस्तरा गांव में उसके मामा राजपाल सिंह के घर थी। पांच दिन पूर्व वह अपने कुछ अधीनस्थ पुलिस अधिकारियों के साथ छद्‌मवेश में उस्तरा गांव जाकर तेजपाल की पनाहगाह का जायजा ले आये थे।

उन्होंने बताया कि 20 जून को दिल्ली में जब हरियाणा, दिल्ली व मेरठ जोन के पुलिस अधिकारियों की बैठक हुई, तब पता चला कि इस अपराधी सरगना को लेकर पुलिस कितनी परेशान है।

पुलिस महानिरीक्षक मेरठ जोन ए0के0 शरन आज जब वरिष्ठ पुलिस अधिकारियों की बैठक कर रहे थे, तब वरिष्ठ पुलिस अधीक्षक, बृजलाल को सूचना मिली कि तेजपाल उस्तरा गांव में पहुंच गया है। उन्होंने बताया कि दोपहर करीब 12.00 बजे एक ट्रांसपोर्ट कम्पनी की प्राइवेट बस यूएचएन 1829 को बारात की बस का रूप दिया गया। चूंकि हिन्दू सम्प्रदाय में विवाह नहीं हो रहे, इसलिए बस पर शकील अहमद एवं हमीदा के विवाह सम्बन्धी वेडिंग पोस्टर चिपकाये गये। वरिष्ठ पुलिस अधीक्षक, बृजलाल के नेतृत्व में पुलिस अधीक्षक (देहात) आर0के0 विश्वकर्मा सहित 40 पुलिसकर्मी बहैसियत बाराती बैठे, जिनमें कुछ बावर्दी थे, जिन्हें सीटों के नीचे छिपा दिया गया था। बस में ए0के0-47, एस0एफ0 कार्बाइन, एस0एल0आर0, स्टेनगन आदि अत्याधुनिक हथियार भी मौजूद थे। रेलवे रोड क्षेत्र से बस की छत पर लाउडस्पीकर भी रखवा दिये गये।

बृजलाल ने बताया कि दोपहर करीब सवा बजे बस उस्तरा गांव पहुंची। किसी को भनक भी नहीं थी कि बस में बाराती नहीं बल्कि पुलिस है। राजपाल सिंह गूजर के मकान से कुछ दूर बस को रोका गया और जब हथियारबंद लोग बड़ी तेजी से उतरे और घर की घेराबंदी की तो गांव में अफरा-तफरी मची। इसी दौरान घर के भीतर तेजपाल सिंह गूजर को भी सूचना मिल गयी कि पुलिस ने मकान की घेराबंदी कर ली है। उन्होंने बताया कि तेजपाल घर से निकलकर करीब दो फर्लांग दूर तक अपनी पिस्टल से गोली चलाता हुआ भागा। मगर उनकी स्टेनगन के साथ पुलिस कर्मियों द्वारा ए0के0-47 आदि हथियारों से चलायी गयी गोलियों से तेजपाल सिंह गूजर छलनी हो गया। उसके चार साथी फायरिंग करते हुए भागने में सफल हो गये।

वरिष्ठ पुलिस अधीक्षक, बृजलाल ने बताया कि मृतक अपराधी सरगना के पास से पाकिस्तान में बना 30 कैलीबर आटो पिस्टल नम्बर एफ0एफ0 259 बरामद हुआ है। उन्होंने बताया कि पुलिस व बदमाशों के बीच करीब 20 मिनट तक फायरिंग हुयी।

पुलिस सूत्रों के मुताबिक मृतक अपराधी सरगना हत्या, अपहरण, गुंडा टैक्स वसूली आदि के करीब दो दर्जन संगीन मामलों का अपराधी था। वह मूलतः मेरठ जिले के थाना अमीनगर सराय के गांव के बिचपुरी का निवासी था। उसका पिता फकीरचंद दिल्ली के न्यू चंद्रावल क्षेत्र में जाकर बस गया था। वहां उसका करीब 50 लाख रूपये की कीमत का मकान है। दिल्ली में तेजपाल गूजर की आपराधिक गतिविधियां 1970 से पूर्व शुरू हुयी। बहुचर्चित प्रताप सिंह कैरो हत्याकांड का अभियुक्त सूर्या उसे मिला और 1970 में दिल्ली के मुकीमपुरा सब्जीमंडी इलाके में विनोद की हत्या उसने की। इसके बाद से गुंडागर्दी शुरू हुई, जो गम्भीर अपराधों में तब्दील हो गयी। 1985 में दिल्ली शास्त्रीनगर इलाके में राजू की हत्या हुई, जिसमें तेजपाल जेल गया। जेल में उसकी मुलाकात बब्बू त्यागी व मदन भैया से हुई। इसके बाद त्यागी और तेजपाल मिलकर अपराध करने लगे। उन्होंने राजू हत्याकांड के तमाम गवाहों को तोड़ लिया। 1988 में तेजपाल पुनः जेल गया, मगर इसके बाद बब्बू त्यागी से उसका झगडा़ हो गया। झगड़े के पीछे इन्द्रपाल तोमर नामक एक प्रापर्टी डीलर द्वारा लोनी क्षेत्र में खरीदी गयी करीब 25 एकड़ जमीन थी। इस जमीन पर बब्बू त्यागी और तेजपाल दोनों की निगाहें थी। मगर प्रापर्टी डीलर तोमर ने तेजपाल सिंह गूजर को जमीन दे दी। यहीं से बब्बू त्यागी और तेजपाल सिंह गूजर के बीच खूनी जंग शुरू हो गयी। कुछ ही दिनों के भीतर दोनों के अलग-अलग गिरोह आमने-सामने हो गये। दिल्ली की सड़कों पर दिन-दहाड़े फायरिंग और हत्याओं का सिलसिला शुरू हो गया। बब्बू त्यागी गैंग के सतीश ने तेजपाल गैंग के ललित कुमार व पवन कुमार को तीमारपुर में मार दिया। इसके बाद बब्बू त्यागी गिरोह ने प्रापर्टी डीलर इन्द्रपाल तोमर की हत्या कर दी। 29 जनवरी, 1990 को दिल्ली के न्यू पटियाला हाउस कोर्ट के प्रांगण में तेजपाल गूजर, उसके साथियों जमील व विधान सिंह ने बब्बू त्यागी की गोली मारकर हत्या कर दी। इस हत्याकांड के दौरान बब्बू त्यागी के पुलिस शैडो हवलदार महेन्द्र सिंह त्यागी की पीठ में भी गोली लगी। यह पुलिसकर्मी इस हत्याकांड का अकेला चश्मदीद गवाह था। 24 मई, 1992 को मेरठ पुलिस लाइन में तेजपाल द्वारा रचे गये षडयंत्र के तहत उसके गिरोह के नारायण सिंह, नवीन कुमार व संटू ने उसकी गला काटकर हत्या कर दी।

यह हत्याकांड इतना सुनियोजित तरीके से किया गया था कि अगर थाना बिनौली की पुलिस चेकिंग न कर रही होती तो हत्यारों का पता नहीं चलता। इस हत्या में अहम भूमिका अदा करने वाला कुलदीप त्यागी उर्फ अनिल पाल गूजर अभी तक फरार है जिसने विश्वासघात कर अपाहिज हवलदार की हत्या कराई। बहरहाल मेरठ में हुए इस हत्याकांड से पूर्व दिल्ली में तेजपाल गूजर व बब्बू त्यागी गिरोह के गैंगवार के दौरान करीब 24 व्यक्ति मौत के घाट उतारे जा चुके थे।

दिल्ली में कुछ माह पूर्व एक ठेकेदार त्रिलोक सिंह के मकान के बाहर हुई गोलाबारी ने काफी सनसनी फैलाई थी। यह ठेकेदार दोनों गिरोहों काफाइनेंसर बताया जाता है, मगर उसने दोनों गिरोहों को भिड़ाने की मंशा से तेजपाल के आदमियों को घर बुला लिया और पैसा लेने के लिए त्यागी गिरोह को बुला लिया। बताया गया है कि इस ठेकेदार के घर के बाहर हुई ताबड़तोड़ फायरिंग में त्यागी गिरोह का मनोज चरौरा मारा गया और बृजमोहन घायल हुआ, जबकि तेजपाल के भसीन व अजीत मारे गये तथा चंगेज खां घायल हो गया। हाल ही में 16 जून को त्यागी गैंग ने तेजपाल के भाई महिपाल को गोली मारकर घायल कर दिया। इससे पूर्व तेजपाल के गिरोह ने दो व्यक्ति मार दिये थे।

वरिष्ठ पुलिस अधीक्षक, बृजलाल ने बताया कि 20 अक्टूबर, 1991 को तेजपाल गूजर जेल से रिहा हुआ था और तब से ही पुलिस के हाथ नहीं आ रहा था।

दिल्ली के पुलिस कमिश्नर ने तेजपाल की जिन्दा या मुर्दा गिरफ्तारी पर सवा लाख रूपये व मेरठ के डी.आई.जी. श्रीकृष्ण चन्द्र शुक्ल ने दो हजार रूपये का इनाम घोषित किया था।

बृजलाल ने पत्रकारों के सवाल का जवाब देते हुए कहा कि इनाम के हकदार इस मुठभेड़ में शामिल उनके अधीनस्थ पुलिसकर्मी हैं।

पंजाब केसरी

जब बराती बन कर पुलिस खूंखार अपराधी को पकड़ने गई

दिल्ली पुलिस आयुक्त की ओर से घोषित एक लाख 25 हजार रूपए इनाम वाला माफिया गिरोह का सरगना तेजपाल सिंह गूजर मेरठ पुलिस के हाथों केवल इसलिए मारा गया कि उसने अपने गिरोह के सदस्यों से मेरठ

पुलिस लाइन्स में रह रहे अपंग हेड कांस्टेबल महेन्द्र त्यागी की 24 मई, 92 को दिन दहाड़े योजनाबद्ध तरीके से हत्या कराई थी। हत्या के बाद मेरठ के वरिष्ठ पुलिस अधीक्षक बृजलाल ने तेजपाल के गांव में घोषणा की थी कि अब वह जल्दी ही मारा जाएगा। इस घटना के बाद तेजपाल एक माह से भी कम अवधि में मारा गया।

मेरठ के वरिष्ठ पुलिस अधीक्षक बृजलाल 24 मई को हुई हेड कांस्टेबल की हत्या के बाद अपने सहयोगियों के साथ 25 मई को तेजपाल के पैतृकगांव बिचपुडी में स्वयं ट्रैक्टर चलाकर छद्मवेश में पहुंचे पर तेजपाल नहीं मिला। बाद में श्री लाल ने गांव वालो से कहा कि तेजपाल को कह देना कि उसने मेरठ में हवलदार की हत्या करके अपनी मौत को दावत दी है। अब मेरठ पुलिस उसको मारकर ही दम लेगी। इसके बाद पुलिस ने उसी रात दिल्ली में न्यू चन्द्रावल थाना रूप नगर में जाकर दबिश दी थी जहां तेजपाल की 50 लाख रूपयों की शानदार पांच मंजिला कोठी है। पुलिस को यहां भी सफलता नहीं मिली।

पुलिस ने तेजपाल सिंह गूजर को पकड़े जाने के लिए काफी भाग-दौड़ की परन्तु सफलता नहीं मिल पा रही थी। बाद में एक मुखबिर से पता चला कि तेजपाल बुलन्दशहर (उ0प्र0) के थाना गुलावटी के ग्राम उस्तरा में अपने मामा के घर पर आकर रूका करता है क्योंकि सारा गांव गुर्जरों का गढ़ कहलाता है। मुखबिर की सूचना पर बृजलाल अपने कुछ सहयोगियों के साथ चुपचाप उसके मामा राजपाल गूजर के मकान तथा उसके आसपास का नक्शा बना लाए ताकि उसके आने की सूचना पर घेराबन्दी करके पकड़ा जा सके। गांव के लोग भी उसके आने के बाद सतक रहते थे। यदि कोई वाहन दूर से आता दिखाई पड़ता था तो वह भागकर तेजपाल को खबर कर देते थे। इसी सतकता के कारण तेजपाल दिल्ली तथा अन्य प्रदेशों की पुलिस से छिप कर यहां ऐश के साथ समय गुजारता था।

22 जून, 92 की दोपहर तेजपाल सिंह गूजर के लिए काल बन गई और श्री बृजलाल ने बड़े नाटकीय ढंग से उसे ए0के0--47 से मार गिराया। दिल्ली अथवा किसी अन्य पुलिस ने सोचा भी नहीं था कि तेजपाल का अन्त मेरठ पुलिस के हाथों लिखा है।

तेजपाल सिंह गूजर कैसे मारा गया

मुखबिर की सूचना पर कि तेजपाल बुलन्दशहर (उ.प्र.) थाना गुलावटी के ग्राम उस्तरा में अपने मामा के यहां ठहरा हुआ है। बृजलाल ने पुलिस अधीक्षक (ग्रामीण) आर0के0 विश्वकर्मा तथा ट्रांसपोर्ट नगर थानाध्यक्ष बी0पी0 सोलंकी सहित एक दर्जन से अधिक थानाध्यक्ष, 25 दरोगा तथा भारी संख्या में दीवान व सिपाहियों को इकट्ठा करके और एक प्राइवेट बस नम्बर यू.एच.एन. 1829 किराये पर ली।

उस पर 'शकील अहमद वेडस हमीदा बेगम' के जगह-जगह स्टिकर चिपका कर शादी की बस तैयार कर ली और सिपाही लोग सादे कपड़ों में बाराती बन कर बैठ गए। गांव वालों को शक न हो इसलिए बस की छत पर बड़े-बड़े लाउडस्पीकर रख दिए। कुछ सिपाही वर्दी के अन्दर ए0के0-47 तथा अन्य हथियार लेकर बस के नीचे की तरफ लेट गए। योजना के अनुसार बस राजपाल गूजर के घर के पास रूकी तो गांव वाले समझे कि बाराती गांव का रास्ता भूल कर यहां आ गए हैं क्योंकि उस्तरा गांव में एक भी मुस्लिम परिवार नहीं है और न ही आसपास किसी के यहां शादी ही। गांव वालो ने सोचा कि बाराती शायद पानी पीने रूके होंगे परन्तु जब बस से कुछ बाराती हथियार लेकर उतरे तो गांव वाले समझे कि बदमाश आ गए हैं। कुछ ने सोचा कि बब्बू त्यागी गिरोह के लोग हथियार लेकर आए हैं। बाद में पुलिस वर्दी में आए लोागों को देखकर ग्रामीण कांप उठे, तभी इसकी सूचना राजपाल को मिली। तेजपाल उस समय घर में था। अपने को पुलिस से घिरा देखकर वह मकान के पीछे के दरवाजे से भागा। तब पुलिस ने लाउडस्पीकर से कहा कि तुम आत्मसमर्पण कर दो नहीं तो मारे जाआगे। उधर से आवाज आई कि मैं तेजपाल गूजर हूँ, एक-एक को भून कर रख दूंगा। गोलियां चलाता हुआ तेजपाल भागा। बाद में मुठभेड़ हुई और वह बृजलाल की ए0के0-47 से मारा गया। तेजपाल के पास से पाकिस्तान निर्मित आटो पिस्टल मिली।

तेजपाल का इतिहास

तेजपाल का जन्म मेरठ (उ.प्र.) के थाना अमीनगर सराय के ग्राम बिचपुरी में फकीरचन्द गूजर के यहां हुआ। फकीर चन्द ने दिल्ली में न्यू चन्द्रावल थाना

रूपनगर इलाके में दूध की डेयरी खोल ली। हाई स्कूल शिक्षा के बाद तेजपाल दूध का कार्य करने लगा और रोहताश पंडित के साथ रहकर अपराध जगत में सक्रिय हो गया। सबसे पहले उसने एक चाकूबाजी की घटना की। सबसे बड़ा अपराध तेजपाल ने 1983 में मुकीमपुरा दिल्ली की सब्जी मंडी में विनोद की हत्या कर किया। इस हत्या में वह पकड़ा गया और जेल गया। उसके आपराधिक जीवन की नींव यहीं से रखी गई। 1985 में नई दिल्ली के शास्त्रीनगर क्षेत्र में उसने राजू की हत्या कर दी। गिरोह के बीच जमीन को लेकर संघर्ष हो गया। इसमें राजकुमार पहलवान की हत्या कर दी गई। बस यहीं से दोनों के बीच खूनी खेल शुरू हो गया। बब्बू त्यागी और तेजपाल दोनों एक-दूसरे के जानी दुश्मन बन गए। तभी तेजपाल ने पुलिस संरक्षण में गोलियां चलाकर दिन-दहाड़े न्यायालय के बाहर उसकी हत्या कर दी तथा अंगरक्षक महेन्द्र त्यागी को 11 गोलियां लगी थी। महेन्द्र त्यागी इस घटना का चश्मदीद गवाह था इसलिए तेजपाल ने मेरठ पुलिस लाइन्स के अन्दर उसकी हत्या कर दी।

तेजपाल गूजर का दिल्ली में न केवल आतंक ही था बल्कि पुलिसकर्मी तथा सरकारी अधिकारी उसके नाम से थर्राते थे और उसे सुविधा शुल्क भी देते थे। इसी आतंक के कारण दिल्ली पुलिस आयुक्त की ओर से सवा लाख तथा मेरठ पुलिस की ओर से दो हजार रूपए का इनाम उस पर घोषित था। दिल्ली पुलिस ने तो तेजपाल के ऊपर एक किताब भी प्रकाशित कराई जिसमें लिखा है कि उसके साथी, प्राधिकरण तथा अवैध धंधा करने वालों से प्रतिदिन एक लाख रूपए गुंडा टैक्स के वसूलते थे। दिल्ली प्राधिकरण में उसी ठेकेदार को कार्य दिया जाता था जिसे तेजपाल चाहता था। तेजपाल गूजर जिसकी आयु केवल 30 वर्ष ही थी, ने थोड़े से ही समय में 'गुंडा टैक्स' के नाम पर करोड़ों रूपए की सम्पत्ति अर्जित कर ली।

बताया जाता है कि 20 अक्टूबर, 91 को तेजपाल फर्जी डाक्टरी प्रमाण-पत्र के आधार पर तिहाड़ जेल से पैरोल पर छूटा और तब से ही वह फरार चल रहा है।

दिल्ली एवं पश्चिमी उत्तर प्रदेश में आतंक का पर्याय बन गए तेजपाल का खेल खत्म हो गया। दिल्ली पुलिस द्वारा सवा लाख रूपए तथा मेरठ परिक्षेत्र के पुलिस उप महानिरिक्षक एस0के0 चन्द्रा द्वारा दो हजार रूपए का इनाम मेरठ के

तेजतर्रार एवं जाबांज वरिष्ठ पुलिस अधीक्षक बृजलाल को मिलेगा साथ ही इस साहसिक कार्य के लिए उनको राष्ट्रपति पुरस्कार देने के लिए लिखा गया है। अब तेजपाल गिरोह के कुछ फरार सदस्यों की तलाश कराई जा रही है।

सतीश सिंहल (पत्रकार)

357, सदर कबाड़ी बाजार मेरठ कैन्ट

बारात का दूल्हा बृजलाल एस0एस0पी0 मेरठ ग्राम उस्तरा, गुलावटी, बुलन्दशहर (22 जून 1992)

बृजलाल एस0एस0पी0 मेरठ

पुलिस की बाात में इसी न्यू गुप्ता बस सर्विस मेरठ की बारात का प्रयोग किया था। 22 जून 1992 ग्राम उस्तरा, थाना गुलावटी बुलन्दशहर, उत्तर प्रदेश

तेजपाल गैंग से मुठभेड़ में भाग लेने वाली पुलिस पार्टी। हरी टी-शर्ट में बृजपाल, एस0 एस0 पी0 मेरठ, बाये तरफ थानाध्यक्ष टी0 पी0 नगर बृजलाल सिंह सोलंकी और दाहिने तरफ राज कुमार विश्वकर्मा (आई0पी0एस0 1988) पुलिस ग्रामीण मेरठ

दिल्ली का माफिया तेजपाल

22 जून 1992 को मुठभेड़ में दिल्ली के माफिया तेजपाल की मृत्यु

हेड कांस्टेबल महेन्दर सिंह त्यागी

उषा त्यागी पत्नी हेड कांस्टेबल महेन्दर सिंह त्यागी

विजय त्यागी पुत्र महेन्द्र सिंह त्यागी

राजीव त्यागी पुत्र महेन्द्र सिंह त्यागी

संजय त्यागी पुत्र महेन्द्र सिंह त्यागी

4

हथियारों के सौदागर

1990 के दशक में पश्चिमी उत्तर प्रदेश विशेषकर मेरठ, मुजफ्फरनगर, बुलंदशहर, गाजियाबाद तथा पूर्वी दिल्ली में महेन्द्र फौजी, सतबीर गूजर, नरेन्द्र उर्फ बब्बू त्यागी, तेजपाल गूजर, चन्द्रप्रकाश त्यागी, मदन भैया आदि माफिया गिरोहों का बोलबाला था। यह गिरोह जमीनों पर कब्जे, अपहरण करके फिरौती वसूलना, किराये पर कत्ल करना, व्यापारियों से रंगदारी वसूलना, ठेकों में दखल देकर अपने आदमियों को ठेके दिलवाना आदि अपराधों में सक्रिय थे। पश्चिमी उत्तर प्रदेश में महेन्द्र फौजी और सतबीर गूजर गैंग एक दूसरे के खून के प्यासे थे। तेजपाल गूजर और बब्बू त्यागी गैंग में भी गैंगवार छिड़ा हुआ था। त्यागी गैंग का मुख्य सरगना सुनील त्यागी था, जो पुलिस मुठभेड़ में वर्ष 1987 में मारा जा चुका था। उसके मारे जाने के बाद बब्बू त्यागी ने गैंग की कमान संभाली। तेजपाल गूजर ने 29 जनवरी, 1990 को पटियाला हाऊस कोर्ट परिसर दिल्ली में बब्बू त्यागी को मार गिराया, जिसके बाद त्यागी गिरोह और गूजर गिरोह में गैंगवार छिड़ गया जिसमें दोनों गिरोहों के दो दर्जन से अधिक शातिर अपराधी आपसी मुठभेड़ों में मारे गये।

24 मई, 1992 को तेजपाल गूजर ने मेरठ पुलिस लाइन में विकलांग हेड कांस्टेबल महेन्द्र त्यागी, जो बब्बू त्यागी का अंगरक्षक था और पटियाला हाउस कोर्ट में गंभीर रूप से घायल हुआ था, की भी हत्या करवा दी। मैंने अपने हवलदार महेन्द्र त्यागी की अन्तेष्टि पर कसम खाई थी कि मैं एक महीने के अन्दर उसके हत्यारे को कानून के हवाले कर दूंगा। मैं एक बारात बनाकर 22 जून, 1992 को ग्राम उस्तरा, थाना गुलावटी, बुलन्दशहर पहुंचा। बारात के रूप में पुलिस फोर्स के पहुंचने के कारण गैंग को कोई शक नहीं हुआ और हम आसानी से गांव में घुस गये। तेजपाल गैंग से मुठभेड़ हुयी, जिसमें एक लाख

का इनामी माफिया तेजपाल गूजर मारा गया और मैंने अपने हवलदार महेन्द्र त्यागी की मौत का बदला लिया। मुझे दिल्ली सरकार द्वारा एक लाख रूपये का पुरस्कार दिया गया और इस साहसिक मुठभेड़ में भारत के राष्ट्रपति ने मुझे बहादुरी के पुलिस पदक से नवाजा।

तेजपाल के मारे जाने के बाद त्यागी व गूजर गिरोहों में गैंगवार काफी हद तक कम हुआ, परन्तु महेन्द्र फौजी और सतबीर गूजर गिरोहों की आपराधिक गतिविधियां चरम सीमा पर थी। सतबीर गूजर, महेन्द्र फौजी ग्राम मेवला, थाना लोनी के रहने वाले थे। दोनों गूजर जाति के होने के कारण साथ-साथ अपराध कर रहे थे। इन दोनों को लोनी निवासी जगमाल गूजर संरक्षण देता था, जो लोनी टाऊन एरिया का चेयरमैन भी रह चुका था और जमीन के धंधे करता था। पैसे के लेनदेन में महेन्द्र फौजी की जगमाल चैयरमैन से ठन गयी और उसने उसकी हत्या कर दी। इस हत्या से महेन्द्र फौजी तथा सतबीर गूजर के रास्ते अलग-अलग हो गये और दोनों एक-दूसरे के खून के प्यासे हो गये। लोनी का चेयरमैन राशिद अली और उसका भाई औलाद अली की जगमाल गूजर से राजनैतिक, आर्थिक कारणों से रंजिश थी। सबसे पहले सतबीर ने महेन्द्र फौजी के घर पर धावा बोल दिया और उसके पिता, पत्नी सहित कई लोगों को मारपीट करके घायल कर दिया। जगमाल के मरने के बाद लोनी टाउन एरिया का चैयरमैन राशिद अली और उसका भाई औलाद अली, महेन्द्र फौजी गैंग को पनाह देने लगे। प्रतिशोध में सतबीर द्वारा लोनी कस्बे में राशिद अली की जिप्सी पर ए0के0-47, एस0एल0आर0 राय फलों से अधाधुन्ध फायर करके राशिद सहित छः व्यक्तियों को मार दिया। दादरी नोयडा के विधायक महेन्द्र भाटी द्वारा सतबीर गैंग को पनाह दिया जाने लगा और महेन्द्र फौजी गैंग को बाहुबली विधायक डी0पी0 यादव ने संरक्षण दिया। इस गैंगवार में वर्ष 1991 महेन्द्र भाटी के छोटे भाई राजवीर भाटी की हत्या और सितम्बर 1992 में महेन्द्र भाटी की हत्या महेन्द्र फौजी गैंग द्वारा कर दी गयी। प्रतिशोध में सतबीर गैंग द्वारा डी0पी0 यादव के बहनोई कमल राज यादव, भाई राम सिंह यादव की हत्या कर दी गयी। सतबीर और महेन्द्र फौजी के गैंगवार में दोनों तरफ के दर्जनों लोग मारे गये और वर्ष 2015 में महेन्द्र भाटी मर्डर केस में डी0पी0 यादव और उसके तीन साथियों को आजीवन कारावास की सजा हो गयी।

मैं, सतबीर गूजर और महेन्द्र फौजी गैंग के सफाये के लिये जी-जान से लगा हुआ था। मेरी अगुवाई में महेन्द्र फौजी गैंग के आधा दर्जन सदस्य पुलिस मुठभेड़ों

में मारे जा चुके थे। उसके गैंग में नम्बर दो की हैसियत रखने वाला उसका ममेरा भाई राजवीर गूजर भी बागपत में पुलिस मुठभेड़ में मारा गया। महेन्द्र फौजी अपने गैंग में नये सदस्यों की भर्ती करना चाहता था। थाना मवाना मेरठ क्षेत्र के उसके दो शातिर गुर्गे रामपाल, जयपाल गूजर, मवाना चीनी मिल की ठेकेदारी पर कब्जा करना चाहते थे, जिस पर पहले से ही सांसद अमर पाल सिंह के आदमी काबिज थे। सांसद अमर पाल सिंह, महेन्द्र फौजी गैंग के रास्ते में बाधक थे, जिसके कारण वह उनकी हत्या हर हालत में करना चाहता था। **इसके लिये उसने नये उभरते हुये शातिर अपराधी जगदीश उर्फ जग्गी पुत्र हेम सिंह गूजर निवासी अट्टा थाना बाबूगढ़, गाजियाबाद, नरेन्द्र उर्फ नंदी गूजर पुत्र धनपाल गूजर निवासी दुर्बेशपुर थाना परीक्षितगढ़ मेरठ, विनय त्यागी पुत्र बसंता त्यागी निवासी राजपुर थाना परीक्षितगढ़ मेरठ, बृजेन्द्र निवासी अस्तापुर थाना बहसुम्मा, लाला उर्फ महेश निवासी मवाना मेरठ को सम्मिलित कर लिया। इन सदस्यों का मुख्य उद्देश्य सांसद अमर पाल सिंह की हत्या करना था, जिससे मवाना चीनी मिल के ठेकों पर कब्जा किया जा सके।**

विशेष दल का गठन

महेन्द्र फौजी और सतबीर गूजर गिरोहों के आतंक को खत्म करने के लिए मैंने एक विशेष दल का गठन किया, जिसका प्रभारी सब इंस्पेक्टर एस0एन0 त्रिपाठी को बनाया था। महेन्द्र फौजी गैंग में मवाना मेरठ के दो दुर्दान्त सदस्य रामपाल और जयपाल गूजर थे। इनके माध्यम से महेन्द्र फौजी मवाना स्थित चीनी मिल में वसूली करता रहता था और इस गैंग से संबंधित व्यक्ति वहां ठेका लेते थे। उस समय मेरठ में सांसद अमर पाल सिंह थे, जो मवाना के ही रहने वाले थे। 16 सितंबर, 1991 को अमर पाल सिंह का खास व्यक्ति उपेन्द्र सिंह चौहान निवासी ढिकौली मवाना, उनकी सुरक्षा में लगे कांस्टेबल मुनेश्वर के साथ मवाना शुगर मिल की तरफ जा रहा था। सुबह के 8:15 बजे उन दोनों पर ए0के0-47 रायफल से गोली चलाई गई, जिसमें मौके पर दोनों की मृत्यु हो गई और आस-पास खड़े सुभाष, रोहताश और महेन्द्र निवासी खालिदपुर फलावदा घायल हो गए। इस घटना को कुख्यात महेन्द्र फौजी ने अपने गैंग के गुर्गों रामपाल, ओमपाल, तीर्थपाल निवासी मीवा मवाना, अजीत निवासी सोनपुरा बिसरख, गौतमबुद्ध नगर, भंवरपाल निवासी मुबारकपुर मवाना, जयपाल गूजर निवासी

नासिरपुर मवाना, सोमपाल निवासी सिखेड़ा मुजफ्फरनगर से करवाया था। ठाकुर अमर पाल सिंह को गैंग अपने रास्ते में बाधा मान रहा था, अतः उन्हें जान से मारने के लिए हमेशा प्रयासरत रहता था, जिसकी जिम्मेदारी उसने अपने गैंग के खास सदस्य रामपाल, जयपाल के साथ सरदार पाल सिंह उर्फ लक्कड़ पाला को दे रखी थी।

उस समय महेन्द्र फौजी गैंग के पास अत्याधुनिक हथियार थे, जिसमें एक लाइट मशीनगन, एक जी-3 अमेरिकन आटोमैटिक रायफल, एक ए0के0-47 रायफल, कार्बाइन और कुछ अन्य आधुनिक रायफलों के साथ-साथ आधुनिक .30 बोर चाइनीज स्टार पिस्टल थे। दोनों गिरोहों को पश्चिमी उत्तर प्रदेश के दो राजनेताओं द्वारा संरक्षण प्राप्त था, इसीलिए यह राजनेता भी इन गिरोहों के निशाने पर थे।

महेन्द्र फौजी गैंग में जगदीश उर्फ जग्गी पुत्र हेम सिंह गूजर निवासी अट्टा थाना बाबूगढ़ गाजियाबाद जुड़ चुका था। उसके साथ नरेन्द्र उर्फ नंदी, विनय त्यागी, बृजेन्द्र जैसे नए उम्र के उत्साही लड़के भी गैंग में शामिल हो गये। मुझे जानकारी हुई कि जग्गी, सांसद अमर पाल सिंह की हत्या के साथ-साथ कई सनसनीखेज हत्याएं कर पश्चिमी उत्तर प्रदेश के आपराधिक जगत का बेताज बादशाह बनना चाहता है। उसकी इच्छा थी कि वह महेन्द्र फौजी, सतबीर गैंग से कहीं आगे निकल जाय। ये लोग अपहरण, रंगदारी वसूली, किराये पर हत्या, जमीन के धंधों में पूर्णतया सक्रिय हो चुके थे और बहुत जल्दी ही ढेर सारा धन कमाना चाहते थे, जिससे ए0के0-47, कार्बाइन, चाइनीज स्टार पिस्टल जैसे घातक असलहे खरीदे जा सकें और गैंग में तेज-तर्रार सदस्यों की भर्ती करके मजबूत गैंग तैयार किया जा सके। उसने कई अपहरण किये, जिसमें पारस बिस्कुट के व्यापारी का अपहरण और फरवरी, 1992 में थाना दौराला, मेरठ के भट्टा व्यापारी का अपहरण कर काफी धन वसूला गया। जग्गी गैंग के सदस्य विनय त्यागी और नंदी, परीक्षितगढ, मवाना, हस्तिनापुर व किठौर कस्बे से व्यापारियों से रंगदारी वसूल रहे थे। पहले तो यह रंगदारी अधिक नहीं थी, जिससे व्यापारी रंगदारी दे देते थे और पुलिस को सूचना भी नहीं देते थे। उभरते हुए जग्गी गैंग ने बड़े व्यापारियों से पचास हजार से एक लाख रंगदारी के रूप में वसूलने का फरमान जारी कर दिया।

3 जुलाई, 1991 को मैं, मेरठ का एस0एस0पी0 तैनात हुआ था। इन अपराधी गिरोहों पर लगातार दबिशें दी जा रही थी। जग्गी का दाहिना हाथ विनय त्यागी परीक्षितगढ़ के व्यापारी लाला माधव सिंह गर्ग से एक लाख रूपये की वसूली करना चाहता था, परन्तु उन्होंने नहीं दिया। जग्गी ने निर्णय लिया कि पुलिस सक्रियता के कारण व्यापारियों से वसूली बंद होने लगी है, अब कुछ व्यापारियों की हत्या करके आतंक का माहौल कायम करना ही विकल्प बचा है, जिससे अन्य व्यापारी डर के कारण रंगदारी देना शुरू कर दें।

दो जोड़ी जूतें

अपहरण की घटनाओं से व्यापरियों में बहुत रोष व्याप्त हुआ और मैं खुद मौके पर पहुंचा और व्यापारियों को आश्वासन दिया कि इस गैंग को ठिकाने लगा कर ही दम लूंगा। मैं पहले से ही इस गैंग के पीछे लगा हुआ था। मैं स्वयं नंदी, विनय त्यागी के घरों, ठिकानों पर लगातार रेड कर रहा था। मुझे नरेन्द्र कुमार नंदी के घर पर एक अजीब दृश्य देखने को मिला। घर के एक कमरे में दो जोड़ी जूते बड़े सम्मान के साथ सजाकर रखे गये थे। मैंने जग्गी की माँ से पूछा कि आपने जूते क्यों सजा रखे है, वे बोली कि यह जूते मेरे दो बेटों के हैं जो पुलिस मुठभेड़ में मारे जा चुके हैं। मैंने उनकी याद में यह जूते सजाकर रखे हैं। माँ तो माँ होती है और उसकी भावना को मैंने सम्मान दिया। मैंने उनसे कहा कि माताजी कम से कम तीसरे और अन्तिम बेटे को बचा लें और उसे समझायें कि वह अपराध का रास्ता छोड़कर अपने को कानून के हवाले कर दे। वह जिस रास्ते पर चल रहा है अगर सुधार नहीं हुआ तो कहीं दुर्भाग्यवश आपको उसके जूतों को भी यादगार के तौर पर यहीं सजाना पड़ेगा। मैंने हाथ जोड़कर नंदी की मॉ, बहन और पिता से कहा कि वह नंदी को अपराध की दुनिया से अलग कर लें।

21 जनवरी, 1992 को मैंने स्पेशल दस्ते के प्रभारी सब इन्सपेक्टर एस0एन0 त्रिपाठी को टीम के साथ कस्बा रामराज मुजफ्फरनगर भेजा था, जहां जगदीश उर्फ जग्गी के आने की पक्की सूचना थी। दरोगा बृजपाल सोलंकी भी जग्गी की तलाश में गये थे, परन्तु जग्गी पहले ही निकल चुका था। दोनों टीमें अलग-अलग हो गयीं। एस0एन0 त्रिपाठी की टीम मारूति वैन में थी, जिसमें एक राजनैतिक पार्टी का झंडा लगा दिया गया था, जिससे बदमाशों को शक न हो कि यह

पुलिस पार्टी है। वैन को सिपाही जयप्रकाश चला रहा था। मवाना से मेरठ आते समय मुख्य सड़क पर टीम के सदस्य सिपाही हसन अब्बास ने मोटर साइकिल सवार दो व्यक्तियों को देखा। अरे! यह मोटरसाइकिल तो कल ही लूटी गयी थी जिसकी सूचना वायरलेस सेट से सबको दी गयी थी। मोटरसाइकिल सवारों ने मुख्य सड़क से हटकर नहर की पटरी की तरफ गाड़ी मोड़ दी। टीम इंचार्ज त्रिपाठी को शक हो गया कि ये अपराधी हैं। जयप्रकाश ने मारूति वैन को मोटरसाइकिल के पीछे लगा दी। बदमाशों को शक हो गया और जैसे ही मारूति वैन एकदम उनके नजदीक पहुंची तो वे मोटर साइकिल छोड़कर गोली चलाते हुए गन्ने के खेत में घुस गये। स्पेशल दस्ते में मात्र चार पुलिस जवान थे, जिन्होंने बदमाशों का डटकर मुकाबला किया और वायरलेस से मुझे सूचना दी। मैं तुरन्त रवाना होकर 20–25 मिनट में मवाना खुर्द के जंगल में पहुंच गया और आपरेशन की कमान खुद संभाल ली। मेरे पहुंचने से पहले बदमाशों की एक गोली कांस्टेबल जयप्रकाश के पेट में लग गयी थी, जिसे तुरन्त अस्पताल भिजवाया गया। मेरी अगुवाई में गन्ने के खेत को घेरा गया और बदमाशों को आत्मसमर्पण के लिए कहा गया, परन्तु दोनों बदमाश अपने घातक हथियारों से गोली चलाते रहे। करीब आधा घंटे की मुठभेड़ में दोनों बदमाश मारे गये, जिनकी पहचान जगदीश उर्फ जग्गी गैंग के सदस्य नरेन्द्र कुमार उर्फ नंदी गूजर तथा विनय त्यागी के रूप में हुयी। मेरी सलाह के बाद नंदी का परिवार अपने बेटे को सुधार नहीं पाया और वह भी अपने दो भाइयों की तरह पुलिस मुठभेड़ में मारा गया।

जग्गी द्वारा आधुनिक हथियारों की चाहत

अपने दो मजबूत साथियों नंदी और विनय त्यागी के मारे जाने के बाद जग्गी बौखला उठा। उसके ठिकानों पर मेरी अगुवाई में लगातार रेड किये जा रहे थे, जिसके कारण वह अपराध नहीं कर पा रहा था और गंगा के किनारे कुछ गूजर बाहुल्य गाँवों में पनाह पा रहा था। इस मुठभेड़ के पहले वह अपहरण और रंगदारी से काफी धन वसूल चुका था और अब वह ए0के0–47, आटोमैटिक कार्बाइन एवं घातक चाइनीज स्टार पिस्टल खरीदना चाहता था, जिससे वह अपने गैंग लीडर महेन्द्र फौजी का फरमान सांसद ठाकुर अमरपाल सिंह को मारकर पूरा कर सके, जो घातक हथियारों के बिना सम्भव नहीं था। जग्गी को पहले महेन्द्र

फौजी गैंग से उधार में हथियार मिल जाते थे परन्तु वह हथियारों के मामले में खुद आत्मनिर्भर होना चाहता था। मवाना शुगर मिल के ठेकों पर कब्जा करके लगातार धन कमाने का भी उसका लक्ष्य था।

20 अक्टूबर, 1991 को जग्गी अपने गैंग के सदस्यों के साथ लाला माधव सरन गर्ग निवासी मो0 पूठी दरवाजा परीक्षितगढ़ पहुंचा और उनके पुत्र सतीश कुमार गर्ग पर ताबड़तोड़ गोलियां चलाई, जिसमें सतीश गर्ग को कई गोलियां लगी लेकिन अस्पताल में जाकर वह बच गए। मुझे मेरठ में गये केवल चार महीने ही हुए थे कि परीक्षितगढ़ में गोलियां चलाकर गैंग ने अपने इरादे साफ कर दिये थे, जिसके कारण मैंने शातिर बदमाशों के सफाये के लिए एक प्रभावी योजना बनायी।

मेरे स्थानांतरण का षडयंत्र

16 सितंबर, 1991 को मेरठ के सांसद अमर पाल सिंह के सहयोगी उपेन्द्र सिंह चौहान और गनर सिपाही मुनेश्वर सिंह की हत्या महेन्द्र फौजी गैंग द्वारा की गयी थी। इस घटना के बाद सांसद अमर पाल सिंह ने मेरा स्थानांतरण कराने का काफी प्रयास किया। मैं मेरठ में मात्र ढाई महीना पहले तैनात हुआ था। तुलसी गौड़ (आई0ए0एस0-1980), जिलाधिकारी मेरठ तैनात हुये थे, जिन्हें उस समय एक कद्दावर नेता का संरक्षण प्राप्त था। सांसद अमर पाल सिंह की छवि एक ईमानदार और दबंग किस्म के नेता की थी। वे अपना काम मनचाहे ढंग से करा लेते थे। मेरे आने के बाद सभी काम नियमानुसार होने लगे, जिससे वह मुझसे भी नाराज रहने लगे। मैंने उनके चहेते डिप्टी एस0पी0, थानाध्यक्ष हटा दिये थे, जो उनके इशारे पर काम करते थे। मेरे तीन डिप्टी एस0पी0 जो उनके सजातीय थे, मेरे स्थानान्तरण के षडयन्त्र में शामिल हो गये। उपेन्द्र सिंह चौहान, कांस्टेबल मुनेश्वर सिंह की हत्या से उन्हें एक मौका मिल गया और वे मेरे स्थानान्तरण की जिद पर उतर आये।

यह षडयंत्र, तत्कालीन जिलाधिकारी तुलसी गौड़ द्वारा रचा गया था। तुलसी गौड़ 1980 बैच के आई0ए0एस अधिकारी थे, जिनकी छवि बहुत ही खराब थी। वे 1980 बैच के आई0ए0एस0 टॉपर थे, परन्तु वे अपने कैरियर में मात्र एक प्रमोशन बड़ी मुश्किल से पाये और वर्षों निलबिंत रहें। सेवानिवृत्त होने के बाद

भी उनके विरूद्ध दिसम्बर 2019 में उत्तर प्रदेश शासन ने कार्यवाही करने की अनुमति दी। उन्होंने कई फर्जी कम्पनियां बनाई और उन्हें ठेके देकर लाभ पहुंचाया। उत्तर प्रदेश निर्यात निगम में तैनाती के दौरान उनके ऊपर भ्रष्टाचार के कई गम्भीर आरोप लगे। उन्होंने अपनी पत्नी शीला गौड़ के नाम पर फर्म बनाया और कई सरकारी ठेके नियम विरूद्ध अपनी पत्नी को ही दे दिये।

गौड़ पर यह भी आरोप था कि सरकारी विदेश यात्रा के खर्च का ब्यौरा उन्होंने बढ़ा चढ़ा कर पेश किया और उसका भुगतान भी ले लिया। इतना ही नही जब उत्तर प्रदेश शासन ने विदेश खर्च का ब्यौरा मांगा तो उन्होंने विदेशी करेंसी और हवाई टिकट चोरी होनी की झूठी कहानी गढ़ दी। उनके विरूद्ध लोकायुक्त ने जांच की और दोषी पाते हुए उत्तर प्रदेश विजिलेंस को जांच करने की सिफारिश की। कई साल तक चली जांच में विजिलेंस ने सन् 2014 में शासन से मुकदमा चलाने की अनुमति मांगी, परन्तु तुलसी गौड़ अपने रसूख से फाइल को दबवाये रहें, लेकिन अन्ततः सफल नही हो पायें और उन्हें जेल जाना पड़ा।

उसी दौरान मोदी रबर फैक्ट्री में मजदूरों द्वारा अपनी मांगों के लिए हड़ताल की जा रही थी। मजदूर हिंसा पर उतर आये और फैक्ट्री गेट में आग लगा दिया। आग लगातार बढ़ रही थी और यदि उस पर काबू न किया गया होता तो पूरी फैक्ट्री जल कर खाक हो जाती है। मैंने अपने पुलिस अधीक्षक ग्रामीण क्षेत्र, आर0के0 विश्वकर्मा तथा सहायक पुलिस अधीक्षक, सुभाष चन्द्र को कानून-व्यवस्था संभालने हेतु भेजा, परन्तु स्थिति की गंभीरता को देखते हुए मुझे स्वयं वहां जाना पड़ा। बल प्रयोग करने के बाद 75 आंदोलनकारी गिरफ्तार करके जेल भेजे गए। तुलसी गौड़ इस गंभीर कानून-व्यवस्था की समस्या के समाधान के लिए न तो मेरे साथ स्वयं गए और न ही अपने अधीनस्थ किसी मजिस्ट्रेट को भेजा। दूसरे दिन वे भारतीय जनता पार्टी के एक महिला विधायक और कुछ अन्य नेताओं के साथ मोदी रबर फैक्ट्री पहुंच गए और वहां पर भी उन्होंने उक्त विधायक और मजदूर नेताओं को भड़काया। उन्होंने यहां तक कहा कि मजदूरों पर जो अत्याचार हुआ है, ऐसा अत्याचार ब्रिटिश हुकुमत में भी नही हुआ। उसी समय एक मजदूर फैक्ट्री के बगल से गुजर रही रेलवे लाइन को पार करते समय ट्रेन से कट कर मर गया था। जिलाधिकारी तुलसी गौड़ ने मजदूरों से कहा कि फैक्ट्री के मालिक डॉ0 भूपेन्द्र मोदी ने उसकी हत्या करवाकर रेलवे लाइन पर डाल दिया है। तुलसी गौड़ जिलाधिकारी होते हुए भी कानून-व्यवस्था की समस्या को संभालने के

बजाय और गंभीर बनाने का प्रयास कर रहे थे। उनका मुख्य उद्‌देश्य फैक्ट्री मालिक डॉ0 भूपेन्द्र मोदी से लाभ लेना था तथा दूसरा उद्‌देश्य मेरा वहां से स्थानांतरण कराना था। उन्होंने नेताओं को उकसाकर मेरे घर पर धरने पर बैठा दिया। तत्कालीन मुख्यमंत्री कल्याण सिंह, तुलसी गौड़ के कृत्यों से अवगत थे और उन्होंने मुझे फोन करके आश्वस्त किया कि जिलाधिकारी की गतिविधियों की जानकारी उन्हें है। उन्होंने तुलसी गौड़ को षडयंत्रकारी के साथ-साथ "मारीच" कहा और उनका स्थानांतरण तुरंत नैनीताल स्थित प्रशासनिक अकादमी में कर दिया। तुलसी गौड़ के भ्रष्टाचार की जांच विजिलेंस को दे दी गई। यहां यह भी बताना समीचीन होगा कि जब तुलसी गौड़ कांग्रेस पार्टी के एक नेता के सहयोग से वर्ष 1993 में जिलाधिकारी अलीगढ़ तैनात हुए तो उस समय कल्याण सिंह के विरूद्ध चुनाव के दौरान उन्हें नुकसान पहुंचाने के लिए षडयंत्र करते रहे।

जग्गी गैंग पर कार्यवाही हेतु टीम का गठन

मैंने मोदीनगर गाजियाबाद निवासी सुरेन्द्र मास्टर (बदला हुआ नाम) को जग्गी गैंग की मानवीय कमजोरियों का पता लगाने के लिए कहा। सुरेन्द्र मास्टर, थानाध्यक्ष टी0पी0 नगर मेरठ बृजपाल सिंह सोलंकी के काफी नजदीक थे और उनसे अपना कुछ काम भी करवाना चाहते थे। सुरेन्द्र का एक भतीजा जितेन्द्र सिंह भी जग्गी गैंग में शामिल हो गया था, जिसे वह हर हालत में गैंग से बाहर निकालना चाह रहे थे इसलिए वह जग्गी गैंग के बारे में सूचनाएं एकत्रित करने हेतु तैयार हो गये।

जग्गी उस समय 22-23 साल का करीब 6 फुट लंबा तेज-तर्रार जवान था और ग्राम अट्टा, थाना बाबूगढ़, गाजियाबाद का रहने वाला था। मास्टर ने बताया कि वह इतना शातिर है कि अगर उसके खास रिश्तेदार भी मिलने जाए तो उन्हें भी शक की निगाह से देखता है और पूरी जानकारी करने के बाद ही मिलता है। मास्टर का भतीजा जितेन्द्र जो उस समय इस गैंग में था, ने बताया कि जग्गी ए0के0-47 और 9 एम0एम0 कार्बाइन खरीदने के लिए पागलपन की हद तक उतावला है। थानाध्यक्ष सोलंकी मास्टर को लेकर मेरे पास आए और जग्गी गैंग के बारे में पूरी सूचना दी। मैंने सोलंकी के साथ उनके ही थाने के सिपाही रणबीर सिंह को लगा दिया। एक मारूति गाड़ी पर एक राजनैतिक पार्टी का झंडा

लगाकर मैंने, मास्टर और सिपाही रणबीर सिंह को जग्गी के मुख्य ठिकाने ग्राम रामनगर थाना परीक्षितगढ़ भेजा। अपने भतीजे जितेन्द्र को बुलाकर मास्टर ने रणबीर सिंह को विधायक सोहना हरियाणा के ड्राइवर के रूप में परिचय करवाया और बताया कि ये विधायक जी के माध्यम से ए0के0-47 और कार्बाइन की व्यवस्था उचित दाम पर करवा देंगे। मैंने कांस्टेबल रणबीर सिंह को अपनी योजना बताई थी और वह उसी के अनुसार काम कर रहे थे। उसने जितेन्द्र व जग्गी गैंग के अन्य सदस्यों से बातचीत में बताया कि वह विधायक जी की गाड़ी चलाता है और उसके साथ हरियाणा पुलिस के दो गनर हमेशा चलते हैं। आज वह गनर इसलिए नहीं लाया कि जग्गी को कहीं शक न हो जाए। जब विधायक जी आएंगे तो अपने साथ वह गनर अवश्य लेकर आएंगे। मैं यह बात जग्गी के दिमाग में डालना चाहता था, जिससे तथाकथित विधायक सोहना, हरियाणा से मिलने में उसे शक न हो।

मैं एक विधायक की कहानी बनाकर अपनी टीम को गैंग के नजदीक गनर सहित पहुंचाना चाहता था, जिससे जग्गी और उसके गैंग का खात्मा आसानी से किया जा सके। जनवरी 1992 के अन्तिम सप्ताह में मैंने दरोगा सोलंकी को विधायक वीरेन्द्र सिंह सोहना, हरियाणा बनाकर मास्टर व ड्राइवर बने सिपाही रणबीर सिंह को झंडा लगी गाड़ी से ग्राम रामनगर थाना परीक्षितगढ़ में भेजा। जब यह टीम ग्राम रामनगर, जो गंगा नदी के किनारे है, पहुंची तो उस समय गैंग का सदस्य जितेन्द्र, अलाव ताप रहा था और अपने चाचा मास्टर को देखकर तुरंत उनसे गले मिला। उसने बताया कि जग्गी हथियार खरीदने हरिद्वार गया है और वह एक दिन बाद आ जाएगा। मेरी टीम तुरंत रात में ही लौटकर मेरे पास आई, जिस पर मैंने जग्गी और उसके गुर्गों की गिरफ्तारी हरिद्वार से लौटते समय रास्ते में ही करने की योजना बनाई। 21 जनवरी, 1992 को उपनिरीक्षक सोलंकी, एस0एन0 त्रिपाठी तथा उनकी टीम को थाना हस्तिनापुर के गणेशपुर मोड़ पर गिरफ्तारी के लिए लगाया गया। उस दिन जग्गी तो नहीं आया लेकिन उसके दो साथी नरेन्द्र उर्फ नंदी, विनय त्यागी मोटर साइकिल से आते हुए दिखाई पड़े और पुलिस मुठभेड़ में मारे गये।

अपने दो साथियों के मारे जाने से जग्गी और अधिक खूंखार व सतर्क हो गया। उसने मेरे द्वारा लगाये गये मुखबिर को बताया कि उसे ए0के0-47

मिल जाए तो वह मेरठ के एस0एस0पी0 बृजलाल और सांसद अमर पाल सिंह को मार देगा। उसने अपनी योजना बतायी कि 600 गोली प्रति मिनट से आग उगलने वाली ए0के0-47 और 720 गोली प्रति मिनट की दर से फायर करने वाली आटोमेटिक काबाईन से मैं सांसद जी और एस0एस0पी0 की गाड़ियों के चीथड़े उड़ा दूंगा, जिससे उनका बच पाना नामुमकिन होगा। मैंने उसके उतावलेपन का फायदा उठाया और दो-तीन दिन बाद मैंने पुनः विधायक बने थानाध्यक्ष सोलंकी, सिपाही रणबीर और मास्टर को ग्राम रामनगर परीक्षितगढ़ भेजा। जब यह लोग रामनगर पहुंचे तो गांव के बाहर से जग्गी के मिलने के स्थान तक तीन जगह उनकी तलाशी हुई। जग्गी ने अपने हथियारबंद साथियों को पहरे पर लगा दिया और एक घंटे इंतजार कराने के बाद आया।

कुर्ता, पैजामा, सदरी पहने सोलंकी ने अपने को वीरेन्द्र सिंह विधायक सोहना हरियाणा बताया और उन्हें अपने साथ लाये ए0के0-47 रायफल, 9 एम0एम0 कार्बाइन की फोटो दिखाई और आश्वस्त किया कि वे इसकी आपूर्ति शीघ्र कर देंगे। वे जब भी चलते है, अपने साथ दो गनर लेकर चलते हैं। आज यहां पहली बार आए है इसलिए अपने साथ गनर नहीं लाए, जिससे कि आप लोगों को शक न हो। विधायक बने सोलंकी ने जग्गी से कहा कि अभी फाइनल डील के लिए एक और मुलाकात आवश्यक है और हम जल्दी ही मुलाकात करेंगे। इसी बीच मुझे सूचना मिली कि जग्गी को थोड़ा शक हो रहा है कि वह असली विधायक है भी कि नहीं। मैंने तीन दिन बाद ही ग्राम रामनगर में थाने की पुलिस भेजकर जग्गी गैंग को पनाह देने वाले व्यक्तियों को पूछताछ के लिए उठवा लिया और उन्हें थाना किठौर में रखा। सांसद हरीशपाल और विधायक प्रभू दयाल जो गूजर समाज के थे, मेरे पास आये और रामनगर के लोगों को छोड़ने की सिफारिश की, परन्तु मैंने इंकार कर दिया। मैंने अपने सूत्र मास्टर को जग्गी के पास भेजा जिन्होंने उसे बताया कि सोहना विधायक जी का संबंध बलराम सिंह यादव से है, जो उस समय भारत सरकार में केन्द्रीय मंत्री है। मास्टर जी ने यह भी बताया कि मेरठ के एस0एस0पी बृजलाल जनपद इटावा में तैनात रह चुके हैं और उनके बलराम सिंह यादव से घनिष्ठ संबंध है और वे उनकी बात नहीं टालेंगे। वह विधायक सोहना के माध्यम से जग्गी के आदमियों को छुड़वा देंगे।

मेरी योजना के अनुसार मास्टर सुरेन्द्र, रामनगर निवासी जग्गी के दो आदमियों के साथ मेरे कार्यालय आयें और मुझ से सिफारिश की कि रामनगर के लोग निर्दोष हैं, उन्हें छोड़ दिया जाय। अपनी योजनानुसार मैंने तुरंत कहा कि बलराम सिंह यादव का फोन आया था, इसलिए मैं ग्राम रामनगर के लोगों को छोड़ रहा हूं। थानाध्यक्ष किठौर को निर्देश देकर तुरंत लोगों को छुड़वा दिया। मेरा यह तीर शत–प्रतिशत निशाने पर लगा। जग्गी को यह पूर्ण विश्वास हो गया कि विधायक सोहना हरियाणा बड़े ही काम के आदमी है। मैंने हरियाणा का नाम इसलिए चुना था कि उस समय पंजाब में आतंकवाद के कारण हरियाणा के अपराधियों के पास ए0के0–47 रायफलें उपलब्ध थी, जो उन्हें पंजाब के आतंकवादियों से आसानी से मिल जाती थी। यदि मैं सोलंकी को उत्तर प्रदेश के किसी क्षेत्र का फर्जी विधायक बनाता तो जग्गी आसानी से असली या नकली की जानकारी करा सकता था।

28 फरवरी, 1992 को पुनः विधायक बने उप निरीक्षक दरोगा सोलंकी और उसके ड्राइवर बने सिपाही रणबीर सिंह को ग्राम रामनगर रात्रि 10 बजे पहुंचे, और जग्गी से बातचीत करके ए0के0–47 और काबाईन उपलब्ध कराने की बात की। जग्गी, ए0के0–47 और कार्बाइन की फोटो देखकर उछल पड़ा और तुरन्त कहा कि वे जिस भी दाम पर देंगे वह इन हथियारों को खरीद लेगा। सांसद अमरपाल सिंह और एस0एस0पी बृजलाल पर बिना इन ऑटोमैटिक हथियारों के हमला संभव नही है।

इसी बीच उसने दौराला थाना क्षेत्र से एक भट्ठा मालिक का दिन–दहाड़े फिरौती के लिए अपहरण कर लिया था और वहां से भी उसे अच्छी रकम फिरौती के रूप में ले ली। जग्गी ने हथियार की डिलीवरी मेरठ के बजाए मुजफ्फरनगर में लेने के लिए कहा। उसने मुझे गाली देकर बोला कि मेरठ में बृजलाल कहीं भी, किसी भी भेष में पहुंच सकता है, अतः यहां हथियार लेना खतरे से खाली नहीं है। जैसा कि मैंने सोलंकी को बताया था उसने जग्गी को बताया कि वह मुजफ्फनगर अपनी झंडा लगी गाड़ी में दो गनर लेकर आएंगे जिससे पुलिस कहीं उनकी चेंकिग न कर सके। मुझे तो मुंह मांगी मुराद मिल गयी, क्योंकि अब मैं अपनी टीम के साथ दो गनर ले जा सकता था। 1 मार्च 1992 को सोलंकी ने रेशू बिहार मुजफ्फरनगर शाम सात बजे हथियारों की डिलीवरी देना तय कर दिया।

जग्गी का खात्मा

अब मैंने अपनी टीम में अपने गनर हेड कांस्टेबल सत्यपाल त्यागी को ए0के0–47 तथा पुलिस लाइन के सूबेदार लखनपाल को कार्बाइन के साथ सोलंकी के साथ लगा दिया। दोनों को मैंने ए0के0–47 और कार्बाइन चलाने का प्रशिक्षण स्वयं दिया था। दोनों गनर को हरियाणा पुलिस की वर्दी पहनायी और गाड़ी पर कांग्रेस पार्टी का झंडा लगा दिया, जिससे जग्गी को जरा भी शक न हो। गाड़ी को मेरठ पुलिस के कांस्टेबल रणबीर सिंह चला रहे थे। मैंने सोलंकी के बैग में एक पिस्टल और एक वायरलैस सैट रखवा दिया। खतरनाक ऑपरेशन के लिए मैं हमेशा मुख्य टीम के अलावा उसकी सहायता के लिए दूसरी टीम भी गठित करता था, जिसका काम पहली टीम से चूक हो जाने पर उसकी सहायता करना था। दूसरी टीम में मैंने अपने पेशकार वीरेन्द्र सिंह यादव को लगाया। पहली टीम के दरोगा सोलंकी, कांस्टेबल रणबीर सिंह और दोनों गनर को जग्गी के पास पहुंचना था और उसकी गिरफ्तारी का प्रयास करना था। गैंग बहुत ही खूंखार था, अतः संभावना यही थी कि वह गोली चलाएगा, जिसके लिए हमारी टीम को भी फुर्ती से आत्मरक्षा हेतु गोली चलानी पड़ेगी। यह कार्यवाही दूसरे जिले में होनी थी। अतः यह भी देखना आवश्यक था कि गोली चलते समय मुजफ्फरनगर पुलिस मौके पर पहुंचकर पुलिस टीम को भी बदमाश समझकर गोली न चला दे। सोलंकी को गोली चलने की स्थिति में अपनी आत्मरक्षा में गोली चलाने के साथ-साथ अपने वायरलैस सेट द्वारा वीरेन्द्र सिंह यादव की टीम को सूचना देनी थी, जिन्हें मैंने पास में ही एक जिप्सी में तैनात कर रखा था और उन्हें अपने साथ लाई गयी, वर्दी तुरंत पहनकर पहली टीम की सहायता के लिए पहुंचना था।

1 मार्च, 1992 को शाम 8 बजे हमारी दोनों टीमें निर्धारित जगहों पर लग गई। इसी बीच एक हीरो होंडा मोटर साइकिल से दो बदमाश सोलंकी के पास पहुंचे और उनसे कहा कि रास्ते में संदिग्ध अवस्था में जिप्सी खड़ी है और उसमें कुछ हट्टे-कट्टे लोग नजर आ रहे है, इसलिए जग्गी अभी नहीं आएगा। उन्होंने सोलंकी को एक हजार रूपया देना चाहा और एक होटल में रूकने के लिए कहा, जिससे 2 मार्च को प्रातः हथियारों की डिलीवरी हो सके। सोलंकी ने तुरंत कहा कि मैं विधायक हूं, मुझे होटल में रूकने की आवश्यकता नहीं है, मैं तो सर्किट हाउस मुजफ्फरनगर जा रहा हूँ। सोलंकी अपनी टीम के साथ सर्किट

हाउस मुजफ्फरनगर पहुंच गये और अपने को विधायक सोहना बताकर एक कमरा खुलवा लिया। रास्ते में पुलिस टीम ने देखा कि गैंग का एक व्यक्ति टीम की गाड़ी के कुछ दूर पीछे रहकर टोह ले रहा है। सर्किट हाउस में पहुंचने के थोड़ी देर बाद ही जग्गी गैंग के दो बदमाश पुनः आ गये और रेशू बिहार कालोनी में स्थित स्कूल के बगल मैदान में हथियार देने की बात तय की। जैसे ही बदमाश वापस गये हमारी दोनों टीमें तुरंत मेरठ मेरे पास आयी और मुझे सम्पूर्ण स्थिति से अवगत कराया।

मैंने अपनी दूसरी टीम जिसके टीम लीडर मेरे पेशकार वीरेन्द्र सिंह यादव थे, को जिप्सी की जगह सफेद एम्बैसडर गाड़ी दिला दी। इसी बीच मैंने जग्गी गैंग में सुरेन्द्र मास्टर को एम्बैसडर गाड़ी के साथ लगा दिया था, जिन्हें जग्गी गैंग को लेकर हमारी टीम के पास पहुंचना था। मैंने जग्गी गैंग की गाड़ी चला रहे मास्टर को हिदायत दी थी कि यदि रेशू बिहार में मेरी टीम का प्रयास विफल होता है तो वह अपनी गाड़ी लेकर हमारी दूसरी टीम, जो रास्ते में लगी थी, के तरफ जाएंगे और इस बीच सोलंकी की टीम भी बदमाशों के पीछे लग जाएगी। जब हमारी दोनों टीमें बदमाशों के नजदीक आ जाएंगी तो मास्टर को बहाना बनाकर गाड़ी खड़ी कर देनी होगी जिससे दोनों टीमें संयुक्त रूप से गिरोह के सदस्यों का सफाया कर सके।

योजना के अनुसार 2 मार्च, 1992 को हमारी पहली टीम रेशू बिहार, मुजफ्फरनगर पहुंची और मास्टर, जग्गी व उसके दो सदस्यों को एम्बैसडर कार में बैठाकर वहां आ गये। सोलंकी गाड़ी छोड़कर अपने दोनों गनर और ड्राइवर के साथ जग्गी के पास पहुंचे और अपने साथ लाये गये एक अखबार जिसमें मेरे द्वारा जग्गी गैंग के बारे में वक्तव्य दिया गया था, जग्गी को दिखाया। हथियारों की डिलीवरी विधायक जी को देनी थी, जिसके कारण ड्राइवर व गनर अपने हथियारों के साथ मुस्तैद थे। विधायक बने सोलंकी और टीम ने बदमाशों को ललकारा, परन्तु जग्गी कहा मानने वाला था। उसने तथा उसके साथियों ने पुलिस पार्टी पर फायर करना शुरू कर दिया। पुलिस द्वारा भी गोली चलायी गयी, जिसमें एक बदमाश वहीं पर मारा गया।

स्कूल में हाईस्कूल, इंटरमीडिएट बोर्ड की परीक्षाएं चल रही थी और कई अभिभावक भी स्कूल पर अपनी गाड़ियों के साथ मौजूद थे। उन्होंने समझा कि बदमाशों में आपस में गोली चल रही है। इसी बीच सोलंकी ने अपना वायरलैस

सैट निकाल करके जोर से आवाज दी हम लोग पुलिस वाले हैं और मेरे हाथ में वायरलैस सैट है। उस समय वायरलेस सेट केवल पुलिस के पास होता था। इससे एक व्यक्ति जो काफी नजदीक आ चुका था, मेरी टीम को अपनी गाड़ी में लिफ्ट दे दी क्योंकि टीम की गाड़ी थोड़ी दूरी पर थी। दो बदमाश कूदकर अपनी एम्बैसडर में बैठ गए और मास्टर ने योजनानुसार एम्बैसडर को हमारी दूसरी टीम की तरफ बढ़ा दी। वहां से करीब 6-7 किलोमीटर चलने के बाद हमारी दोनों टीमें जब बदमाशों के बिल्कुल नजदीक आ गई तो मास्टर ने गाड़ी खराब होने का बहाना बनाकर रोक दी। बदमाश फायर करते हुए एक फैक्ट्री में घुस गए, जहां एक और बदमाश मुठभेड़ में मारा गया।

गैंग सरगना जग्गी जो सबसे तेज-तर्रार था, अपने हथियार के साथ बगल की दूसरी फैक्ट्री की छः फीट ऊंची बाउंड्री वाल को पार कर गया। पार करने के बाद फैक्ट्री के मकान में छत पर बने कमरे में अपने को बंद कर लिया। मैं स्वयं मुजफ्फरनगर जिले से कुछ दूरी पर था और अपने वायरलेस सेट से लगातार अपनी टीम को निर्देश दे रहा था। फैक्ट्री परिसर में हमारी एक टीम छत पर चढ़ गई तथा दूसरी टीम नीचे से जग्गी के फायर का जवाब देने के लिए मुस्तैद हो गई। छत पर चढ़ी टीम ने जब दरवाजा खुलवाना चाहा तो जग्गी ने खिड़की से फायर करना शुरू कर दिया। मैंने टीम लीडर सोलंकी को निर्देश दिया कि एक टीम नीचे से कवर लेकर खिड़की और फाटक पर गोली चलाये जिससे उसका ध्यान केवल उधर ही रहे। मैंने अपने पेशकार वीरेन्द्र यादव को निर्देश दिया कि सीढ़ी के सहारे पीछे की रोशनदान पर जायें और जग्गी को रोशनदान से निशाना बनायें। धुआंधार गोलियां चल रही थीं जिससे आसपास के मोहल्ले के लोग छतों से छिपकर यह आपरेशन देख रहे थे। वीरेन्द्र यादव ने रोशनदान से जोर से आवाज दिया कि जग्गी तुम आत्मसमर्पण कर दो नही तो बेमौत मारे जाओगे परन्तु जग्गी कहां चूंकने वाला था उसने तुरन्त अपने हथियार से रोशनदान की तरफ फायर झोंक दिया। वीरेन्द्र यादव ने फुर्ती से नीचे झुककर अपनी जान बचाई। मैंने फिर निर्देश दिया कि नीचे की टीम फिर खिड़की से फायर करे और लाउडहेलर से उसे आत्मसमर्पण करने के लिए कहे। जग्गी ने कमरे के कोने की आड़ लिया और करीब 5 मिनट बाद खिड़की व मुख्य दरवाजे की तरफ देखता हुआ आगे बढ़ा। इसी

बीच वीरेन्द्र यादव की पिस्तौल गरज उठी और जग्गी बुरी तरह घायल हो गया। दूसरी टीम ने दरवाजा तोड़ने का प्रयास किया जिस पर जग्गी ने फिर फायर कर दिया। वीरेन्द्र यादव की दूसरी गोली जग्गी के सीने पर लगी और वह वहीं ढेर हो गया।

बदमाशों के पास से कई पिस्टल और एक दुनाली बंदूक बरामद हुई। उस समय मुजफ्फरनगर के वरिष्ठ पुलिस अधीक्षक मलकीयत सिंह थे जो मेरे ही बैचमेट थे। वे मौके पर फोर्स के साथ पहुँचे जहां मैं भी पहुँच चुका था। मेरठ पुलिस द्वारा हथियारों का सौदागर बनकर मुजफ्फरनगर जिले में पुलिस के इस कामयाब आपरेशन की खबर जंगल में आग की तरह फैल गयी और सभी लोगों ने पुलिस के इस साहसिक कार्य की भूरि-भूरि प्रशंसा की। रेशू बिहार में मारा गया बदमाश लाला उर्फ मुकेश पुत्र छोटे लाल मोहल्ला हीरा लाल मवाना, मेरठ तथा फैक्ट्री में मारा गया दूसरा बदमाश बृजेन्द्र निवासी अस्तापुर थाना बहसुम्मा, मेरठ था। इस प्रकार जगदीश उर्फ जग्गी जैसे दुर्दांत गैंग का सफाया हो गया। घातक हथियारों का मोह उसकी मौत का कारण बना। यदि उसके पास ए0के0-47 और काबाईन आ जाती तो वह अपराध जगत में हंगामा मचा देता और अपराध जगत में सर्वोपरि रहने का उसका सपना पूरा हो जाता।

जग्गी के मारे जाने के बाद मवाना क्षेत्र के रहने वाले बदमाश रामपाल, जयपाल गूजर भी पुलिस द्वारा पकड़े गये और मवाना शुगर मिल के कारोबार पर महेन्द्र फौजी एवं जग्गी गैंग द्वारा कब्जा करने के प्रयास को विफल कर दिया गया। मेरठ, गाजियाबाद और मुजफ्फरनगर में फिरौती के लिए अपहरण तथा रंगदारी-वसूली का काम एकदम बंद हो गया।

वर्ष 1994-95 में मैं डी0आई0जी0 एवं प्रिसिंपल, पुलिस प्रशिक्षण महाविद्यालय काली मिट्टी, उन्नाव में तैनात था, जहां समाजवादी पार्टी की सरकार के मुख्यमंत्री मुलायम सिंह यादव द्वारा राजनैतिक कारणों से मुझे महत्वहीन पद पर तैनात किया गया था। यह जगह जिला मुख्यालय उन्नाव से 38 किलोमीटर दूर देहात क्षेत्र में थी, जहां मात्र तीन-चार घंटे बिजली आती थी। सांसद ठाकुर अमर पाल सिंह अपने सहयोगी अरूण सिंह के साथ मुझसे मिलने काली मिट्टी आये और मुझे धन्यवाद दिया। उन्होंने मुझे बताया कि मेरठ के जिलाधिकारी तुलसी गौड़ ने उन्हें उकसाकर मेरे ट्रांसफर की योजना बनायी थी।

यदि दुर्भाग्यवश मेरा ट्रांसफर हो गया होता तो वे जीवित नहीं बचते। जग्गी गैंग उनकी हत्या अवश्य कर देता। ठाकुर अमरपाल सिंह अब इस दुनिया में नहीं है परन्तु उनके सहयोगी अरूण सिंह अब भी मेरे सम्पर्क में रहते हैं। जग्गी गैंग के सफाये के लिए विधायक बने उपनिरीक्षक बृजपाल सिंह सोलंकी, जो डिप्टी एस0पी0 पद से सेवानिवृत्त हो चुके हैं, को भारत के महामहिम राष्ट्रपति द्वारा वीरता के लिए पुलिस पदक प्रदान किया गया।

5

फूलन देवी

फूलन देवी का जन्म 10 अगस्त 1963 को ग्राम गुढ़ा का पुरवा थाना कालपी जिला जालौन में अति-गरीब निषाद परिवार में हुआ था। गरीबी के कारण वह स्कूल नही जा सकी और अशिक्षित रह गयी। उसका पालन पोषण भी बेहद गरीबी के परिवेश में हुआ।

''गुढ़ा का पुरवा'' जालौन जिले की कालपी तहसील में जमुना नदी के किनारे बीहड़ का एक गांव हैं। गांव की आबादी करीब ढाई हजार (वर्ष 2020 में) है, जिसमें 95 प्रतिशत आबादी मल्लाहों की है। इसी गांव में मन फूल केवट, भरे-पूरे परिवार के साथ रहते थे। मनफूल के दो बेटे थे, किशोर और गुमान। किशोर के दो पुत्र बिहारी और देवीदीन थे तथा दूसरे भाई गुमान के भी दो पुत्र गुरदयाल और भवानीदीन थे। मनफूल के जीवित रहते ही उनके दोनों पुत्रों किशोर और गुमान की मृत्यु हो गयी थी। परिवार की जमीन मनफूल के नाम थी और उनकी मृत्यु के बाद पैतृक जमीन उनके ज्येष्ठ पुत्र बिहारी के नाम आ गयी, जिसमें उनके सगे भाई देवीदीन और चचेरे भाइयों गुरदयाल और भवानीदीन का भी हिस्सा था। इस परिवार की शेखपुर गुढ़ा में 8 बीघे जमीन थी, जिसका चकबंदी के दौरान सही बॅटवारा हुआ और आधे हिस्से की जमीन गुरदयाल के पास चली गयी क्योंकि उनके भाई भवानीदीन मर चुके थे और उनके कोई संतान नहीं थी। आधे हिस्से में फूलन के पिता देवीदीन और चाचा बिहारी को दो-दो बीघे जमीन मिली।

इस परिवार की 19 एकड़ 37 डिस्मिल पुश्तैनी जमीन ग्राम मंगरौल में भी थी जो ग्राम पतारा, घाटमपुर, कानपुर के जमींदार मुकुन्द सिंह से प्राप्त हुयी थी। वैसे तो ये सभी जमीनें जमुना के बीहड़ की हैं, परन्तु मंगरौल की जमीन

अपेक्षाकृत शेखपुर गुढ़ा की जमीन से अच्छी थी। जब इस जमीन के बॅटवारे की बात आयी तो बिहारी ने अपने सगे भाई देवीदीन और चेचेरे भाई गुरदयाल को जमीन देने से मना कर दिया। उसका कहना था कि यह जमीन उसके नाम से है, जिस पर किसी अन्य का हक नहीं है। इसी जमीन के बंटवारे को लेकर विवाद शुरू हुआ, जिसकी परिणीति दस्यु फूलन देवी के रूप में हुयी।

देवीदीन के 5 लड़कियाँ रूक्मणि, फूलन देवी, रामकली, भूरी, मुन्नी तथा एक पुत्र शिवनारायन थे। बिहारी के मरने के बाद पूरी जमीन उनके पुत्र मैयादीन के नाम आ गयी। गुरदयाल का एक पुत्र इन्द्रजीत हुआ और चाचा भवानीदीन के मरने के बाद उनका हिस्सा भी उसके पास आना था। पारिवारिक जमीन में आधा इन्द्रजीत, चौथाई-चौथाई हिस्सा देवीदीन के पुत्र-पुत्रियों और मैयादीन को मिलना था। मैयादीन ने मंगरौल की जमीन में यह कहकर हिस्सा देने से मना कर दिया कि उसे यह पूरी जमीन पिता बिहारी से विरासत में मिली है।

फूलन अपनी बहनों में दूसरे नम्बर की थी और भाई शिव नारायण छोटा था। उसकी माँ मूली देवी अपने बच्चों का पालन-पोषण मेहनत-मजदूरी करके कर रही थी, जिसमें उसका हाथ फूलन और उसकी बहनें भी बंटाती थी। फूलन शुरू से ही उग्र और बहुत झगड़ालु स्वभाव की थी। मंगरौल की जमीन पर हिस्सा न मिलने को लेकर फूलन का अपने चचेरे भाई मैयादीन से अक्सर झगड़ा होता रहता था, जिसमें फूलन उसे गालियां देती रहती थी। मैयादीन ने एक दो बार उसके बाल पकड़कर थप्पड़ भी मारे, परन्तु फूलन डरी नहीं और जमीन को लेकर लगातार विरोध करती रही। जब मैयादीन खेत जोतने जाता था तो वह अपनी माँ और बहनों को लेकर खेत पर पहुंच जाती और हल-बैल के सामने लेट जाती थी और जमीन नही जोतने देती थी।

माँ मूली देवी ने पारिवारिक झगड़े को देखते हुए उसकी शादी कानपुर के पुत्ती लाल मल्लाह से कर दी थी। शादी के समय फूलन 12-13 साल की थी और पुत्ती लाल करीब 30-32 साल का था। नाबालिग फूलन को ससुराल भेज दिया गया जहां उसके पति ने उसके साथ बलात्कार किया। उससे ससुराल में एक गुलाम की तरह से काम लिया जाता था। ससुराल में हो रहे उत्पीड़न को फूलन सहन नही कर पायी और कुछ दिन बाद ही वह ससुराल छोड़कर अपने माँ-बाप के पास आ गई। उसके मां-बाप ने सामाजिक मान्यताओं को ध्यान में रखते हुए पुनः उसे ससुराल भेज दिया, जहां उसके साथ पुनः उसी प्रकार का

व्यवहार किया जाने लगा। अंतत: वह थोड़े दिन बाद ही अपने माँ-बाप के पास गुढ़ा का पुरवा आ गई और फिर कभी वापस नहीं गई। फूलन, जीवन भर अपने पति पुत्तीलाल से घृणा करती रही और डकैत होने के बाद वह अपने गैंग के साथ पुत्तीलाल के घर गई और गांव वालों के सामने उसे पेड़ में बांधकर बुरी तरह से पीटकर अपने अपमान का बदला लिया।

आपराधिक जीवन की शुरूआत

फूलन पर डकैती का पहला मुकदमा 16 दिसम्बर, 1978 को थाना कालपी में लिखा गया, जो उसके भाई मैयादीन ने लिखवाया था। मु0अ0सं0 194/1978 धारा-395/397 आई0पी0सी0 में लिखे गये, इस मुकदमें में डकैत विक्रम मल्लाह निवासी गोहानी सिकंदरा कानपुर, फूलन देवी, संतराम केवट लोहाई कुठौंद जालौन, रामप्रकाश निवासी कस्बा भोगनीपुर कानपुर, कालीदीन, चकुआ, भनुआ, कैलाश सभी केवट निवासीगण टेयगा थाना सिकंदरा (अब थाना सट्टी) कानपुर देहात को नामजद किया गया था। मैयादीन ने अपनी चचेरी बहन पर आरोप लगाया था कि उसने विक्रम मल्लाह डकैत गैंग के साथ मिलकर उसके घर से गहने, रूपये व बर्तन आदि लूट लिये।

ग्राम गोहानी थाना सिकन्दरा कानपुर निवासी विक्रम मल्लाह पुत्र कन्हई एक नामी डकैत था और बाबू गूजर गैंग में उसकी दूसरे नम्बर की हैसियत थी। विक्रम, मैयादीन के मामा का बेटा था। डकैत होने के बाद भी उसका आना-जाना गुढ़ा का पुरवा में लगा रहता था। गुढ़ा का पुरवा में विक्रम मल्लाह को उसके ममेरे भाई मैयादीन के अलावा अन्य सजातीय लोग शरण देते थे। जमुना के किनारे बीहड़ में बसे इस गांव में विक्रम मल्लाह गैंग का खास ठिकाना बन गया था। मैयादीन द्वारा षडयंत्र करके अपनी चचेरी बहन फूलन सहित विक्रम मल्लाह तथा गैंग के आधा दर्जन से अधिक डकैतों पर यह मुकदमा लिखाया गया था। मैयादीन का उद्देश्य था कि फूलन का नाम एक नामी गिरोह के साथ जोड़कर जेल भेज दिया जाये जिससे उसका विरोध करने की कोई हिम्मत न कर सके। वह पूरी पैतृक जमीन को हड़प लेना चाहता था।

असलियत में, मैयादीन ने ही अपनी ममेरे भाई विक्रम मल्लाह को बुलाकर अपने घर पर डकैती का नाटक रचा था। कालपी पुलिस ने फूलन को 6 जनवरी

1979 को गिरफ्तार करके जेल भेजा और वह एक महीने तक उरई जेल में रही। उसकी जमानत ग्राम नरिहान के ठाकुर फूल सिंह ने करायी थी। पुलिस द्वारा इस मामले में 13 अगस्त 1979 को विक्रम मल्लाह, गैंग के सदस्यों सहित फूलन के विरूद्ध भी चार्जशीट न्यायालय में भेज दी थी। अब पुलिस रिकार्ड में फूलन भी बाबू गूजर-विक्रम मल्लाह गैंग की मेम्बर बन चुकी थी।

फूलन का तथाकथित अपहरण

29 जुलाई, 1979 दिन रविवार को नागपंचमी का त्योहार था। बीहड़ के इस गांव में भी नागपंचमी का त्योहार धूमधाम के साथ मनाया जा रहा था। सुबह-सुबह उठकर अपनी माँ और बहनों के साथ फूलन भी नहा-धोकर तैयार हुयी और भीगे हुये कोयले से अपने कच्चे मकान के दरवाजे के दोनों तरफ दीवालों पर नाग की आकृति बनायी। परम्परा के अनुसार नागपंचमी के दिन लोग अपने घर के दीवारों पर नाग की आकृति बना कर पूजा करते हैं। नागपंचमी के दिन गांववासी परम्परागत रूप से कढ़ी, चावल, रोटी, मूंगदाल के पकौड़े और गुड़ के गुलगुले बनाते हैं। **आभाव के बावजूद, फूलन की माँ ने भी घर में यही परम्परागत पकवान बनाये थे। गांव की महिलाओं के साथ फूलन भी नाग बाबा को बीहड़ में भोजन अर्पण करने गयी। बीहड़ में एक टीले पर उसने घर में बने पकवान नाग बाबा की मांद के पास रख दिये और लोटे में लाये गये जल का भी अर्पित किया। वापसी में गांव की महिलाओं के साथ फूलन भी नागपंचमी के गीत गा रही थी। गीत के बोल थे- ''रोज पियें भंग का प्याला, शिव डमरूवाला। भोला बाबा बम बम बम, शिव डमरूवाला। शंकर के माथे पे जटा विराजे, लोग कहैं जटाधारी, भोला बाबा बम बम बम, शिव डमरूवाला। रोज पियें भंग का प्याला-।''**

गांव में हँसी-खुशी का माहौल था। नागपंचमी के दिन सपेरे पूरे दिन गांव में नाग लेकर घूमते रहे और बीन पर फिल्म नागिन का गीत- ''मन डोले, मेरा तन डोले, मेरे दिल का गया करार रे, कौन बजायें बॉसुरियां'' की धुन बजा रहे थे। कुछ सपेरों ने सांपों को बीन की धुन पर नचाते हुए फिल्म फागुन का गीत- ''एक परदेशी मेरा दिल ले गया, जाते-जाते मीठा-मीठा गम दे गया'' भी सुनाये। महिलायें नागों को दूध पिलाकर आशीर्वाद लेती रही और अपनी हैसियत के हिसाब से सपेरों को

दान-दक्षिणा भी दे रही थी। फूलन ने भी नाग बाबा को दूध पिलाकर ऐसा आशीर्वाद मांगा, जिससे उसकी जीवनधारा उसी दिन ही बदल गयी। बरसात होने के बाद तपता हुआ बीहड़ काफी खुशनुमा हो चुका था। उजाड़ खंडहर की तरह दिखने वाले बीहड़ पर हरियाली छा गयी थी। किसान बीहड़ों के बीच खेतों में बाजरा, अरहर, तिल और उड़द बो चुके थे। इस क्षेत्र में खेती बरसात पर ही निर्भर रहती है क्योंकि सिंचाई का कोई साधन नहीं था।

शाम को गांव के लोग खा-पीकर सोने की तैयारी कर रहे थे, अचानक उसी समय करीब 7 बजे जमुना नदी पार करके विक्रम मल्लाह अपने गैंग लीडर बाबू गूजर के साथ फूलन के दरवाजे पर आ धमका। मूली देवी घबरायी नहीं क्योंकि गैंग का आना-जाना गांव में लगा ही रहता था। मूली देवी ने अपने रिश्ते के भतीजे विक्रम मल्लाह के सिर पर हाथ फेरकर हमेशा की तरह आशीर्वाद दिया। गैंग के सदस्य घर के बाहर खड़े रहे और विक्रम, घर में घुस गया और फूलन का हाथ पकड़कर अपने साथ ले गया। फूलन ने कोई प्रतिरोध नहीं किया। विक्रम ने अपनी रिश्ते की बुआ मूली से अवश्य कहा कि फूलन उसकी है और वह उसे अपने साथ ले जा रहा है। मैं बागी हूँ, आप थाना कालपी पर जाकर रिपोर्ट कर देना कि फूलन को विक्रम उठा ले गया है। मूली सुबह थाना कालपी पहुंची, परन्तु उसकी रिपोर्ट नहीं लिखी गयी। कालपी के दरोगा ने उल्टे मूली पर तंज कसा- ''विक्रम, मल्लाह तू मल्लाह, तेरी बेटी को उठा ले गया, तू घर जा और बेटी को भूल जा।'' फूलन का विक्रम मल्लाह से पहले से ही प्रगाढ़ सम्बन्ध बन गये थे, जिसे परिवार के अलावा गांव के लोग भी अच्छी तरह से जानते थे। विक्रम, रिश्ते में फूलन का ममेरा भाई लगता था, जिसको लेकर फूलन पर लोगों की अंगुलियां भी उठती रहती थी।

मैयादीन ने शुरू में फूलन के ऊपर डकैती का फर्जी मुकदमा लिखवाकर उसको जेल भिजवाया था। डकैती का ड्रामा उसके ममेरे भाई विक्रम मल्लाह ने अपने गैंग लीडर बाबू गूजर के साथ मिलकर किया था, जिससे गांव वालो को यह डकैती फर्जी न लगे। उसका एक ही उद्देश्य था कि फूलन डर के

कारण जमीन का विवाद ना उठाये। बाद में फूलन, विक्रम मल्लाह के काफी नजदीक आ गयी थी। उस समय चम्बल में महिला डकैतों का काफी ग्लैमर था, जिससे फूलन भी विक्रम के सम्पर्क में आने के लिए उतावली थी।

विक्रम और बाबू गूजर उस समय चम्बल के कुख्यात डकैत थे। उसका गैंग डकैती, लूट और फिरौती के लिये सम्पन्न लोगों का अपहरण करता था। केवल यहीं गैंग नहीं, उस समय चम्बल के मलखान सिंह का गिरोह, सबसे बड़ा और खूंखार था, जो उत्तर प्रदेश, मध्य प्रदेश और राजस्थान में सक्रिय था। डकैती, लूट, अपहरण के अलावा गैंग अपने दुश्मनों की हत्याएं करता था। बाबू गूजर और विक्रम दोनों दुराचारी थे। फूलन तो विक्रम की शुरू से ही प्रेमिका बन चुकी थी, परन्तु गैंग लीडर बाबू गूजर की नीयत उसके प्रति खराब हो गयी। एक दिन विक्रम की नामौजूदगी में वह फूलन पर भूखे भेड़िये की तरह टूट पड़ा और बलात्कार किया। यह बात फूलन ने रोते हुये विक्रम को बतायी। विक्रम उस समय तो कुछ नहीं बोला परन्तु मन ही मन उसने बाबू गूजर को ठिकाने लगाने का फैसला कर लिया।

फूलन अब गैंग की पक्की सदस्य बन चुकी थी। उसे बीहड़ का जीवन रास आने लगा था। चम्बल के बीहड़ों में पहले भी पुतलीबाई, मीरा ठाकुर, लवली पाण्डेय, सीमा परिहार, कुसमा नाइन, रेणु यादव, राम रती यादव आदि महिला डकैत रह चुकी थीं। चम्बल के इतिहास में पहली बार पुतली बाई का नाम, महिला डकैत के रूप में उभरा, जो अपने पति कल्ला गूजर के मारे जाने के बाद गैंग लीडर बनी और जनवरी 1958 में पुलिस मुठभेड़ में कुँवारी नदी के किनारे इटावा जिले के पास मारी गई।

गरीब मुस्लिम परिवार में 1929 में जन्मी गौहर बानो को परिवार का पेट पालने के लिए नृत्यांगना बनना पड़ा। इस पेशे ने उसे नया नाम दिया था। - पुतली बाई।

कुख्यात डाकू सुल्तान सिंह पुतली बाई को अपने अड्डे पर नाचने-गाने के लिए बुलाया और खूबसूरत पुतली को देखते ही उसका दीवाना हो गया। दोनों की नजदीकियां बढ़ने लगीं और उसने अपने प्रेमी सुलतान सिंह के लिये तवायफ के घुंघरू उतार फेंकें और हाथ में रायफल थाम ली। सुलतान सिंह 1950 में पुलिस मुठभेड़ में मारा गया।

उसके मारे जाने के बाद वह कुछ दिन डाकू मान सिंह राठौर गैंग में भी रही। खेरा राठौर आगरा निवासी ठाकुर मान सिंह का गैंग उस समय देश का सबसे बड़ा और शक्तिशाली गैंग था। उस समय सभी डकैत उसे सम्मान में "दाऊ मान सिंह" कहते थे। वह अपने गैंग में किसी महिला को नहीं रखना चाहता था। उसने उसे अपने चेले कल्यान उर्फ कल्ला गूजर के पास भेज दिया, जिसका अपना मजबूत गैंग था। दूसरे पति कल्ला के मारे जाने के बाद पुतली ने गैंग की कमान खुद सम्भाली। पुलिस से हुई एक मुठभेड़ में उसका बायां हाथ घायल होने के कारण काटना पड़ा था परन्तु वह एक हाथ से ही रायफल चलाने में निपुण हो गयी थी। पुलिस रिकार्ड में इसे पुतली गैंग के नाम से जगह मिली। 23 जनवरी 1958 को कुवांरी नदी के पास पुलिस मुठभेड़ में उसके कई साथी मारे गये। पुतली तैर कर नदी पार कर रही थी परन्तु जैसे ही वह नदी के किनारे पहुंची, पुलिस की गोलियों से छलनी कर दी गयी। पुतली पर 1972 में फिल्म भी बनी, जो सुपरहिट रही।

सबसे पहले फूलन के गांव के पास विक्रम ने एक मल्लाह को पकड़ लिया, जिसकी विक्रम से पुरानी दुश्मनी थी। उसकी दिन-दहाड़े हत्या कर दी गयी, जिसमें फूलन का भी नाम आया। विक्रम गैंग ने थाना कालपी के हीरापुर गांव में मल्लाहों के यहां दिन-दहाड़े डकैती डाली। डकैती के दौरान फूलन लाउडहेलर से एलान करती रहती थी कि यदि किसी ने विरोध किया तो उसे जान से हाथ धोना पड़ेगा। फूलन भी पहली महिला डकैत पुतलीबाई की तरह चम्बल के बीहड़ों में मशहूर होना चाहती थी। उसके गैंग ने थाना भोगनीपुर कानपुर के ग्राम करियापुर में पंडितों के यहां डकैती डाली, जहां से एक लाइसेंसी बंदूक भी लूट ली गयी। वहां पर भी फूलन लाउडहेलर से धमकी दे रही थी कि यदि किसी ने उसका विरोध किया तो उसे गोली मार दी जायेगी। विक्रम मल्लाह के साथ ग्राम पिपरायां थाना आटा जिला जालौन का छोटे मिश्रा भी गैंग में शामिल हो गया। पिपरायां के ठाकुर रघुनंदन सिंह को जान से मारने की चिट्ठी भेजी गयी, जिस पर दस्यु सुन्दरी फूलनदेवी का मोहर लगा था। उनसे पचास हजार रूपये गैंग के पास पहुंचाने के लिये एक हफ्ते का समय दिया गया था। समय सीमा समाप्त होते ही, 20 अप्रैल 1980 को शाम 8:15 बजे विक्रम मल्लाह, छोटे मिश्रा तथा 20-25 अन्य डकैतों ने ग्राम पिपरायां में धावा बोल दिया और सरेआम पूरन लाल उर्फ पुन्नू पुत्र गंगा प्रसाद, महादेव सिंह पुत्र

जयराम सिंह की हत्या कर दी गयी। रघुनंदन सिंह डर के कारण पहले ही गांव छोड़कर भाग चुके थे, जिससे वे बच गये। यह हत्या छोटे मिश्रा द्वारा अपनी व्यक्तिगत दुश्मनी के कारण करायी गयी थी। विक्रम मल्लाह गैंग द्वारा की गयी दर्जनों हत्या, अपहरण, डकैती में फूलन का भी नाम आता गया।

उस समय बाबू गूजर गैंग का सरदार था और उसके गैंग में विक्रम मल्लाह, लालाराम, श्रीराम, फूलन देवी, कुसमा नाइन मुख्य सदस्य थे। इटावा जनपद के ग्राम पालन, थाना चकरनगर (अब थाना बिठौली) का निवासी बाबू गूजर, मलखान गैंग में भी रह चुका था। एक दिन वह मलखान गैंग में संतरी ड्यूटी पर तैनात था और उसी दौरान गैंग की एक रायफल लेकर भाग आया और विक्रम मल्लाह के साथ शामिल होकर गैंग लीडर बन गया। उस समय मलखान चम्बल का बेताज बादशाह था। बाबू गूजर, विक्रम मल्लाह साथ-साथ थे, जिसके कारण मलखान उससे भी दुश्मनी मानने लगा।

10 जुलाई, 1979 को मलखान अपने साथी डकैतों मान सिंह, बाबा मुस्तकीम, मुस्लिम, बलवान गड़रिया, जाहर सिंह, राम सनेही आदि 30-35 डकैतों के साथ बाबू गूजर के गांव पालन, इटावा दिन-दहाड़े पहुंचा और लूटपाट करने के बाद बाबू गूजर के पिता जनक सिंह, चाचा सरनाम सिंह तथा ताऊ प्रताप सिंह की गोली मारकर हत्या कर दी। मलखान ने गांव में ऐलान किया कि यदि बाबू गूजर ने उसकी रायफल वापस नहीं की तो वह गांव में पुनः आकर नरसंहार करेगा। मलखान, विक्रम के गांव गोहानी थाना सिकन्दरा कानपुर देहात पहुंचा और विक्रम के पिता, भाई तथा कुछ परिवारजनों का अपहरण कर लिया। वहां भी उसने यही संदेश दिया कि यदि विक्रम मल्लाह, बाबू गूजर को उसके हवाले करके उसकी रायफल नहीं देगा तो वह उसके परिवारजनों की भी हत्या कर देगा। चेतावनी देकर उसने विक्रम मल्लाह के परिवारवालों को छोड़ दिया।

विक्रम मल्लाह, मलखान सिंह से डर गया। कहावत है कि- ''जल में रहे मगर से बैर'' यानि जल में रहकर मगरमच्छ से दुश्मनी नही की जा सकती। उसके सामने बाबू गूजर को मारकर रायफल, मलखान के पास भिजवाने के अलावा कोई विकल्प नहीं बचा था। बाबू गूजर करीब 6 फुट लंबा और मजबूत कद काठी का 35-36 साल का गबरू जवान था और गैंग लीडर होने के कारण उसका दबदबा था। वह फूलन के साथ बलात्कार करता था, जबकि फूलन उसे पसंद नहीं करती थी । वह विक्रम को पति मान चुकी थी।

बाबू गूजर की हत्या

वर्ष 1979 में बाबू गूजर गैंग, खानपुर औरैया के बीहड़ में देवकली मन्दिर बहता कुआं के पास रूका था। यह जगह जमुना नदी के बीहड़ में स्थित है। गैंग जब भी बीहड़ में रूकता है तो हमेशा दो डकैत संतरी ड्युटी पर तैनात रहते हैं और जरा सी जोखिम की आशंका पर गैंग लीडर को सचेत करते हैं। गैंग लीडर तय करता है कि यदि भागने का मौका है तो भाग लिया जाय, अन्यथा पुलिस या विरोधी गैंग से मुकाबला किया जाय। विक्रम ने अपने नजदीकी बारेलाल मल्लाह से राय मशविरा करके बाबू गूजर को ठिकाने लगाने की योजना बना ली। घटना की रात दोनों संतरी ड्युटी पर तैनात थे। शाम को खाने में बकरे का गोस्त रोटी और चावल बनाया गया था। गैंग के लोगों ने खूब शराब पीं और जमकर खाना खाया। विक्रम ने अपने उस्ताद बाबू गूजर को कुछ ज्यादा ही शराब पिला दीं। वैसे भी बाबू गूजर शराब पीने का आदी था और एक बार में एक बोतल खाली कर देता था। शराब का ऐसा नशा चढ़ा कि बाबू गूजर खाना खाने के बाद ही गहरी नींद में सो गया। उसे भरोसा था कि उसके गैंग मेम्बर विक्रम मल्लाह के रहते कुछ नही हो सकता। बाबू गूजर के गहरी नींद में सोते ही, विक्रम मल्लाह ने मौका पाकर उसकी हत्या कर दी और उसकी रायफल मलखान के पास भेजकर अपनी जान बचा ली। बाबू गूजर की हत्या से फूलन काफी प्रसन्न हुई, क्योंकि वह उसकी हरकतों के कारण हमेशा परेशान रहती थी।

विक्रम मल्लाह की हत्या

बाबू गूजर की हत्या के बाद, लालाराम–श्रीराम जमानत पर छूटकर आ गये और विक्रम मल्लाह के साथ पुनः गिरोह में शामिल हो गये। विक्रम मल्लाह और फूलन अब पूरी तरह पति–पत्नी की तरह रहने लगे थे। बाबू गूजर के मरने के बाद विक्रम मल्लाह गैंग लीडर बन चुका था, जिसके कारण फूलन का रूतबा बढ़ गया था। आखिरकार वह गैंग लीडर विक्रम की महबूबा थी और गैंग भी सम्मान के साथ उसके आदेशों को मानता था। इस गैंग में दो मुख्य सदस्य लालाराम, श्रीराम सगे भाई थे और ठाकुर जाति के थे। फूलन के बाद इस गैंग में कुसमा नाइन पुत्री डरू नाई निवासी टिकरी कुठौंद जालौन भी आ गयीं, जो श्रीराम की प्रेमिका थी। लाला राम, श्रीराम अपने को उच्च जाति का होने के

कारण अंदर ही अंदर विक्रम मल्लाह से जलन रखते थे। वे विक्रम मल्लाह जैसे छोटी जाति के नीचे मात्र गैंग के सदस्य रह गये थे। उन्हें गैंग-लीडर विक्रम के हुक्म का पालन करना मंजूर नही था। अपहरण और लूट के पैसे में विक्रम का हिस्सा भी उनसे काफी अधिक था।

गैंग में फूलन और कुसमा नाइन में अक्सर खटपट होती रहती थी। लालाराम दुश्चरित्र था और फूलन पर बुरी नजर रखता था, परन्तु गैंग लीडर की महबूबा होने के कारण लालाराम की हिम्मत नहीं थी कि वह उसे कुछ कह सके। लालाराम, श्रीराम को यह भी डर था कि जिस तरह विक्रम मल्लाह ने बाबू गूजर को मार दिया है, उसी तरह किसी दिन उनको भी न मार दे। विक्रम मल्लाह के बारे में यह भी कहा जाता था कि उसने गैंग के दो कैजुअल सदस्यों को मारकर थाना कुठौद जालौन के थानेदार को खुश करने के लिए दे दिया था। थानाध्यक्ष ने उन्हें पुलिस मुठभेड़ में मारना दिखा कर अपने अफसरों की वाहवाही बटोर ली थी। इन कारणों से श्रीराम और लालाराम का डरना स्वाभाविक भी था।

विक्रम मल्लाह गैंग ग्राम बैजामऊ, जनपद औरैया के बीहड़ में रूका हुआ था। बैजामऊ गांव में ही विक्रम की ससुराल थी। 12/13 अगस्त, 1980 की रात में लालाराम, श्रीराम संतरी ड्यूटी पर थे। रात के 1 बजे इन दोनों ने सोते समय विक्रम मल्लाह और गैंग में नम्बर दो की हैसियत वाले बारेलाल मल्लाह की गोली मारकर हत्या कर दी। बारेलाल मल्लाह रिश्ते में विक्रम मल्लाह का फूफा लगता था और गैंग का महत्वपूर्ण सदस्य था। फूलन देवी, विक्रम मल्लाह के पास सो रही थी और गोली की आवाज सुनकर वह जब जगी तब तक विक्रम मर चुका था। विक्रम की हत्या के बाद, लालाराम ने अपने को गैंग का सरदार घोषित कर दिया और फूलन को जबरदस्ती पकड़कर अपने साथ ले गया। फूलन के साथ लालाराम, श्रीराम तथा गैंग के अन्य सदस्यों ने बलात्कार किया और उसे तरह-तरह से प्रताड़ित किया जिससे उसकी शारीरिक स्थिति नाजुक हो गई। उसे गैंग की महिला डकैत कुसमा नाइन ने निर्वस्त्र करके अपमानित किया। फूलन अब गैंग के लिए किसी काम की नहीं थी,

अत: उसे गैंग से अलग करके छोड़ दिया गया।

इस घटना को थानाध्यक्ष सिकन्दरा, श्यामवीर सिंह ने अपनी कारगुजारी बतायी और बीहड़ में मुठभेड़ के दौरान अपनी जान पर खेलकर विक्रम मल्लाह और बारेलाल को मारना बताया। अपनी कारगुजारी के सम्बन्ध में उन्होंने घटना का समय रात्रि 1 बजे दिखाया और थाने पर पुलिस मुठभेड़ का मुकदमा अपराध संख्या 140/80 धारा–147/148/149/307 आई0पी0सी0 में दर्ज किया। थानाध्यक्ष ने लिखा कि उसे अपने मुखबिर से विक्रम मल्लाह गैंग की सूचना मिली और उन्होंने दल–बल के साथ कई पार्टियां बनाकर गैंग को घेर लिया। उन्होंने डकैतो को ललकारा तो वे पुलिस फोर्स को जान से मारने के लिये गोलियां चलाने लगे। आत्मरक्षा में बहादुर दरोगा श्यामवीर सिंह ने भी अपने जवानो के साथ गोलियां चलायीं और भीषण मुठभेड़ में उन्होंने विक्रम मल्लाह और बारेलाल को मार गिराया। मौके पर कुछ तमंचे व कारतूस बरामद किये गये। विक्रम मल्लाह और बारेलाल की विदेशी रायफलें लालाराम, श्रीराम पहले ही अपने साथ उठा ले गये थे।

विक्रम मल्लाह के मारे जाने व बेहमई नरसंहार (14 फरवरी 1981) के बाद फूलन–मान सिंह गैंग ने ग्राम बैजामऊ, थाना सिंकन्दरा, कानपुर देहात पर धावा बोला था और गांववालों को इकट्ठा करके उनकी पिटाई की थी। गैंग द्वारा कुल 90 घरों में डकैती डाली गयी थी। फूलन को शक था कि बैजामऊ के लोगों द्वारा उसके पति विक्रम मल्लाह की हत्या कराने में सहायता की गई थी। वैसे भी ग्राम बैजामऊ लालाराम–श्रीराम गैंग का भी मुख्य ठिकाना था।

बेहमई नरसंहार के पहले की स्थिति

बेहमई गांव जमुना के किनारे करीब दो फर्लांग की दूरी पर स्थित है जो चौरासी ठाकुरों का गांव है। जालौन, औरैया तथा इटावा में जमुना नदी के किनारे बसे कुछ गांव ऐसे हैं जो नाम से मुसलमानों के गांव लगते हैं जबकि उन गाँवों में मुसलमानों की आबादी नहीं है। यहां ठाकुरों के कुल 84 गाँव है जिसके कारण उन्हें ''चौरासी ठाकुर'' कहा जाता है। जमुना के किनारे के चौरासी गाँव के ठाकुर मुगलकाल में इस्लाम धर्म स्वीकार कर लिए थे और उन्होंने अपने गांव के नाम उसी तरह रख लिए थे। काफी समय तक वे मुसलमान रहे और बाद

में पुनः हिन्दू धर्म अपना लिये। वे मुसलमान से पुनः ठाकुर बने थे, परन्तु अन्य ठाकुर उनसे शादियां नहीं करते थे। वे आपस में ही शादियां करते थे और सभी लोग उन्हें चौरासी ठाकुर के नाम से जानते थे।

बेहमई गांव भी चौरासी ठाकुरों का गांव है और लालाराम, श्रीराम दोनों चौरासी ठाकुर थे और बेहमई गांव में पनाह पाते थे। लालाराम, श्रीराम का गांव दमनपुर, बेहमई से 7-8 किलोमीटर दूर बीहड़ में है परन्तु इन दोनों गांवों के बीच में कोई अन्य गांव नहीं है। जमुना के किनारे स्थित बैजामऊ गांव में विक्रम मल्लाह की ससुराल थी और उसके बगल में स्थित महादेवा गांव में श्रीराम की ससुराल थी। इन दोनों गांवों के बीच लालाराम, श्रीराम गैंग ज्यादातर पनाह पाता था। बेहमई गांव के सामने जमुना नदी के पार जिला जालौन में मल्लाहों का गांव पाल-सरैनी है। यहां के मल्लाहों का बेहमई में पहले से ही काफी आना-जाना रहता था। मल्लाह जाति के लोग जमुना की रेती में ककड़ी, खीरा, तरबूज, लौकी, तुरई, खरबूजा आदि पैदा करते थे और नाव से जमुना पार कर बेहमई गांव में सम्पन्न ठाकुरों को बेचने जाते थे। पाल-सरैनी गांव भी विक्रम मल्लाह गैंग का ठिकाना था। **विक्रम मल्लाह के मारे जाने के बाद गैंग दो भागों में बॅट गया था। ठाकुर जाति के लोग लालाराम, श्रीराम गैंग में रहें और पिछड़ी जातियों के मल्लाह, गड़रिया आदि अलग होकर दूसरे गैंग में शामिल हो गये थे।**

लालाराम-श्रीराम के चंगुल से छूटने की बाद फूलन अकेली बीहड़ों में दर-दर भटक रही थी। उसकी माॅ मूली देवी अपने भाई के साथ उसे लेकर गैंग लीडर बाबा मुस्तकीम के पास पहुंची और उसे गैंग में शामिल करने का अनुरोध किया। मुस्तकीम ने उसे अपने गैंग में शामिल कर लिया। मुस्तकीम की सलाह पर फूलन ग्राम तेरही कालपी निवासी मान सिंह यादव के साथ रहने लगी। **मुस्तकीम से मतभेद होने के कारण मान सिंह, फूलन के साथ अलग हो गया और नया गैंग बना लिया। फूलन और मान सिंह यादव गिरोह को ''फूलन-मानसिंह (आई0आर0-76) गैंग'' के नाम से जाना गया। इस गैंग का मुख्य ठिकाना मल्लाह बाहुल्य गांव पाल-सरैनी थाना चुर्खी जिला जालौन पहले की तरह बने रहे। पाल-सरैनी में अधिकांश आबादी मल्लाहों की थी और आई0आर0-76 गैंग में अधिकतर सदस्य भी मल्लाह थे।**

गिरोहों की पंचायत

मल्लाह और ठाकुर गैंग विभाजित होने के बाद अपने-अपने जाति बाहुल्य गाँवों में शरण पाने लगे। दोनों गिरोहों में दुश्मनी इस प्रकार पनपी कि ठाकुर और मल्लाह गिरोहों में गैंगवार शुरू हो गया। ये दोनों गैंग अपने विरोधी जातियों के ग्रामीणों को जंगल में उनकी जाति पूछकर प्रताड़ित करते थे और कभी-कभी उनकी हत्या भी कर देते थे। ठाकुर-मल्लाह गैंग के संघर्ष में दर्जनों निर्दोष ग्रामीणों की भी हत्याएं हुई, परन्तु अधिकतर मामलों में कोई कार्यवाही नहीं हुयी। गैंग को यदि कोई व्यक्ति बीहड़ में लकड़ी काटता हुआ मिल जाता था, तो गैंग उसकी पिटाई करता था, क्योंकि वह जंगल को ही अपना घर मानते थे। जमुना का बीहड़ अत्यंत दुर्गम है और उस समय सड़के भी नहीं थी। पुलिस का आना-जाना बहुत कम हो पाता था। बरसात के 3-4 महीने गैंग के लिए सबसे सुविधाजनक होते थे क्योंकि जलभराव के कारण बीहड़ में पुलिस की गतिविधियां लगभग बन्द हो जाती थी। ऐसे समय में गैंग एक जगह पर कई दिनों तक रूक जाता था और वे अपने मनोरंजन के लिए बाहर से तवायफ बुलाकर नाच-गाना कराते थे। कभी-कभी किसी पंडित को बुलाकर धार्मिक आयोजन भी कराते थे जिसमें आस-पास के ग्रामीण भी भाग लेते थे। आयोजन के समाप्त होने के बाद खोया-शक्कर का प्रसाद बांटा जाता था।

गांव के लोग अपने आपसी विवादों को निपटाने के लिए गैंग के पास आते थे। गैंग के सदस्य दूसरे पक्ष को पकड़कर ले आते और दोनों की बातें सुनकर गैंग का मुखिया अपना निर्णय सुना देता था। निर्णय सही हो या गलत, उसे मानने के लिए दोनों पक्ष बाध्य होते थे। कभी-कभी दहशत कायम करने के लिए गैंग, पंचायत के सामने हत्या भी कर देता था, मारपीट करना तो आम बात थी। गांव के लोग जाति के आधार पर गैंग के पास अपने मामले ले जाने लगे और गैंग का सरगना अपने जाति के पक्ष में फैसले देने लगे जिससे जमुना के बीहड़ों में ठाकुर और मल्लाह में जातीय संघर्ष और गैंगवार शुरू हो गया।

जमुना के बीहड़ों में लालाराम-श्रीराम और फूलन-मानसिंह गैंग के बीच 7 बार गोलियां चली लेकिन कोई हताहत नहीं हुआ। फूलन-मानसिंह गैंग, हर हालत में लालाराम, श्रीराम को मारकर विक्रम मल्लाह और बारेलाल की मौत

का बदला लेना चाहता था। यह गैंग अक्सर बेहमई के आस-पास छिपा रहता था। चौरासी ठाकुरों का गांव बेहमई, लालाराम-श्रीराम गैंग की मुख्य शरणस्थली थी, जहां वे अक्सर आते थे। एक दिन बीहड़ में फूलन-मान सिंह गैंग, लालाराम-श्रीराम को मारने के लिए छिपा हुआ था। इसी बीच बेहमई के किसी ठाकुर ने लालाराम-श्रीराम तक गैंग की सूचना पहुंचा दी, जिससे यह गैंग बेहमई नहीं आया और हमले से बच गया। लालाराम-श्रीराम गैंग, बेहमई के बजाए अपने गांव दमनपुर के बीहड़ों में चला गया। फूलन गैंग को यह बात बहुत नागवार लगी और उन्होंने बेहमई के ठाकुरों को सबक सिखाने का इरादा बना लिया। उन्हें यह भी आशंका थी कि इस ठाकुर बाहुल्य गांव के लोग लालाराम-श्रीराम के माध्यम से उन पर भी हमला करवा सकते हैं।

गिरोह में भर्ती

बरसात के समय गैंग में नए सदस्यों की भर्ती का समय होता था। भर्ती के लिए गांव के कुछ युवक आते थे परन्तु अधिकतर लोगों को बातचीत करके लौटा दिया जाता था। गैंग में शामिल होने के लिए लोगों को निर्देश दिया जाता था कि वे पहले अपने विरोधी की हत्या करें और कहीं से एक हथियार लेकर गैंग में शामिल हो सकते हैं। यह शर्त इसलिए रखी जाती थी कि हत्या करने के बाद नया सदस्य गैंग छोड़कर भाग नहीं सकता था, क्योंकि पुलिस उसके पीछे पड़ जाती थी। गैंग में भर्ती भी जाति के आधार पर होने लगी। मल्लाह व ठाकुर गैंग अपनी ही जाति के लोगों को गिरोह में शामिल करने लगे। इस क्षेत्र में रहने वाले गड़रिया, मुसलमान, खंगार, कुम्हार, जाटव आदि जाति के लोग भी अपनी सुविधानुसार दोनों गिरोहों में शामिल होने लगे। यदि गैंग लीडर उच्च जाति का हुआ तो इन छोटी जातियों के सदस्यों की हैसियत सेवक जैसी होती थी। गरीबी के कारण इन्हें खाना मिल जाना ही पर्याप्त था और डकैत होने पर गाँव में दबदबा भी कायम हो जाता था। लूटपाट या अपहरण से जो धन प्राप्त होता था उसका मुख्य हिस्सा गैंग लीडर और उसके मुख्य सदस्यों के पास चला जाता था। गैंग में जिसके पास रायफलें होती थी उनका हिस्सा भी अधिक होता था। यदि रायफलें आटोमैटिक या सेमी आटोमैटिक हुई तो सदस्य का हिस्सा और

अधिक बढ़ जाता था। उस समय थर्टी स्प्रिंग फील्ड, गैंग का पसंदीदा हथियार था, जिसे ये लोग सेमी ऑटोमैटिक होने के कारण "सेमी" कहते थे। .303 रायफलें और 315 बोर रायफलें भी पसंदीदा हथियार थे।

लालाराम-श्रीराम के चंगुल से फूलन की मुक्ति

विक्रम मल्लाह की हत्या के बाद लालाराम–श्रीराम गैंग, फूलन को बीहड़ों में बन्दी बनाकर घूमता रहा। अब फूलन उसके किसी काम की नहीं थी। विक्रम मल्लाह के मारे जाने के बाद ही उसका गुरूर उतर चुका था और कुसमा नाइन ने उसे गैंग के सामने निर्वस्त्र करके अपमानित किया था। 5–6 दिन बाद उसे छोड़ दिया गया। बेहमई–नरसंहार के बारे में मीडिया द्वारा लिखा गया कि बेमहई गांव में फूलन को 5–6 दिन रखा गया और गैंग के सदस्यों के अलावा वहां के ठाकुरों ने भी सामूहिक बलात्कार किया, जो असत्य है। चम्बल के गैंग बरसात के मौसम में गांव में इसलिए रूक जाते थे कि जलभराव के कारण पुलिस बीहड़ में नहीं आ पाती थी। पुलिस को जातीय संघर्ष और गैंगवार की सूचना रहती थी, जिसके कारण दोनों गिरोहों के ठिकानों पर पुलिस द्वारा रेड किये जाते थे। ऐसी हालत में विक्रम मल्लाह की हत्या के बाद, बेहमई में एक हफ्ते लालाराम–श्रीराम गैंग का फूलन के साथ रूकना सम्भव ही नहीं था। उसे नंगी करके सबके सामने कुएं से पानी भरकर लाने के लिए बाध्य करना भी प्रचारित किया गया, जो तथ्यों से परे हैं। यह सही है कि लालाराम, श्रीराम गैंग के सदस्यों ने उसके साथ बलात्कार किया था और श्रीराम की प्रेमिका कुसुमा नाइन ने उसे बीहड़ में नंगी भी किया था। लालाराम, श्रीराम के चंगुल से छूटने के बाद फूलन जमुना के बीहड़ों में भटकती हुई ग्राम नरहांन, कालपी, जालौन पहुंची।

उस समय मल्लाह जाति के डकैतों के अलावा अन्य पिछड़ी जाति के गिरोहों की सहानुभूति फूलन के साथ होना स्वाभाविक थी। उस समय मल्लाह जाति के रामअवतार मल्लाह का मजबूत गैंग चंबल के बीहड़ों में सक्रिय था। विक्रम मल्लाह और बारेलाल की हत्या तथा फूलन का प्रतिशोध लेने के लिए राम अवतार मल्लाह, बलवान गड़रिया, लल्लू, बाबा मुस्तकीम, मान सिंह यादव तथा विक्रम मल्लाह के दो भाई रामपाल

और शिवपाल आदि ने मिलकर एक संयुक्त अस्थाई गैंग बना लिया। इस गिरोह को बनवाने में ग्राम गुलौली थाना कालपी जालौन निवासी बाबा मुस्तकीम ने मुख्य भूमिका निभाई। मुस्तकीम, मलखान के बाद सबसे अनुभवी डकैत था। मुस्तकीम गैंग के अतिरिक्त अन्य गैंग के सदस्य भी मुस्तकीम का सम्मान करते थे और उसे बाबा कहकर पुकारते थे। मुस्तकीम लूट का माल बिकवाने, अपहरण का पैसा वसूलने, हथियार-कारतूस सप्लाई करने के कार्य में माहिर था।

वह अपने आदमियों के माध्यम से कानपुर तथा आस-पास के हथियार के लाइसेंसियों, दुकानदारों से कारतूस आसानी से प्राप्त कर लेता था और उसके मित्र गिरोह उससे हथियार-कारतूस खरीदते थे। यदि गिरोहों में मनमुटाव होता था तब वे बाबा मुस्तकीम के पास जाते थे, जो मध्यस्थ की भूमिका निभाकर उनकी समस्याओं का समाधान करा देता था, जो सभी को मान्य होता था। फूलन-मानसिंह, बलवान गड़रिया, रामअवतार मल्लाह गैंग को बाबा मुस्तकीम ने ही इकट्ठा करके संयुक्त गैंग बनाया था, जिसका उद्देश्य लालाराम-श्रीराम गैंग का सफाया करना था।

बेहमई नरसंहार

मान सिंह के नेतृत्व में बना हुआ संयुक्त गैंग विक्रम मल्लाह की हत्या और फूलन के उत्पीड़न का बदला लालाराम-श्रीराम गैंग से लेना चाहता था। पहले भी जमुना के बीहड़ों में दोनों गिरोहों के बीच कई बार गोलियां चली, परन्तु कोई हताहत नहीं हुआ था। **14 फरवरी, 1981 वेलेंनटाईन डे पर सुबह संयुक्त गिरोह,** जिसकी संख्या 35-40 थी, पाल, सरैनी गांव से नाव द्वारा जमुना पार करके बेहमई पहुंच गया। बेहमई गांव के मुख्य-मुख्य रास्तों को घेर लिया गया क्योंकि इन रास्तों की उन्हें पहले से जानकारी थी। गांव के आस-पास ऊंचे-ऊंचे टीलों पर गिरोह के सदस्य निगरानी के लिए तैनात हो गए। शुरू में गांव के लोग अधिक भयभीत नहीं हुए क्योंकि पहले भी यह गैंग खाना लेने के लिए लालाराम-श्रीराम के साथ यहां आया करता था और गांव के आस-पास के बीहड़ों में रूकता भी था।

फूलन, लाउडहैलर से निर्देश दे रही थी कि वे केवल लूटने आए है और

उनकी दुश्मनी केवल लालाराम श्रीराम से हैं। यदि कहीं छिपे हों तो उन्हें हवाले कर दिया जाये। गैंग के सदस्य घर-घर जाकर लूटपाट करने लगे और पुरूषों को पकड़-पकड़कर तकबीर सिंह प्रधान के कुएं पर लाकर इकट्ठा करते रहे। फूलन सहित चार डकैत वहीं पर तैनात थे। यह सिलसिला करीब 2 घंटे तक चलता रहा। जब काफी लोग एकत्रित कर लिए गए तो गैंग द्वारा सींटी बजाए जाने पर सभी डकैत कुंए पर इकट्ठा हो गए। गैंग ने गांववालों को निर्देशित किया कि उन्हें डरने की जरूरत नहीं है और वे आपस में बातचीत न करें। बंधक बनाये गये व्यक्तियों को गांव के बाहर चलने का हुक्म दिया गया, जिस पर गांव के दो बुजुर्ग रामाधार सिंह और तुलसीराम सिंह ने उनसे विनती की कि जो बातचीत करनी हो, यही पर कर लिया जाए परन्तु गैंग अपनी जिद पर अड़ा रहा। इसी बीच नौजवान सुरेन्द्र सिंह, राजेन्द्र सिंह और शिव बालक सिंह गैंग से बातचीत करते हुए उलझ गए। गैंग झल्ला उठा और पास में पड़े हुए एक बांस के दो टुकड़े करके उनकी पिटाई करने लगा। डर के मारे सभी लोग गांव के बाहर चले आए। वहां पर मुलायम सिंह व अतर सिंह के घर के पिछवाड़े बैलगाड़ी के चलने के रास्ते पर सभी को खड़ा कर दिया गया। उनसे कई बार उठक-बैठक कराई गयी और अंत में चुपचाप खड़ा रहने के लिए कहा गया।

इसी बीच मान सिंह ने अपने उन सदस्यों को, जो रायफलों से लैस थे, रूकने के लिए कहा और 12 बोर की बंदूक वाले सदस्यों को वहां से शीघ्र प्रस्थान करने के लिए कहा परन्तु वे सदस्य भी रूके रहे। खड़े-खड़े ही उनसे पूछा जाने लगा कि लालाराम-श्रीराम गिरोह को खाना कौन देता है और उनके गैंग की सूचना पुलिस तथा विरोधी गैंग तक कौन पहुंचाता है। इस पर दोनों बुजुर्ग व्यक्ति शालीनता से बोले कि आप लोग सब जानते ही है। गाली गलौज के बाद 7-8 फिट की दूरी पर खड़े गिरोह ने एकाएक अपने हथियारों से अधाधुंध फायरिंग करना शुरू कर दिया। बंदूक-रायफलों से निकली बारूद और जमीन पर पड़े बालू के उड़ने से धुंध छा गया। फायरिंग बंद होने पर गिरोह के सदस्य काली माई की जय, बाबा मुस्तकीम की जय, मान सिंह की जय और फूलन देवी की जय करते हुए निकल गए। गैंग द्वारा बेहमई गांव के निम्नलिखित 20 व्यक्तियों को फायरिंग करके जान से मार दिया गया :-

1- शिव राम पुत्र बिंदा सिंह, 2-बनवारी सिंह पुत्र महाराज सिंह, 3-वीरेन्द्र सिंह पुत्र छिद्दी सिंह, 4- सुरेन्द्र सिंह पुत्र तुलसीराम सिंह, 5- राजेन्द्र सिंह पुत्र

तुलसीराम सिंह, 6- जगन्नाथ सिंह पुत्र छोटे सिंह, 7-हुकुम सिंह पुत्र मुकुट सिंह, 8- शिव बालक सिंह पुत्र बैजनाथ सिंह, 9- शिव दीन सिंह उर्फ देव सिंह पुत्र जाहर सिंह, 10- रामाधार सिंह पुत्र सूबा सिंह, 11- रामचन्द्र सिंह पुत्र शिव राम सिंह, 12- हिम्मत सिंह पुत्र राम गुलाम सिंह, 13- दशरथ सिंह पुत्र कन्हई सिंह, 14- लाल सिंह पुत्र महताब सिंह, 15- नरेश सिंह पुत्र सोबरन सिंह, 16-तुलसीराम सिंह पुत्र भल्लू सिंह, 17-बनवारी सिंह पुत्र लाखन सिंह, सभी निवासीगण बेहमई थाना सिकंदरा, 18-तुलसीराम पुत्र धनीराम काछी, राजपुर सिकंदरा, 19- नावेद उर्फ नजमुल अहमद पुत्र लाल खां निवासी बड़ा सिकंदरा और 20-राम औतार धानुक पुत्र मिहीलाल निवासी राजपुर सिकंदरा।

मृतकों में तुलसीराम, नावेद उर्फ नजमुल अहमद, राम औतार धानुक मजदूर थे और गांव में तुलसी राम सिंह के यहां मकान बना रहे थे। इसके अतिरिक्त देव प्रयाग पुत्र सोबरन सिंह, किशनस्वरूप पुत्र बैजनाथ, जेन्टर सिंह पुत्र श्रीराम सिंह तथा गुरमुख सिंह पुत्र छिद्दी सिंह गंभीर रूप से घायल हुए। जेन्टर सिंह के अलावा शेष लोगों की स्वाभाविक मृत्यु हो गयी। वर्ष 1985 में कानपुर के जिलाधिकारी आर0 चन्द्रा ग्राम बेहमई गये, जहां जेन्टर सिंह ने उनसे मुलाकात की। जिलाधिकारी ने उन्हें तहसील पुखरायाँ, कानपुर देहात में चपरासी की नौकरी दे दी, जहां से वह 31 दिसम्बर 2019 में सेवानिवृत हो गये और 21 अक्टूबर 2021 में उनका देहान्त हो गया।

बेहमई की कहानी जेंटर की जुबानी

मैंने जेंटर सिंह को 8 जुलाई 2014 को अपने कार्यालय जवाहर भवन लखनऊ में बुलाकर बातचीत की। मैं 1 अगस्त 2012 से डी0जी0 सिविल डिफेंस के पद पर अपनी सेवानिवृति 30 नवम्बर 2014 तक तैनात रहा था। वर्ष 2012 में हुए चुनाव के बाद प्रदेश में समाजवादी पार्टी की सरकार, अखिलेश यादव के नेतृत्व में बनी थी। मुझे पहले डॉ0 भीमराव अम्बेडकर पुलिस अकादमी मुरादाबाद भेजा गया था। काम कम था, इसलिए मैंने पुस्तक लिखने का निर्णय लिया। इसी क्रम में मैंने पुस्तक लिखने की शुरूआत बेहमई नरसंहार से किया। उस समय फूलन देवी का पति मान सिंह जेल से जमानत पर छूट कर बाहर आ चुका था। मैंने सबसे पहले पुलिस अधीक्षक जालौन के माध्यम

से मानसिंह निवासी तेरही थाना कालपी जालौन को 24 जुलाई, 2012 को मुरादाबाद बुलाया और उससे करीब 8 घंटे बात की। मैं अपर पुलिस अधीक्षक जालौन के पद पर 22 अप्रैल 1982 से नवम्बर 1982 तक तैनात रहा। बेहमई नरसंहार के बाद, एंटी-डकैती अभियान में मेरी अहम भूमिका थी। मान सिंह से बात करके फूलन के बारे में काफी तथ्यात्कम जानकारी प्राप्त हुई।

इसी क्रम में मैंने एस0पी0 कानपुर देहात से बात करके जेंटर सिंह को अपने पास बुलवाया था। जेंटर सिंह पुत्र श्रीराम सिंह ने मुझे विस्तारपूर्वक बेहमई नरसहांर के बारे में बताया। उन्होंने बताया कि वे 12वीं कक्षा की परीक्षा की तैयारी कर रहे थे। ठंडक के बाद उस दिन अच्छी धूप निकली थी। वे बनियाइन और लूंगी पहने गांव के किनारे मेड़ पर गुनगुनी धूप में बैठकर परीक्षा की तैयारी कर रहे थे। उसी समय नाव से जमुना नदी पार करके वर्दीधारी डकैतों को गिरोह बेहमई गांव में आ धमका। वे भागे भी नही, क्योंकि डकैतों का बेहमई में आना-जाना आम बात थी। उन्होंने बताया कि वे भी गांव के लोगों के साथ लाइन में खड़े किये गये थे। अधाधुंध फायरिंग के बीच उनके बांए बांह पर 12 बोर के छर्रें लगे थे। वे लाशों के बीच में सिर नीचे करके लेट गये थे, जिससे गैंग को लगे कि वह मर चुके हैं। जेंटर सिंह ने बताया कि डकैतों के पदचाप जमुना की ओर जाते हुए सुनाई पड़ रहे थे। तीन-चार मिनट के बाद उन्होंने सोचा कि गैंग आगे निकल चुका हैं। उन्होंने सिर ऊपर करके देखा तो उसके पास लाशों का ढेर लगा है और कुछ घायल लोग चीख-चिल्ला रहे हैं।

इसी बीच उसने देखा कि मान सिंह, विश्वनाथ उर्फ पुतानी और पोसा मल्लाह वहीं खड़े हैं और उसे जिंदा देखकर उसके पास आ गए। मान सिंह ने जेंटर के सीने के बांयी तरफ रायफल सटाकर गोली मार दी जो उसके शरीर के आर-पार निकल गई। जेंटर के अनुसार घायलों को प्राथमिक स्वास्थ्य केन्द्र राजपुर करीब 9 बजे गांव की महिलाएं बैलगाड़ी पर लिटाकर लाई। वहां जेंटर सिंह को होश आ गया और अन्य 3 घायलों के साथ कानपुर के उर्सला अस्पताल और बाद में हैलेट अस्पताल में भर्ती किया गया।

घायल देव प्रयाग, किशन स्वरूप व गुरमुख दो-तीन महीने में ठीक हो गए परन्तु जेंटर सिंह को मेडिकल कालेज, लखनऊ भेजा गया। लखनऊ में करीब ढाई वर्ष तक जेंटर का इलाज चलता रहा। इस दौरान उसके तीन आपरेशन चेस्ट सर्जन डॉ0 के0एन0 सिन्हा द्वारा किये गये। वर्ष 1983 में

स्वस्थ होने पर जेंटर किंग जार्ज मेडिकल कॉलेज, लखनऊ से डिस्चार्ज होकर अपने गाँव बेहमई चले गये।

जेंटर सिंह ने मुझे बताया कि उन्होंने फूलन पर बनी फिल्म बैंडिट-क्वीन देखी है, जिसमें तथ्यों को तोड़-मरोड़कर गलत ढंग से दिखाया गया है। आम लोगों को अभी तक यही मालूम है कि ग्राम बेहमई में फूलन को कई दिनों तक रखकर लालाराम, श्रीराम के साथ वहां के ठाकुरों ने भी बलात्कार किया और सबके सामने फूलन को निर्वस्त्र किया गया था। उसके अनुसार लालाराम श्रीराम द्वारा उसे गांव के बीहड़ में लाया अवश्य गया था, परन्तु कुछ देर बाद ही वे अपने गाँव दमनपुर की तरफ चले गये थे।

जेंटर ने बताया कि बेहमई की घटना के करीब डेढ वर्ष पहले बाबू गूजर के नेतृत्व में लालाराम, श्रीराम, फूलन, विक्रम मल्लाह आदि 12-13 डकैत गांव के पास से गुजर रहे थे जहां गांव के बच्चे कबड्डी खेल रहे थे। दूर से खाकी वर्दीधारीं डकैतो को बच्चों ने पुलिस समझा। पास आने पर डकैतों ने बच्चों को कबड्डी खेलने के लिए उत्साहित किया और खुद भी कबड्डी खेलने लगे। बच्चे, डकैतों से डर रहे थे और उन्हें खेल के दौरान पकड़ने या गिराने का साहस नहीं कर पा रहे थे। इस पर बाबू गूजर ने उन्हें बिना डर के सामान्य रूप से कबड्डी खेलने के लिए उत्साहित किया। जेंटर सिंह भी कबड्डी खेल रहा था। गांव का एक लड़का सुरेन्द्र सिंह जो कद काठी का मजबूत था, बाबू गूजर को पकड़कर गिरा दिया। बाबू गूजर का गुस्सा सांतवें आसमान पर चढ़ गया और उसने सुरेन्द्र को तीन-चार जोरदार थप्पड़ जड़ दिये। बच्चे डरकर गांव में भाग गए। गैंग गांव में आ गया और कहने लगा कि वह सुरेन्द्र सिंह को इनाम देना चाहता है, परन्तु सुरेन्द्र सिंह डर के कारण उसके सामने नहीं आया। बेहमई की घटना में सुरेन्द्र सिंह भी मारे गये थे। गैंग, खुद गांव के एक घर से बाल्टी और रस्सी उठा लाया। फूलन उस समय गैंग में बिल्कुल नई थी और उसके पास खाकी वर्दी भी नही थी। वह सलवार कमीज पहने हुई थी। फूलन व गैंग के अन्य सदस्य कुंए से पानी निकाल कर वहीं पर नहाए और कपड़े धोए।

जेंटर सिंह के अनुसार बेहमई की घटना के बाद देश के तमाम पत्रकार गांव में पहुंच गए और मृतकों के परिवारजनों से उनकी प्रतिक्रिया जानने लगे। घर के बाहर जहां अंतिम संस्कार के लिए लाशें पड़ी हो, ऐसी स्थिति में परिवारजनों की मानसिक स्थिति दयनीय होती है। पत्रकारों द्वारा

यह पूछने पर कि क्या आपके घर के किसी व्यक्ति ने फूलन से बलात्कार किया है, यह सुनकर घर की एक महिला बिफर पड़ी और अपनी चप्पल से उस पत्रकार की पिटाई कर दी। जेंटर के अनुसार पत्रकार की पिटाई होने के कारण बेहमई की घटना को तोड़-मरोड़ कर छापा गया।

यह तथ्य भी सही नही है कि फूलन का उसके गांव गुढ़ा का पुरवा से अपहरण किया गया था, जैसा कि फिल्म ''बैंडिट क्वीन'' में दिखाया गया था। फूलन के विक्रम मल्लाह से प्रेम सम्बन्ध थे और वह अपनी इच्छा से गैंग में चली गयी थी। दबंग गैंग लीडर बाबू गूजर ने उसके साथ बलात्कार किया था, जो उसकी मौत का कारण भी बना। उसके पहले पति पुत्तीलाल ने भी न केवल उसका बलात्कार किया, बल्कि लगातार उसे प्रताड़ित करता रहा, जिसके कारण फूलन अपने पति का घर छोड़कर अपने गांव आ गई थी। **गांव में इसके चचरे भाई मैयादीन ने जमीनी विवाद में उसका मुंह बंद करने के लिये वर्ष 1978 में फर्जी डकैती का मुकदमा लिखवाकर उसे जेल भिजवा दिया था। जेल से छूटने के बाद भी फूलन मैयादीन से पैतृक जमीन पर अपना हक मांगती रही। विक्रम गांव में गैंग के साथ आता-जाता था। उसी दौरान फूलन की नजदीकियां उससे बढ़ी और 29 जुलाई 1979 को स्वेच्छा से वह विक्रम के साथ गैंग में शामिल हो गयी। वह विक्रम मल्लाह के साथ पत्नी की तरह रहने लगी। बाबू गूजर की हत्या के बाद, विक्रम गैंग लीडर बना, जिसकी हत्या लालाराम-श्रीराम ने 12/13 अगस्त 1980 को बैजामऊ, औरैय्या के बीहड़ में कर दी थी। विक्रम के साथ उसका दाहिना हाथ व रिश्ते में फूफा बारे लाल भी मारा गया।**

फूलन को जबरदस्ती लालाराम-श्रीराम गिरोह अपने साथ रखे रहा और उसके साथ बलात्कार किया और तरह-तरह से प्रताड़ित भी किया। लेकिन यह बात सत्य से परे हैं कि उसे बेहमई गांव में कई दिन रखकर गांव के लोगों ने भी बलात्कार किया। मैं स्वयं इस घटना के एक साल बाद 22 अप्रैल 1982 को जनपद जालौन में अपर पुलिस अधीक्षक तैनात हुआ था। चंबल का गैंग कभी भी गांव में लगातार नहीं रूकता था और बीहड़ को ही अपने रूकने का सुरक्षित स्थान मानता था। कई घटनाओं में वांछित नामी डकैत फूलन को गांव बेहमई में लगातार रखना संभव नहीं था। लालाराम-श्रीराम गैंग यह खतरा कभी नहीं उठा सकता था, कि एक ही स्थान पर वह कई दिन रूका रहे।

बेहमई के सामूहिक हत्याकाण्ड में मुख्य भूमिका मान सिंह, बलवान गडरिया, पोसा मल्लाह निभा रहे थे। इस घटना में बाबा मुस्तकीम नहीं था, परन्तु यह सही है कि बेहमई की घटना के लिए उसने ही गैंग के सदस्यों को इकट्ठा होने में पूरी मदद की थी। इस घटना का मुख्य कारण गैंग लीडर विक्रम मल्लाह और बारेलाल की हत्या, लालाराम-श्रीराम गैंग द्वारा फूलन के साथ बलात्कार व उत्पीड़न था। इन दोनों घटनाओं के बाद मल्लाह-ठाकुर गैंग में जातीय आधार पर गैंगवार छिड़ गया था और इस दौरान इन डकैतों ने अपने अहम की पूर्ति के लिए छोटी-छोटी बातों पर तमाम निर्दोष व्यक्तियों की हत्याएं भी की। बेहमई-नरसंहार, मुख्यतः ठाकुर और मल्लाह गैंग की दुश्मनी का परिणाम था, जिसने जातीय संघर्ष के कारण इतना बड़ा रूप ले लिया। फूलन की भूमिका कभी भी गैंग लीडर की नहीं रही। बेहमई नरसंहार में उसने अपने हाथ से एक भी गोली नहीं चलाई थी।

वर्ष 1996 में सांसद चुने जाने पर फूलन बेहमई नरसंहार में ठाकुरों के वकील विजय नारायन सिंह सेंगर से मिली थी और उसने स्वयं गोली न चलाने की बात बताई थी। बेहमई के लोगों को भी यह अच्छी तरह से मालूम है कि फूलन ने खुद गोली नहीं चलाई थी बल्कि मान सिंह ने मुख्य भूमिका अदा की थी। हालांकि इस घटना में मुस्तकीम को भी नामजद किया गया परन्तु वह स्वयं इस घटना में मौजूद नहीं था।

बेहमई कांड में नामजद डकैत

1-रामऔतार मल्लाह पुत्र लाल दीवान निवासी कोतवाली थाना कुठौंद 2-रामचरन मल्लाह पुत्र लाल दीवान निवासी थाना कुठौंद 3-मुस्तकीम पुत्र पीरू उर्फ पीर मुहम्मद निवासी गुलौली थाना कालपी 4-फूलन देवी पुत्री देवीदीन मल्लाह शेखपुर गुढ़ा, थाना कालपी 5-लल्लू बघेल पुत्र श्यामलाल निवासी बिरही थाना कालपी 6-रामकेश मल्लाह पुत्र राम बिहारी निवासी टीकरी, थाना कुठौद 7-रतिराम मल्लाह पुत्र सुमेर निवासी मल्लाहनपुरवा, थाना रमपुरा 8-लल्लू यादव पुत्र तुलसीराम यादव निवासी कस्बा थाना कालपी 9-रामशंकर कुम्हार, निवासी रवां थाना कोंच 10-जग्गन उर्फ जागेश्वर प्रसाद मल्लाह निवासी इकोर थाना कालपी 11-बलराम सिंह चौहान पुत्र शिव बरन सिंह निवासी

महेवा थाना कालपी 12–मोती उर्फ बाबा मल्लाह पुत्र कन्हई निवासी टिकरी, थाना कुठौद 13–बलवान गडरिया पुत्र श्यामलाल निवासी बिरहई थाना कालपी 14–वृन्दावन पाल पुत्र फट्टे निवासी खड़गोई थाना चुर्खी 15–रामप्रकाश उर्फ मुन्ना पुत्र राम चरण मल्लाह निवासी कुदौली कोतवाली जालौन 16–मान सिंह यादव पुत्र पुस्सु यादव निवासी तेरही थाना कालपी 17–बालादीन मल्लाह पुत्र दानी केवट निवासी धर्मपुर थाना कालपी 18–भागीरथ पुत्र जागे धानुक निवासी गिहोनी थाना माधौगढ 19–रामस्वरूप पुत्र जागे धानुक निवासी गिहोनी, थाना माधौगढ़ 20–सावंले उर्फ संवलिया उर्फ मुच्छन मल्लाह पुत्र राम सहाय निवासी कोटरा 21–राम सिंह मल्लाह पुत्र छक्की लाल निवासी रमपुरा 22–प्रेम उर्फ प्रिंस मल्लाह, 23–मंगला मल्लाह, निवासी मोतीपुर कुठौंद 24–रामरतन पुत्र बालकिशन मल्लाह निवासी पाता थाना चुर्खी 25–भीखा पुत्र राम भरोसे मल्लाह निवासी पाता थाना चुर्खी, 26–पोसा मल्लाह पुत्र गोपी मल्लाह निवासी पाता थाना चुर्खी 27–माता प्रसाद मल्लाह पुत्र छिद्दू मल्लाह निवासी पाता थाना चुर्खी 28–बाबूराम ठेकेदार पुत्र जियालाल मल्लाह निवासी पाता थाना चुर्खी समस्त निवासीगण जनपद जालौन 29–विश्वनाथ उर्फ पुतानी पुत्र राजाराम मल्लाह निवासी महेशपुर थाना सिंकन्दरा 30–नन्दा उर्फ माया मल्लाह, निवासी धरिया थाना मंगलपुर 31–शिव पाल (भाई विक्रम मल्लाह) पुत्र कन्हई मल्लाह निवासी गोहानी थाना सिंकदरा 32–रामपाल मल्लाह (भाई विक्रम मल्लाह) पुत्र कन्हई मल्लाह गौहानी, थाना सिकंदरा, 33–विश्वनाथ उर्फ अशोक पुत्र द्वारिका मल्लाह, निवासी महेशपुर, हाल पता दयोगा, थाना भोगनीपुर समस्त निवासीगण कानपुर देहात, 34–श्याम मल्लाह पुत्र छक्कीलाल निवासी साझपन्ना थाना, जिला औरैय्या 35–लालाराम मल्लाह पुत्र बाबू निवासी गोपियाखार, थाना सहसों 36–बृजबिहारी उर्फ केसरी उर्फ बृजलाल पुत्र हीरालाल निवासी खोरन थाना अजीतमल 37–छोटे लाल मल्लाह पुत्र गंगादीन मल्लाह निवासी सिकरोड़ी, थाना अजीतमल समस्त निवासीगण इटावा।

इस नरसंहार में शामिल 37 डकैतों में से 28 जालौन, 5 कानपुर देहात, 1 औरैया तथा 3 जनपद इटावा के रहने वाले थे, जिसमें से अधिकतर मल्लाह जाति के थे। इस घटना में गैंग लीडर विक्रम मल्लाह के दो सगे भाई रामपाल, शिवपाल भी शामिल थे। बहुचर्चित बेहमई नरसंहार 14 फरवरी, 1981 को हुआ था और यह मुकदमा 40वीं बरसी 14 फरवरी,

2021 तक न्यायालय से निर्णीत नहीं हुआ था। इस नरसंहार में कुल 37 डकैत नामजद किये गये थे जिसमें 32 डकैतों में से अधिकतर को पुलिस ने मुठभेड़ों में मार गिराया। फूलन का पति मानसिंह, पोसा मल्लाह, भीखा मल्लाह, विश्वनाथ उर्फ पुतानी, राम सिंह मल्लाह ही जीवित बचे थे। घायल गवाहों में देवप्रयाग सिंह, किशनस्वरूप सिंह और गुरमुख सिंह भी मर चुके हैं।

अन्तिम चश्मदीद गवाह जेन्टर सिंह भी 31 अक्टूबर 2021 को मर गये। जेन्टर सिंह पुखराया तहसील कानपुर देहात में चपरासी थे, जो 31 दिसम्बर 2019 को सेवानिवृत हुए थे। यह भारतीय न्याय व्यवस्था की विडम्बना ही है कि बेहमई नरसंहार का निर्णय 41 वर्षों के बाद भी नहीं हो पाया। इस मुकदमें की सुनवायी पूरी हो चुकी थी और जनवरी-फरवरी 2020 में निर्णय के लिये दो तारीखें भी लगीं लेकिन न्यायालय निर्णय नहीं सुना सका। न्यायालय से इस मुकदमें की मूल केस डायरी 1997 में गायब हो चुकी थी। केस डायरी की फोटो कॉपियों के आधार पर सुनवायी पूरी हुयी थी, परन्तु मूल केस डायरी के अभाव में न्यायालय अपना निर्णय नहीं सुना सका। केस डायरी न्यायालय से गायब होना संयोग नहीं बल्कि षडयन्त्र है। वैसे भी न्यायालय केस डायरी लिखने वाले विवेचकों को न्यायालय में तलब करके केस डायरी की फोटो कापियां को सत्यापित करा सकती थी, जिसके आधार पर निर्णय सुनाया जा सकता था।

वर्ष 1994 में समाजवादी पार्टी के अध्यक्ष मुलायम सिंह यादव ने फूलन को अपनी पार्टी में शामिल किया था और वह दो बार सांसद भी रही। मुलायम सिंह यादव ने प्रदेश के मुख्यमंत्री रहते हुये बेहमई नरसंहार का मुकदमा न्यायालय से वापस ले लिया था, परन्तु न्यायालय उत्तर प्रदेश सरकार के निर्णय से सहमत नहीं हुआ था। न्यायालय ने अपने निर्णय में लिखा कि एक ऐसे नरसंहार जिसमें 20 लोगों की निर्मम हत्या की गयी, वह ''जनहित का मामला'' कैसे हो सकता है। उत्तर प्रदेश सरकार ने जनहित का मामला कहकर मुकदमें को वापस लिया था। ''ना रहेगा बांस, ना बजेगी बासुंरी'', की कहावत चरितार्थ करके केस डायरी न्यायालय से गायब करा दी गयी।

यह भी विडम्बना है कि फूलन देवी और उसके चचेरे भाई मैयादीन के बीच जमीन के विवाद का फैसला भी नहीं हो पाया। यह मामला एस0डी0एम0 कालपी की न्यायालय में वर्ष 2021 तक चल रहा था।

बेहमई कांड का विश्लेषण

फिल्म ''बैडिंट-क्वीन'' तथा मीडिया में इस घटना को बढ़ा-चढ़ा कर दिखाया गया, विशेषकर फूलन देवी के साथ बेहमई में हुई तथाकथित बलात्कार की घटना, निर्वस्त्र करना व उसे तरह-तरह से प्रताड़ित करना। फूलन देवी की प्रताड़ना सबसे पहले अपने गांव में उसके चचेरे भाई मैयादीन द्वारा की गयी, जिसने पारिवारिक जमीन विवाद में 26 दिसम्बर, 1978 को फर्जी डकैती का मुकदमा कायम करवाकर फूलन को जेल भिजवाया था, जिसमें फूलन निर्दोष थी। उसके पति पुत्ती लाल ने नाबालिग फूलन के साथ बलात्कार किया और उसे तरह-तरह से प्रताड़ित करता रहा।

मीडिया तथा फिल्म बैंडिट-क्वीन में फूलन का डकैतों द्वारा अपहरण करना बताया गया है, जो सत्यता से बिल्कुल परे हैं। विक्रम मल्लाह, फूलन के लिये कोई अनजान व्यक्ति नहीं था, बल्कि उसके चचेरे भाई मैयादीन का ममेरा भाई था। उसका आना-जाना गुढ़ा का पुरवा में होता रहता था। रिश्ते में ममेरी बहन होने के बावजूद वह विक्रम मल्लाह की तरफ आकर्षित होती चली गयी, जिस पर गांव के लोग अगुलियां उठाते रहे। विक्रम मल्लाह, चम्बल का कुख्यात डकैत था, जिसके डर के कारण कोई बोल नहीं पाता था। फूलन उसके साथ नागपंचमी की शाम 29 जुलाई 1979 को अपनी स्वेच्छा से चली गयी थी। उस समय चम्बल के गिरोहों में कई महिला डकैत शामिल हुयीं और धीरे-धीरे गिरोहों में महिलाओं को शामिल करना फैशन बन गया था। मीडिया भी महिला डकैतों को अपने समाचारों में प्रमुखता से छापती थी। फूलन भी महिला डकैतों के ग्लैमर से प्रभावित थी, जिससे उसने अपने प्रेमी विक्रम मल्लाह का हाथ थाम लिया था।

उस समय विक्रम मल्लाह का गैंग लीडर बाबू गूजर था। बाबू गूजर कद-काठी में विक्रम से काफी तगड़ा था, जिसके कारण विक्रम भी उससे खौफ खाता था। **बाबू गूजर ने मौका पाकर फूलन के साथ बलात्कार किया। बाबू गूजर, निवासी पालन, थाना चकर नगर, इटावा, मलखान गैंग से रायफल लेकर भागा आया था, जिसके प्रतिशोध में मलखान ने 10 जुलाई,**

1979 को अपने 30-35 साथी डकैतों के साथ बाबू गूजर के गांव दिन-दहाड़े पहुंचा और लूटपाट करने के बाद उसके पिता जनक सिंह, चाचा सरनाम सिंह तथा ताऊ प्रताप सिंह की गोली मारकर हत्या कर दी। मलखान, विक्रम के गांव गोहानी, थाना सिकन्दरा, कानपुर देहात भी पहुंचा और विक्रम के पिता, भाई तथा कुछ परिवारजनों का अपहरण कर लिया। यहां भी उसने संदेश दिया कि यदि विक्रम मल्लाह, बाबू गूजर को उसके हवाले करके उसकी रायफल नहीं देगा तो वह उसके परिवारवालों की हत्या कर देगा। विक्रम ने सितम्बर 1979 में सोते समय बाबू गूजर को देवकली मंदिर, बहता कुआं, खानपुर औरैया के बीहड़ में मौत के घाट उतार दिया था।

बाबू गूजर की हत्या के बाद विक्रम मल्लाह गिरोह का सरगना बन गया, जिससे फूलन का कद बहुत बढ़ गया। उसी समय ठाकुर श्रीराम, लालाराम निवासी दमनपुर, सिकंदरा कानपुर देहात जमानत पर छूटकर वापस गैंग में आ गये। उनके साथ महिला डकैत कुसमा नाइन पुत्री डरू नाई, निवासिनी टिकरी, कुठौद, जालौन भी गैंग में आ गयी, जो श्रीराम की प्रेमिका थी। **लालाराम, श्रीराम को डर लगा रहता था कि कहीं विक्रम उन्हें भी धोखे से न मार दे। एक बार फूलन ने बातो-बातों में उन्हें बताया था कि विक्रम ने अपने दो कैजुअल डकैतों को मारकर कुठौद पुलिस को दे दिया था, जिसके कारण दोनों भाइयों में डर की भावना बलवती होती चली गयी। दोनों ठाकुर भाइयों को मल्लाह जाति के विक्रम को गैंगलीडर मानना भी पसन्द नही था। फूलन बड़ी मुंहफट थी और उसकी कुसमा नाइन से खटपट होती रहती थी। दोनों भाइयों ने 12/13 अगस्त 1980 की रात में बैजामऊ, औरैया के बीहड़ों में सोते समय विक्रम मल्लाह और उसके दाहिने हाथ बारेलाल मल्लाह की हत्या कर दी थी।**

विक्रम मल्लाह की हत्या के बाद श्रीराम, लालाराम व उसके गैंग के सदस्यों द्वारा उसे जबरदस्ती अपने साथ रखा गया और बलात्कार किया गया। कुसमा नाइन ने प्रतिशोध में उसे निर्वस्त्र कर दिया। फूलन के साथ यह सब उसका गुरूर तोड़ने के लिये किया गया था। वह अब उनके किसी काम की नहीं थी। पांच-छः दिन के बाद उसे छोड़ दिया गया। मीडिया में प्रचारित किया गया कि फूलन को बेहमई गांव में कई दिन रखकर गैंग के साथ वहां के ठाकुरों ने बलात्कार किया तथा गांव के कुएं पर उसे निर्वस्त्र किया गया, बिल्कुल

असत्य है। चंबल के गैंग अपनी सुरक्षा के लिए बीहड़ में ही रहते थे और गांव में रात्रि विश्राम नहीं करते थे। फूलन को गांव में कई दिन रखना सम्भव ही नहीं था क्योंकि इसकी सूचना पुलिस को कहीं न कहीं से अवश्य मिल जाती और कोई भी गैंग ऐसा खतरा मोल नहीं ले सकता था। बेहमई के पास लालाराम–श्रीराम का गांव दमनपुर भी है, जो उनके लिये सबसे सुरक्षित ठिकाना था। पुलिस बेहमई और दमनपुर के बीहड़ों में सक्रिय रहती थी, जिससे बेहमई में फूलन को कई दिन रखना सम्भव ही नहीं था।

बेहमई की घटना में बाबा मुस्तकीम को नामजद किया गया था, परन्तु वह इस घटना में स्वयं शामिल नहीं था। मुस्तकीम कुशल गैंग लीडर के अतिरिक्त बहुत अच्छा मैनेजर भी था। मलखान के बाद सभी डकैत उसका सम्मान करते थे और ''बाबा'' कहते थे। विक्रम, बारेलाल मल्लाह की हत्या और फूलन की प्रताड़ना का बदला लेने के लिये मुस्तकीम ही वह डकैत था, जिसने मानसिंह, फूलन, रामअवतार मल्लाह, बलवान गड़रिया गैंग को एकजुट किया था। **मीडिया, फिल्म में फूलन को गैंग लीडर दिखाया गया है जो असत्य है। फूलन की हैसियत गैंग लीडर की कभी नहीं रही वह गैंग में मात्र एक सदस्य थी और विक्रम की महबूबा बनने के बाद उसकी हैसियत अन्य सदस्यों से अधिक अवश्य हो गई थी। लालाराम, श्रीराम गैंग में कुसमा नाइन, उसी दौरान अन्य महिला डकैत मीरा ठाकुर, लवली पाण्डेय, रामरती यादव, संगीता यादव की हैसियत भी एक सदस्य और गैंग लीडर की प्रेमिका की ही रही थी।**

चंबल क्षेत्र में निर्भय गूजर गैंग भी काफी सक्रिय रहा और उस गैंग में भी महिलायें थी, परन्तु उनकी हैसियत प्रेमिका तक सीमित थी। बेहमई नरसंहार में मान सिंह यादव, रामअवतार मल्लाह, बलवान गड़रिया, पोसा मल्लाह, विश्वनाथ पुतानी मल्लाह ने मुख्य भूमिका अदा की थी। **बेहमई की घटना में फूलन द्वारा स्वयं एक भी गोली नहीं चलाई गई थी, जिसकी पुष्टि बेहमई गांव के कुछ लोग भी करते हैं। इस घटना में गंभीर रूप से घायल जेंटर सिंह ने भी इसकी पुष्टि की थी।**

बेहमई नरसंहार मुख्यतः जातीय संघर्ष पर आधारित दो गिरोहों के बीच गैंगवार था। इसकी शुरूआत विक्रम व बारेलाल की हत्या और फूलन की प्रताड़ना से शुरू हुई थी। **इस जातीय संघर्ष का फायदा राजनैतिक पार्टियों**

द्वारा वोट की राजनीति के तहत उठाया गया। समाजवादी पार्टी ने फूलन के पैरोल पर रिहा होते ही, उसे अपनी पार्टी में शामिल कर लिया था। मुख्यमंत्री मुलायम सिंह यादव ने 20 जनवरी, 1994 को बेगम हजरत महल पार्क, लखनऊ में आयोजित ''लोधी, बिंद, निषाद, कश्यप समता एकता महासंघ'' के सम्मेलन में फूलन के सभी मुकदमें वापस लेने की घोषणा की थी। उन्होंने अपने संबोधन में कहा- ''वे फूलन के मुकदमे वापस लेने की घोषणा न केवल निषाद समाज की मांग पर कर रहे है, बल्कि वे स्वयं इस बात से सहमत है कि एक महिला होने के नाते 12 साल की सजा काट लेने के बाद फूलन को जेल से रिहा कर दिया जाना चाहिए। उन्होंने यह भी कहा कि फूलन देवी ने 80 के दशक में जो अपराध किए थे, उसके स्थान पर कोई पुरूष होता तो उसे कदापि रिहा न किया जाता, परन्तु विगत 12 वर्षों से जेल की यातनाएं सहते रहने के बावजूद उस पर आज तक मुकदमों की सुनवाई भी शुरू नहीं हुई है, इसलिए उसे जेल से रिहा कर देना ही उचित होगा।'

फरवरी, 1994 में फूलन के सभी मुकदमे उत्तर प्रदेश सरकार द्वारा ''जनहित'' में वापस लिए गए थे परन्तु न्यायालय ने वापस होने की अनुमति नहीं दी। उत्तर प्रदेश सरकार के आदेश के बाद 15 मार्च, 1994 को कानपुर देहात की न्यायालय ने उसके मुकदमे वापस करने से मना कर दिया था। न्यायालय ने अपने निर्णय में लिखा कि उन मुकदमों, जिसमें निर्दोष व्यक्तियों की हत्यायें की गयी, की वापसी में कौन सा जनहित निहित है? नरसंहार के ऐसे मामले जिसमें 20 लोग मारे गए और 4 लोग गंभीर रूप से घायल हुए उसको भी वोट बैंक की राजनीति के तहत मुख्यमन्त्री मुलायम सिंह यादव ने वापस लेने का निर्णय लिया था।

वह 1999 लोकसभा चुनाव में भी दूसरी बार मिर्जापुर संसदीय क्षेत्र से चुनी गयी थी। इतना ही नहीं बिहार के कुछ राजनेताओं ने फूलन देवी को हेलीकाप्टर से बिहार की चुनाव रैलियों में प्रचार करने के लिए ले जाना चाहा था। बुंदेलखण्ड के एक बाहुबली नेता गंगाचरन राजपूत ने एकलव्य सेना बनाई, जिसमें फूलन को मुख्य भूमिका दी गयी। उस समय अन्य राजनैतिक पार्टियों ने भी फूलन को अपनी पार्टी से टिकट देने का प्रस्ताव किया था।

आम लोगों को यह जानकारी है कि फूलन ने ठाकुर तथा अन्य सवर्ण जातियों के यहां ही डकैतियां डाली और प्रतिशोध में हत्यायें की। फूलन

द्वारा की गयी कुल 49 आपराधिक घटनाओं में बेहमई की घटना ठाकुरों के साथ, 6 अन्य घटनाएं ब्राहमणों के यहां तथा 42 घटनाएं कुर्मी, लोधी, यादव, काछी, गड़रिया, मल्लाह जाति के लोगों के यहां की गयीं, जो पिछड़ी जाति के थे।

मध्य प्रदेश सरकार चाहती थी कि फूलन अपने मुकदमों के ट्रायल के लिए उत्तर प्रदेश न भेजी जाए। फूलन के उत्तर प्रदेश में न आने के कारण उसके मुकदमे लंबित पड़े रहे जबकि उसी दौरान मान सिंह के ज्यादातर मुकदमों में ट्रायल पूरे हो गए और वह जेल से बाहर आ गया था। फूलन ने वर्ष 1994 में पैरोल पर रिहा होने के लिए एक याचिका उच्चतम न्यायालय में दिया था। जब उत्तर प्रदेश सरकार ने फूलन के सभी 49 मामले वापस लेने का निर्णय लिया, उसके बाद उच्चतम न्यायालय ने वर्ष 1994 में उसे पैरोल पर रिहा करने का आदेश दे दिया।

1981 के बेहमई नरसंहार के 42 वर्ष बीत जाने के बाद भी वर्ष 2022 तक न्यायालय से कोई फैसला नहीं हो सका। घटना में सम्मिलित 37 डकैतों में से 32 डकैत पुलिस मुठभेड़ों में मारे जा चुके हैं या मर चुके हैं। केवल पांच डकैत, विश्वनाथ उर्फ पुतानी, पोसा मल्लाह, भीखा मल्लाह, श्याम बाबू, और मान सिंह यादव ही जीवित बचे हैं। इनमें से केवल पोसा मल्लाह जेल में था और बाकी चार डकैतों की जमानत हो चुकी थी। वे सभी काफी बुजुर्ग हो चुके हैं और न्यायालय में उन्हें सहारा देकर ले जाना पड़ता था।

बेहमई की घटना से पूरा देश हिल गया था और यह डकैतों द्वारा किया गया सबसे बड़ा नरसंहार था। मुख्य भूमिका निभाने वाला फूलन का पति मान सिंह यादव, चौरा, भोगनीपुर, कानपुर देहात के फौजी ढ़ाबा में रह रहा था और लोग उसके दबदबे का अपने व्यवसायिक कार्यो में भी प्रयोग कर रहे थे। उसी की जाति के एक राजनैतिक व्यक्ति अपनी गाड़ियों पर मान सिंह यादव ''दाऊ'' लिखवाकर अवैध गाड़ियां चलवा रहे थे। मान सिंह उनके व्यक्तिगत सुरक्षाकर्मी के रूप में काम कर रहा था। न्यायालय द्वारा वारंट जारी होने के बाद वह पुलिस से बचने के लिए फरार हो गया।

दैनिक हिन्दुस्तान में मेरा लेख

14 फरवरी 2020 को मैंने हिन्दी राष्ट्रीय समाचार पत्र ''हिन्दुस्तान'' में लेख लिखा था जो हिन्दुस्तान के सभी संस्करणों में प्रकाशित हुआ था जिसे उद्धृत किया जा रहा है–

बेहमई नरसंहार और फैसले का लंबा इंतजार

इस नरसंहार की हकीकत उससे बहुत अलग है, जो हमें फिल्म 'बैंडिट क्वीन' में दिखाई गई।

बृजलाल
पूर्व पुलिस महानिदेशक
उत्तर प्रदेश

वह दिन भी वैलेंटाइन डे था- 14 फरवरी, 1981। उस दिन बेहमई में 17 सुहागिनों के सिंदूर सदा के लिए मिटा दिए गए और 20 लोगों की हत्याएं हुईं। जालौन के पाल सरेनी गांव से फूलन-मान सिंह गैंग ने यमुना नदी पार की और दूसरी तरफ बेहमई गांव में दिन के दो बजे धावा बोल दिया। शुरू में गांव के लोग घबराए नहीं, क्योंकि ठाकुर श्रीराम, लालाराम भी फूलन-मान सिंह के साथ अक्सर बेहमई आते रहते थे, उस समय गैंग लीडर बाबू गूजर था। फूलन देवी लाउडस्पीकर पर जोर-जोर से चिल्ला रही थी कि उसके दुश्मन लालाराम, श्रीराम को उसके हवाले कर दिया जाए। गांव के पुरुषों को इकट्ठा करके गांव के बाहर कच्ची सड़क पर खड़ा कर दिया गया। एकाएक 38 डकैतों ने राइफलों व बंदूकों से फायरिंग शुरू कर दी। देखते-देखते 20 लाशें गिर गईं। कई गंभीर रूप से घायल हुए। घायलों में अब केवल जंटर सिंह बचे हैं।

देवीदीन केवट की पुत्री फूलन देवी का अपने चचेरे भाई मइयादीन से जमीन का विवाद चल रहा था। मुंहफट फूलन उसका विरोध करती थी। उसका मुंह बंद करने के लिए मइयादीन ने 26 दिसंबर, 1978 को अपने घर में चचेरे भाई विक्रम केवट से डकैती डलवाई और फूलन को फर्जी नामजद कर दिया। फूलन एक महीना जेल में रही। आम धारणा है कि फूलन का विक्रम केवट ने अपहरण किया था। विक्रम कोई अनजान व्यक्ति नहीं था, जिसको फूलन जानती न रही हो। गांव में आने-जाने के दौरान फूलन के विक्रम से रिश्ते बन गए थे और वह अपनी मर्जी से नाग पंचमी के दिन 29 जुलाई, 1979 को विक्रम के साथ चली गई। परिवार ने कोई मुकदमा नहीं लिखाया। फूलन ने विक्रम केवट को अपना पति मान लिया, पर गैंग लीडर बाबू गूजर ने भी उसके साथ बलात्कार किया। विक्रम ने बाबू गूजर को सितंबर 1979 में मौत के घाट उतार दिया और खुद गैंग लीडर बन गया। उसी समय श्रीराम, लालाराम भी जमानत के बाद गैंग में आ गए।

लालाराम, श्रीराम को हमेशा यह डर लगा रहता था कि कहीं विक्रम उन्हें भी धोखे से न मार दे। दोनों ठाकुर भाइयों को केवट जाति के विक्रम को गैंग लीडर मानना भी नागवार लगा। दोनों ने मौके समय 12-13 अगस्त, 1980 की रात को विक्रम और उसके साथी बाबूराम [illegible] केवट की हत्या कर दी और फूलन को अपने साथ [illegible] कुछ दिन रखने के बाद छोड़ दिया। फूलन का कसूर केवल इतना था कि वह गैंग लीडर की प्रेमिका थी। विक्रम केवट के मारे जाने के बाद फूलन डकैत बाबा मुस्तकीम के पास आई, जिसने उसे मान सिंह यादव को सौंप दिया। कुछ दिन बाद मान सिंह ने अलग गैंग बना लिया, जिसमें अधिकतर सदस्य केवट जाति के थे। यह गैंग फूलन-मान सिंह गैंग के नाम से जाना गया। इस गैंग के राम अवतार केवट, बलवान गड़रिया विक्रम केवट की मौत का बदला लेना चाहते थे। सभी ने एकजुट होकर बाबा मुस्तकीम से सलाह लेकर लालाराम, श्रीराम को मारना चाहा। बेहमई नरसंहार इसी गैंगवार का नतीजा था।

बेहमई के बाद एक महीने में ही पुलिस द्वारा बाबा मुस्तकीम और बलवान गड़रिया मारे गए। बाबा मुस्तकीम गैंग को शक था कि दस्तमपुर कानपुर के यादवों ने बाबा मुस्तकीम की मुखबिरी की है। बाबा मुस्तकीम की हत्या के प्रतिशोध में उसके गैंग ने दस्तमपुर कानपुर में 10 लोगों की हत्या कर दी। प्रदेश के मुख्यमंत्री विश्वनाथ प्रताप

लगभग चार दशक पूरे होने के बाद भी बेहमई हत्याकांड की 17 विधवाओं को अब तक न्याय नहीं मिला है।

सिंह ने इसकी नैतिक जिम्मेदारी लेते हुए इस्तीफा दे दिया था। बेहमई नरसंहार के प्रतिशोध में लालाराम-श्रीराम गैंग ने 5 मई, 1984 को औरैया के 15 केवटों की हत्या कर दी। फूलन-मान सिंह गैंग ने 12 फरवरी, 1983 को मध्य प्रदेश में आत्मसमर्पण कर दिया। 11 साल जेल में रहने के बाद फूलन 1994 में पैरोल पर बाहर आई और दो बार समाजवादी पार्टी से सांसद रही। 26 जुलाई, 2001 को दिल्ली में उनकी हत्या कर दी गई। उनके हत्यारे शेर सिंह राणा को बाद में अदालत ने उम्रकैद की सजा दी।

बेहमई नरसंहार के बाद चंबल में बहुत पानी बह गया है, हालांकि 39 वर्ष पूरे होने के बाद भी बेहमई की 17 विधवाओं को अब तक न्याय नहीं मिला है। इस बीच चार विधवाएं इस दुनिया से विदा हो चुकी हैं। बेहमई नरसंहार की यह वास्तविक कहानी उससे बहुत अलग है, जो हमें फिल्म बैंडिट क्वीन और कई किताबों द्वारा लंबे समय से सुनाई जा रही है।

(ये लेखक के अपने विचार हैं)

अस्ताकांड (बेहमई नरसंहार का बदला)

बेहमई नरसंहार के बाद फूलन-मान सिंह गैंग ने 12 फरवरी, 1983 को भिंड, मध्य प्रदेश में अपने साथियों के साथ आत्मसमर्पण कर दिया था। बेहमई की घटना का बदला लेने के लिए लालाराम-श्रीराम गैंग ने लगभग तीन वर्ष बाद 5 मई, 1984 को शाम साढ़े पांच बजे बीहड़ के गांव अस्ता में हमला बोला, जहां गैंग द्वारा 15 व्यक्तियों की हत्या कर दी गयी। मारे गए व्यक्तियों में दो को छोड़कर बाकी सभी मल्लाह जाति के थे। फूलन अपने गैंग के साथ मल्लाह बाहुल्य ग्राम अस्ता में शरण पाती थी। लालाराम-श्रीराम गैंग ने बेहमई नरसंहार का बदला ग्राम अस्ता में मल्लाह जाति के लोगों की सामूहिक हत्या करके लिया। इस नरसंहार में 1- लक्ष्मी नारायण, 2- लालाराम, 3- छोटे लाल, 4- शंकर पुत्र शिव राम 5- दर्शन सिंह 6- भीखा लाल, 7-शम्भू दयाल, 8- धनीराम, 9- महादेव, 10- शंकर पुत्र चिंतामन 11-बांके लाल, 12- रामेश्वर दयाल, 13- भगवानदीन सभी मल्लाह 14- शिव कुमारी पत्नी जगदीश नाई 15-मुन्नेश पुत्र जगदीश नाई सभी निवासीगण अस्ता थाना कोतवाली औरैया मारे गए थे।

अस्ता का यह नरसंहार 1- लालाराम, श्रीराम पुत्रगण सूबे सिंह निवासी दमनपुर थाना राजपुर कानपुर देहात, 2-कुसमा नाइन पुत्री डरू नाई निवासी टिकरी थाना सिरसा कलार, 3-लालू धोबी नरिहांन थाना कालपी, 4-रामफल पुत्र गुलाब सिंह, निवासी हसनपुर कुठौंद, 5-मुलायम खां पुत्र बाबू खां निवासी दौलतपुर कुठौद, समस्त निवासीगण जालौन आदि 20-25 डकैतों द्वारा किया गया था।

मुस्तकीम गैंग

मुस्तकीम, मलखान सिंह गैंग में रह चुका था। मलखान गिरोह से हटकर मुस्तकीम ने अपना अलग गैंग बना लिया था। मुस्तकीम गैंग जालौन, हमीरपुर, इटावा, झांसी तथा मध्य प्रदेश के जनपद भिंड में सक्रिय था। यह गैंग आई0आर0-40, कोड से 31 मई, 1981 को पुलिस द्वारा सूचीबद्ध) किया गया था। इस गैंग में, गैंग लीडर मुस्तकीम निवासी गुलौली कालपी, मान सिंह यादव निवासी तेरही कालपी, लाखन निवासी अमीसा थाना आटा, बशीर खां निवासी

कुसमरा, देवीदयाल उर्फ झल्लर निवासी मरगायां थाना कदौरा, मनीराम निवासी कठपुरवा कदौरा, अतिउल्ला निवासी रावगंज कालपी, बाबू खां बेहना निवासी रिरूवा थाना आटा, बालादीन केवट धर्मपुरा कालपी, मुश्ताक खां निवासी मोहारी थाना कदौरा समस्त निवासीगण जालौन तथा बाबू लाल निवासी इंनगुआ थाना मरका बांदा, रामबाबू यादव निवासी करौसा अकबरपुर, अत्तू यादव निवासी करौसा, थाना अकबरपुर समस्त निवासीगण जिला कानपुर देहात सक्रिय सदस्य थे। इसके अतिरिक्त दस-बारह सदस्य ऐसे थे, जो गैंग में आते-जाते थे। चंबल के सभी डकैत मलखान को अपना गुरू मानते थे और सम्मान में उसे ''दद्दा'' कहते थे। मुस्तकीम का अपने गिरोह के अतिरिक्त अन्य गिरोहों में बहुत सम्मान था और उसे लोग बाबा मुस्तकीम के नाम से जानते थे। लोगों का विश्वास था कि उसके पास कुछ ईश्वरीय शक्ति है। वह गैंग में दुआ-ताबीज का भी काम करता था। ताबीज पहनकर गैंग के सदस्यों को विश्वास हो जाता था कि पुलिस की गोली उनका कुछ नही बिगाड़ सकती है।

दस्तमपुर पुलिस मुठभेड़

बेहमई नहसंहार के बाद जालौन, इटावा, औरैया, कानपुर देहात के बीहड़ों को छावनी में तब्दील कर दिया गया। पुलिस और पी0ए0सी0 लगातार गिरोहों का पीछा कर रही थी। गैंग के समर्थकों को ''एंटी डकैती एरिया एक्ट'' में जेल भेजा जा रहा था। डर के कारण गैंग को पनाह देने वाले, गैंग से दूर हो गये। बीहड़ में गैंग का जीना मुश्किल हो गया था।

बेहमई नरसंहार के बाद मुस्तकीम अपने साथी इमामुद्दीन पुत्र बादुल्ला निवासी ग्राम चांदपुर थाना भोगनीपुर के साथ अपने रिश्तेदारी में 4 मार्च, 1981 को दस्तमपुर जा रहा था। बेहमई हत्याकांड के बाद पुलिस-पीएसी जालौन, इटावा, कानपुर देहात, हमीरपुर के बीहड़ों में सक्रिय हो गई थी। गैंग के आवागमन के रास्तों पर पुलिस-पीएसी की टुकड़ियाँ लगा दी गई थी। इस स्थिति में गैंग का बीहड़ में सक्रिय रहना खतरे से खाली नहीं था। बाबा मुस्तकीम, मलखान के बाद चंबल घाटी का सबसे अनुभवी डकैत था और उसे बीहड़ के चप्पे-चप्पे की जानकारी थी। वह जनपद जालौन के थाना कालपी के बीहड़ स्थित गांव गुलौली का निवासी था। वह बीहड़ क्षेत्र से निकलकर मुम्बई

जाना चाहता था, जिससे वह वहाँ कुछ दिन शांतिपूर्वक जीवन बिता सके। मुम्बई जाने से पहले वह अपने भाई की ससुराल ग्राम दस्तमपुर अपने साथी इमामुद्दीन के साथ जा रहा था। पुलिस की एक टुकड़ी दस्तमपुर के पास मौजूद थी। साइकिल सवार मुस्तकीम और उसके साथी ने पुलिस को देखकर रास्ता बदलना चाहा, परन्तु पुलिस की पकड़ में आ गया। वह पुलिस को रिश्वत का प्रलोभन देकर छूटना चाहता था, परन्तु उसी बीच दस्तमपुर के लोग आ गये जो मुस्तकीम को अच्छी तरह पहचानते थे। अपनी पहचान खुल जाने के कारण मुस्तकीम ने झटके से एक सिपाही की रायफल छीनकर भागा, परन्तु पुलिस मुठभेड़ में वह अपने साथी इमामुद्दीन के साथ मारा गया। बेहमई नरसंहार (14 फरवरी 1981) के मात्र 18 दिन बाद नरसंहार का मुख्य कर्ता-धर्ता मुस्तकीम मारा गया। इस मुठभेड़ में गांव के लोगों ने भी पुलिस का साथ दिया था। मुस्तकीम के मारे जाने के बाद उसके गैंग के बचे हुए सदस्य बिखर गये और दूसरे गिरोहों में शामिल हो गए।

मुस्तकीम की मौत का बदला दस्तमपुर नरसंहार तथा मुख्यमन्त्री विश्वनाथ प्रताप सिंह का त्यागपत्र :-

मुस्तकीम गिरोह दस्तमपुर मुठभेड़ के लिए वहाँ के निवासियों को दोषी मान रहा था। इस घटना का प्रतिशोध लेने के लिए 27/28 जून 1982 की रात्रि 11 बजे इस गिरोह ने ग्राम दस्तमपुर में प्रवेश किया। पूरे गांव में लूटपाट की और 10 व्यक्तियों की गोली मारकर हत्या कर दी। उस समय कानपुर देहात के एस0पी0 मोहनदास मेनन (आई0पी0एस0-1974) थे, जो एक कर्मठ और मेहनती अधिकारी थे। दस्तमपुर की घटना के बाद मैं भी वहां, सयुंक्त बैठक में भाग लेने गया था, जिसमें जालौन, इटावा, कानपुर देहात और कानपुर के वरिष्ठ पुलिस अधीक्षक सम्मिलत हुए थे। मदन सिंह, एक कर्मठ दरोगा उस समय थानाध्यक्ष थे, जो मेरे साथ भी बाराबंकी और इलाहाबाद में रह चुके थे।

दस्तमपुर नरसंहार में 1- मोती लाल यादव, 2- प्यारे लाल यादव, 3-कांति देवी पुत्री अशर्फी लाल यादव, 4- सरबता देवी पत्नी अशर्फी लाल, 5- राम श्री पत्नी शिव राम सिंह, 6- राम दुलारी पत्नी चन्द्रपाल, 7-शिरोमणि पुत्र चंद्रपाल, 8- सकल पुत्र सूर सिंह यादव, सभी निवासीगण दस्तमपुर 9- जगदीश

यादव, निवासी नरसढ़ा, थाना उरई जालौन, 10- उजागर यादव निवासी नरसढ़ा थाना उरई जालौन मारे गए थे।

इस घटना में मुस्तकीम गिरोह के निम्न 18 डकैत शामिल थे :-

1-बरतू उर्फ कल्लू निवासी डूडीबारी डेरापुर, 2- मो0 उमर उर्फ छोटा लल्ला, पुत्र रहीम कसाई निवासी सिकंदरा, 3-नसीम पुत्र रसूल अहमद थाना अकबरपुर, 4-मदारबक्स पुत्र वारिस निवासी छवसा घाटमपुर, 5-सिकंदर पुत्र सुल्तान असेढ़ी भवानीपुर, 6-शकील पुत्र हफीज अमरौधा भोगनीपुर, 7-हनीफ पुत्र मो0 सलीम बदसिया थाना सिकंदरा, 8-भूरा पुत्र मसुका हैदरपुर थाना भोगनीपुर, 9-लतीफ पुत्र साहिल निवासी दस्तमपुर डेरापुर, 10-शफीक पुत्र लतीफ निवासी दस्तमपुर डेरापुर, 11-मकबूल पुत्र वीर मोहम्मद निवासी बारा अकबरपुर, समस्त निवासीगण जनपद कानपुर देहात, 12-सलाम उर्फ लल्लन पुत्र नवीबक्श निवासी पुरवा रावत थाना बेला, 13-चांद पुत्र नवीबक्श निवासी पुरवा रावत थाना बेला समस्त निवासीगण जनपद औरैया 14-अब्बास पुत्र जागीर निवासी लोहारी थाना कदौरा, 15-कालीचरन पुत्र कटोरा निवासी लोहारी थाना कदौरा समस्त निवासीगण जनपद जालौन 16-फहीम पुत्र अब्दुल रज्जाक कुरैशी, 17-सुलेमान पुत्र इलाक कसाई, 18-लल्ला।

इस घटना के बाद उत्तर प्रदेश के मुख्यमंत्री विश्वनाथ प्रताप सिंह ने नैतिक जिम्मेदारी लेते हुए अपने पद से इस्तीफा दे दिया। विश्वनाथ प्रताप सिंह के कार्यकाल में इलाहाबाद निवासी राजेन्द्र त्रिपाठी, गृह राज्यमंत्री थे और उनके कार्यकाल में बुदेलखंड के पाठा और चंबल क्षेत्र के करीब 300 डकैत पुलिस मुठभेड़ों में मारे गए थे। उस दौरान मुलायम सिंह यादव ने विश्वनाथ प्रताप सिंह का खुलकर विरोध किया था। उन्होंने आन्दोलन खड़ा कर दिया था कि सरकार पिछड़ी जाति के लोगों को डकैत बताकर मुठभेड़ों में उनकी हत्यायें करा रही है।

यह वह दौर था जब इटावा, मैनपुरी, एटा, फिरोजाबाद में छविराम यादव, महावीरा यादव, पोथी यादव, अनार सिंह यादव जैसे दुर्दान्त यादव गैंग इन जिलों में तबाही मचा रहे थे। छविराम यादव ने अक्टूबर 1981 में थाना अलीगंज एटा के इन्सपेक्टर राजपाल सिंह सहित नौ पुलिस

और पीएसी कर्मियों की हत्या करके हथियार लूट लिये थे। छविराम यादव को मैनपुरी में आत्मसमर्पण कराने का ड्रामा भी किया गया। यह सभी दुर्दान्त डकैत पुलिस मुठभेड़ों में मारे गये। गैंग को पनाह देने वालों पर भी "एंटी डकैती एरिया एक्ट" के तहत कार्यवाही की गयी थी। यादव बाहुल्य ये जिले मुलायम सिंह यादव के राजनैतिक गढ़ रहे हैं। डकैतों के पक्ष में खुलेआम सामने आने के कारण मुलायम सिंह यादव की इस क्षेत्र में पकड़ और मजबूत हो गयी और वे पिछड़ों के नेता के रूप में स्थापित होकर पहली बार दिसम्बर 1989 में उत्तर प्रदेश के मुख्यमंत्री बने।

बेहमई के बाद दस्यु-उन्मूलन अभियान

बेहमई नरसंहार के बाद चंबल गैंग के डकैतों का सफाया, पुलिस के लिए चुनौती बन गयी। वरिष्ठ अधिकारियों के नेतृत्व में दस्यु उन्मूलन अभियान जालौन, कानपुर देहात, इटावा (औरैया), हमीरपुर में चलाया गया। उसी समय पीएसी की कुछ कंपनियों को सेल्फ लोडिंग रायफल (एस0एल0आर0) से लैश करके इन जिलों में तैनात किया गया। उसके पहले सिविल पुलिस और पीएसी के पास बोल्ट एक्शन .303 बोर की रायफले मुख्य हथियार थे, केवल पीएसी के पास लाइट मशीनगन, ग्रेनेड फायरिंग रायफल व 36-एच0ई0 ग्रेनेड थे। पुलिस-पीएसी के पास द्वितीय विश्व युद्ध के दौरान इस्तेमाल की गयी स्टेनगन, थामसन मशीन कार्बाइन भी थी, जिसकी बीहड़ में उपयोगिता न के बराबर थी। उस समय बेहमई नरसंहार में डकैतों द्वारा स्टेनगन, 30 स्प्रिंग फील्ड, रायफल तथा 315 बोर रायफलों का प्रयोग किया गया था। बीहड़ों में मुख्य-मुख्य स्थानों पर पुलिस की टुकड़िया तैनात कर दी गई। दस्यु उन्मूलन में मुख्य उद्देश्य यह था कि बेहमई नरसंहार के बाद अलग हुए गैंग दोबारा इकट्ठा होकर संयुक्त गैंग न बना सकें। इसका अच्छा परिणाम मिला और मुठभेड़ों में काफी डकैत मारे गये।

परासन मुठभेड़

परासन, जनपद जालौन के थाना आटा के अन्तर्गत बेतवा नदी के बीहड़ में एक गांव है। इस गांव के दूसरी तरफ जनपद हमीरपुर है। फूलन-मानसिंह, मुस्तकीम, बलवान गड़रिया आदि परासन के बीहड़ों में शुरू से शरण पाते थे।

बेहमई नरसंहार के बाद चंबल के डकैतों का संयुक्त गैंग छोटे-छोटे गिरोहों में बंट गया और बलवान गड़रिया ने अपने पूर्व परिचित स्थान परासन के बीहड़ में शरण ली। थाना भोगनीपुर कानपुर के इंस्पेक्टर मूलचंद, कालपी जालौन में फूलन की तलाश के लिए बुलाये गये थे। वे पहले जालौन में काफी समय तक तैनात रह चुके थे, जिससे उन्हें बीहड़ों के चप्पे-चप्पे की जानकारी थी। जालौन पुलिस के साथ ग्राम परासन के बीहड़ में बलवान गड़रिया गैंग पुलिस के जाल में फंस गया। पुलिस से हुई भीषण मुठभेड़ में बलवान गड़रिया और उसके छः साथी मारे गए। इस मुठभेड़ में बहादुर इस्पेक्टर मूलचंद शहीद हो गए थे। उस समय वी0पी0 सिंघल एडिशनल आई0जी0 आगरा (दस्यु उन्मूलन अभियान) भोगनीपुर में और एस0के0 दत्ता (आई0पी0एस0-1959) डी0आई0जी0 झांसी, कालपी में कैम्प कर रहे थे। डी0आई0जी0 दत्ता को फूलन गैंग की उपस्थिति के बारे में जानकारी मिली, जिसे वह भोगनीपुर में वी0पी0 सिंघल को बताने हेतु पहुंच गए थे। इंस्पेक्टर भोगनीपुर मूलचंद के अनुभव को देखते हुए उन्हें तुरन्त जालौन भेजा गया था। बेहमई की घटना के मात्र दस दिन बाद ही 24 फरवरी, 1981 को दस्यु सरगना बलवान गड़रिया गैंग का सफाया हो गया था। बलवान गडरिया ने भी बहमेई नरसंहार में अपने गैंग के साथ मुख्य भूमिका अदा की थी।

बेहमई कांड के बाद फूलन-मान सिंह गैंग (आई0आर0-76) का गठन

विक्रम मल्लाह, रामअवतार मल्लाह, रघुनाथ मल्लाह, बाबा मुस्तकीम के मारे जाने के बाद बचे हुए कुछ सदस्य फूलन के साथ हो गए। फूलन-मान सिंह गैंग को ''आई0आर0-76'' नाम से सूचीब) किया गया। इस गैंग में समय-समय पर 117 सदस्य जुड़े और गैंग द्वारा जालौन, कानपुर देहात, हमीरपुर, झांसी में डकैती, हत्या, लूट की कुल 56 घटनाएं की गयी, जिसमें बेहमई नरसंहार सबसे ज्यादा चर्चित हुआ। फूलन का साथ देने वाला रामअवतार मल्लाह मारा जा चुका था, जिससे रामअवतार गैंग के कुछ सदस्य फूलन का साथ छोड़ गए। इस गैंग को लोग फूलन गैंग के नाम से जानते थे परन्तु इस गैंग की कमान मान सिंह यादव के हाथ में थी। मान सिंह की पत्नी होने के कारण फूलन का गैंग पर दबदबा था, परन्तु वह कभी भी गैंग लीडर नहीं रही।

फूलन-मान सिंह गैंग

बेहमई नरसंहार के बाद फूलन बीहड़ों में भटक रही थी। उसके कई साथी मारे गये। **फूलन को उसकी मां मूली देवी व मामा जयराम, मुस्तकीम के पास आये, जिसमें मान सिंह यादव मुख्य सदस्य था। उनसे कहा कि फूलन को अपने साथ रख लो, नहीं तो यह मार दी जाएगी। उस समय मान सिंह मुस्तकीम गैंग के साथ था। मुस्तकीम की सलाह पर मान सिंह ने फूलन को पत्नी की तरह स्वीकार कर लिया। कुछ दिन मुस्तकीम गैंग में रहकर मान सिंह ने फूलन को लेकर अलग गैंग बना लिया। मान सिंह को यह पता लगा कि मुस्तकीम से उसके दुश्मन का एक आदमी जाकर मिल गया है, जो उसके मुस्तकीम गैंग से अलग होने का कारण बना।**

मान सिंह व फूलन के एक साथ होने पर यह गैंग फूलन–मान सिंह गैंग के नाम से जाना गया। उस समय फूलन–मान सिंह गैंग में कालीचरन काछी निवासी भेड़ माधौगढ़ उसका भाई जगत सिंह, पाली भिंड का एक ठाकुर जयवीर चौहान, पुरवा चकरनगर इटावा मेहदी हसन, ठाकुर साधू चौहान तथा सिंडौस निवासी गोपी फौजी तथा उसका भाई जीवन धानुक मुख्य सदस्य थे।

मान सिंह ग्राम तेरही थाना कालपी का निवासी था। इसके पिता पुस्सू यादव ग्राम दुबौली थाना एरच झांसी से अपनी ससुराल तेरही आ गए थे। उन्हें अपने ससुर की जमीन मिल गई थी। मान सिंह यही पर पैदा हुआ था। उसके चार भाई थे, उसका हिस्ट्रीशीटर भाई बाबू सिंह पुलिस मुठभेड़ में मारा गया था। गांव में उसके पिता की मृत्यु के बाद उसकी नानी ने अपनी जमीन मान सिंह सहित उसके भाइयों के नाम कर दी। इस जमीन पर इसके नाना के परिवारजनों की भी निगाहें थी। मान सिंह को शक हुआ कि उसके भाई को मुठभेड़ में मरवाने में उसके रिश्तेदार राधेश्याम, रामस्वरूप पुत्रगण बैजनाथ यादव का हाथ है। जमीन के इसी झगड़े के कारण मान सिंह फरार हुआ और सबसे पहले उसने 26 मई, 1980 को कस्बा कालपी में पेट्रोल पंप पर अपने विरोधी राम स्वरूप की हत्या कर दी। इस हत्या में मुस्तकीम एवं उसके गैंग के सदस्य बलवान गड़रिया, कालीचरण, अतीक अहमद उर्फ अत्तू आदि शामिल थे।

रामस्वरूप की हत्या से पहले 9 जनवरी, 1979 को मान सिंह ने मुस्तकीम गैंग के साथ थाना कालपी के सब-इंस्पेक्टर स्वामीदीन खंगार की हत्या, गश्त

के दौरान कर दी थी और दो सिपाहियों को घायल करके उनकी रायफलें लूट लीं थी। मानसिंह, मुस्तकीम के साथ मलखान गैंग में शामिल हो गया था, जहां वह करीब एक-डेढ़ वर्ष तक रहा।

दुबाई थाना मूसानगर पुलिस मुठभेड़

बेहमई नरसंहार के बाद फूलन-मान सिंह गैंग के कुछ सदस्य अलग-अलग टुकड़ों में छिपकर रह रहे थे और बुलाने पर एक साथ हो जाते थे। एस0एल0आर0 से लैश पी0ए0सी0 की टुकड़िया बीहड़ में मुख्य-मुख्य स्थानों पर तैनात थी और जिले की पुलिस डकैतों का पीछा कर रहीं थी। उद्देश्य यह था कि टुकड़ों में बंटे गैंग को इकट्ठा न होने दिया जाए। इसी योजना के तहत ग्राम दुबाई, थाना मूसानगर कानपुर देहात के बीहड़ में छिपे हुए फूलन-मान सिंह गैंग के सदस्यों को थाना डेरापुर, कानपुर देहात पुलिस के इंस्पेक्टर सुरेश चन्द्र शर्मा ने घेर लिया। दोनों तरफ से भीषण मुठभेड़ हुई जिसमें पुलिस ने गैंग के छः सदस्य कुंवर लाल केवट, बाबू केवट निवासीगण नगवां थाना भोगनीपुर, रामपाल केवट निवासी गौहानी थाना सिंकंदरा, लाला राम केवट निवासी कटरी थाना मूसानगर, श्याम लाल केवट निवासी गोहानी थाना सिकंदरा, हनुमंत केवट निवासी कांधर थाना बेवार जनपद हमीरपुर मारे गए। गैंग के छः मजबूत सदस्यों के मारे जाने के बाद फूलन-मान सिंह गैंग की कमर टूट गई।

धमना नरसंहार

ग्राम धमना, जालौन जिले के कालपी थाने के अन्तर्गत आता है, जो डकैत मान सिंह के गांव तेरही के पास है। मान सिंह का अपने नाना के परिवार के सदस्यों से जमीन का विवाद चल रहा था। मान सिंह, गांव से फरार होने के बाद मुस्तकीम गैंग में शामिल हो चुका था। वह अपने नाना के भाई के परिवार के एक सदस्य रामस्वरूप की मुस्तकीम गैंग की मदद से हत्या कर चुका था, परन्तु इसके बावजूद भी उसके दिल में प्रतिशोध की आग धधक रही थी। उसे संदेह था कि ग्राम धमना के कुछ यादव, ग्राम तेरही के उसके विरोधी परिवार की मदद कर रहे हैं। 29 नवम्बर, 1981 को उसने अपने गैंग के 20-25 सदस्यों के साथ शाम 6 बजे धमना गांव को घेर लिया और घर-घर जाकर छः विरोधियों

जगमोहन सिंह, परशुराम, रघुबीर सिंह, मलखान, रामनाथ और हिम्मत सिंह का अपहरण करके गांव के बाहर ले आया गया और यातनाएं देने के बाद एक-एक करके सभी की गोली मारकर हत्या कर दी गयी।

धमना नरसंहार में मान सिंह के साथ फूलन देवी, अत्तू उर्फ अताउल्ला निवासी कालपी, महाराज सिंह उर्फ महावीर सिंह, धमना कालपी, मुस्तकीम, जाहर सिंह ठाकुर परासन जालौन, हरदास सिंह उर्फ गब्बर भदरेखी थाना आटा, जालौन मुख्य रूप से शामिल थे। मान सिंह कुछ और व्यक्तियों की हत्या करना चाहता था और उसने जैसे ही सातवें व्यक्ति को निशाने पर लिया और रायफल का ट्रिगर दबाना चाहा, फूलन ने फुर्ती से रायफल की बैरल ऊपर उठा दिया और गोली उस व्यक्ति के सिर के ऊपर से निकल गयी। फूलन ने मान सिंह को डांटा कि अब बस कर, बहुत हो गया। उस समय फूलन की वजह से कुछ और लोग मारे जाने से बच गये।

गुलौली पुलिस मुठभेड़

ग्राम गुलौली, गैंग सरगना मुस्तकीम का गांव है। जब भी कोई गैंग का सदस्य मारा जाता था तो चंबल गैंग की परम्परा थी कि वे अपनी सद्भावना व्यक्त करने उसके घर अवश्य जाते थे। 4 मार्च, 1981 को मुस्तकीम दस्तमपुर कानपुर देहात में मारा गया था और अपनी पुरानी परम्परा निभाने हेतु फूलन-मान सिंह गैंग, 31 मार्च, 1981 को मुस्तकीम बाबा के घर गुलौली पहुंच गया। इस गांव में लगभग 90 प्रतिशत मुस्लिम आबादी है। थानाध्यक्ष कालपी ध्रुवलाल यादव एक बहादुर पुलिस अधिकारी थे, जो सहारनपुर में आतंकवादियों से मुठभेड़ करते हुये वर्ष 1995 में शहीद हुए। वे अपने दलबल के साथ गुलौली पहुंच गए। उस समय क्षेत्र में एडिशनल आई0जी0 प्रभारी दस्यु उन्मूलन वी0पी0 सिंघल, डी0आई0जी0 रेंज झांसी एस0के0 दत्ता भी मौजूद थे। गुलौली गांव को पुलिस ने घेर लिया और एक-एक व्यक्ति को हाथ उठाकर गांव से बाहर निकाला गया। उसी दौरान ध्रुवलाल की टीम से डकैतों की मुठभेड़ हुई और इस मुठभेड़ में फूलन-मान सिंह गैंग के पांच सदस्य लल्लू धोबी निवासी कालपी, प्रहलाद निवासी मोहम्दाबाद कोतवाली उरई, बलदेव प्रजापति निवासी थाना कदौरा, कालीचरन लोहार निवासी ग्राम जिटकिरी हमीरपुर तथा सोबरन सिंह

निवासी भिंड मारे गए। फूलन, मानसिंह, बालादीन उस समय गुलौली से तीन–चार किलोमीटर दूर हवेली की बगिया में हथियार खरीदने गए थे जिससे पुलिस मुठभेड़ में ये तीनों बच गए।

इस मुठभेड़ के बाद भी गैंग के कई सदस्य मुठभेड़ों में मारे गए। 8 नवंबर, 1982 को यह गैंग सहसों इटावा के जंगल में छिपा था जहां पुलिस से मुठभेड़ हो गई जिसमें गैंग तो बच गया परन्तु इसके दो कैजुअल सदस्य मंसाराम केवट पुत्र अंगनू मल्लाह निवासी लालपुरा थाना बिठौली और कप्तान सिंह निवासी सलोखरा, इटावा मारे गए। वर्ष 1982 में ही थाना रमपुरा जालौन में इस गैंग से मुठभेड़ हुई जिस समय गैंग खाना बना रहा था। पुलिस की गोली चूल्हे पर रखे तवे पर लगी जहां मान सिंह अंडा बना रहा था। मान सिंह, फूलन तथा गैंग के सदस्य बच गए लेकिन मौके पर एक रायफल तथा फूलन की श्रृंगारदानी जिसमें सिंदूर, बिंदी, क्रीम, पाउडर अंडर गारमेंटस आदि थे, मौके पर छूट गए जो थाना रमपुरा, जालौन में जमा किये गये। दो चरवाहों को गोली लग गई थी। फूलन–मान सिंह गैंग अब काफी कमजोर हो चुका था और इसके कई मजबूत सदस्य मारे जा चुके थे। गैंग में मात्र 9 सदस्य बचे थे। उत्तर प्रदेश, मध्य प्रदेश का सबसे बड़ा गैंग लीडर मलखान सिंह जो सभी गिरोहों का गुरु था, 17 जून, 1982 में भिंड, मध्यप्रदेश में आत्मसमर्पण कर चुका था। घनश्याम गैंग फूलन–मानसिंह गैंग को अपने साथ लेने को तैयार नहीं था क्योंकि बेहमई की घटना के कारण पुलिस फूलन के पीछे हाथ धोकर पड़ी थी।

फूलन–मान सिंह गैंग को अपनी जान बचाने के लिए आत्मसमर्पण के अलावा और कोई रास्ता नहीं दिख रहा था। इस गैंग ने मध्य प्रदेश पुलिस से मलखान के माध्यम से संपर्क किया और 12 फरवरी, 1983 को मध्य प्रदेश के मुख्यमंत्री अर्जुन सिंह के समक्ष भिन्ड में आत्मसमर्पण कर दिया। आत्मसमर्पण करने वाले सदस्य मान सिंह, फूलन देवी, गोपी, मेहदी, साधू चौहान, मुस्लिम, मुन्ना, जयवीर और जीवन थे। इन सदस्यों में मान सिंह ने 30 स्प्रिंग फील्ड रायफल, फूलन ने 8 एमएम बोर की जर्मन माउजर रायफल तथा 7 अन्य सदस्यों ने 315 बोर की रायफलें व 12 बोर बंदूकें समर्पित की। इस गैंग के साथ आई0एस0–41 गैंग का सरगना व मलखान का फुफेरा भाई घनश्याम उर्फ घंसा बाबा भी अपने 13 सदस्यों के साथ आत्मसमर्पण किया था।

ग्वालियर जेल में फूलन-मान सिंह

आत्मसमर्पण के बाद फूलन मान सिंह गैंग के सदस्यों को ग्वालियर जेल में रखा गया। फूलन मान सिंह को पति–पत्नी होने के नाते अलग से कमरा दिया गया जहां यह दोनों एक साथ रहते थे। इन्हें काफी सुविधाएं भी प्रदान की गई थी। **मान सिंह को मैंने 24 जुलाई, 2012 को मुरादाबाद में बुलाकर विस्तार में बात की। उसने बताया कि वह चाहता था कि फूलन माँ बन जाय, जिसकी उम्मीद भी थी। फूलन के पेट में उभार व दर्द था जिसका ग्वालियर के एक अस्पताल में आपरेशन किया गया, जिसमें काफी बड़ा ट्यूमर निकला। स्वस्थ होने के बाद भी फूलन मां नहीं बन सकी। जेल में काफी दिन साथ रहने के बाद मान सिंह अपने मुकदमों के ट्रायल के लिए उत्तर प्रदेश के विभिन्न जनपदों में भेजा गया जहां उसके काफी मुकदमें छूट गए। 21 मई, 1991 को वह इटावा जेल से बाहर आ गया और फूलन को सलाह दी कि वह भी उत्तर प्रदेश आकर अपना ट्रायल पूरा करवा ले। फूलन के ज्यादातर मुकदमे मान सिंह के साथ थे, जिससे उसे ट्रायल के दौरान काफी लाभ मिलता, परन्तु उसने उत्तर प्रदेश आने से मना कर दिया।**

उसका कहना था कि बेहमई की घटना के कारण उत्तर प्रदेश के ठाकुर उससे नाराज है और उसकी हत्या हो सकती है। उसने दिल्ली की वकील कामनी जायसवाल के माध्यम से न्यायालय में प्रार्थना पत्र दिया और अपना स्थानांतरण ग्वालियर जेल से तिहाड़ जेल दिल्ली करा लिया। मान सिंह तिहाड़ जेल में फूलन से मिलता रहा और उसने छूटे हुये मुकदमों के सभी कागजात फूलन को दिये जिसका फायदा उठाकर फूलन तिहाड़ जेल से पैरोल पर 1994 में बाहर आ गई।

फूलन का राजनीति में प्रवेश

ग्यारह वर्ष जेल में रहने के बाद पैरोल पर जेल से बाहर आने के बाद फूलन, उम्मेद सिंह के साथ रहने लगी। वह मुलायम सिंह यादव के नेतृत्व वाली समाजवादी पार्टी में शामिल हो गई। समाजवादी पार्टी में शामिल कराने के लिए उसकी जाति के नेता विशम्भर प्रसाद निषाद बांदा, मनोहर लाल निवासी उन्नाव ने मुख्य भूमिका निभाई। उसे वर्ष 1996 में मुलायम सिंह यादव द्वारा, मिर्जापुर संसदीय क्षेत्र से समाजवादी पार्टी का टिकट दिया गया। फूलन ग्यारहवीं लोकसभा के लिए निर्वाचित हुई। प्रदेश में यह पहली बार था कि बेहमई नरसंहार

सहित, दर्जनों जघन्य अपराधों में सम्मिलित फूलन, लोकसभा सांसद बन कर माननीय बन गयी। वर्ष 1998 में वह मिर्जापुर से दोबारा चुनाव लड़ी परन्तु हार गई। वर्ष 1999 में उसे मिर्जापुर से पुनः समाजवादी पार्टी का टिकट मिला और वह तेरहवीं लोकसभा के लिए निर्वाचित हो गई। वह दो बार मिर्जापुर संसदीय क्षेत्र से समाजवादी पार्टी के टिकट पर सांसद चुनी गयी।

मानसिंह यादव से वार्ता

मार्च, 2012 से जुलाई, 2012 तक मैं डी0जी0/निदेशक बी0आर0 आम्बेडकर पुलिस अकादमी, मुरादाबाद के पद पर तैनात था। उसी समय मैंने पुस्तक लेखन का कार्य शुरू किया था। मुझे मालूम हुआ कि ग्राम तेरहीं, थाना कालपी, जालौन निवासी फूलन का पति मान सिंह यादव जमानत पर छूट कर आ गया है और कानपुर देहात के फौजी ढ़ाबा में रह रहा है। मैंने पुलिस अधीक्षक, जालौन के माध्यम से उसे मुरादाबाद बुलाया और आठ-दस घंटे विस्तार से बात की। दो घटनायें ऐसी थीं जो मेरे अपर पुलिस अधीक्षक, जालौन के कार्यकाल में हुयी थी, जिसमें हुयी मुठभेड़ में फूलन, मान सिंह पुलिस की गोली से बाल-बाल बच गये थे। मान सिंह से हुयी बातचीत में न केवल फूलन बल्कि उस समय के कुख्यात गैंग मलखान सिंह, घनश्याम, बलवान गड़रिया, राम अवतार, रघुनाथ मल्लाह, लालाराम-श्रीराम आदि गिरोह के बारे में जानकारियां प्राप्त हुयी, जो पुलिस रिकार्ड से सत्यापित हुयीं। मैंने इस सम्बन्ध में विस्तृत रूप से मान सिंह व धमना नरसंहार में लिखा है।

मान सिंह ने बताया कि वह विंध्यांचल में मां विंध्यवासिनी का दर्शन करने गया था। जब वह दर्शन करने के बाद वापस आ रहा था तो पुलिस का एक सिपाही दौड़ता हुआ उसके पास आया और कहा कि सांसद जी बुला रही है। वह वहां गया और देखा कि गाड़ी में सांसद फूलन देवी बैठी है। फूलन ने उसे अपने साथ ले जाना चाहा जिसको मान सिंह ने मना कर दिया। उसने फूलन को बताया कि अब दोनों के रास्ते अलग-अलग हो गए है। **मान सिंह के अनुसार जब वह फूलन के पास से जाने लगा, तो फूलन की आंखों से आंसू टपक रहे थे। आखिरकार यह दोनों बीहड़ से लेकर ग्वालियर जेल तक सालों तक पति-पत्नी की तरह एक साथ रहे थे जिस पर फूलन का भावुक होना स्वाभाविक था।**

डाकू फूलन-मानसिंह (आई.आर-76) गैंग का आत्मसमर्पण एवं अन्य चित्र

12 फरवरी 1983 को आत्मसमर्पण के समय फूलन देवी मध्य प्रदेश के मुख्य मंत्री अर्जुन सिंह के साथ

आत्मसमर्पण के समय फूलन देवी और मान सिंह

आत्मसमर्पण के समय फूलन देवी और मान सिंह अपने गिरोह के साथ

फूलन देवी

फूलन का घर - ग्राम गुढ़ा का पुरवा

फूलन देवी का घर माँ मूली देवी व छोटी बहन

पूर्व डाकू सांसद फूलन देवी मंत्री रामविलास पासवान और पूर्व प्रधानमंत्री विश्वनाथ

फूलनदेवी एम.पी.

चुनाव प्रचार करती फूलन देवी

मंत्री रामविलास पासवात के साथ सांसद फूलन देवी

शादी के समय अखिलेश यादव व डिम्पल यादव जी को आर्शीवाद देती फूलन (24.11.1999)

सांसद फूलन देवी अपने समर्थकों के साथ

फूलन देवी के अतिंम संस्कार के समय मुलायम सिंह यादव व अमर सिंह

बेहमई नरसंहार के बाद मृतकों की तेरहवी

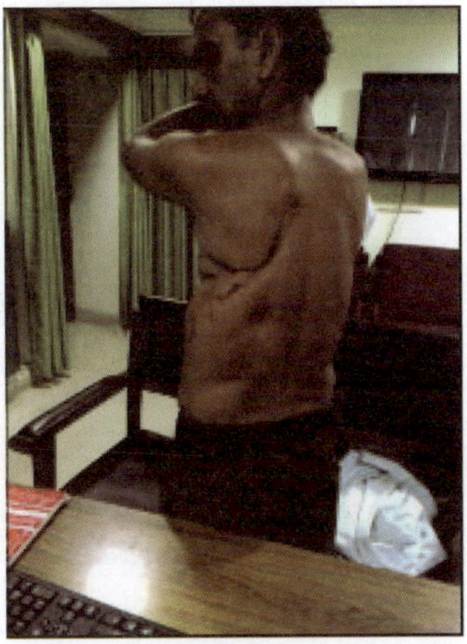

जेन्टर सिंह निवासी बेहमई (फोटो 8 जुलाई, 2014)

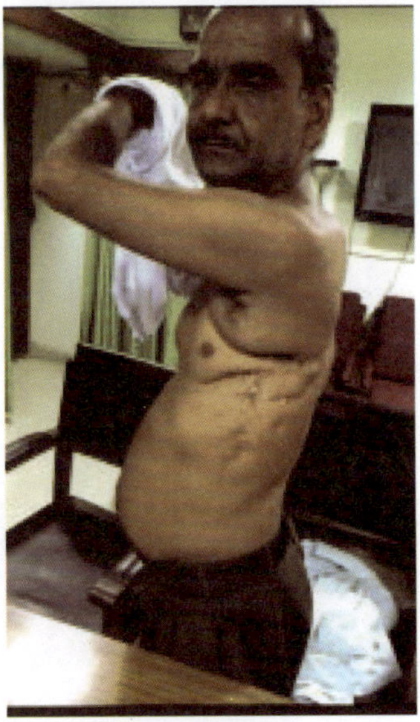

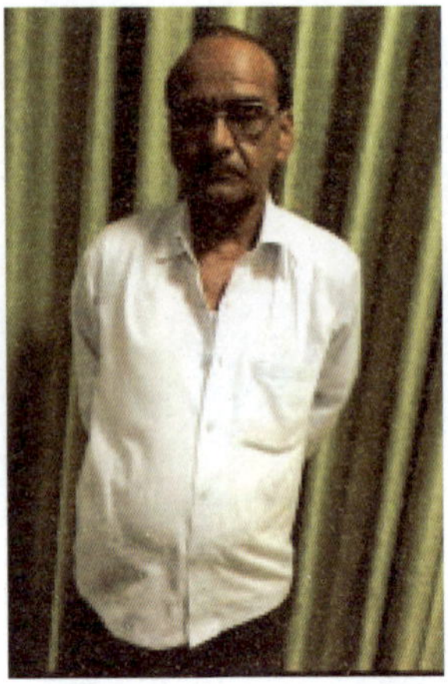

डाकू मान सिंह ने जेन्टर सिंह के सीने पर गोली मारी थी (फोटो 8 जुलाई, 2014)

लेखक के साथ पूर्व डाकू मान सिंह (फोटो जुलाई, 2012)

6

शेरसिंह राणा द्वारा संसद सदस्य फूलन की हत्या

सांसद होने के बाद फूलन 44-अशोक रोड, नई दिल्ली के बंगले में रहती थी। उसके नये पति उम्मेद सिंह, बहन मुन्नी देवी व मुन्नी के पति हरगोविन्द भी उसके साथ रहते थे। उसकी मां मूली देवी भी अक्सर उसके साथ रहा करती थी। 25 जुलाई, 2001 को फूलन करीब 11:30 बजे अपने सुरक्षाकर्मी बालेन्द्र के साथ आवास से मानसून संसद-सत्र में भाग लेने के लिए संसद भवन के लिए निकली और दिन के करीब 13:15 बजे वापस आई। आवास के बाहर मारूति-800 कार नं0-सी.आई.एम.-907 खड़ी थी जिसमें से दो व्यक्ति मंकी कैप पहने हुए बाहर निकले। दोनों के हाथ में एक-एक रिवाल्वर तथा तमंचा था। एक व्यक्ति ने फूलन को चार गोली मारी। दूसरे व्यक्ति ने सुरक्षाकर्मी बालेन्द्र पर गोली चलाई। इस गोलीबारी में सुरक्षाकर्मी भी गंभीर रूप से घायल हो गये। सुरक्षाकर्मी ने भी गोली चलाई जो बदमाशों की मारूति कार पर लगी। बदमाश दो तमंचे मौके पर ही छोड़कर अपनी मारूति कार से फरार हो गए। फूलन को अस्पताल ले जाया गया जहां डॉक्टरों ने उसे मृत घोषित कर दिया। 38 वर्ष की उम्र में एक अशिक्षित, गरीब महिला जो ग्रामीण परिवेश में पली-बढ़ी थी और परिस्थितियों वश डकैत, और बाद में दो बार सांसद बनी, फूलन देवी के जीवन का दर्दनाक अन्त हो गया।

फूलन ने अपने छोटे भाई शिव नारायण को मध्य प्रदेश पुलिस में भर्ती करवा दिया था। फिल्म बैंडिट क्वीन एवं उस पर लिखित किताबों से भी उसे काफी धन प्राप्त हुआ। उसने चितरंजन पार्क नई दिल्ली में एक बड़ा मकान भी खरीद लिया। उसके पास बैंक में भी काफी रूपये थे। फूलन की हत्या के बाद उसका पति उम्मेद सिंह, निवासी फकरौला, नई दिल्ली ने मकान और रूपये हड़प लिये। फूलन के परिवार को कुछ नहीं मिल पाया। फूलन की मां मूली

देवी अक्सर कहती थी कि उम्मेद सिंह, फूलन का ''दौलत का पति'' था। उसने फूलन के परिवार से सम्बन्ध भी तोड़ लिये।

फूलन देवी की हत्या में मुख्य भूमिका शेर सिंह राणा उर्फ शेरू, उर्फ पंकज पुत्र सुरेन्द्र सिंह निवासी 57-ईस्ट राजपूताना बी0टी0 गंज, रूड़की हरिद्वार द्वारा निभाई गई। शेर सिंह राणा ने हत्या के बाद 27 जुलाई 2001 को देहरादून में एक प्रेस-वार्ता बुलाई और उस प्रेस-वार्ता में उसने फूलन की हत्या की जिम्मेदारी ली। उसने कहा कि बेहमई में 20 ठाकुरों की फूलन द्वारा हत्या किये जाने का प्रतिशोध लेने के लिये उसने यह हत्या की है। उसे देहरादून पुलिस द्वारा तुरन्त गिरफ्तार कर लिया गया जहां से उसे दिल्ली लाया गया। शेर सिंह राणा द्वारा दिल्ली पुलिस को दिया गया ब्यान उल्लेखनीय है, जो इस प्रकार है :-

शेर सिंह राणा का बयान

''शेर सिंह 17 मई, 1976 को किसान परिवार में पैदा हुआ था। उसकी प्रारंभिक शिक्षा रूड़की के सेंट गेब्रियल एकेडमी, रूड़की से हुई। उसके पिता शराब पीने के आदी थे। रूड़की में शराब महंगी मिलती थी इसलिए शेर सिंह अपने पिता के लिए ज्वालापुर से सस्ती शराब लाया करता था। वर्ष 1997 में जब वह ग्यारहवीं कक्षा में पढ़ रहा था, तब उसे अपने मित्र सोनू उर्फ आशुतोश गोस्वामी के साथ शराब के मुदकमें में कोतवाली ज्वालापुर में गिरफ्तार किया गया। उसने बी0ए0 की परीक्षा पी0जी0टी0ए0बी0 कालेज देहरादून से दी, जहां बी0ए0 प्रथम वर्ष की पढ़ाई के दौरान इसके मित्र मोहित की हत्या विजय प्रताप द्वारा कर दी गई थी। शेर सिंह ने विजय प्रताप की गिरफ्तारी में पुलिस की मदद की थी, जिससे क्रोधित होकर विजय प्रताप ने शेर सिंह को वर्ष 1999 में गोली मारी, जिसमें यह घायल हो गया। पढ़ाई करने के बाद वह व्यापार करना चाहता था। **शेर सिंह राणा जब अपने मित्रों के साथ बातचीत करता था तब उसके मित्र उसके ऊपर व्यंगात्मक टिप्पणी करते थे, ''तुम किस बात के ठाकुर बने फिरते हो, एक फूलन तो तुमसे मारी नहीं गई।'' मित्रों की इस व्यंगात्मक टिप्पणी ने शेर सिंह राणा को झकझोर दिया और उसी समय से उसने फूलन की हत्या करने का निर्णय ले लिया।**

योजना के तहत उसने फूलन देवी के नजदीकी नेता रूड़की निवासी उमा कश्यप से संपर्क किया और उससे अनुरोध किया कि वह सांसद फूलन देवी

से मिलना चाहता है, जिसके लिए उमा कश्यप राजी हो गई। उमा कश्यप को उसने अपना असली नाम न बताकर अपना नाम पंकज बताया। मार्च, 2001 में राणा को भगवानपुर उत्तराखंड में अपने मित्र पंकज के साथ लाइसेंसी शराब की दुकान मिल गई थी, जिसे दोनों मित्र चला रहे थे। इसके पास मारूति-800 कार नं0 सी.आई.एम.-907 थी। अपनी मारूति कार से वह उमा कश्यप को लेकर फूलन देवी से उसके आवास पर 3-4 बार मिला और उसकी गतिविधियों पर कड़ी नजर रखने लगा। फूलन की हत्या में उसे सबसे बड़ी बाधा उसके अंगरक्षक लग रहे थे। इस दौरान उसने अपने एक संबंधी धनप्रकाश उर्फ विक्की निवासी हरिद्वार से संपर्क किया और फूलन को मारने की अपनी योजना बताई जिसके लिए विक्की तुरंत तैयार हो गया। उसने अपने मित्र शेखर सिंह निवासी रूड़की से भी संपर्क साधा और उसे भी राजी कर लिया। शेखर और विक्की ने हथियारों का इंतजाम करने में राणा की मदद की। उन्होंने .32 बोर का रिवाल्वर 20 हजार रूपये में रूड़की निवासी प्रवीन मित्तल से खरीदी तथा एक अन्य रिवाल्वर व दो कंट्रीमेड पिस्टल तथा कारतूस मुजफ्फरनगर निवासी मुस्तकीम से खरीदी।

योजना के तहत राणा ने अपनी मारूति कार की चोरी की घटना दो-तीन महीना पहले देहरादून कोतवाली में लिखवा दी थी। इसके बाद उसने अपने दो साथी राजेन्द्र व राजबीर सिंह को इस बात के लिए तैयार किया कि वे दोनों एक्साइज एक्ट के मुकदमे में शेर सिंह राणा व विक्की उर्फ धनप्रकाश के नाम से ज्वालापुर थाने में गिरफ्तार हो जाए जिसके लिए वे दोनों तैयार हो गए। ये दोनों व्यक्ति राणा की शराब की दुकान में काम करते थे। योजना के अनुसार राजेन्द्र व राजबीर एक्साइज एक्ट के मुकदमे में थाना ज्वालापुर में शेर सिंह राणा व धनप्रकाश के नाम से गिरफ्तार हो गए और अपनी जमानत नहीं कराई। इन दोनों को फूलन की हत्या के बाद जमानत कराना था जिसका फायदा मुकदमे के दौरान शेर सिंह राणा उठा सके और अदालत में कह सके कि घटना के समय वह जेल में बंद थे।

25 जुलाई, 2001 को शेरसिंह राणा अपनी मारूति कार नं0-सी.आई. एम-907 से उमा कश्यप व उसके पति विजय कश्यप के साथ करीब 10:30 बजे दिन में सांसद फूलन देवी के आवास पहुंचे। इस गाड़ी के पीछे इसका साथी धनप्रकाश उर्फ विक्की तथा शेखर सिंह दूसरी गाड़ी से पीछे-पीछे आ गए। उमा

व उसका पति मकान के अंदर चले गए और शेरसिंह राणा मकान के बाहर ही इंतजार करता रहा। उस समय फूलन की गाड़ी खराब थी और वह संसद जाना चाह रही थी। उमा कश्यप ने उससे फूलन को संसद छोड़ने के लिये कहा, जिस पर राणा ने अपनी गाड़ी से फूलन देवी व उसके अंगरक्षक बालेन्द्र को संसद भवन पर करीब 11:30 बजे छोड़कर बंगला साहिब गुरूद्वारा आ गया, जहां विक्की व शेखर दूसरी गाड़ी से उसका इंतजार कर रहे थे। वहीं पर इन लोगों ने फूलन की हत्या की योजना को अंतिम रूप दिया क्योंकि फूलन उसी दिन दिल्ली से बाहर जाना चाह रही थी।

शेरसिंह राणा व विक्की अपनी मारूति 800 कार नं0 सी.आई.एम–907 से फूलन के आवास के सामने आकर प्रतीक्षा करने लगे और अपनी दूसरी गाड़ी नं0– यू0पी0–14 बी 7559 वहां से कुछ दूरी पर खड़ी करवा दिया। दिन के करीब 13:15 बजे फूलन अपने अंगरक्षक के साथ एक कार से अपने घर के बाहर सड़क पर उतरी, उसी समय मंकी कैप पहने हुए विक्की व शेरसिंह राणा अपने दोनों हाथों में रिवाल्वर व कंट्रीमेड पिस्टल लेकर उतरे। राणा ने दोनों हाथों से फूलन देवी पर फायर करना शुरू किया। जब तक सुरक्षाकर्मी बालेन्द्र अपने पिस्टल से फायर करता तब तक विक्की द्वारा फायर किये जाने से वह घायल हो गया। सुरक्षाकर्मी की गोली बदमाशों के कार पर लगी। दोनों ने अपने कंट्रीमेड पिस्टल वही फेंक दिए और रिवाल्वर के साथ अपनी कार से फरार हो गए। घटनास्थल से करीब आधा किलोमीटर दूर पंडित पंत मार्ग पर अपनी मारूति कार नं0– सी.आई.एम–907 को लावारिस हालत में छोड़ दिया और आटोरिक्शा नं–डी.एल.–आई.आर–235 द्वारा गाजियाबाद आ गए, जहां शेखर मारूति कार सं0– यू0पी0 14–बी 7559 से इंतजार कर रहा था।

फूलन देवी को उमा कश्यप व उसके पति आदि द्वारा अस्पताल ले जाया गया जहां उसे मृत घोषित कर दिया गया। संसद सत्र के दौरान भारतीय चुनाव आयोग के कार्यालय के करीब जो अति सुरक्षित क्षेत्र के अन्तर्गत आता है, एक सांसद की दिन दहाड़े हुई, हत्या से दिल्ली पुलिस की कार्यप्रणाली पर प्रश्नचिन्ह लग गया।

गाजियाबाद से धनप्रकाश उर्फ विक्की अपने गांव चला गया तथा शेखर और शेर सिंह राणा हरिद्वार आकर एक होटल में रूक गए। शेखर ने अपने मित्र को

फोन करके एक्साइज एक्ट में विक्की व राणा के नाम से बंद दोनों व्यक्तियों को जमानत करवाने के लिए कहा और वे दोनों जमानत पर आ गए। राणा ने 27 जुलाई, 2001 को देहरादून में प्रेस कांफ्रेंस किया और फूलन की हत्या की जिम्मेदारी ली। देहरादून पुलिस द्वारा उसे गिरफ्तार करके थाना डालनवाला लाया गया। थाना डालनवाला से दिल्ली पुलिस उसे दिल्ली ले गई, जहां पूछताछ के बाद तिहाड़ जेल भेज दिया गया। दिल्ली पुलिस ने फूलन मर्डर केस में कुल 11 व्यक्तियों को दोषी पाया और उनके विरूद्ध चार्जशीट न्यायालय में भेजी जो इस प्रकार है:-

1-शेरसिंह राणा उर्फ शेरू उर्फ पंकज पुत्र सुरेन्द्र सिंह निवासी 57-ईस्ट राजपूताना बी0टी0गंज, रूड़की हरिद्वार, गिरफ्तारी, 27 जुलाई 2001।

2-शेखर सिंह पुत्र राजपाल सिंह निवासी 18/2 ईस्ट राजपूताना रूड़की जिला हरिद्वार, उत्तराखण्ड-गिरफ्तारी 30 जुलाई 2001।

3-राजबीर सिंह पुत्र जगत सिंह निवासी बीजोपुर थाना लक्सर, हरिद्वार-गिरफ्तारी, 30 जुलाई 2001।

4-राजेन्द्र सिंह उर्फ रवीन्द्र सिंह पुत्र महेन्द्र सिंह निवासी गांव बुढ़ियाना थाना खुर्जा जिला बुलंदशहर, उत्तर प्रदेश-गिरफ्तारी, 30 जुलाई 2001।

5-धनप्रकाश उर्फ विक्की उर्फ धीरज पुत्र धर्मपाल निवासी बलासवागंज, हरिद्वार-गिरफ्तारी 4 अगस्त 2001।

6-विजय सिंह उर्फ राजू (भाई शेरसिंह राणा) निवासी 57-ईस्ट राजपूताना बी0टी0गंज रूड़की। गिरफ्तारी 18 अगस्त 2001।

7-सुरेन्द्र सिंह नेगी उर्फ सूरी पुत्र गनपत सिंह निवासी गोकुल पट्टी जिला पौढ़ी गढ़वाल, उत्तराखण्ड। गिरफ्तारी 8 अगस्त 2001।

8-प्रवीण मित्तल, पुत्र एस0के0 मित्तल, निवासी 77-ईस्ट अम्बर तालाब रूड़की, उत्तराखण्ड। गिरफ्तारी 2 अगस्त 2001।

9-अमित राठी, पुत्र सुभाष चन्द्र निवासी लिबरहेड़ी थाना मंगलौर हरिद्वार। गिरफ्तारी, 2 अगस्त 2001।

10-केशव चौहान पुत्र हरीचरन चौहान निवासी बिगही डोमनपुर जिला संतरविदासनगर (भदोही) उत्तर प्रदेश। गिरफ्तारी, 2 अगस्त 2001।

11–प्रदीप सिंह पुत्र मुटवार सिंह निवासी डंकपट्टी असवाल पौढ़ी गढ़वाल, उत्तराखण्ड। गिरफ्तारी 8 अगस्त 2001 (प्रदीप सिंह 2014 में तिहाड़ जेल में ब्रेन हैमरेज से मर गया।)।

हत्या के इस सनसनीखेज मामले में 11 व्यक्तियों पर अतिरिक्त सेशन जज भारत पराशर की न्यायालय में मुकदमा चलाया गया। न्यायालय ने 14 अगस्त 2014 को शेरसिंह राणा को आजन्म कारावास की सजा सुनाई और शेष सभी साक्ष्य के अभाव में छूट गये।

शेर सिंह राणा का जेल से फरार होना और पृथ्वीराज चौहान की अस्थि अफगानिस्तान से लाने की योजना :-

शेरसिंह राणा ने अपनी पूछताछ में यह बताया था कि उसकी इच्छा महान सम्राट पृथ्वीराज चौहान की अस्थि को अफगानिस्तान से भारत लाकर सम्मानपूर्वक अंतिम संस्कार करना था। अपनी इस इच्छा की पूर्ति वह शीघ्र करना चाहता था, जिससे वह देश में हीरो बन जाय। उसने सोचा था कि उसकी व उसके साथियों की हत्या के इस केस में शीघ्र जमानत हो जाएगी परन्तु षडयंत्र में फंसे व्यक्तियों की भी जमानत नहीं हो पाई।

वर्ष 2004 में उसने वाराणसी जेल में बन्द शातिर अपराधी सुभाष ठाकुर की मदद से जेल से भागने की योजना बनाई, क्योंकि अब उसे जमानत मिलने की कोई उम्मीद नहीं रह गई थी। उसे मुकदमों में देहरादून से तिहाड़ जेल और वहां से देहरादून लाया जाता था। **उसने देखा कि जब उसे सिपाही लेने के लिए आते थे, तो जेल विभाग के अधिकारी सिपाहियों की पहचान पत्र की जांच नहीं करते थे। इस तथ्य का उसने फायदा उठाया और अपनी पेशी के दौरान अपने मित्र संदीप ठाकुर को जेल से भागने में मदद करने के लिए तैयार कर लिया। उसकी सलाह पर संदीप ने दिल्ली पुलिस की वर्दी बनवाई और एक हथकड़ी खरीद लिया। 17 फरवरी, 2004 को अपनी योजना के अनुसार संदीप, दिल्ली पुलिस वर्दी में हथकड़ी लेकर गेट नं-4 तिहाड़ जेल सुबह 6:15 बजे पहुंचा और राणा को अपने साथ ले गया। वहां से दोनों टैक्सी लेकर गाजियाबाद आए और फरार होने की सूचना अपने पिता को दिया और उनसे एक लाख**

रूपया मांगा, जिसे पिता ने देना अस्वीकार कर दिया। उसके पिता ने यह भी कहा कि घर में कभी टेलीफोन न करें।

अपने साथी संदीप से सात हजार रूपए लेकर वह रूड़की पहुंचा और वहां से मुरादाबाद फिर वहां से काशीपुर जिला उधमसिंह नगर पहुंच गया। वहां से उसने अपने भाई विक्रम को टेलीफोन पर धमकाया जो रूपया देने के लिए तैयार हो गया। संदीप, एक लाख रूपए लेकर राणा को काशीपुर में पहुंचा दिया। वह शाहजहॉपुर में आकर होटल में रूक गया और वहां से रांची झारखण्ड पहुंच गया। रांची में उसने ट्रैवल एजेण्ट बादल से पासपोर्ट लेने के लिए संपर्क किया। बादल ने 15 हजार रूपए में पासपोर्ट दिलाने की बात कही और सात हजार रूपया अग्रिम लिया। राणा को पासपोर्ट के लिए दो-तीन महीने इंतजार करना था। वह रांची से वाराणसी आया और न्यायालय में पेशी के दौरान वाराणसी जेल में बंद कुख्यात अपराधी सुभाष ठाकुर से मिला।

सुभाष ठाकुर वाराणसी का रहने वाला था और उसके विरूद्ध पूर्वी उत्तर प्रदेश के अलावा मुम्बई में हत्या, रंगदारी, डकैती के दर्जनों मुकदमें कायम हुये थे। उसने 12 सितम्बर 1992 को जे0जे0 हॉस्पिटल शूटआउट मामले में मुख्य भूमिका अदा की थी। इस शूटआउट में अरूण गवली गैंग का शूटर शैलैश हल्दानकर, जो घायल होकर वार्ड नं0-18 में इलाज करा रहा था, मारा गया था। मुम्बई जैसे महानगर में ऐसी दुस्साहसिक घटना पहले कभी नहीं हुयी थी। इस शूटआउट में मुम्बई पुलिस के दो सिपाही पी0जी0 जयसेन व के0बी भनावत मारे गये थे और हॉस्पिटल की एक नर्स सहित छः पुलिस के जवान घायल हुये थे। इस घटना में वाराणसी का कुख्यात अपराधी बृजेश सिंह, गाजीपुर मुड़ियार निवासी त्रिभुवन सिंह ने मुख्य भूमिका निभायी थी। यह हत्या कुख्यात दाउद इब्राहिम द्वारा करायी गयी थी। गवली के चार शूटरों जिसमें शैलैश हल्दानकर भी शामिल था, ने दाउद के बहनोई इब्राहीम इस्माइल पार्कर की हत्या 26 जुलाई, 1992 को नागपाड़ा, मुम्बई में की थी। हल्दानकर व उसका साथी विपिन शेरे को भीड़ ने घेर लिया था, जहां दोनों बुरी तरह पीटे गये थे और जे0जे0 अस्पताल में अपना इलाज करा रहे थे। **सुभाष ठाकुर को जे0जे0 अस्पताल शूटआउट मामले में आजन्म कारावास की सजा हो गयी और वह उस समय वाराणसी जेल में बन्द था, परन्तु उसका रसूख कम नहीं हुआ था। सुभाष ठाकुर ने ही शेरसिंह राणा को तिहाड़ जेल से फरार करवाने में मुख्य भूमिका अदा की थी।**

सुभाष ठाकुर, शेर सिंह राणा से मिलकर बहुत खुश हुआ और उसे आश्वासन दिया कि वह अपनी आवश्यकता के लिए उससे धन ले सकता है क्योंकि उसने फूलन को मारकर क्षत्रिय समाज का गौरव बढ़ाया है। सुभाष ठाकुर ने अपना संपर्क नंबर शेर सिंह राणा को दिया। वाराणसी से राणा कलकत्ता पहुंच गया, जहां वह आसानी से छिप सकता था। कलकत्ता से वह दार्जिलिंग, उसके आस–पास के स्थानों पर घूमता रहा। एक महीना वहाँ बिताने के बाद वह अपने पासपोर्ट के लिए रांची आ गया और ट्रैवल एजेण्ट बादल योगी से संपर्क किया। उस समय तक उसका पासपोर्ट तैयार नहीं था। बादल ने उसे बताया कि यदि वह पुलिस से अपना सत्यापन करा ले तो उसे पासपोर्ट तुरंत मिल जाएगा।

राणा, रांची के दोरंदा पुलिस थाना जाकर वहां के अधिकारी से मिला और अपने को संजय गुप्ता पुत्र पदयोगी भवानी गुप्ता निवासी राज मेंसन बिल्डिंग हीनू ब्रिज रांची झारखंड बताया। राणा ने पुलिस को रिश्वत देकर अपना वैरीफिकेशन रिपोर्ट ले लिया। पुलिस रिपोर्ट उसने बादल के पास पहुंचा दिया और 25 मई, 2004 को उसे पासपोर्ट मिल गया। पासपोर्ट मिलते ही राणा रांची से कलकत्ता पहुंचकर बांग्लादेश हाइकमीशन से बांग्लादेश जाने के लिए टूरिस्ट वीजा प्राप्त कर लिया। 27 मई, 2004 को वह बीनापोल बार्डर से बांग्लादेश गया। वह जेसोर होते हुए खुलना पहुंचकर दो माह रहा और लगातार होटल बदलता रहा। बाद में उसने 1725 टका में वहां कमरा ले लिया और वहीं से जेल में बंद माफिया सुभाष ठाकुर से संपर्क करके पैसे की मांग की। सुभाष ठाकुर ने वेस्टर्न यूनियन के माध्यम से उसे पचास हजार टका बांग्लादेश में भिजवा दिया। जब इसका टूरिस्ट वीजा खत्म होने वाला था तो यह वापस कलकत्ता आ गया और पुनः बांग्लादेश हाईकमीशन से छः महीने का स्टूडेन्ट वीजा प्राप्त कर लिया। कलकत्ता से वह मुम्बई पहुंच गया और वहां से अफगानिस्तान का वीजा 11 अक्टूबर 2004 को प्राप्त कर लिया। अफगानिस्तान जाकर वह पृथ्वीराज चौहान की अस्थियां भारत लाना चाहता था। 14 अक्टूबर, 2004 को वह पुनः बांग्लादेश पहुंच गया और वहां जाकर सुभाष ठाकुर से अपने उद्देश्य के बारे में बताया और डेढ़ लाख टका की मांग की जिसको सुभाष ठाकुर ने वेस्टर्न यूनियन के माध्यम से भेज दिया।

राणा की अफगानिस्तान यात्रा

14 दिसंबर, 2004 को शेरसिंह राणा ढाका से दुबई रवाना हुआ और वहां से दूसरे दिन काबुल पहुंच गया। वहां से वह कंधार गया क्योंकि उसे जानकारी

थी कि पृथ्वीराज चौहान की समाधि वहीं पर है। कंधार में जब उसे समाधि की जानकारी नहीं हो पाई तो दस–बारह दिन बाद वह पुनः काबुल अपना वीजा बढ़वाने के लिए पहुंच गया। वीजा बढ़ाने के बाद अफगानिस्तान के सूचना एवं संस्कृति विभाग से जानकारी करने पर मालूम हुआ कि पृथ्वीराज चौहान की समाधि हेरात में है। अफगानिस्तान में उसने शहाबुद्दीन मोहम्मद गौरी के बड़े भाई गयासुद्दीन मोहम्मद गौरी की समाधि पर जाकर फोटो खींची और वहां पर अपने को लेखक बताया। वहां पर उसने शहाबुद्दीन गौरी के पिता बहाउद्दीन सोम की समाधि पर भी जाकर फोटो लिया। उसे बताया गया कि शहाबुद्दीन गौरी और पृथ्वीराज चौहान की समाधि गजनी के पास देयक गांव में हैं। काबुल से टैक्सी लेकर अपने को एक पाकिस्तानी मुसलमान बताकर वह अंततः शहाबुद्दीन गौरी और पृथ्वीराज चौहान की समाधि पर पहुंच ही गया और पृथ्वीराज चौहान की अस्थियां भारत ले जाने की योजना बनाई। उसने देयक के हाजी प्रधान शहाबुद्दीन से बात की और चौहान की समाधि पर एक भव्य इमारत बनाने की इच्छा जताई जिसके लिए वह तैयार हो गया।

उसने अपना वीजा पुनः तीन महीने के लिए बढ़वा लिया और समाधि पर स्मारक बनाने के लिए शंभू ठेकेदार को तैयार कर लिया जिसने 21 जनवरी, 2005 को बकरीद के त्यौहार के बाद यह काम करने के लिए अपनी स्वीकृति दी। शेरसिंह राणा, हिन्दू ठेकेदार शंभू को लेकर देयक गया और वहां पर 20 बोरी सीमेंट, ईंट आदि की व्यवस्था की परन्तु गांव के लोगों ने काम रूकवा दिया और उसे वहां के वली (डी0एम0) के पास ले गए। वली ने उसके पासपोर्ट की जानकारी की और तीन महीने बाद आने के लिए कहा। राणा, काबुल वापस आ गया और वहां एक हाजी की दुकान पर उसके छोटे भाई से देयक जाने के लिए पुनः बात की और रिश्वत देने की पेशकश की जिससे वह स्मारक बनवाने में उसकी मदद कर सके। राणा पुनः गजनी पहुंचा जहां गांव के लोगों ने उसके साथ मारपीट की और उसका मोबाइल फोन छीन लिया।

शेर सिंह राणा ने शंभू ठेकेदार से पुनः बात की, परन्तु वह देयक जाने में घबरा रहा था। अब राणा ने वहां एक पाकिस्तानी व्यक्ति से बात की जो उसके साथ जाने के लिए तैयार हो गया। रात में दोनों ने देयक के पहले टैक्सी रोकी और वह वहां से पैदल जाना चाहते थे, परन्तु बर्फबारी के कारण जगह नहीं ढूंढ पाए। दो–तीन दिन बाद उसने दीनदयाल नामक व्यक्ति को पटा लिया और देयक

में रात 12 बजे पहुंच गया। उसने पृथ्वीराज चौहान की कब्र खोदनी शुरू की और कुछ मिट्टी पत्थर आदि एकत्रित किया। समाधि पर रखा गया एक जूता जो अपमान के लिए रखा गया था, को भी राणा उठा लाया। वहां से वह टैक्सी द्वारा काबुल आ गया और सुभाष ठाकुर से पुनः पैसे की मांग की। सुभाष ठाकुर ने उसके होटल पर एक हजार डालर पहुंचा दिए उसमें से कुछ पैसा उसने दीनदयाल को दिया। हवाई जहाज से वह दुबई पहुंच गया। एयरपोर्ट पर उसके द्वारा एकत्रित की गई मिट्टी, पत्थर साथ में ले जाने के लिए मना किया गया। उसने उसे कोरियर के माध्यम से मुम्बई भिजवा दिया।

12 मार्च, 2005 को राणा मुम्बई आ गया जहां से कलकत्ता पहुंच गया। कलकत्ता पहुंचकर राणा ने जेल में बंद सुभाष ठाकुर से बात किया और पृथ्वीराज चौहान की अस्थियाँ लाने के उपलक्ष्य में प्रेस वार्ता करने की इच्छा जताई। सुभाष ठाकुर ने सहारा टी0वी0 के पत्रकार रत्नेश राय का टेलीफोन नम्बर राणा को दिया। रत्नेश राय ने कलकत्ता के एक होटल में राणा की प्रेस वार्ता रिकार्ड की। प्रेस वार्ता के बाद अफगानिस्तान से लाई गई सभी सामग्री उसने मैनपुरी के बाहुबली उपदेश सिंह चौहान उर्फ खलीफा, जनरल सेक्रेटरी राजपूत महासभा को भेज दिया और उनसे टेलीफोन पर बात भी कर ली।

कलकत्ता में ही उसने सुभाष ठाकुर से पुनः 35 हजार रूपए मंगाए। कलकत्ता से रांची आकर उसने "आज तक" के दफ्तर पर टेलीफोन से संपर्क करके टेलीफोन पर अपना साक्षात्कार दिया। राणा, रांची से "गया शहर" और गया से पटना आदि जगहों पर घूमता रहा तथा उपदेश सिंह चौहान उर्फ खलीफा, सुभाष ठाकुर से संपर्क बनाये रखा। समय बिताने के लिए वह करीब 25 दिन इलाहाबाद में छिपा रहा और सुभाष ठाकुर से पुनः पैसा मांगा। सुभाष ठाकुर ने उसे बताया कि उसको वाराणसी जेल से आगरा जेल भेजा जा रहा है, अतः पैसा पहुंचने में थोड़ा समय लगेगा। राणा पुनः रांची पहुंच गया जहां उसे सुभाष ठाकुर द्वारा रूपया उपलब्ध करा दिया गया। पैसा प्राप्त करने के बाद यह बोकारो, टाटानगर होते हुए सिलीगुड़ी पहुंच गया और दस दिन दार्जिलिंग में घूमता रहा। राणा पुनः कलकत्ता आ गया जहां वह करीब डेढ़ महीने रूका। राणा पटना, गया आदि जगहों पर छिपता रहा जहां उसने इण्डिया टी0वी0 को भी अपना साक्षात्कार दिया, जिसे बाद में दिखाया गया।

वह पुन: बांग्लादेश जाना चाहता था लेकिन उसके पासपोर्ट पर इंक गिर गयी थी, जिसके कारण उसे वीजा मिलने में करीब एक हफ्ता लग गया और इसने बीस दिन का वीजा प्राप्त कर लिया। राणा 16 दिसम्बर 2005 को खुलना बांग्लादेश पहुंच गया और वहां तीन हजार टका महीने पर दो कमरे का फ्लैट ले लिया। चिकित्सा आधार पर वह अपना वीजा बढ़ाता रहा। जनवरी, 2006 में उसने अपने हैन्डीकैम से होटल सोनार गांव ढाका में अपना साक्षात्कार खुद रिकार्ड किया और कोरियर से "आज तक" को भेज दिया जिन्होंने इसे फरवरी 2006 में अपने चैनल पर दिखाया। बांग्लादेश में इसे सुभाष ठाकुर ने पुन: पैसा पहुंचाया।

9 अप्रैल, 2006 को यह बांग्लादेश से भारत वापस आ गया और 12 अप्रैल 2006 को पुन: बांग्लादेश का वीजा प्राप्त कर लिया। वह धनबाद आया और पश्चिमी उत्तर प्रदेश, उत्तराखण्ड व हरियाणा में धनबाद से कोयले का व्यापार करने की योजना बनाने लगा। उसे बताया गया कि धनबाद में कोयले का कारोबार कोल माफिया सुरेश सिंह के पास है, जो पूर्वी उत्तर प्रदेश का रहने वाला है और वाराणसी के माफिया सरगना बृजेश सिंह का करीबी है। राणा ने अपने संबंधियों से संपर्क किया जिससे वह उत्तराखण्ड आदि जगहों पर ईंट भट्टों को कोयला भेज सके। सुभाष ठाकुर के माध्यम से वह कोयला का कारोबार वाराणसी के माफिया बृजेश सिंह की सहायता लेकर करना चाहता था। बृजेश सिंह, सुभाष ठाकुर का मित्र था और गाजीपुर के माफिया मुख्तार अंसारी से उसका गैंगवार चल रहा था। बृजेश अपने साथी त्रिभुवन सिंह के साथ धनबाद के कोल माफिया सूरज देव सिंह के सम्पर्क में आया और उसके इशारे पर उसने कोयला माफिया विनोद सिंह व सकलदेव सिंह की हत्यायें की थी। बृजेश सिंह बाद में सूरजदेव सिंह परिवार से अलग होकर सुरेश सिंह के साथ हो गया था और अपने सहयोगी वाराणसी निवासी प्रमोद सिंह के साथ कोयले के व्यापार में काफी धन कमाया। राणा सुभाष ठाकुर के साथ अपनी नजदीकियों का इस्तेमाल करके बृजेश सिंह के माध्यम से कोयले का व्यापार करना चाहता था, जो उसे काफी लाभदायक काम लग रहा था।

इसी दौरान उसने फूलनदेवी हत्या केस की मुख्य गवाह उमा कश्यप की हत्या करने की योजना बनाई। उसके साथी धनप्रकाश उर्फ विक्की आदि उसे न्यायालय में गवाही न देने की धमकी दे चुके थे। वह लोग शेर सिंह राणा के संपर्क में थे। राणा के साथियों ने भी उमा कश्यप को जान से मारने की धमकी

दी और कहा कि वह न्यायालय में गवाही न दें। शेर सिंह राणा ने यासीन नामक व्यक्ति से टेलीफोन पर संपर्क किया, जो डेढ़ लाख रूपये की सुपारी लेकर उमा कश्यप की हत्या करने के लिए तैयार हो गया। 24 अप्रैल 2006 जब वह कलकत्ता से टेलीफोन द्वारा अनुज पुंडीर नामक व्यक्ति से बात कर रहा था, उसी समय दिल्ली पुलिस द्वारा इसे कलकत्ता में गिरफ्तार कर लिया गया। राणा दिल्ली के तिहाड़ जेल में अपने अन्य साथियों के साथ बंद रहा। **14 अगस्त, 2014 को उसे फूलन देवी हत्याकांड में आजीवन कारावास की सजा हो गई और उसके अन्य साथी न्यायालय से बरी कर दिये गये।**

7

घनश्याम उर्फ घंसा बाबा गैंग, (आई.एस.-41)

22 अप्रैल, 1982 को मेरी नियुक्ति नवसृजित एडिशनल एस0पी0 जालौन के पद पर हुई थी। उस समय चम्बल के डकैतों मलखान सिंह, घनश्याम, बाबा मुस्तकीम, फूलन-मानसिंह, लालाराम-श्रीराम, बलवान गड़रिया, रामआसरे फक्कड़-कुसुमा नाइन, राम अवतार मल्लाह आदि गिरोहों की गतिविधियां चरम पर थी। ये सभी गैंग, उत्तर प्रदेश के इटावा, औरैया, जालौन, आगरा, कानपुर देहात, हमीरपुर, झांसी, मैनपुरी जिलों में सक्रिय थे। मलखान, घनश्याम, मुस्तकीम गैंग का मध्य प्रदेश के भिन्ड, मुरैना, दतिया, दमोह, शिवपुरी, ग्वालियर तथा राजस्थान के भरतपुर और धौलपुर जिलों में भी आतंक था। डकैत गैंग में शामिल हो जाना, वहां के युवाओं का शौक बन गया था, जिसमें महिला डकैत भी पीछे नहीं रही। उसी दौरान फूलन, कुसुमा नाइन, लवली पांडेय, सीमा परिहार, रामरती यादव आदि महिला डकैतों का भी जलवा था।

डकैतों की गतिविधियों के दृष्टिकोण से चम्बल क्षेत्र के दस्यु प्रभावित जिलें इटावा, जालौन में एडिशनल एस0पी0 का पद उ0प्र0 सरकार ने सृजित किया था, जिसका मुख्य काम दस्यु उन्मूलन अभियान था। जनपद जालौन में उस समय दस्यु सरगना मलखान सिंह (आई0एस0-44), घनश्याम उर्फ घंसा बाबा (आई0एस0-41), फूलन-मान सिंह (आई0आर0-76) मुख्य रूप से सक्रिय थे। मलखान व घनश्याम गैंग को इंटर स्टेट (आई0एस0) गैंग के नाम से पंजीकृत किया गया था। फूलन-मानसिंह गैंग जनपद उत्तर प्रदेश के जालौन, इटावा, औरैया, कानपुर देहात हमीरपुर के जनपदों में सक्रिय था, इसलिए इसे इंटररेंज (आई0आर0) गैंग के नाम से सूचीब) किया गया था। इन जनपदों में मुस्तकीम गैंग (आई0आर0-40), लालाराम-श्रीराम गैंग (आई0जेड0-59), विक्रम मल्लाह गैंग (आई0आर0-36) भी सक्रिय रहे थे।

मलखान गैंग का आत्मसमर्पण

मेरी नियुक्ति के डेढ़ महीने बाद ही 17 जून, 1982 को मलखान अपने गैंग के 19 सदस्यों के साथ मध्य प्रदेश के मुख्यमंत्री, अर्जुन सिंह के समक्ष आत्मसमर्पण कर दिया था। वह ग्राम उमरी जिला भिंड मध्य प्रदेश का रहने वाला था। उस समय मलखान गैंग का आत्म-समर्पण, देश की एक बड़ी घटना थी, जिसे मीडिया ने खूब प्रसारित किया। बड़ी-बड़ी मूंछों वाला मलखान 6 फुट से अधिक लंबा था। उस समय मलखान गैंग, देश का सबसे बड़ा संगठित दस्यु गिरोह था और उसका फायर पावर पुलिस से बहुत अच्छा था। उस समय उत्तर प्रदेश और मध्य प्रदेश के जवानों का मुख्य हथियार .303 बोल्ट एक्शन रायफलें होती थी, जबकि मलखान गैंग के पास तीन जी-3 (7.62×51 mm) आटोमैटिक रायफलें थी, जो 600 गोली प्रति मिनट की दर से फायर करती थी। इन आटोमैटिक रायफलों के अलावा उसके पास एस0एल0आर0, थर्टी स्प्रिंग फील्ड सेमी आटोमैटिक, 315 बोर जर्मन माउजर, थ्री नाट थ्री और देश में बनी 315 बोर की रायफलें थी। रायफलों के अतिरिक्त उसके पास स्टेनगन और 12 बोर की बंदूकें थी। उसकी जी-3 रायफलें अमेरिका निर्मित थी, जो पाकिस्तान की स्पेशल फोर्सेज इस्तेमाल करती थी। वर्ष 1971 में बांग्लादेश में पाकिस्तानी फौज के आत्मसमर्पण के बाद चंबल क्षेत्र के कुछ फौजी, चोरी-छिपे जी-3 रायफलें उठा लाए और मलखान-घनश्याम गैंग को बेच दिये। इन रायफलों का कैलीबर 7.62 एम0एम0 था, जो भारतीय फौज व बाद में पुलिस में आई एस0एल0आर रायफलों का भी था। गिरोहों को 7-62x51 एम0एम0 कारतूसों की कोई कमी नहीं थी।

घनश्याम उर्फ घंसा बाबा मलखान सिंह की बुआ का बेटा था। फरार होने के बाद वह मलखान गैंग का सदस्य बन गया, परन्तु बाद में अपना अलग गैंग बनाकर वारदातें करने लगा। इन गिरोहों का काम मुख्यतः अपहरण करके फिरौती लेना था। शुरू-शुरू में इन गिरोहों ने डकैतियां भी डाली, लेकिन जब ये कुख्यात हो गये तो इन्होंने डकैती करना छोड़ दिया और अपहरण करके फिरौती लेने की वारदातें करने लगे, जिससे उत्तर प्रदेश, मध्य प्रदेश तथा राजस्थान में इन गिरोहों का आतंक फैल गया। ये गैंग अपहरण करने के बाद दूसरे राज्यों में चले जाते थे और चम्बल के बीहड़ों में अपहृत व्यक्ति को रखकर फिरौती की रकम वसूलते थे।

इसके अधिकतर सदस्य अपने विरोधियों की हत्या करके गैंग में शामिल हुए थे। उस समय चम्बल गैंग के गिरोहों का उद्देश्य मुख्य रूप से धन कमाना नहीं था, बल्कि अपने विरोधियों से बदला भी लेना था। शुरू-शुरू में मलखान व घनश्याम गैंग में सदस्यों की संख्या लगभग 40 थी। कैजुअल सदस्य गिरोह में आते-जाते रहते थे ।

आई0एस0-41 घनश्याम गैंग

मलखान चाहता था कि उसका ममेरा भाई घनश्याम भी उसके साथ आत्मसमर्पण करें, परन्तु घनश्याम आत्मसमर्पण के लिए तैयार नही हुआ। मलखान के कुछ सदस्य भी उसके साथ आत्मसमर्पण नही किये और वे घनश्याम गिरोह में मिल गये। घनश्याम उर्फ घंसा बाबा के गिरोह की सदस्य संख्या दो दर्जन से अधिक थी, जिसमें मुख्य सदस्य इस प्रकार थे :-

1-गैंग लीडर घनश्याम उर्फ घंसा बाबा पुत्र भोगीराम निवासी हनुमानन थाना रामपुरा, जालौन।

2-करन सिंह पुत्र भोगीराम निवासी हनुमानन थाना रामपुरा, जालौन।

3-बाबू खॉन पुत्र काले खॉन निवासी इदुरखी रौन, भिंड, मध्य प्रदेश।

4-मुन्नी बाई पत्नी बाबू खान निवासी इदुरखी रौन, भिंड, मध्य प्रदेश।

5-मन्नी सिंह उर्फ राजकुमार सिंह पुत्र कन्हई सिंह निवासी अनघौरा, थाना रेढ़र, जालौन।

6-मनीराम खंगार निवासी चचाई रौन, मध्य प्रदेश।

7-हरदयाल काछी निवासी बोहारा रौन, भिंड, मध्य प्रदेश।

8-जगन्नाथ नाई, निवासी जैतपुरा, रौन, मध्य प्रदेश।

9-बेनी धोबी निवासी सुकांड, जिला मुरैना।

10-कल्याण यादव, निवासी सूपा, थाना माधौगढ़, जालौन ।

11-राजेन्द्र यादव निवासी मोह, भिंड, मध्य प्रदेश।

12-बशीर फौजी निवासी कुसमरा, थाना जालौन, जिला जालौन, उ0प्र0।

13-लाखन निवासी गोदन दतिया, मध्य प्रदेश।

14-लाखन खंगार निवासी गुना, मध्य प्रदेश।

15–कैलाश चौहान पुत्र रघुबीर सिंह निवासी कटरा बेवर, मध्य प्रदेश।

16–गोपाल निवासी मरसैनी, थाना अतरेहटा, मध्य प्रदेश।

17–राम स्वरूप निवासी अकोला, थाना इंदरगढ़, दतिया, मध्य प्रदेश।

18–प्रभु काछी निवासी मड़ैया अन्धोंव, मध्य प्रदेश।

19–राम शंकर खंगार निवासी भादे, थाना रौन, मध्य प्रदेश।

20–सुघर सिंह निवासी निनावली जागीर, थाना रामपुरा।

21–नरेश निवासी अन्धौरा, थाना रेंढ़र, जालौन।

22–संतोष ब्राहमण पुत्र हरिराम, निवासी मिहौनी, थाना माधौगढ़।

23–बुद्धू गड़रिया निवासी रेरूआ थाना रौंन, मध्य प्रदेश।

24–महेश पुत्र लक्ष्मण निवासी मरौली, जिला भिंड।

25–सीताराम चंदेल पुत्र बब्बू सिंह निवासी बिनौर, थाना गजनैर, कानपुर देहात।

26–महेन्द्र पुत्र नत्थू निवासी घमूरी, थाना कोतवाली भिंड।

27–शिवदयाल पुत्र हरीराम निवासी रिठौरा की मड़इयाँ, थाना सहसो, इटावा।

28–राम रतन पुत्र रामनाथ केवट निवासी अस्ता, थाना चकरनगर, इटावा।

29–रामआसरे पुत्र बड़गे चौबे निवासी औडेरी, थाना सिकंदरा, कानपुर देहात।

30–मातादीन पुत्र नत्थू जोशी निवासी घमूरी, थाना कोतवाली भिंड।

एडिशनल एस0पी0 जालौन के पद का सृजन व मेरी नियुक्ति :-

चम्बल क्षेत्र में दस्यु उन्मूलन के लिए उत्तर प्रदेश सरकार ने जनपद जालौन, इटावा तथा कुछ अन्य जनपदों में एडिशनल एस0पी0 के पद सृजित किये और जालौन के इस नव सृजित पद पर सबसे पहले मेरी नियुक्ति हुई।

22 अप्रैल, 1982 को एडिशनल एस0पी0 के पद पर नियुक्त होने पर मेरी पहली मुलाकात पुलिस अधीक्षक विजय शंकर (आई0पी0एस0–1969) से उसी दिन हुई। विजय शंकर भारतीय पुलिस सेवा में आने से पहले फौज में थे और वर्ष 1973 में आई0पी0एस0 में चयनित हुए थे जिन्हें वर्ष 1969 का बैच

आवंटित हुआ था। वे उ0प्र0 के जनपद बलिया के निवासी थे और भारत सरकार में निदेशक, सी0बी0आई0 के पद से सेवानिवृत्त होकर नोयडा में बस गये। उन्होंने मुझे चम्बल के डकैत गिरोहों के संबंध में महत्वपूर्ण बातें बताई। जून, 1982 में मलखान के आत्मसमर्पण के बाद मध्य प्रदेश पुलिस धनश्याम को भी मलखान के माध्यम से आत्मसमर्पण कराने के लिए प्रयासरत थी। वरिष्ठ पुलिस अधीक्षक ने बताया कि चूंकि घनश्याम उ0प्र0 के ग्राम हनुमानन, थाना रामपुरा, जालौन का रहने वाला है, अतः हमें उसे उ0प्र0 में आत्मसमर्पण कराने का प्रयास करना चाहिए। यह कार्य अति संवेदनशील था, अतः इसके लिए मैंने एक छोटी परन्तु सक्षम टीम गठित की। मैंने अपनी टीम में थानाध्यक्ष रामपुरा चिंतामणि सिंह यादव और कुछ सिपाहियों को रखा और गिरोह से वार्ता करने के लिए उपयुक्त व्यक्ति की तलाश करने लगा।

घनश्याम उर्फ घंसा बाबा के फरार होने का कारण

घनश्याम का जन्म वर्ष 1950-52 के आस-पास एक गरीब खंगार जाति के परिवार में हुआ था। इसके पिता भोगीराम अपने गांव के महंत उमाशंकर पुरी के यहां वर्ष 1980 के दशक में घरेलू नौकर थे। महंत उमाशंकर पुरी के पास काफी जमीन थी और वे गांव में स्थित प्राचीन मंदिर के महंत थे, जिसे रामपुरा स्टेट के राजा ने बनवाया था। उमाशंकर पुरी का रामपुरा व जगम्मनपुर के भूतपूर्व राजाओं के यहां आना जाना था और उन्हें महंत होने के कारण सम्मान भी मिलता था। गरीबी के कारण भोगीराम के चारों लड़कों में से करन सिंह और विष्णु, अहमदाबाद-मुम्बई जाकर मजदूरी करते थे और जो बचत होती थी उसे अपने पिता को मनी-आर्डर कर देते थे। गांव में घनश्याम और छोटा भाई मिट्ठू पिता के साथ रहते थे। बीच-बीच में मिट्ठू भी कमाने के लिए अहमदाबाद चला जाता था। शुरूआत में घनश्याम दो वर्ष स्कूल गया, परन्तु पढ़ाई में मन नही लगा। वह भी मजदूरी करने लगा। वह बकरी चराने का भी काम करता था। घनश्याम ने रामपुरा में दो साल तक एक व्यापारी के घर में घरेलू नौकर का भी काम किया और बाद में भठ्ठे पर ईंटे पाथने लगा। उसने कुआं खोदने वाले ठेकदारों के यहां भी मजदूरी की। चम्बल के बीहड़ में तीतर बहुतायत में पाये जाते हैं। मार्च-अप्रैल में तीतर के बच्चे आसानी से मिल जाते हैं। घनश्याम ने भी तीतर के बच्चे पकड़कर पाल लिया। उस समय गांव में जानवर चराने वाले अक्सर

तीतर पालते थे और अपने साथ पिंजरें में लेकर जाते थे। तीतर को दीमक बहुत पसन्द होता है और बीहड़ में इसकी कोई कमी नही थी। घनश्याम भी अपने तीतर के जोड़े को दीमक का चारा देता था और उन्हें मजबूत बनाने के लिए आटे में देशी घी मिलाकर खिलाता था। घनश्याम को मेलों में तीतर लड़ाने का ऐसा शौक हुआ कि उसकी गिनती मशहूर तीतरबाजों में होने लगी। जब इस परिवार के लड़के अपना भरण-पोषण करने में सक्षम हो गये तो उन्होंने अपने पिता भोगीराम को महंत उमाशंकर पुरी की नौकरी ये हटाने का निर्णय लिया। आखिर भोगीराम भी बूढ़े हो चले थे और उन्हें आराम की जरूरत थी। महंत उमाशंकर पुरी और उसके भाई अयोध्या पुरी किसी भी कीमत पर भोगीराम को छोड़ने के लिए तैयार नहीं थे। आखिरकार उन्हें 15 रूपये महीने में दूसरा बंधुवा मजदूर कहां से मिलता।

जब भोगीराम के लड़के अहमदाबाद में थे तो महंत पुरी ने उनके पिता को बंधक बनाकर धोखे से पैतृक जमीन का बैनामा अपने नाम करा लिया। करन सिंह ने अपने भाइयों के साथ महन्त पुरी का विरोध किया, तो दबंग महंत उन्हें जान से मारने की धमकी देने लगा। महंत उमाशंकर पुरी भोगीराम परिवार के अलावा अपने गांव के अन्य गरीब व्यक्तियों से भी बेगार लेता रहता था। महंत का थाना रामपुरा में भी आना-जाना बना रहता था। वह अपने प्रभाव से थाने के सिपाहियों को भेजकर उन्हें परेशान करवाता था। जब भी कोई त्यौहार आता था तो महंत उमाशंकर पुरी गांव में पुलिस बुला लेता था और भोगीराम परिवार को त्यौहार भी नहीं मनाने देता था। बार-बार पुलिस के आने से करन सिंह और उसके भाई डर के मारे गांव से हटकर जंगलों में भाग जाते थे। महंत उमाशंकर पुरी यह नहीं चाहता था कि भोगीराम के लड़के अहमदाबाद और बम्बई जाकर कमाये, वह तो उनसे बंधुआ मजदूर की तरह काम लेना चाहता था। महन्त के अत्याचार से परेशान होकर घनश्याम और करन ने खंगार बिरादरी के लोगों से सलाह ली कि महन्त का जुर्म अब नही सहा जाएगा। बिरादरी के लोग महन्त से काफी डरते थे, जिसके कारण वे उसके खिलाफ खड़ा होने की हिम्मत नही कर पाये। उन्हें डर था कि उमाशंकर पुरी पुलिस भेजकर उन्हें भी फर्जी मामलों में जेल भिजवा देगा। बिरादरी का सहयोग न मिलने के कारण घनश्याम और उसके भाई करन ने अकेले ही महन्त उमाशंकर पुरी को ठिकाने लगाने का मन बना लिया।

इलाके में जब भी कोई वारदात होती थी तो महन्त, पुलिस को अपने प्रभाव में लेकर घनश्याम और उसके भाइयों को पकड़वा लेता था। महन्त ने कई बार उन्हें थाने में बंद करवाकर जेल भिजवा दिया। वह उनकी आर्थिक कमर भी तोड़ना चाहता था। बकरी पालन परिवार की रोजी-रोटी का एक मुख्य सहारा था। महन्त, उनकी बकरियों को भी काज़ी हाऊस में बंद करवा देता था और वे जुर्माना भरकर अपने जानवर वापस लाते थे। एक दिन करन सिंह, महन्त की शिकायत लेकर थाना रामपुरा गया तो वहां महंत अयोध्यापुरी पहले से ही थाने में कुर्सी पर बैठा मिला। पुलिस ने करन की शिकायत नही सुनीं और उल्टा उसे ही बे-इज्जत करके भगा दिया। भोगीराम के परिवार की प्रताड़ना अक्सर महंत द्वारा होती रही और स्थानीय पुलिस, शिकायत करने के बावजूद भी उन्हें न्याय नही देती थी और महन्त के इशारे पर उन्हें ही प्रताड़ित करती थी। उसी दौरान महंत शंकर पुरी के यहां डकैती पड़ गयी जिसमें घनश्याम को कई बार पूछताछ के लिए थाने पर बुलाया गया और पिटाई करके जेल भेज दिया गया। घनश्याम 3 महीने जेल में रहकर जमानत पर वापस आया।

ग्राम हनुमानन चंबल के बीहड़ों में स्थित है और खेती-बाड़ी के लिए जमीन उपजाऊ नहीं है। बीहड़ की खेती-बाड़ी बरसात पर ही निर्भर रहती है क्योंकि सिंचाई का कोई साधन उपलब्ध नहीं था। बरसात में ज्वार बाजरा और अरहर की फसल हो जाती थी। बीहड़ में बबूल का जंगल है, जो बकरियों का मुख्य भोजन है। यहां के लोग बकरियां पालकर अपने परिवार का पालन-पोषण करते हैं। भोगीराम के परिवार के पास भी 25-30 बकरियां थी जिसे घनश्याम चराया करता था और शाम को घर में जगह न होने के कारण महंत उमाशंकर पुरी के भाई अयोध्या पुरी के बाड़े में बांधा करता था। बीहड़ में जमुनापारी बकरी के अतिरिक्त बरबरी नस्ल की बकरी पाली जाती है। घनश्याम के पास जमुनापारी बकरी के अतिरिक्त काफी मात्रा में बरबरी बकरियां थी जो अधिक मात्रा में दूध देने के लिए मशहूर है। महंत अयोध्यापुरी उसकी बकरियों का दूध निकलवाकर अपने पास रख लेता था और घनश्याम को अपनी ही बकरियों का दूध नहीं मिल पाता था। घनश्याम उस समय 20-22 साल का उभरती उम्र का नौजवान था और पहलवानी करता था, जिसे अपनी बकरियों के दूध की आवश्यकता होती थी।

एक दिन घनश्याम ने जब महंत अयोध्या पुरी के भाई उमाशंकर पुरी से शिकायत की तो दबंग महंत ने उसे गालियां दी और कहा कि बकरियां मेरे हाते में बांधते हो, तो उसका दूध मैं और मेरा परिवार ही पियेगा। दूध को लेकर अक्सर घनश्याम व महंत में झगड़ा होता रहता था और महंत उसे गालियां देता था। एक दिन घनश्याम गांव के कुंए पर स्नान कर रहा था तो उसी समय उमाशंकर पुरी वहां आया और गाली देते हुए घनश्याम को बोला कि अगर कुंए पर दोबारा दिखाई पड़े तो तुम्हारी टांगे तुड़वा दूंगा। घनश्याम बर्दास्त नही कर पाया और उसने महंत की बातों का प्रतिवाद करते हुए बोला कि तुम्हारे परिवार का कोई भी मुझसे कुश्ती लड़कर जीत जाये तो मैं तुम्हारी गुलामी करना स्वीकार कर लूंगा। यह सुनकर उमाशंकर पुरी भड़क गया और बोला कि जैसे मैंने तुम्हारे परिवार के बलबीर को मरवाया था उसी तरह से तुम्हारी भी हत्या करवा दूंगा और लाश का पता भी नहीं चलेगा।

उस दिन गांव वालों को पता चला कि उमाशंकर पुरी ने ही बलबीर की हत्या करवायीं है। बलबीर की लाश नहीं मिल पाई थी। बलबीर एक अच्छा लोक गायक था, जो शाम को महंत के मंदिर में जाकर भजन–कीर्तन गाया करता था। महंत का छोटा भाई उमाशंकर पुरी, अत्याचारी था। एक दिन जब बलबीर भजन–कीर्तन कर रहा था, उमाशंकर शराब के नशें में धुत होकर बलबीर से गाली–गलौज और मारपीट करने लगा। बलबीर बड़े धार्मिक प्रवृत्ति का नौजवान था जो उसके दुर्व्यवहार व गाली–गलौज से तंग आकर मंदिर जाना छोड़ दिया। महंत एक दिन शराब पीकर बलबीर के घर पर जा धमका और गाली–गलौज करके उसे मंदिर पर भजन–कीर्तिन करने के लिए कहा, परन्तु बलबीर ने मना कर दिया। इसके कुछ दिन बाद ही बलबीर पुत्र बड़े बाबू गांव से गायब कर दिया गया। उसके माता–पिता उसकी तलाश करते रहे और थाना रमपुरा में भी मदद के लिए गये, परन्तु महंत के दबाव में कोई कार्यवाही नहीं हो पायी। बलबीर की हत्या का मुकदमा भी थाना रमपुरा में नही लिखा गया। बलबीर के पिता को यह कह कर भगा दिया गया कि बलबीर कहीं चला गया है और बाद में वापस आ जायेगा। उमाशंकर पुरी ने घनश्याम के परिवार की एक महिला से दुर्व्यवहार भी किया था। अब घनश्याम के बर्दास्त करने की सीमा पार कर गयी और उसी दिन उसने बदला लेने के लिए उमाशंकर पुरी की हत्या करने का निश्चय कर लिया।

बीहड़ में कूदा घंसा

घनश्याम जेल से निकलने के बाद ग्राम बिलांव, थाना उमरी, जनपद भिंड पहुंचा जहां इसकी दो बुआ ब्याही थी। वहीं पर उसकी मुलाकात बुआ के लड़के मलखान सिंह से हुई, जो अपने गांव के कैलाश की हत्या करने के बाद फरार होकर गैंग बना चुका था। घनश्याम ने मलखान को महंत अयोध्या पुरी, उमाशंकर पुरी के अत्याचारों की कहानी सुनाई। मलखान भी बौखला गया और निर्णय लिया कि उमाशंकर पुरी की हत्या ही उसके अत्याचारों से मुक्ति दिला सकती है। मलखान अपने फुफुरे भाई की मदद करने को तैयार हो गया। उसने महन्त की हत्या के लिए अपने गैंग के सदस्य राम सनेही जाटव और गिरवर यादव को भेजा, जिन्होंने घनश्याम के साथ मिलकर दिन-दहाड़े उमाशंकर पुरी की बेरहमी से हत्या कर दी और उसकी लाश पर एक पर्चा डाल दिया, जिसको घनश्याम ने स्वयं लिखा था। पर्चे में घनश्याम ने लिखा था कि उसने, परिवार के साथ किये गये अत्याचारों का बदला ले लिया हैं।

हत्या की यह घटना 24 जुलाई, 1976 को दिन के सुबह 9:00 बजे हुई थी और पुलिस अभिलेखों के अनुसार इस घटना की सूचना महंत अयोध्या पुरी चेला महंत दौलत पुरी निवासी हनुमानन ने घनश्याम पुत्र भोगीराम खंगार, राम सनेही पुत्र घसीटे चमार निवासी नगरा थाना रामपुरा और मलखान पुत्र मोती लाल निवासी बिलाँव थाना उमरी जिला भिंड मध्य प्रदेश के विरूद्ध लिखाया। हत्या की इस घटना से पुलिस सक्रिय हुई और गिरफ्तारी का प्रयास किया जाने लगा। पुलिस घनश्याम के परिजनों के अतिरिक्त उसके रिश्तेदारों के घरों पर दबिश देने लगी और लगातार पूछताछ किया जाने लगा। परेशान होकर घनश्याम के बड़े भाई करन सिंह ने भी बीहड़ का रास्ता अपना लिया। यह सभी लोग अपने फुफेरे भाई मलखान सिंह के गैंग में शामिल होकर उत्तर प्रदेश तथा मध्य प्रदेश में वारदातें करने लगे।

इसी दौरान पुलिस घनश्याम के पिता भोगीराम को उठा ले गई और लगातार तीन महीनें तक उसे विभिन्न जगहों पर रखकर पूछताछ करती रहीं। जब मलखान, घनश्याम और उसके गैंग के सदस्यों की गिरफ्तारी नहीं हो पाई तो पुलिस ने भोगीराम को छोड़ दिया। पुलिस ने कुर्की करके भोगीराम के घर को तहस-नहस कर दिया।

शुरू-शुरू में मलखान गैंग बड़ा नहीं था और उस समय केवल गैंग में सात सदस्य थे जिसमें घनश्याम, करन सिंह, राम सनेही निवासी नगरा रामपुरा, गिरवर यादव रामपुरा, रघुबीर निवासी अंकरी जिला भिंड व भदौरिया निवासी भिंड थे। उस समय गैंग के पास एक थ्री नाट थ्री रायफल, एक स्टेनगन, बारह बोर की दो देशी एवं कुछ मजल-लोडर बंदूकें थी। बाद में गैंग में दो एस0एल0आर0, एक थ्री नाट थ्री रायफल एक 315 बोर रायफल आ गई। मलखान गैंग में सदस्यों की संख्या बढ़ती गयी जो 40 तक पहुंच गयी और उसकी गतिविधियां उत्तर प्रदेश, मध्य प्रदेश तथा राजस्थान तक फैल गयीं। शुरू-शुरू में डकैती और लूट द्वारा पैसा इकट्ठा किया गया और घातक हथियार खरीदे गये। बांग्लादेश की लड़ाई में भाग लेने वाले कुछफौजी अमेरिका निर्मित जी-3 रायफल चोरी से उठा लाये थे और तीन रायफलें मलखान को बेच दीं थी। यह रायफल आटोमैटिक मोड पर 600 गोली प्रतिमिनट की दर से फायर करती थी। पुलिस के पास उस समय पुरानी बोल्ट-एक्शन थ्री नाट थ्री रायफलें थी। बीहड़ में ऑपरेशन के लिए स्टेनगन और रिवॉल्वर की उपयोगिता बहुत सीमित थी।

मलखान गैंग अब फिरौती के लिए अपहरण करने लगा और अपने व गिरोह के सदस्यों के दुश्मनों की चुन-चुन कर हत्याएं करने लगा। बदला लेने के लिए मलखान दिन-दहाड़े गांव में पहुंचता था और गांववालों के सामने अपने दुश्मनों को गोली मारकर हत्या कर देता था, जिससे तीनों राज्यों में उसका आतंक फैल गया। मलखान गैंग को आई0एस0-44 नाम से सूचीबद्ध किया गया। इस गैंग में घनश्याम की हैसियत नम्बर दो की थी।

कुछ दिन बाद मलखान से राय लेकर घनश्याम ने अपना अलग गैंग बना लिया जिसे आई0एस0-41 कोड देकर सूचीबद्ध किया गया। गिरोह दो भाग में एक रणनीति के तहत बँटा था और आवश्यकता पड़ने पर दोनों गिरोह एक साथ हो जाते थे। चंबल के जितने भी गैंग स्वतंत्र रूप से बने वे कभी न कभी मलखान गैंग के सदस्य अवश्य रहे थे। इस गैंग में घनश्याम के अतिरिक्त लालाराम, श्रीराम, मुस्तकीम, मुस्लिम, बशीर, बलवान गडरिया, बाबू गूजर, रघुनाथ मल्लाह, राम अवतार मल्लाह, मान सिंह यादव और विक्रम मल्लाह भी मलखान गैंग के सदस्य रहे थे, जिन्होंने बाद में अपने स्वतंत्र गैंग बना लिये थे। चम्बल के यह सभी गैंग मलखान का बड़ा सम्मान करते थे और आदर से उसे "दद्दा" कहकर पुकारते थे। घनश्याम गिरोह पर वर्ष 1982 तक

हत्या, डकैती, अपहरण, हत्या का प्रयास आदि के कुल 59 मुकदमें मध्य प्रदेश तथा उत्तर प्रदेश में कायम किये गये थे। इस गैंग में दो दर्जन से अधिक स्थाई सदस्यों के अतिरिक्त कई कैजुअल सदस्य भी जुड़ते रहे थे, जिनकी कुल संख्या 47 तक पहुंची।

घनश्याम गैंग को आत्मसमर्पण कराने का प्रयास

घनश्याम गैंग को आत्मसर्पण कराने के लिए मैंने, श्रीलाल महेश्वरी सर्राफ रमपुरा से संपर्क किया। महेश्वरी के सर्राफें की दुकान में पार्टनर रहे डॉ0 कैलाश नारायन गुप्ता पुत्र मातादीन गुप्ता से भी मेरी दोस्ती हो गई थी। मैंने इन लोगों के माध्यम से घनश्याम को हाजिर कराने के लिए कहा, जिसके लिए वे सहमत हो गये। मलखान के साथ हाजिर हुए सदस्यों में से 7 सदस्य जालौन के रहने वाले थे। मैंने उनके घरों पर रेड किये। गैंग को पनाह देने वालों को ''एंटी डकैती एरिया एक्ट'' में गिरफ्तार करके जेल भेजा। मैनें स्वयं घनश्याम के गांव हनुमानन पर काफी पुलिस व पी0ए0सी0 के साथ छापा मारा और गांव में एलान किया कि वह अपने को कानून के हवाले कर दे, अन्यथा उसका और उसे पनाह देने वालों का अंजाम बुरा होगा। गैंग पर दबाव डालने के लिए दबिशें दीं जाती रही और विशेषकर घनश्याम और उसके सदस्यों के घरों पर पुलिस की दबिश लगातार पड़ती रही।

पुलिस की छापेमारी से उसके परिवार, रिश्तेदार और पनाह देने वाले बुरी तरह परेशान हो गये। उन्होंने घनश्याम पर दबाव डालना शुरू कर दिया कि वह भी मलखान की तरह आत्मसमर्पण कर दें। उसने श्रीलाल महेश्वरी के माध्यम से मुझे पत्र भिजवाया कि वह उत्तर प्रदेश में आत्मसमर्पण करना चाहता है। घनश्याम कभी श्रीलाल महेश्वरी के घर पर नौकर रहा था और वह उनका बड़ा सम्मान करता था। घनश्याम द्वारा लिखे गये पत्र मूल रूप से पुस्तक में दिये जा रहे हैं। इन पत्रों में मुख्यत: आत्मसमर्पण की शर्तें लिखी गई थी, जिस पर दस्यु सम्राट घनश्याम परिहार हनुमान गढ़ी रामपुरा जालौन (यू0पी0) की सील लगी हुई थी। शर्ते जो उन्हीं की भाषा में थी, इस प्रकार थी:-

1-हम व हमारे सदस्यों को फांसी नहीं होनी चाहिए।

2-वर्ष 1970 में जो सुविधाएं दूसरे बागियों को दी गयी थी, वह हम लोगों को मिलनी चाहिए।

3-सरेन्डर के बाद हम लोगों को उत्तर प्रदेश की जेल में रखा जाय और मध्य प्रदेश न भेजा जाय।

4-हम लोगों को खुली जेल में ही रखा जाय।

5-हम लोगों को बी-क्लास का खाना मिलना चाहिए।

6-हम लोगों के परिवार की रक्षा का इंतजाम सरकार करें।

7-हम लोगों के परिवार के सदस्यों को सुरक्षा के लिए बंदूकों के लाइसेंस दिये जाय।

8-हम लोगों को हथकड़ी-बेड़ी न लगाया जाय।

9-हम लोगों की सुनवाई एक ही अदालत में की जाय।

10-श्री भैरव जी वाली जमीन को कब्जे से मुक्त कराकर भैरव जी मन्दिर में सम्मिलित किया जाय।

11-उनकी जमीन जायदाद जो उनके दुश्मनों द्वारा कब्जा कर ली गयी हैं, उसे उन्हें वापस कराया जाय।

12-हम लोगों को घर आने-जाने के लिए पैरोल दिया जाय।

13-सरेन्डर रमपुरा में किसी मंत्री के समक्ष कराया जाय।

14-बागियों के बच्चों को मुफ्त शिक्षा व नौकरी दिलाई जाय।

दूसरा पत्र भी, जो पुलिस अधीक्षक उरई को जय हिन्द लिखकर सम्बोधित किया गया है, में कहा गया कि हम अपने साथियों के साथ हाजिर होने को तैयार है, लेकिन आप उत्तर प्रदेश सरकार से बात करके हम लोगों की मांग पूरी करवायें।

आत्मसमर्पण के लिए पुलिस महानिदेशक से वार्ता-

दस्यु उन्मूलन अभियान के संबंध में तत्कालीन पुलिस महानिदेशक, उ0प्र0 श्री श्रीशचन्द्र दीक्षित, 14 अगस्त, 1982 को कालपी जनपद जालौन में हैलीकाप्टर से आये और उन्होंने वहां पर वरिष्ठ पुलिस अधीक्षक इटावा, जालौन, हमीरपुर, झांसी, कानपुर, एडिशनल आई0जी0 जोन आगरा तथा डी0आई0जी0 झांसी के साथ बैठक की। उस समय आगरा जोन के क्षेत्राधिकार में आगरा मण्डल जिसमें आज का अलीगढ़ मण्डल भी शामिल था, के अतिरिक्त कानपुर मण्डल, इलाहाबाद मण्डल, झांसी मण्डल व आज के चित्रकूट मण्डल के जिले भी शामिल थे। उस समय तुषार दत्त आगरा जोन के एडिशनल आई0जी0 तथा

एस0के0 दत्ता, डी0आई0जी0, झांसी थे। बैठक समाप्त होने के बाद मेरे वरिष्ठ पुलिस अधीक्षक विजय शंकर, एडिशनल आई0जी0 तुषार दत्ता, डी0आई0जी0 झांसी एस0के0 दत्ता के साथ मुझे भी पुलिस महानिदेशक से मिलवाया। उन्होंने पुलिस महानिदेशक को घनश्याम गैंग के आत्मसमर्पण के बारे में मेरे प्रयासों के बारे में अवगत कराया। दीक्षित जी नए-नए पुलिस महानिदेशक नियुक्त हुए थे। उन्होंने कहा कि उन्हें दस्यु उन्मूलन अभियान के बारे में कोई जानकारी नहीं है। उन्होंने यह भी कहा कि जूनियर अधिकारी के सवाल का जवाब मैं अभी क्या दूं, जबकि मुझे खुद इसकी जानकारी नहीं हैं। एस0एस0पी0 विजय शंकर, हाजिर जवाब थे और उन्होंने कहा कि सर मैंने आपसे कुछ नहीं कहा और आपने कुछ नहीं सुना। एडिशनल आई0जी0 और डी0आई0जी0 पुलिस महानिदेशक के समक्ष इस संबंध में कुछ नहीं बोले।

पुलिस महानिदेशक के प्रस्थान करने के बाद मैं वरिष्ठ पुलिस अधीक्षक के साथ शाम को उनके आवास पर आया। मैंने उन्हें पहले बता रखा था कि घनश्याम गैंग से बात करने के लिए मैं 15 अगस्त को किसी व्यक्ति को भेजूंगा। वरिष्ठ पुलिस अधीक्षक ने मुझसे पूछा कि गैंग से बात करने के लिए मैं किसे भेज रहा हूं? मैंने उनसे कहा कि मैं रमपुरा के श्रीलाल महेश्वरी सर्राफ और डॉ0 कैलाशगुप्ता के साथ स्वयं जाऊंगा। उस समय तक मैंने महेश्वरी और डॉ0 गुप्ता को यह नही बताया था कि 15 अगस्त, 1982 को मैं उनके साथ स्वयं चलूंगा। एस0एस0पी0 विजय शंकर, मुझे छोटे भाई की तरह मानते थे। उन्होंने तुरंत कहा कि मेरा अकेले गैंग में जाना खतरे से खाली नहीं हैं। इस गैंग के साथ मेरी पहले मुठभेड़ भी हो चुकी थी और मैं इस गैंग के विरूद्ध चलाये जा रहे अभियान में बहुत सक्रिय था। मैंने उनसे कहा कि मुझे जाने दे, मुझे कुछ नहीं होगा। इस पर उन्होंने कहा कि मैं तुम्हें यह खतरा मोल लेने नही दूंगा और खुद चलूंगा। मैंने उन्हें साफ मना कर दिया। मेरा तर्क था कि हम दोनों अधिकारियों को एक साथ नहीं जाना चाहिए, क्योंकि अगर मेरे साथ कोई दुर्घटना घटित होती है तो वे जिले के प्रभारी की हैसियत से कार्यवाही कर सकते हैं। मेरे मुंह से यह भी निकल गया कि मेरे अभी बच्चे नहीं है और आपके दो छोटे बच्चे डूडल और गिग्गो हैं। इस पर एस0एस0पी0 विजय शंकर काफी भावुक हो गए और कहा कि अगर तुम्हारे साथ कोई दुर्घटना घटित हो गई तो मैं तुम्हारी पत्नी को कोई जवाब नही दे पाउंगा।

मैंने उन्हें आश्वस्त किया कि मुझे कुछ नहीं होगा और मैं सकुशल लौटूँगा। मेरे जिद करने पर उन्होंने मुझे जाने की अनुमति दे दी और बड़े भाई की तरह से कई हिदायतें भी दीं। उन्होंने कहा कि वे 15 अगस्त को झंडा फहराने के बाद थाना रमपुरा पर अपने बैचमेट चन्द्रभाल वर्मा डी0एफ0ओ0 के साथ मौजूद रहेंगे। उस समय मध्य प्रदेश के कुछ थानों से वायरलेस के जरिए रामपुरा थाने से बातचीत हो जाती थी। उन्होंने मुझे हिदायत दी कि आवश्यकता पड़ने पर मैं मध्य प्रदेश के किसी थाने से इंटर स्टेट वायरलेस सेट चैनल से बात करूँ।

घनश्याम उर्फ घंसा बाबा से मुलाकात

15 अगस्त, 1982 को प्रातः 7:00 बजे मैं एक पुलिस की एक जीप से प्रस्थान किया। मैंने जीप से पुलिस कलर और निशान मिटा दिये। सुरक्षा के लिए मैंने गाड़ी की सीट के नीचे एक स्टेनगन तथा एक थ्री नाट थ्री रायफल, कारतूस छिपा दिये। करीब 45 मिनट चलने के बाद मैं बंगरा, डाक बंगला जालौन पहुंचा, जहां श्रीलाल महेश्वरी सर्राफ व डॉ0 गुप्ता एक व्यक्ति के साथ पहले से चलने के लिए तैयार होकर पहुंच चुके थे। वहां पहुंचकर मैंने महेश्वरी एवं डॉ0 गुप्ता को अलग ले जाकर बात किया और उन्हें बताया कि उनके साथ मैं ही गैंग में चलूंगा। वह गैंग को मुझे अपना रिश्तेदार बताकर परिचय देंगे। मेरे साथ थानाध्यक्ष रामपुरा चिंतामणि सिंह यादव भी सादे कपड़ों में मौजूद थे। मुझे बताया गया कि उनके साथ आया हुआ व्यक्ति घनश्याम का रिश्तेदार है और मध्य प्रदेश में यही व्यक्ति गाइड के रूप में ले जाएगा। उस व्यक्ति को मेरे और मेरे थानाध्यक्ष के बारे में कोई जानकारी नहीं थी। मैंने महेश्वरी जी को बताया कि मुझे देखकर गैंग मुझे पुलिस अधीक्षक नहीं समझ पाएगा और मैं आसानी से उनके परिवार का लड़का बनकर वहां जा सकता हूं। यदि आवश्यकता हुई तो मैं गैंग से बात करूंगा।

हम लोग करीब एक घंटे बाद कस्बा लहर जनपद भिंड पहुंचे। हमारा गाइड हमें एक पोस्ट आफिस के पास ले गया। वहां पर एक व्यक्ति अपने गले में लाल रंग का गमछा डाले हुए खड़ा मिला। पहले वाला गाइड उस व्यक्ति से हमें मिलाकर वापस चला गया और अब गैंग के दूसरे गाइड ने हमें बताया कि घंसा बाबा का गिरोह भिंड से चला गया है और अब ग्वालियर के जंगलों में है। यह जगह भिंड से काफी दूर था। रास्ते में जनपद दतिया के बीहड़ का क्षेत्र शेवड़ा डांग पड़ता था और वहां से हम लोगों को कस्बा मोह होते हुए ग्वालियर जाने

वाली सड़क पर आगे जाना था। हम लोग उस गाइड के साथ मोह से करीब 15 किलोमीटर आगे ग्वालियर रोड पर गये। गाइड ने हम लोगों को ग्वालियर के जंगल में पैदल चलने के लिए कहा। जंगल से जाकर आने में काफी समय लग सकता था। मैंने जीप के ड्राइवर को वहां सुनसान जगह पर रूकने की बजाय कस्बा मोह जाने के लिए कहा और शाम पांच बजे इसी जगह पर पुनः आने के आदेश देकर सड़क से उतरकर बायीं तरफ जंगल में चल दिया। मेरा दूसरा गाइड अपने हाथ में एक नारियल और देवी को चढ़ायी जाने वाली चुनरी लिए था। हम लोग जंगल में कच्चे रास्ते से करीब 4 किलोमीटर पैदल चले ही थे कि हम लोगों को देखकर उसी रास्ते पर विपरीत दिशा से आने वाला एक अन्य व्यक्ति मिला और वह मेरे गाइड के हाथ में नारियल और चुनरी देखकर बोला कि आप लोग कहां जा रहे हैं। मेरे गाइड ने पूर्व निर्धारित कोड में कहा कि माता जी के दर्शन करने जाना है और हाथ में लिया हुआ नारियल व चुनरी देवी जी को चढ़ाना है। यह सुनकर तीसरा गाइड हम लोग के साथ हो लिया और दूसरे गाइड को वापस भेज दिया। मैं समझ गया कि गैंग जानबूझकर गाइड बदल रहा है, जिससे मैं कोई योजना बनाकर सीधे गैंग तक न पहुंच पाऊं।

तीसरा गाइड हमें दिन के करीब 1 बजे जंगल में एक स्थान पर ले गया और वहां थोड़ी देर रूकने के लिए कहा। इसी बीच मेरी नजर एक टीले पर पड़ी, जिस पर एक हथियारबंद व्यक्ति खाकी वर्दी में दूरबीन से हमें देख रहा था। यह पुलिस की वर्दी में गैंग का संतरी था। थोड़ी देर में गाइड हम लोग के पास आया और अपने साथ गैंग के पास ले गया। मैंने महेश्वरी जी, जो एक बुजर्ग व्यक्ति थे, से पुनः कह दिया था कि वह मुझे व मेरे थानाध्यक्ष चिंतामणि सिंह यादव को अपना रिश्तेदार बताकर परिचय दें।

उस समय गैंग के दो संतरी ड्यूटी पर थे और गैंग के बाकी सदस्य एक साथ बैठे थे। गैंग लीडर घनश्याम उर्फ घंसा बाबा सफेद रंग का सफारी सूट पहने हुए था। उसके गले में मोटे रूद्राक्ष की बड़ी माला लटक रही थी। उसके बड़े बाल कमर तक लटक रहे थे। उसकी काली लंबी दाढ़ी उसके सीने को छू रही थी। यह व्यक्ति बदन से पहलवान लग रहा था परन्तु कद करीब 5 फुट 5 इंच रहा होगा। उसके हाथ में आटोमैटिक जी-3 रायफल थी और उसने अपने शरीर पर 100 से अधिक कारतूसों की बंडोलिया बांध रखा थी। पहुंचते ही घनश्याम ने, जिसे उसके गैंग के सदस्य बाबा कहकर पुकारते थे, महेश्वरी जी

के पैर छुआ। वह उनका घरेलू नौकर रह चुका था और उनका बहुत सम्मान करता था। उसने उनसे चाचा कहते हुए मेरी तरफ व थानाध्यक्ष की तरफ इशारा करके पूछा कि ये कौन है? मैंने महेश्वरी जी की तरफ देखा तो उनके चेहरे पर उस समय आत्मविश्वास की कमी प्रतीत हो रही थी और वह कुछ बोल नहीं पाये। इसके पहले कि वे कुछ बोलते, मैंने खुद बोला कि "मैं जालौन का एडिशनल एस0पी0 बृजलाल हूँ और मेरे साथ थाना रामपुरा के थानाध्यक्ष चिंतामणि सिंह यादव है"। यह सुनकर घनश्याम भौंचक्का होकर बोल पड़ा "हुजूर आप" मैंने जवाब दिया कि हाँ मैं ही हूँ। उसने अपनी जी-3 रायफल मेरे कदमों पर रख दी और बोल पड़ा कि हुजूर ऐसा कभी नहीं हुआ कि एक एस0पी0 स्वयं दूसरे राज्य के जंगल में खुद चला आए। मैंने उससे कहा कि उसके पेशे की तरह मेरा पेशा भी जोखिम भरा है।

चंबल क्षेत्र के रहने वाले लोग जिसका सम्मान करते हैं, उसका टीका करते हैं। घंसा बाबा स्वयं एक थाल में रोली, हल्दी और चावल और एक हजार एक रूपया सजा कर लाया और मेरा टीका किया। मैंने रूपये लेने से इंकार कर दिया और टीका स्वीकार किया। उस समय गैंग में निम्न सदस्य मौजूद थे जिनके साथ हथियारों का विवरण इस प्रकार है :-

1. गैंग लीडर घनश्याम उर्फ घंसा बाबा स्वचालित जी-3 रायफल।

2. घंसा का बड़ा भाई करन सिंह थ्री नाट थ्री रायफल।

3. मन्नी सिंह अन्घौरा थर्टी स्प्रिंगफील्ड सेमी आटोमैटिक अमेरिकन रायफल।

4. जगन्नाथ सैन .303 रायफल ।

5. बाबू खान, 8 एमएम जर्मन माउजर रायफल।

6. मुन्नीबाई .303 मार्क-5 छोटी रायफल के साथ, जिसके मजल पर फ्लैश इलीमिनेटर था। इसका इस्तेमाल प्रथम विश्व युद्ध के दौरान पैराटूपर सिपाही किया करते थे।

7. गोपाल मरसैनी .303 रायफल।

8. राम स्वरूप .315 बोर रायफल।

9. कैलाश चौहान 12 बोर एकनाली बंदूक।

10. बशीर खां 12 बोर दोनाली बंदूक।

11. हरदयाल काछी 12 बोर इकनाली बंदूक।

12. बुद्धू गड़रिया बिना हथियार।

इसके अतिरिक्त 5-6 व्यक्ति और थे जो दूर-दूर खड़े थे। गैंग के पास एक रिवाल्वर और एक दूरबीन भी थी।

घनश्याम "घंसा बाबा" से बातचीत

मैंने घंसा बाबा से बातचीत शुरू की और उसे बताया कि डकैत की यह जिंदगी आप लोगों और परिवार के लिए मुश्किलों और खतरों से भरी है। आपका गुरू व बुआ का लड़का मलखान 17 जून, 1982 को भिंड में आत्मसमर्पण कर चुका है और सुकून की जिंदगी जी रहा हैं। आप उत्तर प्रदेश के रहने वाले हैं। आपका और आपके परिवार का भला, उत्तर प्रदेश सरकार ही कर सकती है। अत: आपको बिना शर्त उत्तर प्रदेश में आत्मसमर्पण करना चाहिए। आप, गैंग के सदस्यों और उनके परिवारों की सुरक्षा मेरी सरकार का दायित्व होगा। हम अपने वादे से पीछे नहीं हटेंगे। घंसा ने अपने भेजे हुए पत्र के बारे में मुझसे बात किया जिसके बारे में मैंने उसे बताया कि मैं उसके पत्र पर अपने वरिष्ठ पुलिस अधीक्षक, जालौन विजय शंकर, डी0आई0जी0 एस0के0 दत्ता और मौजूदा आई0जी0 जोन आर0पी0 गोविल तथा पुलिस महानिदेशक से बात कर चुका हूँ। पुलिस के उच्च अधिकारी, मुख्यमंत्री उत्तर प्रदेश श्रीपति मिश्र को अवगत करा चुके हैं। उन्होंने आपके विरोधियों द्वारा कब्जाई गयी जमीनों को वापस दिलाने, भैरव जी की जमीन वापस दिलाने, परिवार की सुरक्षा सुनिश्चित करने का वचन दिया है। जहां तक परिवार की सुरक्षा की बात है, वह पुलिस द्वारा सुनिश्चित किया जायेगा। मैंने उन्हें आश्वस्त किया कि उत्तर प्रदेश सरकार उनकी जायज़ मांगों को अवश्य पूरा करेगी। उनकी एक शर्त यह थी कि उन्हें उत्तर प्रदेश की जेल में ही रखा जाये, मध्य प्रदेश की जेल में न भेजा जाये। मैंने उन्हें तर्क दिया कि तुम लोगों के ऊपर मध्य प्रदेश के जिलों में मुकदमें कायम हैं और मलखान के ऊपर भी उत्तर प्रदेश के जिलों में मुकदमें कायम है। जब तक मध्य प्रदेश पुलिस मलखान को उत्तर प्रदेश नहीं भेजेगी, मैं आप लोगों को मध्य प्रदेश नहीं भेजने दूंगा। मेरा यह तर्क उन्हें पसंद आया।

घंसा बाबा ने मुझे अपने गैंग के सदस्यों से परिचय कराया, जिसको मैंने एक कागज पर नोट किया जो आज भी मेरे पास मौजूद है। मुन्नी बाई, जो गैंग के सदस्य बाबू खान की पत्नी थी, मेरे सामने बैलबाटम पैंट, टी-शर्ट पहनकर और

हाथ में थ्री नाट थ्री रायफल लेकर आयीं। मैंने मजाक में उससे कहा कि मुन्नी क्या तुम यह रायफल चला लोगी? रायफल के झटके से तुम्हारे नाजुक कंधे टूट जायेंगे। इस पर घंसा बाबा और उसके गैंग के सदस्य जोर-जोर से हंसने लगे और माहौल बिल्कुल हल्का हो गया। घंसा ने बताया कि हुजूर यह आपको दिखाने आई है, मैं इसको 12 बोर बंदूक देता हूं। मुन्नी के पति बाबू खान ने शेखी बघारते हुए कहा कि हम एक बागी दस पुलिसवालों के बराबर है, जिस पर घंसा बाबा ने उसे गाली देते हुए लताड़ लगाई और कहा कि साहब आज बिना हथियार के यहां अकेले आए है, तो तुम्हारी यह कहने की हिम्मत कैसे हो गई। जब मुठभेड़ में इनसे गोली चलती है तब जान बचाकर दूर-दूर भागते हो। घंसा की लताड़ पर बाबू खान एकदम सकपका गया और मुझसे माफी मांगी।

मलखान, घनश्याम गैंग से जब मुठभेड़ होती थी तो गैंग की तरफ से 7.62 बोर के आटोमैटिक फायर आते थे। हम लोग यह समझते थे कि गैंग के पास लाइट मशीनगन है। मैंने इसके बारे में जब घंसा से पूछा तो उसने अपनी रायफल मेरे हाथ में देकर बताया कि यह आटोमैटिक रायफल है और मलखान दद्दा के पास भी जी-3 रायफलें है, जिससे हम लोग आटोमैटिक फायर करते हैं। मैंने उस रायफल से 6-7 फायर किया। मैंने उससे पूछा कि तुम्हें यह रायफल कहां से प्राप्त हुई तो उसने हंसते हुए कहा कि हुजूर आपको पहले से मालूम है। अपने कारतूस का पाउच दिखाते हुए बोला कि यह भी सरकारी है।

1971 भारत-पाकिस्तान युद्ध के दौरान काफी संख्या में पाकिस्तानी फौजियों ने बांग्लादेश में अपने हथियारों के साथ आत्मसमर्पण किया था। उस समय जो हथियार जमा हुए उसमें से कुछ हथियारों को चंबल क्षेत्र के रहने वाले कुछ फौजियों ने चुरा लिए और घर वापस आकर गैंग को बेच दिया। घंसा को दी गयी रायफल के संबंध में एक फौज के सूबेदार को गिरफ्तार किया गया था। मलखान के पास जी-3 रायफलें भी फौजियों द्वारा उपलब्ध कराई गयी थी और यह अमेरिका में बनी थी। जी-3 रायफलें पाकिस्तान आर्मी की स्पेशल फोर्सेज इस्तेमाल करती थी। उस समय हम लोगों के पास न तो ए0के0-47 रायफले थी और न ही 9 एम0एम0 कार्बाइन। गैंग के पास यह आटोमैटिक रायफल ए0के0-47 की ही तरह थी और इससे 7.62×51 एम0एम0 की गोली चलती थी। इस बोर के कारतूस भारतीय सेना व पुलिस में एस0एल0आर0 और लाइट मशीन गन में इस्तेमाल किये जाते हैं। गैंग को प्रतिबंधित बोर के यह कारतूस पर्याप्त मात्रा में सेना से चोरी छिपे मिल जाया करते थे।

चंबल गैंग का रहन-सहन

गैंग का रहन सहन मुश्किलों से भरा था। बालीवुड में चंबल के डैकतों पर बनी फिल्मों में उन्हें घोड़ों पर सवार होकर डैकती डालते हुए दिखाया जाता है, जो सत्य से बिल्कुल परे है चंबल के गैंग पैदल चलते थे और फिरोती के लिए अपहरण करने के बाद दूसरें राज्य के कम से कम 25-30 किलोमीटर दूर निकल कर बिहड़ों में छिप जाते थे। गैंग का प्रत्येक सदस्य दो-दो मीटर के काले रंग के पालीथीन शीट, भागलपुरी चादर, अपनी रायफल, कारतूस, लगभग एक किलो देशी घी, गुड़, नमक व कुछ नमकीन हमेशा अपने पास रखते थे।

बरसात में वे एक चौकोर जगह पर पालीथीन बिछा देते हैं तथा उसके किनारे-किनारे ड़ेढ फिट का गड्ढा खोद देते हैं। बरसात के समय पालीथीन पर लेटकर ऊपर से चादर डाल लेते हैं और उसके ऊपर दूसरा पालीथीन पर से होता हुआ पानी गड्ढे में चला जाए और वे भिगोने से बच जाए। जाड़े के समय में भी इसी प्रकार सोते थे और उनका पालीथीन विंडशीटर का काम करता है। कंबल या रजाई लेकर चलना संभव नहीं हैं। वे कभी भी किसी गांव में नहीं रूकते हैं। उन्हें आशंका रहती है कि गांव का कोई भी व्यक्ति उनके बारे में सूचना दे सकता है। घर के अंदर रूकने पर, दीवारें दुश्मन बन जाती हैं। क्यूबा के मंत्री रहे विश्व प्रसिद्ध गुरिल्ला युद्ध में पारांगत "डॉक्टर अर्नेस्टों चे गुआरा" का भी यही सिद्धान्त था, कि गुरिल्ला को कभी किसी घर में नही रहना चाहिए। सुरक्षा बलों द्वारा घेराबन्दी करने पर चारों दिवारें ही दुश्मन बन जाती है। वामपंथी गुरिल्ला आज भी चे गुआरा के इस सिद्धान्त का छापा-मार लड़ाई में पालन करते हैं। चे गुआरा ने क्यूबा के प्रधानमंत्री रहे फिदेल कास्त्रों के साथ जंग लड़कर वहां के तानाशाह फुलजेन्सियो बतिस्ता से जनवरी 1959 में मुक्ति दिलायी थी। क्यूबा को बतिस्ता से मुक्ति की लड़ाई वर्ष 1953 से 1959 तक चली थी। चे गुआरा का मन क्यूबा का शासन चलाने में नही लगा, वह तो लैटिन अमेरिका के अन्य देशों को तानाशाहों से आजाद कराना चाहता था। इसी प्रयास में वह लैटिन अमेरिका के देश कोलम्बिया पहुंच गये और 9 अक्टूबर 1967 को कोलम्बिया की आर्मी द्वारा मात्र 39 साल की उम्र में मार दिये गये। फिदेल कास्त्रों ने क्यूबा की राजधानी में उनकी मूर्ति बनवायीं, जिसका क्यूबावासी बहुत सम्मान करते हैं। कोलम्बिया में जिस स्थान पर वे मारे गये थे, वहां भी 1997 में उनकी मूर्ति स्थापित की गयी।

गैंग खाने पीने का सामान जंगल में जानवर चराने वाले चरवाहों से मंगाते हैं। मवेशी चराने वाले जंगल में ही रहते हैं और गाय-भैंस के दूध बेचने के अलावा उसका घी तैयार करके बेचते हैं। इन्हें स्थानीय भाषा में ''बरीदी'' कहा जाता है। बरीदी इनके लिये खाने-पीने का सामान लाते हैं और सन्देश वाहक का भी काम करते हैं। ये लोग गैंग को कभी धोखा नही दे सकते, क्योंकि उन्हें अपने जानवरों के साथ जंगल में ही रहना होता है और वे किसी भी कीमत पर गैंग से दुश्मनी मोल नहीं ले सकते। जब बरीदी को खाने-पीने का सामान लाने के लिये गैंग द्वारा भेजा जाता है तो उसके दो-तीन साथियों को गैंग अपने पास बैठा लेता है। खाने के सामान व मसाले आदि का पैसा वह प्रचलित भाव से अधिक देते हैं। मंगलवार व नवरात्रि को छोड़कर ज्यादातर दिनों में वह मांसाहारी भोजन करते हैं। गांव से या जंगल में बरीदी से वे बकरा खरीद लेते हैं और स्वयं काटकर खा जाते हैं। जब गैंग का खाना बन जाता है तो वे राशन लाने वाले व्यक्ति और उसके साथियों को पहले खाना खिलाते हैं। उनको खाना खिलाने के कुछ देर बार वे स्वयं खाना खाते हैं। ऐसा इसलिए करते हैं कि यदि उनके राशन में पहले से जहर मिला दिया गया हो तो इसका पता चल जाए। गुड़, घी इसलिए रखते हैं कि जरूरत पड़ने पर उसे खाते रहे। नमक के बारे उन्होंने बताया कि जब पुलिस उनका पीछा करती है और वे लगातार भागते हैं तो पसीना निकलने के कारण उनके बदन में नमक की कमी हो जाती है। नमक की कमी होने के कारण उन्हें कमजोरी लगने लगती है, इसलिए वे चलते-चलते नमक भी चाटते रहते हैं। जंगल में कच्चे रास्तों पर चलते समय गैंग का एक सदस्य बबूल का झाड़ एक रस्सी में बांधकर सबसे पीछे उसे घसीटते हुए चलता है जिससे उनके पैरों के निशान मिटते रहें।

गैंग ने यह भी बताया कि उन्हें सबसे अधिक मुश्किलों को सामना गर्मी के दिनों के मौसम में करना पड़ता है, जब जंगल में आसानी से पानी नहीं मिलता। नदियों से पानी बड़ी सावधानी से लेते हैं। उस समय इन्हें यह डर लगा रहता है कि कहीं पुलिस उनके रास्ते में गाड़ाबन्दी करके न बैठी हो और वे पुलिस की एम्बुश का शिकार न हो जाँय।

गैंग की सुरक्षा

गैंग जहां भी रूकता है वहां हमेशा दो संतरी लगाये जाते हैं। एक संतरी ऊंची जगह पर रहता है जहां से वह दूर से आते हुए किसी व्यक्ति को भी आसानी

से देख सके। गैंग लीडर इस संतरी के पास ही सोता है जिससे संतरी पर आक्रमण होने पर वह उसे बचाने के लिए जवाबी कार्यवाही कर सके। दूसरें संतरी का काम सुरक्षा के अतिरिक्त गैंग के सदस्यों पर नजर भी रखना होता हैं। विशेषकर रात में यदि कोई सदस्य पेशाब करने भी जाता है तो पहले संतरी को बताएगा और जब अपनी जगह पर वापस आएगा तब भी संतरी को आने की सूचना देगा। ऐसा इसलिए किया जाता है कि गैंग का कोई सदस्य पेशाब करने के बहाने से वहां से निकल न जाए और पुलिस से मिलकर सूचना न दे दें। जब भी गैंग से कोई व्यक्ति मिलने आता है चाहे वह उनका रिश्तेदार ही क्यों न हो, उसके जाते ही गैंग अपना स्थान छोड़ देता है।

उस समय चंबल के गैंग कुछ सिद्धांतों से बंधे होते थे, जिन्हें वह चंबल का कानून कहते थे। डकैत पुलिस से मुठभेड़ के समय जय दुर्गे, जय चंबल का जयकारा लगाते थे और हमेशा अपने पास लाउडहैलर भी रखते थे। मुठभेड़ के समय वे पुलिस को चेतावनी व गालियां भी देते रहते थे, जिससे पुलिस का मनोबल गिर जाये और वह मौका पाकर फरार हो जाये।

मलखान-घनश्याम गैंग उस समय देश का सबसे बड़ा डकैत गैंग था और उनके हथियारों के सामने पुलिस के हथियार उतने घातक नही थे। पुलिस के पास पुरानी थ्री नाट थ्री रायफले, ग्रेनेड फेंकने वाला जी0एफ0 रायफल, पुराने स्टेनगन, थामसन मशीन कार्बाइन तथा रिवाल्वर थी। उत्तर प्रदेश में केवल पी0ए0सी के पास .303 रायफलों के अतिरिक्त लाइट मशीन गन भी थी। स्टेनगन व थामसन मशीन कार्बाइन का रेंज बहुत कम होता है, अतः दस्यु उन्मूलन में इसका प्रयोग सीमित था। उस समय हम अधिकारी लोग भी पुरानी थ्री नाट थ्री रायफल लेकर ही चलते थे, जो लम्बी रेंज तक मार करने वाली रायफल थी। पी0ए0सी0 की कुछ कंपनियों में ही 7.62 एम0एम0, एस0एल0आर0 वर्ष 1982 में आ गई थी। पुलिस की तुलना में गैंग के पास जी-3 आटोमैटिक रायफल, एस0एल0आर0, सेमी आटोमैटिक थर्टी स्प्रिंग फील्ड रायफलें जो थ्री नाट थ्री रायफलों की तुलना में काफी घातक थी। मलखान-घनश्याम गैंग इतना बड़ा होते हुए भी पुलिस से मुठभेड़ के समय फायर करते हुए भाग जाता था। दोनों गिरोहों से मुठभेड़ के समय कभी भी पुलिस का कोई जवान नहीं मारा गया।

मैंने इस बारे में घंसा बाबा से बात की कि तुम्हारा गैंग चाहता तो मुठभेड़

के दौरान तमाम पुलिसवालों को मार सकता था परन्तु तुम लोग अच्छे हथियारों से लैस होने के बावजूद भी भाग जाते थे। धनश्याम ने बताया कि जिस गैंग ने पुलिस वाले की हत्या की, उसका नामोनिशान मिट जाता है। उसने मुझे बताया कि एक बार आप स्वयं 10–15 जवानों के साथ बीहड़ से पैदल गुजर रहे थे। उस समय वह ऊँचे टीले पर अपने गैंग के साथ मौजूद था। यदि वह चाहता तो अपनी आटोमैटिक रायफल व ग्रेनेड से हमला करके मुझे मार सकता था परन्तु उसने ऐसा नहीं किया। मैंने अपने साढ़े सैतीस वर्ष की पुलिस सेवा में यह देखा है कि यदि कोई पुलिस अधिकारी निष्पक्ष होकर बदमाशों पर कार्यवाही करता है तो गैंग कभी भी उसे लक्ष्य बनाकर हमला नहीं करता है। पुलिस अधिकारी पर हमला उसी समय होता है जब वे उसके विरोधी बदमाशों से मिलकर उन्हें मारने का प्रयास करते हैं। ऐसी स्थिति में पुलिस अधिकारी, निष्पक्ष अधिकारी न होकर गैंग के सदस्य बन जाते हैं और उस समय बदमाश लक्ष्य करके ऐसे पुलिस कर्मियों पर हमला करते हैं।

उत्तर प्रदेश में गाजियाबाद के बहुचर्चित इंस्पेक्टर प्रीतम सिंह की हत्या वर्ष 1998 में इन्हीं कारणों से की गयी थी। अपराध जगत में चर्चित था कि महेन्द्र फौजी गैंग के विरोधी कुख्यात सतवीर गैंग से मिले हुये थे। उस समय महेन्द्र फौजी को जनता दल में मंत्री रहे डी0पी0 यादव और सतवीर गूजर गैंग को दादरी विधायक महेन्द्र सिंह भाटी शरण देते थे। दोनों गिरोहों की गैंगवार में बहुत से लोग मारे गये, जिसमें विधायक महेन्द्र भाटी भी शामिल थे। डी0पी0 यादव को महेन्द्र भाटी हत्या केस में आजन्म कारावास की सजा हुई। केवल आतंकवादी और नक्सली ही वर्दीधारियों पर लक्ष्य करके हमला करते है, क्योंकि उसका उद्देश्य डकैतों से बिल्कुल अलग होता है। वह वर्दीधारियों की अधिक से अधिक संख्या में हत्या करके समाज में आतंक कायम करना चाहते हैं। यही तो आतंकवादी का लक्ष्य होता है कि वह सुरक्षाबलों की हत्या करके असुरक्षा का माहौल पैदा कर दे।

मलखान और घनश्याम गैंग के सिद्धांत

यद्यपि घनश्याम और मलखान गैंग उस समय चंबल के सबसे बड़े व शक्तिशाली गैंग थे, परन्तु जब भी पुलिस से मुठभेड़ होती थी तो गैंग अंधाधुंध फायर करके बीहड़ में भाग जाता था। यदि यह गैंग चाहता तो बहुत से पुलिसजनों की हत्या कर सकता था परन्तु घनश्याम और मलखान गैंग से जब भी पुलिस

की मुठभेड़ हुई तो उन मुठभेड़ों में कभी कोई पुलिस का जवान नहीं मारा गया। मैंने इस बारे में घनश्याम से जब जानकारी की तो उसने बताया कि उसके गैंग का हमेशा यह प्रयास रहता है कि किसी भी कीमत पर पुलिस का कोई भी जवान न मारा जाये। यदि कोई गैंग पुलिस वाले को मार देगा तो पुलिस महकमा अपनी प्रतिष्ठा का प्रश्न बनाकर गैंग के पीछे पड़ जाएगा और गैंग को नेस्तनाबूद कर देगा। चूंकि उसके गैंग से पुलिस को कोई क्षति नहीं हुई, जिससे पुलिस प्रतिष्ठा का प्रश्न बनाकर कभी उनके पीछे नहीं पड़ी।

वर्ष 1981 में रामपुरा के जंगल में घनश्याम-मलखान का संयुक्त गैंग कैम्प कर रहा था। सूचना मिलने पर थाना रामपुरा का एक दरोगा शुक्ला 7-8 सिपाहियों के साथ पहुंच गया और गैंग से मुठभेड़ शुरू हो गयी। 35-40 सदस्यों का यह गिरोह वहां से भाग खड़ा हुआ। मलखान उस समय पूजा कर रहा था। घटनास्थल से पुलिस को 600 एस0एल0आर की गोलियां, मलखान के पूजा के सामान, गैंग के बर्तन, कपड़े आदि बरामद हुए। उस समय मौके से मलखान सिंह की हस्तलिखित डायरी बरामद हुई जिसमें उसने अपने दस्यु जीवन की सभी घटनायें लोकगीत ''आल्हा'' के रूप में लिखी थी। आल्हा बुंदेलखंड में आल्हा-ऊदल की गाथायें, वीर रस में लोक गायकों द्वारा गायी जाती है। मलखान ने अपने सभी अभियान आल्हा के रूप में अपनी डायरी में अंकित किये थे। उसी दौरान मशहूर पत्रकार व लेखक खुशवंत सिंह, जालौन आए थे। उन्हें मलखान द्वारा लिखी गई आल्हा की डायरी दिखाई गयी थी और उन्होंने उसे पत्रिका में छापा भी था।

घनश्याम ने मुझे बताया कि मैनपुरी, एटा, इटावा में छविराम यादव, अनार सिंह यादव, महावीरा यादव, पोथी यादव के गैंग इसलिए मारे गए क्योंकि उन्होंने पुलिसजनों की हत्यायें की थी। छविराम ने वर्ष 1981 में जनपद एटा के थाना अलीगंज के इंस्पेक्टर राजपाल सिंह सहित पुलिस व पी0ए0सी0 के नौ पुलिसजनों की हत्या की थी। छविराम को इटावा के कद्दावर राजनैतिक परिवार का संरक्षण प्राप्त था और पुलिसजनों की इस हत्या के बाद मैनपुरी में गैंग के आत्मसमर्पण कराने का ड्रामा राजनैतिक परिवार के मुखिया द्वारा कराया गया था, जो सफल नहीं रहा। नौ पुलिसजनों के मारे जाने के बाद छविराम गिरोह पर पुलिस का शिकंजा कसता जा रहा था। गैंग के संरक्षक इटावा के कद्दावर नेता ने यह ड्रामा कराकर गैंग को कुछ दिन के लिए राहत अवश्य दिलवा दी थी।

इस ड्रामें के दौरान हजारो की संख्या में लोग एकत्रित हुये, जहां से पुलिस फोर्स को हटा लिया गया था। गिरोह ने अपने हथियारों लाइट मशीनगन, ग्रेनेड फायरिंग रायफल, एस0एल0आर0 व अन्य घातक हथियारों का प्रदर्शन किया। गैंग के फायर पावर को देखकर कई जिलों में दहशत का माहौल व्याप्त हो गया था और रंगदारी तथा अपहरण से गैंग की कमाई बढ़ गयी थी। किसी की हिम्मत नहीं थी कि वह गैंग की शिकायत कर सके। अपहरण होने पर राजनैतिक संरक्षकों के माध्यम से रूपये गैंग तक पहुंच जाते थे और पुलिस को जानकारी तक नहीं हो पाती थी।

आत्मसमर्पण असफल होने पर छविराम गैंग के विरूद्ध भारी पुलिस बल लगाकर अभियान तेज कर दिया गया। दस्यु उन्मूलन अभियान में मैनपुरी के वरिष्ठ पुलिस अधीक्षक कर्मवीर सिंह, ''आई0पी0एस0-1975'' की टीम ने छविराम सहित उसके गैंग के 13 सदस्यों को मार्च, 1982 में मार गिराया था। अनार सिंह यादव, पोथी यादव और महावीरा भी पुलिस मुठभेड़ों में मारे गए, जिससे खूंखार यादव गिरोहों का सफाया हो गया।

घनश्याम ने यह भी बताया कि एक बार, उसका गैंग जालौन जिले के बीहड़ में रूका हुआ था। उसी समय रामपुरा थाने के दो सिपाही साइकिल से गश्त पर जा रहे थे। उसके गिरोह ने उनको घेरकर बैठा लिया और उनकी रायफले अपने पास रख ली। सिपाही डर गए तो उसने उन्हें आश्वस्त किया कि वह उनका नुकसान नहीं करेगा। उसने उन्हें हिदायत दी कि जब भी गश्त में जाये तो सावधानी बरते। यदि उसकी जगह कोई छोटा गैंग होता तो वह उनकी हत्या करके उनकी रायफले लूट लेता। दोनों सिपाहियों को खाना खिलाकर दो-दो सौ रूपये देकर छोड़ दिया गया।

उस समय चंबल गैंग के सिद्धांतों में यह भी था कि जब भी वे अपने किसी दुश्मन की हत्या करते थे, तो महिलाओं को कुछ नही बोलते थे। गांव से निकलते समय महिलाओं और छोटी बच्चियों का पैर छूते थे। जब उन्होंने शुरू में डकैती डाली, तब भी महिलाओं के शरीर से कभी जेवर नहीं उतरवाये और न ही दुर्व्यवहार किया। अगर उनके रास्ते में कोई दुल्हन विदा होकर जा रही होती थी, तो वे दुल्हन की डोली रूकवाकर उसका पैर छूते थे और प्रत्येक सदस्य उसे 10-20 रूपया भेंट देता था। गिरोह मंदिर निर्माण में भी मदद करते थे और कुछ मंदिर उन्होंने खुद बनवाये थे। यदि गैंग का कोई सदस्य किसी महिला से

बलात्कार कर दे तो गैंग उसे खुद ही सजाए मौत देता था। दुश्चरित्र होने और मलखान को धोखा देकर गैंग से भागने वाले सदस्य बाबू गूजर, इन्हीं कारणों से विक्रम मल्लाह द्वारा मार दिया गया था क्योंकि उसने फूलन देवी के साथ बलात्कार किया था।

चंबल गैंग के इन सिद्धांतों को मलखान, घनश्याम, बाबा मुस्तकीम आदि गैंग ने पालन किया, परन्तु लालाराम-श्रीराम, बाबू गूजर, बलवान गड़रिया, विक्रम मल्लाह तथा बाद में निर्भय गूजर ने इन सिद्धांतों का पालन नहीं किया और इनमें से ज्यादातर दुश्चरित्र थे और सभी मारे गये। गैंग कभी भी किसी मकान में नहीं रूकता था, क्योंकि मकान में पुलिस द्वारा आसानी से घेरा जा सकता है। यह हमेशा बीहड़ व जंगलों में रूकते थे और हमेशा दो संतरी लगाते थे। गैंग का खाना दिन में 12 से 2 बजे के बीच केवल एक बार बनता था। वह ऐसा इसलिए किया जाता था क्योंकि सुबह या शाम को जंगल में आग जलने पर धुंआ दूर से देखा जा सकता है जिससे गैंग की लोकेशन पुलिस को मालूम हो सकती थी। यदि कभी बना बनाया खाना गांव वालों द्वारा लाया जाता था तो सबसे पहले खाना लाने वाले को खाना खिलाते थे और गैंग बाद में खाना खाता था। यह इसलिए किया जाता था कि खाने में कहीं जहर न मिला दिया गया हो। खाना खाने के बाद या किसी व्यक्ति से मिलने के बाद गैंग तुरंत अपना स्थान बदलकर दूसरे स्थान पर चला जाता था जिससे पुलिस को उसकी लोकेशन का पता न चल सके। खाने की जो सामग्री मंगाई जाती थी उसको बाजार दर से अधिक पैसा दिया जाता था जिससे कोई व्यक्ति उनसे अप्रसन्न न हो।

अपहरण किये गये व्यक्ति को इस गैंग ने कभी नहीं मारा। उसे सम्मान से रखते थे और थक जाने पर कभी-कभी उसका पैर भी दबाते थे। घंसा बाबा ने बताया कि एक बार उसका गैंग रामपुरा के बीहड़ में था और पुलिस पहुंच गई। उसका भाई करन सिंह बीहड़ की एक खार से निकलकर एक दरोगा के पीछे पहुंच गया और उनकी पीठ पर अपनी रायफल लगा दी। दरोगा ने कहा कि उसे मत मारो, उनकी तीन बेटियां है। करन ने उस दरोगा से कहा कि वे जोर से आवाज देकर पुलिस पार्टी को दूसरी दिशा में चलने के लिए कहे। मरता क्या न करता, दरोगा जी ने आवाज दी और पुलिस पार्टी दूसरी तरफ चली गयी जिसके कारण गैंग सुरक्षित निकल गया। गैंग ने उस दरोगा से कहा कि उनकी एक लड़की की शादी का खर्च वह स्वयं उठायेगा।

थाना रामपुरा जालौन में तैनात दरोगा जी की लड़की की शादी तय हुई। घंसा बाबा ने ग्राम नरौल निवासी रामसिया पंडित के माध्यम से पच्चीस हजार रूपया, गेहूं, चना, बेसन, चीनी, घी आदि पूरा सामान दरोगा जी के घर भिजवाया। रामसिया पंडित ने सामान तो दरोगा जी के यहां पहुंचा दिया परन्तु रूपया खुद अपने पास रख लिया। शादी के बाद जब घंसा को यह मालूम हुआ कि रूपया रामसिया पंडित खुद अपने पास रख लिया है तो उसने नाराज होकर रामसिया पंडित के भाई राधे का नरौल के पास से दिन दहाड़े अपहरण कर लिया और पच्चीस हजार रूपया वसूलने के बाद उसे छोड़ा और रूपया उस दरोगा के पास पहुंचा दिया। रामसिया अपहरण के मामलों में पैसा वसूलने में गैंग की तरफ से मध्यस्थता करता था। इस घटना के बाद रामसिया पंडित डर के मारे अपना गांव छोड़कर रामपुरा कस्बे में रहने लगा।

बागी

चंबल क्षेत्र में सैकड़ो वर्षों से बागी, डकैत, ठग आदि नामों से गिरोह सक्रिय रहे हैं। बताया जाता है कि जब पृथ्वीराज चौहान दिल्ली की गद्दी पर बैठे तो उन्होंने अपने खास सिपहसलार को मतभेद के कारण अपने राज्य से निकाल दिया था, जो अपने साथियों के साथ चंबल क्षेत्र में आकर बस गया और पृथ्वीराज चौहान के खिलाफ बगावत करता रहा। चंबल के डकैत भी अपने को इसी आधार पर बागी कहलाने लगे। समय के साथ बागियों के स्थान पर ठगों के गिरोह सक्रिय हो गए। ठगों के गिरोह काफिले में जा रहे व्यापरियों व अन्य लोगों के साथ शामिल हो जाते थे। ये गिरोह व्यापारियों की हत्या गले को रस्सी से कसकर कर देते थे और उनका सामान लूट लेते थे। गला कसकर हत्या, वे अपनी कुलदेवी को खुश करने के लिए करते थे। ठगों के खात्मे के लिए तत्कालीन ब्रिटिश सरकार ने ठगी-डकैती विभाग का गठन किया था, जिसका मुख्यालय पहले शिमला में था। ठगों के खात्में के लिए पुलिस अधिकारी कर्नल स्लीमैन को नियुक्त किया गया था, जिन्होंने अभियान चलाकर चम्बल घाटी को ठगों से मुक्त कर दिया। ठगी खत्म होने के बाद चंबल क्षेत्र में डकैतों ने अपने गिरोह बना लिए जिसमें आजादी से पहले दस्यु सरगना मान सिंह का गैंग प्रमुख था, जिसने अपने गांव खेड़ा राठौर आगरा में पंडित तलफीराम से हुए जमीनी विवाद के कारण बागी बना। मान सिंह ने 1939 से अगस्त 1955 में मारे जाने

तक 185 हत्याएँ की, जिसमें 32 पुलिस के जवान भी शामिल थे। मानसिंह गैंग के विरूद्ध 1112 लूट, डकैती और फिरौती के लिए अपहरण के मामले दर्ज हुए। मानसिंह ऑपरेशन में तत्कालीन मध्य भारत सरकार को गोरखपुर से गोरखा रेजीमेंट की एक टुकड़ी बुलानी पड़ी थी।

आजादी के बाद अगस्त 1955 में मध्य प्रदेश क्षेत्र में एस0ए0एफ0 और गोरखा रेजीमेंट की टुकड़ी के इंचार्ज बब्बर सिंह थापा से हुई मुठभेड़ में मान सिंह मारा गया था। मान सिंह के मारे जाने के बाद उसी के गांव के रूपा पंडित ने गैंग की कमान संभाली थी और वह भी कुछ दिनों बाद ही मध्य प्रदेश में एस0ए0एफ0 के कमांडेंट क्विन द्वारा मुठभेड़ में मारा गया जिसके बाद उसका भाई लोकमान दीक्षित उर्फ लुक्का महाराज ने गैंग की कमान संभाली। लुक्का ने गैंग के साथ पुलिस के समक्ष आत्मसमर्पण कर दिया, जिसके बाद मान सिंह गैंग का खात्मा हो गया। मान सिंह का पुत्र तहसीलदार वर्ष 1953 में इटावा के बीहड़ों में एस0पी0 दौलत राम नीम के साथ हुयी मुठभेड़ के दौरान घायल होकर गिरफ्तार हुआ था और उसे कई मामलों में लंबी सजायें हुई। बाद में विनोबा भावे व जयप्रकाश नारायण के प्रयास से उसको हुई फॉसी की सजा राष्ट्रपति द्वारा आजन्म कारावास में बदल दी गयी। उसने अपने प्रयासों से चंबल के अन्य दुर्दान्त गिरोह मोहर सिंह, माधव सिंह, नत्थू सिंह आदि के आत्मसमर्पण कराये। मान सिंह गिरोह के समय ही चंबल में लाखन सिंह, पुतली बाई आदि के गिरोह भी सक्रिय रहे, जो पुलिस मुठभेड़ों में मारे गये।

तहसीलदार सिंह ने बाद में जसवन्त नगर इटावा से वर्ष 1991 में मुलायम सिंह यादव के विरूद्ध विधान सभा का चुनाव लड़ा था। मध्य प्रदेश पुलिस ने मान सिंह के परिवार के कुछ नवयुवकों को मध्य प्रदेश में नौकरी दी थी। उसके परिवार के एक सदस्य, मध्य प्रदेश में डिप्टी एस0पी0 हुए और बाद में बी0एस0एफ0 से डी0आई0जी0 होकर सेवानिवृत्त हुए। चंबल क्षेत्र शुरू से ही अशांत रहा है और यहां गैंग पनपते रहे।

ग्वालियर के जंगल से वापसी

घंसा बाबा ने उत्तर प्रदेश में आत्मसमर्पण करने के लिए अपनी इच्छा व्यक्त की और बताया कि एक महीने में वह सेठ श्रीलाल महेश्वरी और डॉ0 कैलाश नारायण गुप्ता के माध्यम से सूचना देगा। चलते समय मैंने अपने क्लिक थर्ड

कैमरे से फोटो खींचना चाहा। घंसा बाबा, उसका भाई करन सिंह और मन्नी सिंह ने फोटो खिंचवाया। मैंने बशीर फौजी को भी फोटो खिंचवाने के लिए कहा परन्तु वह फौजी होने के कारण बहुत चालाक था और बड़े नम्र शब्द में बोला कि अब तो हाजिर होने के बाद ही फोटो खिंचवायेगा। जंगल में मुझे बातचीत करने में काफी देर हो गयी। हम लोग करीब 13-14 किलोमीटर पैदल गए थे और उतना ही पैदल चलकर वापस आये थे। मुझे और चिंतामणि यादव को बीहड़ में चलने की आदत थी, परन्तु महेश्वरी जी व डॉ0 गुप्ता काफी थक गये थे। हम लोग जंगल में साथ-साथ चले, गैंग ने अपने दो सदस्यों को हमारी सुरक्षा के लिए साथ भेजा। जब मोह ग्वालियर रोड लगभग चार किलोमीटर रह गया और हमारे साथी पैदल चलने में असमर्थ हो गए तब मैंने थानाध्यक्ष चिंतामणि को निर्देश दिया कि वह धीरे-धीरे चलकर सड़क के आस-पास किसी गांव में रूक जाय और दूसरे दिन वापस आये।

मैंने जंगल में अन्तिम चार किलोमीटर का रास्ता अकेले दौड़ कर पार किया। जब मैं मोह-ग्वालियर रोड पर पहुंचा, उस समय सूर्य डूब रहा था और हमारी जीप जा चुकी थी। मैं अपने साथ फोटो की रील ले लिया था और कुछ रूपयों के अलावा मेरे पास कुछ भी नहीं था। सड़क पर मुझे एक ट्रक मिला, जिसको मैंने हाथ देकर रोका और वापस आने के लिए बैठ गया। लगभग 10 बजे रात में मैं दतिया जिले के कस्बा शेवड़ा पहुंचा। बस स्टैण्ड पर पेड़ा खाकर पानी पिया। मुझे हर हालत में अपनी कुशलता का समाचार वरिष्ठ पुलिस अधीक्षक विजय शंकर को देना था, जिसका एक ही माध्यम था, थाना शेवड़ा का इंटर-स्टेट वायरलैस सेट चैनल। मैं पैदल करीब 10:30 बजे रात में थाना शेवड़ा पहुंचा। वहां कुछ सिपाही भोजपुरी भाषा में बात कर रहे थे, जो पूर्वी उत्तर प्रदेश और बिहार की भाषा है। मैंने समझ लिया कि यहां के कुछ सिपाही पूर्वी उत्तर प्रदेश के रहने वाले हैं। वहां पहुंचकर मैंने अपना परिचय दिया और बताया कि मैं अपने काम से ग्वालियर गया था और वहां से यहां बस से आया हूं। मैं अपने जिले के थाना रामपुरा से बात करके गाड़ी बुलाना चाहता हूँ।

रात 11 बजे थाना रामपुरा से मेरी बात हुई, जहां पर वरिष्ठ पुलिस अधीक्षक विजय शंकर अपने मित्र चन्द्रभाल वर्मा (आई0एफ0एस0-1969), डी0एफ0ओ0 के साथ बैठे चिंता में डूबे थे। मेरी आवाज सुनकर वे काफी प्रसन्न हुए और मुझे बताया कि वह मुझे लेने स्वयं आ रहे हैं। मैं शेवड़ा के डिप्टी एस0पी0 के

घर गया जो इलाहाबाद विश्वविद्यालय के पढ़े हुए थे। उनके यहां खाना खाकर मैंने उनकी जीप से करीब रात 12 बजे प्रस्थान किया। भिंड क्षेत्र में एस0एस0पी मुझसे मिले और मैं उनके साथ वापस जालौन आ गया।

मैंने पूरी बातें अपने वरिष्ठ अधिकारियों को बताई। फोटो की रील धमेन्द्र स्टूडियो उरई के मालिक महेन्द्र सिंह को दिया, जिन्होंने फोटो की कापियां तैयार की। वरिष्ठ पुलिस अधीक्षक उन फोटो को लेकर लखनऊ गये। उन्होंने पुलिस महानिदेशक श्री शचन्द्र दीक्षित, डी0आई0जी0 झॉसी एस0के0 दत्ता और एडीशनल आई0जी0 जोन आगरा आर0पी0 गोविल को पूरी जानकारी दी। घंसा गैंग के समर्पण की जानकारी मुख्यमंत्री उत्तर प्रदेश श्रीपत मिश्र को दी गई, जिन्होंने अपनी सहमति दे दी।

इसी बीच मध्य प्रदेश पुलिस को अपने सूत्रों के माध्यम से घंसा गैंग से मेरी मुलाकात की जानकारी हो गई। मध्य प्रदेश के वरिष्ठ अधिकारी जालौन आए और हम लोगों से जानकारी प्राप्त करना चाहा, परन्तु गोपनीयता के कारण हम लोगों ने कोई जानकारी साझा नही की। हमारी मुलाकात के बाद मध्य प्रदेश की पुलिस ने मलखान को पैरोल दिलाकर घंसा गैंग से मुलाकात के लिए भेजा, परन्तु उसकी मुलाकात नहीं हो पायीं। उसके बाद ग्वालियर पुलिस ने बीहड़ो में गिरफ्तारी के लिए घेरा डालने का प्रयास किया। गैंग को पूरी तरह घेरने से पहले ही एक डिप्टी एस0पी0 से एक्सीडेंटल फायर हो गया। फायर की आवाज सुनकर गैंग सतर्क होकर भाग गया। घनश्याम गैंग, ग्वालियर से शिवपुरी निकल गया और बरसात का ज्यादातर समय वहीं बिताया।

जालौन में गैंग वापस तब आता था, जब बरसात के बाद अरहर और बाजरे की फसल ऊंची हो जाती थी, जिससे बीहड़ों के बीच गैंग इन फसलों की आड़ लेकर आ-जा सके। 15 अगस्त 1982 के बाद 8 नवंबर 1982 तक मुझे गैंग की कोई सूचना नहीं मिली, न ही घंसा ने कोई पत्र ही मुझे भिजवाया।

घंसा गैंग से दूसरी मुलाकात

8 नवंबर, 1982 को मेरे पास सूचना आई कि गैंग, नदी गांव जालौन के जंगल में आ चुका है और मुझसे मुलाकात करना चाहता है। उस समय एडीशनल आई0जी0 जोन तुषार दत्त का स्थानांतरण हो चुका था और आर0पी0 गोविल, आई0जी0 जोन आगरा का प्रभार ग्रहण कर चुके थे। एस0एस0पी0 जालौन विजय

शंकर का तबादले का आदेश 8 नवंबर की सुबह ही आया था। मैंने एस0एस0पी0 को बताकर अपने गाइड के साथ नदी गांव के जंगल में गया, जहां घंसा बाबा और उसके गैंग के सदस्यों से मुलाकात हुई। गैंग के सदस्य आत्मसमर्पण करने के लिए तैयार थे। मैंने 15 अगस्त 1982 को खींची गई फोटो घनश्याम को दिये। घंसा ने मुझसे अनुरोध किया कि उसे दीवाली बीहड़ में ही मनाने दिया जाये और उसके तुरंत बाद ही वह आत्मसमर्पण कर देगा। नवम्बर 15, 1982 को दीवाली का त्यौहार था। मैंने दीवाली के तीन दिन बाद आत्मसमर्पण के लिए 18 नवंबर, 1982 की तारीख तय कर दी। उसने मुझसे यह भी कहा कि अखबार में आत्मसमर्पण के दो तीन दिन पहले एक खबर भी प्रकाशित हो जाए कि वह आत्मसमर्पण करने वाला है।

मैं गैंग से मिलकर एस0एस0पी0 आवास पर आया, जहां विजय शंकर के उत्तराधिकारी हाकम सिंह (आई0पी0एस0–1969) ड्राइंग रूम में बैठे थे। दोनों अधिकारी पूर्व सेनाधिकारी रहे थे और आई0पी0एस0 में बैचमेट थे। एस0एस0पी0 विजय शंकर ने मुझे गले लगाया और हाकम सिंह को "ऑपरेशन घंसा" के बारे में जानकारी दी। विजय शंकर ने 8 नवंबर को ही जिले का प्रभार छोड़ दिया था और उन्हें भारत सरकार की प्रतिनियुक्ति पर एस0पी0, सी0बी0आई के पद पर दिल्ली जाना था। तीन–चार दिन तक उनकी विदाई का कार्यक्रम होता रहा और वे झांसी से दिल्ली चले गये।

मैं 12 नवंबर, 1982 को नए एस0एस0पी0 हाकम सिंह से मिला और बताया कि मैं गैंग का आत्मसमर्पण कराने के संबंध में रामपुरा जा रहा हूँ, जिस पर नये एस0एस0पी0 ने बड़ी बेरूखी से मुझे आदेश दिया कि जब तक वह नहीं कहेंगे तब तक मैं मुख्यालय न छोड़ूं। मैं बड़ा दुखी हुआ और अपनी व्यथा टेलीफोन के माध्यम से डी0आई0जी0 एस0के0 दत्ता (आई0पी0एस0–1959) को बताई जो शुरू से ही इस ऑपरेशन के बारे में जानते थे। 13 नवंबर को ही नए वरिष्ठ पुलिस अधीक्षक हाकम सिंह लखनऊ गये और 14 नवंबर को लखनऊ से वापस आने के बाद मुझे निर्देशित किया कि मैं रामपुरा जाकर हैलीपैड बनवाऊं। मैंने उनसे जब यह पूछा कि हैलीकाप्टर से कौन आएंगे तो उन्होंने मुझे फिर बड़ी बेरूखी से कहा कि यह जानने की आपको आवश्यकता नहीं है। मैं जितना हूं उतना ही करें।

14 नवंबर को मैं अपनी जीप से थाना रामपुरा पहुंचकर थानाध्यक्ष चिंतामणि सिंह यादव के साथ हैलीपैड की जगह देखी। जब मैं गोहन, कुठौंद होकर उरई आ रहा था तो रास्ते में कस्बा जालौन के पास थाना रामपुरा की जीप ने बड़ी तेजी से आकर मेरी गाड़ी को ओवरटेक करके रोका। मुझे बताया गया कि घंसा बाबा ने दो आदमी जनपद इटावा फूलन गैंग से संपर्क के लिए भेजे थे, जहां इटावा पुलिस से मुठभेड़ हो गई। मुठभेड में फूलन गैंग सकुशल निकल गया, परन्तु घंसा बाबा द्वारा भेजे गए दो व्यक्ति मंसा राम केवट पुत्र अंगनू मल्लाह निवासी लालपुरा थाना सहसों (अब थाना बिठौली) और कप्तान सिंह पुत्र जगत सिंह निवासी सलोखरा थाना सहसों पुलिस मुठभेड़ में मारे गये। यह मुठभेड़ ग्राम सलोखरा के बीहड़ में हुयी, जिसका नेतृत्व तत्कालीन थानाध्यक्ष सहसों जसवंत सिंह ने किया था।

मुझे बताया गया कि इस मुठभेड़ से घंसा बाबा गैग काफी उत्तेजित हो गया है। मुझे इस बात का झटका लगा कि मेरे कहने के बावजूद घंसा बाबा ने अपने दो आदमी फूलन से संपर्क के लिए इटावा क्यों भेज दिये। मैंने उसे निर्देशित किया था कि गैंग या उसके द्वारा नामित अन्य कोई व्यक्ति जनपद जालौन के थाना रमपुरा, रेंढ़र और नदी गांव को छोड़कर किसी अन्य क्षेत्र में नहीं जाएगा।

मैं वरिष्ठ पुलिस अधीक्षक आवास पर आया और पूरे घटनाक्रम से हाकम सिंह को अवगत कराया। हाकम सिंह काफी घबरा गए और मुझसें कहने लगे कि आप पर गैंग का काफी विश्वास है, अतः आप रामपुरा जाकर स्थिति को संभाले। इसके अतिरिक्त उन्होंने मुझे कुछ भी नहीं बताया। मैं अपने घर भी नहीं आया और वहीं से सीधे रामपुरा पहुंचा और थानाध्यक्ष चिंतामणि सिंह यादव व सम्पर्क सूत्र को साथ लेकर पचनदा के बीहड़ों में निकल पड़ा। जालौन में पचनदा वह जगह है जहां जमुना, चंबल, पहुंज, कुंवारी और सिंध पांच नदियां एक जगह मिलती है, जिसको पचनदा कहा जाता हैं। पचनदा पर ही जालौन, इटावा और मध्य प्रदेश के भिंड जिले की सीमाएं मिलती है।

रात्रि 11 बजे मैंने गैंग का लोकेशन मालूम कर लिया। जब मैं वहां पहुंचा तों घंसा अपने गैंग के साथ काफी उदास बैठा था। मेरे पहुंचते ही उसने कहा देखिए साहब हमारे साथ क्या हो गया। इस पर मुन्नी बाई तुरंत बोल पड़ी कि इसमें साहब की क्या गलती है, आपने बड़े साहब (हाकम सिंह) के कहने पर

हम लोगों को राशन पहुंचाने वाले मंसाराम व कप्तान सिंह को फूलन से मिलने के लिए भेज दिया था, जबकि मैंने इससे साफ मना किया था। उसकी बात सुनकर मैं अवाक रह गया, क्योंकि हाकम सिंह ने मुझे यह नहीं बताया था कि वह मुझे बिना बताये हुए गैंग से मिल चुके हैं।

हाकम सिंह श्रेय लेने के लिए थानाध्यक्ष चिंतामणि को बुलाकर घंसा गैंग से जाकर मिल आए और उसे आत्मसमर्पण के लिए फूलन गैंग को भी साथ लाने के लिए कह दिया। हाकम सिंह को आए हुए मात्र 6 दिन हुए थे और मेरे किये हुए कार्य का पूरा श्रेय लेने हेतु लखनऊ जाकर अपने स्वयं के प्रयासों से आत्मसमर्पण कराने की जानकारी वरिष्ठ अधिकारियों को दे आए थे। वे हैलीकाप्टर से आत्मसमर्पण कराने हेतु किसी अधिकारी या नेता को लाना चाहते थे, इसकी जानकारी मुझे नहीं दी गयी थी जबकि मैं इस गैंग को डी0आई0जी0 झांसी एस0के0दत्ता के सामने आत्मसमर्पण कराना चाहता था। मैं आत्मसमर्पण के दौरान गैंग का महिमामंडन नही करना चाहता था। मध्य प्रदेश में जो भी आत्मसमर्पण कराये गए थे, उसमें वहां के मुख्यमंत्री स्वयं आए थे और इसको काफी प्रचार-प्रसार भी मिला था।

मैंने जब घंसा से बात की तो उसने कहा कि अब मुझे नये एस0एस0पी0 हाकम सिंह पर विश्वास नहीं है। उनके कहने पर उसने अपने दो आदमियों को इटावा फूलन से संपर्क हेतु भेजा था, जबकि वह ऐसा नहीं करना चाह रहा था। उसके गैंग के सदस्य बशीर की फूलन-मानसिंह गैंग के सदस्य मुस्लिम से दुश्मनी हो गयी थी। मुस्लिम और बशीर मलखान के सरेण्डर के बाद फूलन गैंग में शामिल हुए थे। किसी बात को लेकर बशीर और मुस्लिम में झगड़ा हुआ था। फूलन गैंग ने बशीर की रायफल और दस हजार रूपये, जो उसे मलखान से प्राप्त हुए थे, छीन लिये थे। बशीर निहत्था घंसा गैंग में शामिल हुआ था, जिसके कारण वह फूलन गैंग से बदला लेना चाहता था। नए एस0एस0पी हाकम सिंह के बार-बार दबाव बनाने के कारण उसने उन दो व्यक्तियों को फूलन के पास भेजा था, जो फूलन के साथ-साथ इटावा क्षेत्र में उसे भी राशन पहुंचाते थे। उन दोनों के मारे जाने के बाद वह काफी आहत था। उसने कहा कि अब मैं उत्तर प्रदेश के मुख्यमंत्री के सामने ही आत्मसमर्पण करूंगा, जिसको मैंने मना कर दिया। पुनः वह किसी कैबिनेट मंत्री या उनके न आने पर उसने झांसी के रहने वाले सरकार के गृह राज्यमंत्री रंजीत सिंह जूदेव के

सामने आत्मसमर्पण की इच्छा व्यक्त की, परन्तु मैंने साफ मना कर दिया और बताया कि उत्तर प्रदेश सरकार की नीति के अनुसार उसे पुलिस अधिकारी के सामने ही आत्मसमर्पण करना होगा।

गैंग से बातचीत करते हुए मुझे करीब आधे घंटे बीत गये और उसके बाद मैंने अपने तेवर कड़े कर दिए। मैंने घंसा से कहा कि अब मैं जा रहा हूं और अपनी वार्ता यहीं समाप्त करता हूँ। आत्मसमर्पण के संबंध में आगे कोई बातचीत नहीं होगी। कल से दस्यु उन्मूलन अभियान शुरू किया जायेगा। मैंने यह भी कहा कि पिछले सात महीने से मैं भी बीहड़ का चप्पा-चप्पा जानता हूं और यदि मैंने चाह लिया तो आपको कल सुबह तक पचनदा पार नहीं करने दूंगा। यहां से करीब 4 किलोमीटर दूर मेरे पास पी0ए0सी0 के 75 जवान मौजूद है, जो एस0एल0आर0, लाइट मशीनगन और ग्रेनेड से लैस है। वादा करता हूं कि सुबह सूरज निकलने तक मैं कोई ऑपरेशन शुरू नहीं करूंगा, आप यहां से कहीं भी जा सकते हैं।

मेरा इतना कहना था कि घंसा के बड़े भाई करन सिंह और महिला डकैत मुन्नी बाई ने मेरे पैर पकड़ लिए और भावुक हो गए। उन्होंने कहा कि उन्हें उम्मीद थी कि सम्मानजनक आत्मसमर्पण से उनकी जिन्दगी भी सुधर जाएगी। आप इस तरह से नाराज होकर यहां से न जाए। घंसा ने मुझसे एकांत में बात करने की इच्छा जाहिर की। उसने मुझे बताया कि इस समय उसके गैंग में कुछ सदस्य मध्य प्रदेश के हैं, जिन्हें मध्य प्रदेश के मुखबिरों ने वहां की पुलिस के निर्देश पर भड़का दिया है। मुझे थोड़ा मौका दे दें, जिससे हाकम सिंह की अदूरदर्शिता के कारण जो स्थिति उत्पन्न हुई है, वह ठंडी पड़ जाए। वह और उसके अधिकतर सदस्य उत्तर प्रदेश के रहने वाले हैं और उत्तर प्रदेश सरकार ही उन्हें इस नारकीय जीवन से छुटकारा दिला सकती है। लगभग दस-पन्द्रह दिनों में उसने मुझसे पुनः सम्पर्क करने का आश्वासन दिया।

पुलिस अधीक्षक हाकम सिंह का श्रेय लेना पड़ा भारी-

मैं थानाध्यक्ष चिंतामणि सिंह यादव के साथ बीहड़ से निकलकर करीब तीन बजे रात में वरिष्ठ पुलिस अधीक्षक निवास पहुंचा और उन्हें पूरी

परिस्थितियों से अवगत कराया। हाकम सिंह ने कहा कि क्यों न अभी चलकर गैंग को घेर लिया जाये। मैंने साफ मना कर दिया और उन्हें बताया कि ऐसी कार्यवाही वादा खिलाफी होगी और भविष्य में कभी कोई गैंग उत्तर प्रदेश पुलिस पर विश्वास नहीं करेगा। मैंने उनसे यह भी कहा कि आपने मेरे सात महीने की मेहनत पर पानी फेर दिया है और गैंग के बारे में जानकारी मुझसे न लेकर, थानाध्यक्ष के साथ गैंग से श्रेय लेने के उद्देश्य से गैंग से मिल आयें। गिरोहों की आपसी दुश्मनी की जानकारी न होते हुए भी आपने घनश्याम से कहकर उसके 2 आदमियों को फूलन गैंग से संपर्क करने के लिए इटावा भेज दिया, जो पुलिस मुठभेड़ में मारे गए। मुझे पुनः गैंग से संपर्क हेतु भेजते समय आपने इस तथ्य को छिपा लिया और मुझे मौत के मुंह में भेजने में जरा भी संकोच नहीं किया। मैं थानाध्यक्ष चिंतामणि सिंह यादव को लेकर एस0एस0पी0 आवास से बाहर आ गया और थानाध्यक्ष को भी अपने साथ सुबह तक रखा, जिससे वरिष्ठ पुलिस अधीक्षक, कोई अव्यवहारिक कदम न उठा सकें। मेरे अलावा चिंतामणि यादव को ही गैंग के लोकेशन की पूरी जानकारी थी।

मैंने डी0आई0जी0 एस0के0 दत्ता और एडीशनल आई0जी0 जोन आगरा आर0पी0 गोविल को पूरी स्थिति से अवगत करा दिया। आर0पी0 गोविल तुरन्त आगरा से जालौन आये और वरिष्ठ पुलिस अधीक्षक हाकम सिंह को लताड़ लगाई। इसी बीच उत्तर प्रदेश सरकार ने पी0पी0एस0 अधिकारियों को प्रमोशन देने के लिए ज्वाइंट एस0पी0 का पद सृजित किया और जालौन में मेरी जगह डॉ0 ए0के0 सिंह को संयुक्त पुलिस अधीक्षक नियुक्त कर दिया। 9 दिसंबर 1982 को मेरी नियुक्ति इलाहाबाद में पुलिस अधीक्षक ग्रामीण क्षेत्र के पद पर हो गई और मैं वहां से कार्यमुक्त होकर तुरंत इलाहाबाद चला गया। एडीशनल आई0जी0 गोविल ने मुझे जालौन में कुछ दिन के लिए ओ0एस0डी0 बनवाने के लिए कहा जिससे मैं आत्मसमर्पण की कार्यवाही पूरी करा सकूं, परन्तु मैंने उनसे अनुरोध किया कि हाकम सिंह के साथ रहकर यह कार्यवाही अब संभव नहीं है।

मेरे जाने के बाद हाकम सिंह ने पुनः एक अदूरदर्शी कदम उठाया। उन्होंने जनपद इटावा निवासी सब-इन्सपेक्टर महावीर चौधरी की सलाह पर घंसा के पिता भोगीराम को पुलिस से उठवा लिया और दबाव बनाकर गैंग को

आत्मसमर्पण करवाना चाहा। पुलिस द्वारा यह भी अफवाह उड़ाई गयी कि इटावा के सुरेन्द्र सिंह गैंग ने भोगीराम का अपहरण कर लिया है, जो एकदम झूठी अफवाह थी, जबकि असलियत यह थी कि जालौन पुलिस द्वारा ही उसे दो-तीन महीने तक अलग-अलग जगहों पर छिपा कर रखा जाता रहा। जालौन पुलिस के इस उत्पीड़न की कार्यवाही से घंसा बहुत व्यथित हुआ और उसने उत्तर प्रदेश में आत्मसमर्पण करने का इरादा छोड़ दिया।

घनश्याम का मध्य प्रदेश में आत्मसमर्पण

घनश्याम ने अपने बुआ के पुत्र मलखान सिंह के माध्यम से मध्य प्रदेश पुलिस से संपर्क किया और मध्य प्रदेश में आत्मसमर्पण करने की इच्छा व्यक्त की। मध्य प्रदेश पुलिस तो पहले से ही उसे अपने यहां आत्मसमर्पण कराना चाहती थी और उन्हें मन मांगी मुराद मिल गई। इसी बीच मलखान ने फूलन गैंग में अपने साथ रहे मुस्लिम और मान सिंह से संपर्क साधा। मलखान ने घनश्याम गिरोह (आई0एस0-41) के साथ फूलन-मानसिंह गैंग (आई0आर0-76) को भी मध्य प्रदेश के मुख्यमंत्री अर्जुन सिंह के समक्ष 12 फरवरी, 1983 को आत्मसमर्पण करवा दिया। आत्मसमर्पण के समय मध्य प्रदेश के जनपद भिंड के पुलिस अधीक्षक राजेन्द्र चतुर्वेदी थे, जिन्होंने मलखान के आत्मसमर्पण में भी मुख्य भूमिका निभाई थी।

आत्मसमर्पण के बाद अखबारों में मलखान सिंह व फूलन देवी के नाम छपते थे। मलखान जब चाहता था तब उसे मध्य प्रदेश पुलिस पैरोल दिला दिया करती थी। घनश्याम आत्मसमर्पण के बाद कुण्ठित हो गया क्योंकि उसे मीडिया में प्रचार नहीं मिल रहा था और साथ ही साथ मलखान की तरह उसे पैरोल भी नहीं मिल रही थी। फूलन, बेहमई कांड की वजह से काफी चर्चित थी, जिसके कारण मीडिया का फोकस आत्मसमर्पण के समय फूलन पर ही था।

घनश्याम का फरार होना एवं मौत

कुण्ठित होकर घनश्याम ने पुनः फरार होने का मन बना लिया। उसके छोटे भाई विष्णु की लड़की की शादी थी और घनश्याम उस शादी में शामिल होना चाहता था। वर्ष 1983 में ही मध्य प्रदेश पुलिस के पांच जवान उसे उसकी भतीजी की शादी में ग्राम जैतपुरा भिंड ले गए। घनश्याम ने शौच जाने का बहाना

बनाया और एक नाले की आड़ लेकर फरार हो गया। फरार होने के बाद घंसा ने पुनः अपना गैंग बनाया परन्तु यह गैंग उतना मजबूत नहीं था। घंसा के भाई करन सिंह के अनुसार राम बाबू निवासी हनुमंतपुरा ने खाने में मुर्गे का गोश्त भेजा था, जिसमें जहर मिला दिया। राम बाबू के पास घनश्याम का पैसा जमा था, इसीलिए राम बाबू ने यह कदम उठाया। पुलिस सूत्रों के अनुसार एक मुखबिर द्वारा शराब में ''सेरेपैक्स'' टैबलेट मिला दी गयी थी। गैंग ने दवा मिली हुई शराब पी और खाना खाया। दवा का प्रभाव होते ही घंसा सहित पूरा गैंग बेहोश हो गया। मुखबिर और उसके साथी ने गैंग की एस0एल0आर0 रायफल से उनके सिर में एक-एक गोली मार दी, जिससे गैंग के सभी छः सदस्य मारे गए। यह घटना 1/2-3-1986 को आधी रात के बाद घटित हुई थी, जिसमें घनश्याम सहित सभी छः डकैत मारे गये थे, जिनके नाम इस प्रकार है:-

1-घनश्याम उर्फ घंसा निवासी हनुमानन थाना रामपुरा जालौन।

2-रामचरन कोरी निवासी कंडेलपुरा थाना उमरी भिंड।

3-सुमेर कड़ेरा पुत्र कालीचरन निवासी महेवा थाना अजीतमल इटावा।

4-पुत्तू मेहतर पुत्र हुकुम निवासी खूजा लोहारी थाना समथर झांसी।

5-पातीराम उर्फ मामा निवासी ग्वालियर मध्य प्रदेश।

6-हरिकेश गड़ेरिया पुत्र पन्ना लाल निवासी हनुमानन थाना रामपुरा।

उस समय गैंग के पास से एक रायफल .275 बोर तथा पाँच इकनाली बारह बोर बंदूके, .275 बोर के दस, बारह बोर के चालीस, .315 बोर के दस तथा एस0एल0आर0 के तीस कारतूस बरामद हुए थे। घटनास्थल उत्तर प्रदेश और मध्य प्रदेश की सीमा पर थाना रामपुरा, जालौन के गांव बिलौड़ के बीहड़ में थी, जहां से मध्य प्रदेश के क्षेत्र में सड़क मार्ग का आवागमन था, परन्तु रमपुरा से दो नदियों को पार करके वहां जाना पड़ता था। एक व्यक्ति द्वारा गोली चलाने की आवाज दी गयी सूचना पर, मध्य प्रदेश पुलिस पहुंच गई और उन्होंने इसे अपनी कारगुजारी बताया। डी.आई.जी. ग्वालियर अयोध्या नाथ पाठक ने तो प्रेस वार्ता भी कर ली और दावा किया कि मध्य प्रदेश पुलिस अपने क्षेत्र से डकैतों का पीछा करते हुए उत्तर प्रदेश सीमा में घुसी और डकैतों को मार गिराया। डकैतों की लाश उठाने पर दोनों जनपदों की पुलिस में विवाद हुआ, परन्तु जालौन पुलिस लाश उठा लाई।

सबसे महत्वपूर्ण तथ्य यह था कि जब डकैतों के सिर में केवल 1-1 गोली लगी थी। ऐसी स्थिति में वे एक कदम भी भाग नहीं सकते थे। मध्य प्रदेश पुलिस का कहना था कि मुठभेड़ उनके क्षेत्र में शुरू हुई और उत्तर प्रदेश क्षेत्र में 6 डकैतों को मार गिराया। इस मुकदमे में एक व्यक्ति बजरंग सिंह निवासी जायगा ने स्थानीय निवासियों के साथ मुठभेड़ होना स्वीकार किया, जिसके फलस्वरूप इस प्रकरण का पटाक्षेप हुआ। यह भी उल्लेखनीय है कि घंसा बाबा की एस0एल0आर0 तथा एक 315 बोर रायफल मौके से बरामद नहीं हुई जबकि उसके कारतूस बरामद हुए थे। यह हथियार मुखबिर द्वारा गायब कर दिये गये थे।

घंसा के भाई करन के अनुसार हुकमपुरा निवासी राजू यादव ने घंसा को मरवाने में मुख्य भूमिका अदा की। उस समय बाबू लाल यादव (आई0पी0एस0-1975) जालौन के वरिष्ठ पुलिस अधीक्षक थे। अपने भाई घनश्याम की मौत का बदला लेने के लिए उसका भाई मिट्ठू भी फरार हो गया। उसने अपने साले चंद्रशेखर के साथ मिलकर राजू यादव को भी ठिकाने लगा दिया। वर्ष 1986 में मिट्ठू भी रौन थाना जनपद भिंड क्षेत्र में पुलिस मुठभेड़ में मारा गया। इस प्रकार घनश्याम उर्फ घंसा बाबा गिरोह का अंत हो गया।

गैंग के सदस्यों से वर्ष 2012 में मुलाकात

मैं 13 फरवरी, 2012 को जालौन गया था और वहां डाक बंगले में घंसा के बड़े भाई करन सिंह, गैंग के मुख्य सदस्यों में से मन्नी सिंह, बाबू खां, उसकी पत्नी मुन्नी बाई और बशीर को बुलाकर कई घंटे बात किया और उनके फोटो खींचे। फरवरी 1983 में आत्मसमर्पण करने के बाद यह लोग वर्ष 1995-96 में जेल से छूट आए और गांव में रहकर खेतीबाड़ी करने लगे। करन सिंह ने बताया कि उसका गैंग ज्यादातर अपहरण दतिया, भिंड व ग्वालियर से करता था। जालौन से अपहरण नहीं करते थे क्योंकि यहां के जंगलों में इन्हें पनाह मिलती थी, जहां वे दुश्मनी मोल नहीं ले सकते थे। फूलन-मान सिंह गैंग भी यदा-कदा इनके पास रूकता था। गैंग के ज्यादातर सदस्य अपने-अपने विरोधियों की हत्या करके गैंग में आए थे और कुछ सदस्य गैंग में इसलिए आए थे कि वे अपने विरोधियों की हत्या करने में गैंग से मदद ले सके।

मुन्नी बाई

मुन्नी बाई जो काफी बूढ़ी हो गई थी। उसने बताया कि इस समय वह अपनी बेटी के बच्चों को पाल रही है। उसका दामाद मेहनत मजदूरी करता है। उसके पति बाबू खां मध्य प्रदेश में हरगोविंद सिंह की कोठी मड़ौड़ी थाना लहर भिंड में रहते हैं। वह उनके फार्म हाउस का काम देखते हैं। मुन्नी के पति बाबू खां ने पुनः अपनी आदत के अनुसार शेखी बघारी कि वह अपने खाने पीने के अतिरिक्त गोविंद सिंह से केवल एक हजार रूपया बीड़ी पीने का खर्च लेता है।

बाबू खां और मुन्नी बाई ने बताया कि वह पति-पत्नी अपने गांव इदुरखी में रहकर अपने 10-12 बीघा जमीन पर खेती-बाड़ी करते थे। जमीन के विवाद में इनका गांव के हुसैन खां से झगड़ा हुआ और उस झगड़े के दौरान हुसैन खां मारा गया। पति-पत्नी ने गिरफ्तारी से बचने के लिए बीहड़ की राह पकड़ी और घंसा गैंग में शामिल हो गए। उस समय इस दम्पति के पास 7 साल की बेटी रेखा थी जिसे फरार होने के पहले मुन्नी बाई ने अपने मायके में छोड़ दिया था। गैंग में पहुंचने के बाद घंसा बाबा ने इन दोनों को एक-एक थ्री नाट थ्री रायफल मार्क थ्री दी और उसने ही इन लोगों को रायफल चलाना सिखाया। ग्वालियर जेल में रहने के दौरान मुन्नी को एक बेटी पैदा हुई जिसका नाम उसने सीता रखा था।

करन सिंह

करन सिंह जो घंसा बाबा का सगा बड़ा भाई था। करन काफी बूढ़ा हो चुका था और बीमार लग रहा था। उसने बताया कि घनश्याम और छोटे भाई मिट्ठू की पुलिस मुठभेड़ में मारे जाने के बाद वह काफी टूट गया। वह अपने गांव में खेती बाड़ी का काम कर रहा है और बीमार रहता है। उस समय उसकी उम्र 70 वर्ष से ऊपर थी। वह ग्वालियर जेल से वर्ष 1995 में रिहा होकर शांतिपूर्वक जीवन बिता रहा था। उसे अपने कत्यों पर कोई पछतावा नहीं था।

मन्नी सिंह अनघौरा

मन्नी सिंह जो मुझे ग्वालियर के जंगल में थर्टी स्प्रिंग फील्ड सेमी ऑटोमेटिक रायफल के साथ मिला था, ने बताया कि जेल से छूटने के बाद वह गांव में बकरी चरा रहा है। उसने बताया कि उसके गांव के कमल जाटव

ने उसकी फसल चुरा ली थी और उसके साथ गाली गलौज भी किया तथा थाने में झूठा मुकदमा भी कायम करा दिया था। उसने गांव के कुछ लोगों के साथ समझौता करना चाहा जिस पर वह तैयार हो गया। उसे जिस दिन कचहरी में जाकर शपथ पत्र देना था वह पुनः उससे झगड़ गया और कचहरी नहीं गया। मन्नी सिंह के अनुसार कमल जाटव का संबंध जगराम जाटव गैंग से था और वह उस गैंग से उसकी हत्या करा सकता था। बदला लेने के लिए मन्नी सिंह एक दिन फरार हो गया और रौंन जनपद भिंड के रहने वाले बलवान सिंह फौजी के गैंग में शामिल हो गया। उसके बाद वह घनश्याम बाबा से मिला और उसके गैंग में शामिल हो गया। एक दिन वह घनश्याम गैंग के साथ कमल जाटव के गांव सर्र पहुंचा और कमल जाटव सहित 7 लोगों का अपहरण करके गांव के बाहर ले गया। गांव के लोग उनकी हत्या न करने के लिए विनती करते रहे। मन्नी ने 6 व्यक्तियों को तो छोड़ दिया, परंतु अपने दुश्मन कमल जाटव की गोली मारकर हत्या कर दी।

बशीर फौजी

बशीर फौजी की उम्र भी 70 वर्ष से कम नही थी। उसके बाल व दाढ़ी पूरी तरह सफेद हो चुकी थी। वह कुर्ता-पैजामा, सफेद लम्बी दाढ़ी और गोल टोपी में मौलाना लग रहा था। बशीर फौजी ग्राम कुसमरा थाना जालौन का रहने वाला था और फौज में 27 जून, 1963 को भर्ती हुआ था। वह फौज के कोर आफ इंजीनियर्स में मशीनरी का काम करता था। अपनी बहन की शादी के समय छुट्‌टी न मिलने के कारण वह अपने सूबेदार सरदार उजागर सिंह से मारपीट कर लिया और फौज की नौकरी छोड़ दी। उसे इस बात का अब भी अफसोस है कि छुट्‌टी न मिलने के कारण वह अपनी बहन की शादी में शामिल नहीं हो पाया था। उसका अपने गांव के पंडित रामहित शिवहरे से झगड़ा हो गया। उसका कहना था कि शिवहरे दबंग व्यक्ति था और उन्होंने एक मुस्लिम लड़की को छेड़ा था, जिस पर उस लड़की के परिजनों के साथ बशीर ने उनका गुप्तांग काट दिया और दोनों आंखे। फोड़ दी थी। पंडित रामहित शिवहरे वर्ष 2014 तक जीवित थे। उसके ऊपर मुकदमा कायम हुआ और जमानत हो गई । लड़की के परिवार के नबी व फकीरे ने मुकदमा लड़ने के लिए पैसा देने के लिए कहा था परन्तु उसे पैसा नहीं दिया। उसे अपने स्वयं के खर्चे पर मुकदमा लड़ना पड़ा।

इसी दौरान ग्राम बाबई में पंडित रामेश्वर बादल से रामहित शिवहरे के प्रकरण में बशीर का झगड़ा हो गया जिसमें रामेश्वर बादल ने रामहित का पक्ष लेते हुए बशीर को गाली दिया और काफी बेइज्जत किया। इसी रंजिश के कारण बशीर फरार हो गया और वर्ष 1978 में बाबा मुस्तकीम के गैंग में शामिल हो गया। वह कुछ दिनों तक मलखान गैंग में भी रहा। मलखान जून, 1982 में मुख्यमन्त्री, मध्य प्रदेश, अर्जुन सिंह के समक्ष अपने डेढ़ दर्जन साथियों के साथ आत्मसर्म्पण कर गया। बशीर ने मुझे बताया कि वह अपने दुश्मनों से बदला नहीं ले पाया था, जिसके कारण उसने मलखान के साथ आत्मसर्म्पण नहीं किया। उसके साथी मुस्लिम ने भी आत्मसमर्पण करने से इन्कार कर दिया। मलखान ने दोनों का हिसाब कर दिया और एक-एक रायफलों के अलावा कुछ रूपये भी दिये। मुस्लिम और बशीर, ''फूलन-मान सिंह'' गैंग में शामिल हो गये परन्तु एक दिन वर्चस्व की लड़ाई में उसका अपने साथी मुस्लिम से झगड़ा हो गया। पूरा गैंग मुस्लिम के साथ हो गया और बशीर की पिटाई करने के अलावा उसकी रायफल भी छीन ली गयी। बशीर मारा-मारा घूम रहा था और उसने घंसा बाबा से सम्पर्क साधा और उसके साथ शामिल हो गया।

15 अगस्त, 1982 को जब मैं ग्वालियर के जंगलों में गैंग से मिला था, तब बशीर के पास घंसा द्वारा दी गयी एकनाली बारह बोर बंदूक थी और वह फूलन गैंग से अपने अपमान का बदला लेना चाहता था। उसी समय 27/28 जून, 1982 की रात्रि 11 बजे ग्राम दस्तमपुर, कानपुर देहात में बाबा मुस्तकीम की मौत का बदला उसके गैंग ने यादव जाति के दस लोगों की हत्या करके लिया था। मुस्तकीम, बेहमई हत्याकाण्ड के मात्र 18 दिन बाद ही पुलिस मुठभेड़ में 4 मार्च, 1981 में मारा गया था, जिसमें दस्तमपुर के यादवों ने मदद की थी। इस घटना के बाद नैतिक जिम्मेदारी लेते हुये उत्तर प्रदेश के मुख्यमन्त्री विश्वनाथ प्रताप सिंह ने अपने पद से त्यागपत्र दे दिया था। इस घटना ने मुस्लिम और बशीर के नाम आ रहे थे, जो कभी बाबा मुस्तकीम गैंग के मुख्य सदस्य रहे थे। घनश्याम गैंग से मिलने के बाद मैंने कानपुर के डी0आई0जी0 रेंज, श्री वी0के0 जैन को यह सूचना दे दी थी कि इस घटना में इन दोनों का हाथ नहीं है, जो सत्य पाया गया। उसने घनश्याम गैंग के साथ फरवरी, 1983 में भिन्ड, मध्य प्रदेश में आत्मसमर्पण कर दिया। काफी दिन जेल में रहने के बाद वह अपने गांव में रह रहा है। उसने मुझे बताया कि जिन्दगी के आखिरी मोड़ पर वह अपने पापों का प्रायश्चित करने के लिये गांव की मस्जिद में रहकर सेवा कर रहा है।

एस.के. दत्ता (आई.पी.एस 1959) की पुस्तक सीबीआई टॉप कॉल रिकॉल से ली गयीं हैं

The story of efforts made to deal with the Ghanshyam gang by vijay Shanker who took over the charge of SP Lalaun after Bajpai's transfer needs to be recorded. brij Lal was posted as Additional SP, a post created on our insistence. Young Brij Lal then 27 years only was a dynamic officer with new ideas. He received a letter from Ghanshyam Singh offering to surrender. He was a resident of village Hanuman of police station Rampura. In July 1976 he killed Uma Shankar Giri, not for money but for Giri's Alleged atrocities like non-payment of wages. In this act of murder, Malkhan and ram Senehi jatav joined him. Ghanshyam was a cousin of Malkhan. Ghanshyam, his brother Karan Singh and Jatav joined him to from his own gang. Subsequently, Bashir Khan and his wife Munni Bai joined the gang. Like Phoolan, munni Bai too used to wear jeans. Every gang in Bundelkhand had a female member.

Brij Lal through a contact managed to open a communication channel with Ghanshyam Singh. Ghanshyam agreed to meet Brij Lal on one condition that he should come alone with no arms. Brij Lal agreed. The contact left him at a point from where a man of Ghanshyam took him to jungles of Gwalior. This happened on 15 August 1982 at around 1.30 pm. Ghanshyam was wearing a fafari suit holding American grenade rifle 7.62, which he had acquired from a fauji who reportedly got it from Bangladesh war in 1971. Ghanshyam never belived that Brij Lal would come alone with no arms. He touched his feet by way of respect and put a tika on his forehead. We all knew about this daring intiative of this young officer.

Brij Lal was supposed to return in the evening. As there was no news of his return. SP and I were worried for his safety. If I can recollect correctly he returned at midnight. On his return, he narrated the entire story. He did carry his camera and that Ghanshyam agreed to be photographed along with other members of the gang by Brij Lal by way of proof of his meeting with Ghanshyam. After Brij Lal visit, MP police had an encounter with Ghanshyam gang. Ghanshyam returned to UP in November 1982. At this crucialjuncture SP was transferred. Hakim Singh took over as the new SP. After much bargaining Ghanshyam agreed to surrender before the DIG at a police station. I am told that SP too created a separate channel of contact with Ghanshyam for his surrender along with Phoolan.

Ghanshyam did send a member of his gang to contact Phoolan. This contact was killed by perhaps in Etawah in an encounter with the local police.This infuriated Ghanshyam. The madhya Pradesh too managed to establish contact with Ghanshyam and Phoolan with an attractive offer of surrendering before the chief minister of Madhya pradesh that we had refursed earlier.thre was total tack of coordination between two police forces. Madhya Pradesh wanted to take credit when these two gangs were operating in UP. Ghanshyam and Phoolan surrendered before the chief minister of MP in January 1983. There was a lot of publicity and Phoolan got all the publicity. Ghanshyam was seen as a marginal actor, which he did not relish. He managed to escape from the police custody and was subsequently killed in Chitrakoot by MP police. As all this happened much after my transfer from Jhansi I have no idea why and how Ghanshyam escaped.

चंबल के डैकत घनश्याम सिंह

डाकू सरदार घनश्याम का फोटो 15 अगस्त 1982 को लेखक द्वारा ग्वालियर के जंगल में लिया गया

श्री मान् - पुलिस अधीक्षक
(उरई)

जयहिन्द

सेवा में - निवेदन है कि जो आपने हाजिर होने का प्रयत्न कर रहे हैं तो हम लोग अपने साथियों सहित हो जायेंगे लेकिन जो हमारी शर्तें हैं वह आप उत्तर प्रदेश सरकार द्वारा पूरी करा के हम लोगों को सेक्युरटी उत्तर देने की कृपा करें। मैंने सुना है कि आप हाजिर कराने में ज्यादा इच्छुक हैं। हम साथियों सहित आपकी इच्छा पूरी करेंगे। लेकिन जब आप हमारी पूरी शर्तें उत्तर प्रदेश सरकार से करायें अथवा हमारी इच्छा आप पूरी करेंगे और हम आप की इच्छा पूरी करेंगे और आपके ही समक्ष होंगे

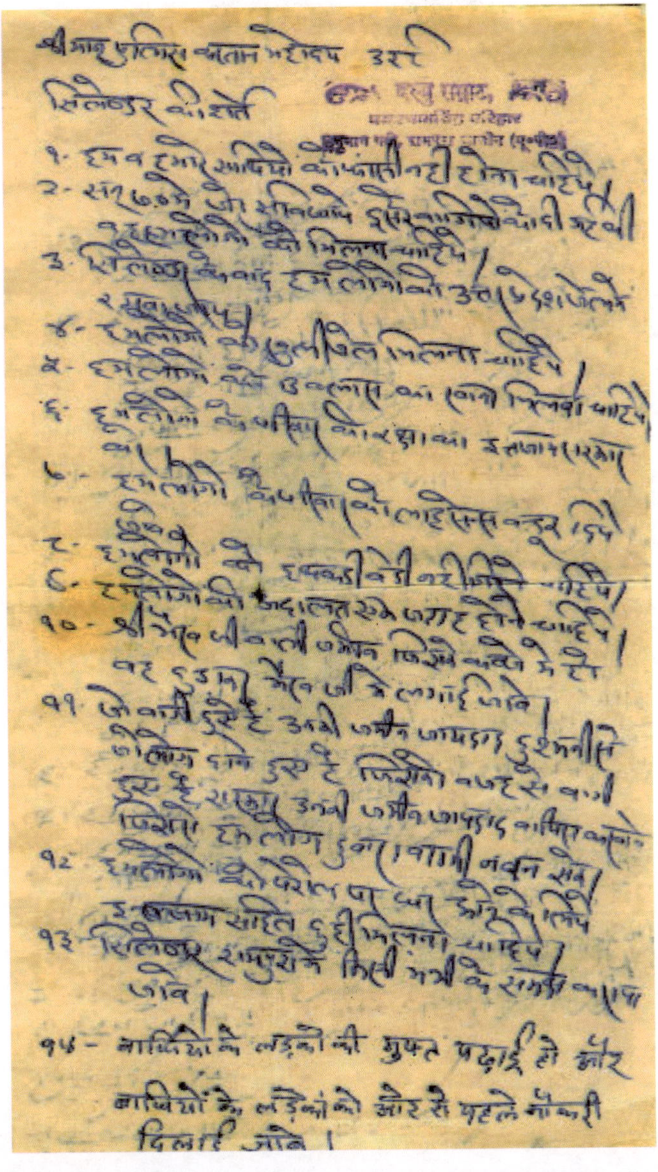

श्रीमान पुलिस कप्तान महोदय उरई

सिलण्डर की शर्ते

१- हम व हमारे साथियो को फांसी नही होना चाहिये।

२- सन् ७७ मे जो मीसाबन्दी दूसरे आन्दोलनकारियो को दी गई थी वह सुविधा हम लोगो को मिलना चाहिये।

३- सिलण्डर के बाद हम लोगो को उत्तर प्रदेश जेलो मे रखा जाये।

४- हम लोगो को खुली बेल मिलना चाहिये।

५- हम लोगो को ए क्लास का खाना मिलना चाहिये।

६- हम लोगो के परिवार की रक्षा का इन्तजाम सरकार करे।

७- हम लोगो को बन्दूको के लाइसेन्स जरूर दिये जावे

८- हम लोगो को हथकड़ी बेड़ी नही लगाना चाहिये।

९- हम लोगो की अदालत एक जगह होना चाहिये।

१०- श्री मैया जी वाली जमीन जिसके कब्जे मे हो वह हटाकर मैया जी के लगाई जावे।

११- जो बागी हुऐ है उनकी जमीन जायदाद दुश्मनी से जो लोग दाबे हुऐ है जिसकी वजह से बागी हुऐ है सरकार उनकी जमीन जायदाद वापिस करावे जिससे कि लोग दुबारा बागी न बन सके।

१२- हम लोगो को परोल पर घर आने के लिये इलाज सहित छुट्टी मिलना चाहिये।

१३- सिलण्डर रामपुरा के किसी मन्त्री के समक्ष कराया जावे।

१४- बागियो के लड़को की मुफ्त पढ़ाई हो और बागियों के लड़को को और से पहले नौकरी दिलाई जावे।

ग्वालियर के जंगल में चंबल के कुख्यात डैकत घनश्याम सिंह उर्फ घंसा बाबा पीछे बाएं डाकू करन सिंह, मन्नी सिंह (फोटो लेखक 15 अगस्त 1982)

आत्मसमर्पण के समय डाकू घनश्याम

आत्मसमर्पण के समय घनश्याम सिंह व उसका भाई करन सिंह

घनश्याम सिंह उर्फ घंसा बाबा आत्मसमर्पण करते हुए
Riffle G3 Automatic

DACOIT GHANSHA IN THE MIDDLE,RIGHT KARAN SINGH & OTHER MEMBER OF THE GANG

आत्मसमर्पण के समय डाकू सरदार घनश्याम और उसका भाई करन सिंह
(12 फरवरी 1983)

लीडर घनश्याम का भाई करन सिंह
(फोटो 2012)

लेखक बृजलाल तत्कालीन डी0जी0 पी0ए0सी0 के साथ जालौन के पी0डब्ल्यू0डी0 डाक बंगले में पूर्व डाकू करन सिंह

मुन्नी बाई आत्मसमर्पण करते हुए (12 फरवरी 1983)

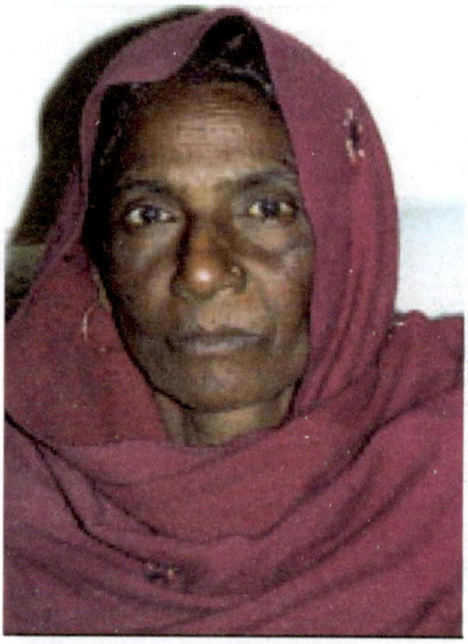

पूर्व डाकू बाबू पठान की पत्नी डाकू मुन्नी बाई
(फोटो फरवरी 2012)

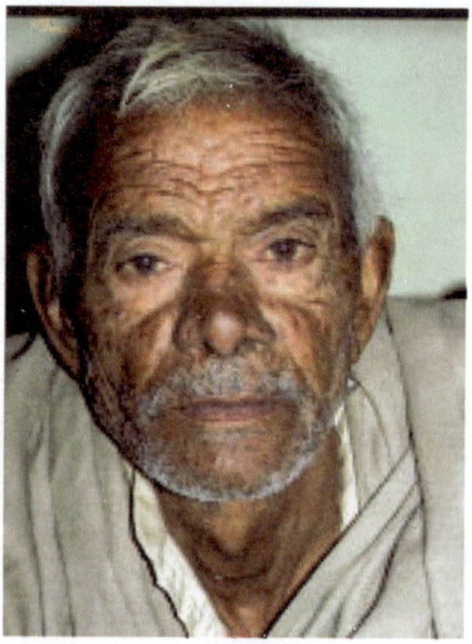

पूर्व डाकू बाबू पठान
(फोटो फरवरी 2012)

लेखक के साथ बाएं से पूर्व डाकू करन सिंह, बाबू पठान और मुन्नी बाई

पूर्व डाकू बशीर फौजी व डाकू मान सिंह यादव
(फोटो 2012)

आत्मसमर्पण के समय डाकू मलखान साथ मे एस.एस.पी. भिंड राजेंद्व चतुर्वेदी और वरिष्ठ पत्रकार अजय कुमार

डाकू मलखान आत्मसमर्पण के समय

महंत उमाशंकर गिरि की हवेली

विजय शंकर (आई0पी0एस-1969)
वरिष्ठ पुलिस अधीक्षक, जालौन (6.07.1981 से 6.11.1982)

बृजलाल (आई0पी0एस-1977)
उप्पर पुलिस अधीक्षक, जालौन (22.04.1982 से 19.12.1982)

हाकम सिंह (आई0पी0एस-1969)
वरिष्ठ पुलिस अधीक्षक, जालौन (18.11.1982 से 19.10.1984)

थानाध्यक्ष रमपुरा चिंतामणि सिंह यादव
(1982 से 1982)

फोटो ग्राफर महेन्द्र सिंह उरई जालौन

1980-1990 की दशक में पुलिस/पी0ए0सी0 के हथियार

.303 BORE RIFFLE MARK 4

.303 BORE RIFFLE MARK 3

9MM STEN GUN

.45 BORE THOMSON MACHINE CARBINE

.455 BORE WEBLEY REVOLVER

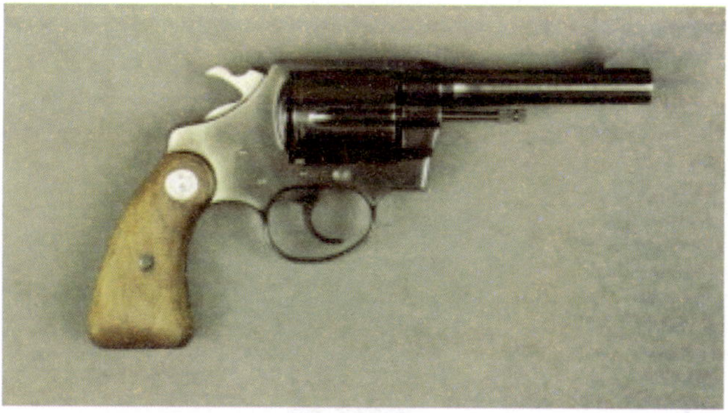

.38 SMITH & WESSON REVOLVER

.303 LIGHT MACHINE GUN

GRENADE FIRING RIFFLE

36-HIGH EXPOLOSIVE GRENADE

1980-1990 के दशक में चंबल डकैतों के हथियार

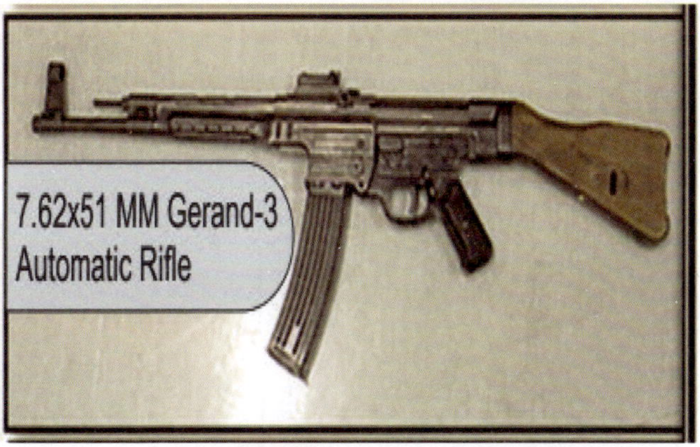

7.62 MM SLR

.30 SPRINGFEILD RIFFLE SEMI AUTO RIFFLE

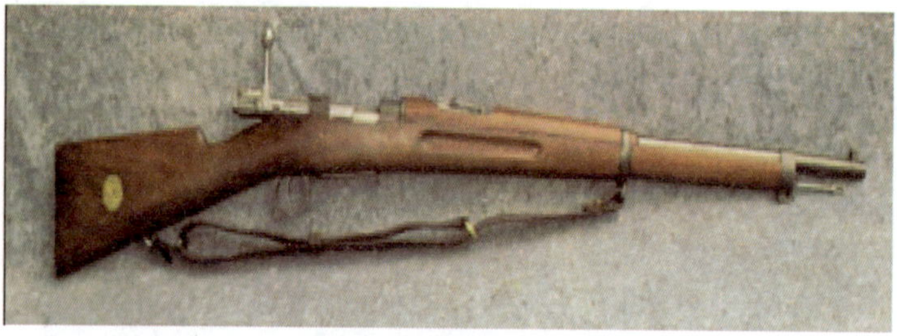

.315 GERMAN MAUSAR RIIFLLE

.315 Bore Rifle (I.O.F)

12 BORE DBBL GUN

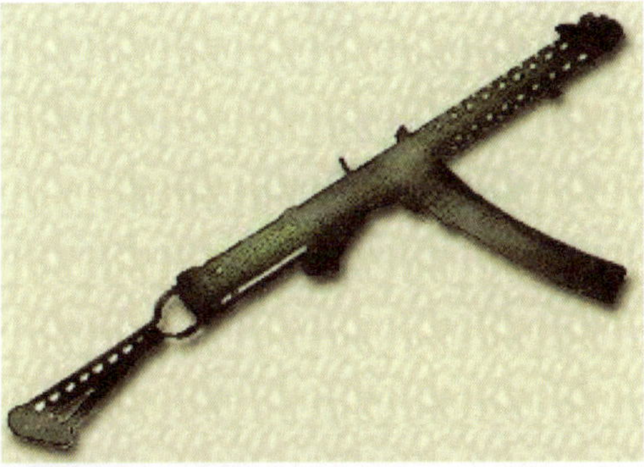

9MM SAF CARBINE

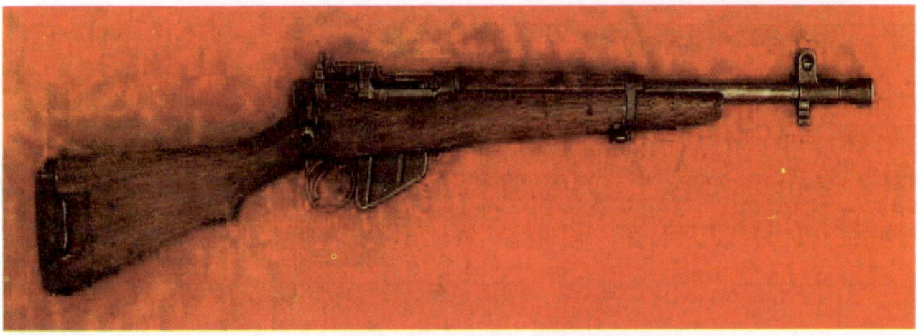

.303 MARK 5 RIFFLE

.45 BORE COLT PISTOL

8

आपरेशन राजू घोसी

17 जुलाई, 1984 को मेरी नियुक्ति पुलिस अधीक्षक नगर, लखनऊ के पद पर हुई थी। सुरेश पाल सिंह (आई0पी0एस0-1968) मेरे वरिष्ठ पुलिस अधीक्षक थे। मेरे पूर्वाधिकारी सुभाष जोशी (आई0पी0एस0-1976) थे, जो मुझसे एक बैच सीनियर थे। सुभाष जोशी ने एक टीम बना रखी थी, जो लखनऊ के अपराधियों की गतिविधियों पर नजर रखती थी। उनकी टीम में एक नौजवान सब-इंस्पेक्टर, आर0के0 चौधरी थे जिनका सेवाकाल मात्र दो वर्ष का था। पुलिस अधीक्षक नगर के निर्देश पर वह डालीगंज क्षेत्र में स्थित एक ढाबे में बदमाशों के आवागमन की जानकारी के लिए गये थे।

दरोगा चौधरी उस ढाबे के बाहर बेंच पर बैठे थे और उनकी कमीज के बाहर उनकी 9 एम0एम0 पिस्तौल दिखाई पड़ रही थी। उनकी शकल राजू घोसी के विरोधी अन्ना गैंग के गुर्गे गोधन, निवासी डालीगंज से मिलती-जुलती थी। निजामुद्दीन उर्फ राजू घोसी मूलतः सीतापुर निवासी माफिया राम गोपाल मिश्रा का मुख्य शूटर था। राजू घोसी अपना दबदबा बनाने के लिये एक शातिर बदमाश बना जिस पर पंडित रामगोपाल मिश्रा की नजर पड़ी और उन्होंने उसे अपने गैंग में शामिल कर लिया। उस समय रामगोपाल मिश्रा व कभी उसके सहयोगी रहे अरूणा शंकर शुक्ला उर्फ अन्ना में गैंगवार चल रहा था और कई दर्जन लोग इस गैंगवार की भेंट चढ़ चुके थे। रामगोपाल मिश्रा डालीगंज छोड़कर चारबाग आकर माफिया सुभाष भंडारी से मिल गया जिससे इस गैंग की ताकत काफी बढ़ गयी।

डालीगंज निवासी गोधन, अरूणा शंकर शुक्ला उर्फ अन्ना का शूटर था। राजू ने यह समझा कि अन्ना ने उस पर हमला करने के लिये गोधन को लगाया है। राजू घोसी ने आव देखा न ताव, तुरन्त दरोगा चौधरी को गोधन समझकर उनकी गोली मारकर हत्या कर दी और सरकारी पिस्तौल लूट ले गया। एस0पी0 सिटी

के विशेष दस्ते में तैनात सब इंस्पेक्टर चौधरी की हत्या से राजधानी में सनसनी फैल गयी और उसका खौफ लखनऊ और आसपास के जिलों में फैल गया। इस घटना से लखनऊ पुलिस के मनोबल पर प्रतिकूल प्रभाव पड़ा। सुभाष जोशी एक सुलझे हुये इमानदार और तेज-तर्रार अधिकारी थे। उन्होंने विशेष टीम बनाकर राजू घोसी तथा उसके साथियों को गिरफ्तार करने का प्रयास किया परन्तु वह सफल नहीं हो पाये। राजू घोसी के ठिकानों पर पुलिस लगातार दबिश दे रही थी। पुलिस का बढ़ता दबाव देखते हुए रामगोपाल मिश्रा ने राजू घोसी को गोरखपुर के बाहुबली के "हाता" में भेज दिया।

अपराध जगत में राजू घोसी को मोहम्मद शाहिद और दरोगा सिंह के छद्म नाम से जाना जाता था। गोरखपुर में हरिशंकर तिवारी तथा वीरेन्द्र शाही के बीच गैंगवार चरम सीमा पर था। राजू घोसी ने गोरखपुर के बाहुबली नेता के गुर्गों के साथ वीरेन्द्र शाही गैंग के कई लोगों को ठिकाने लगा दिया। गोरखपुर में उसे कोई पहचानता नहीं था जिसके कारण हत्याओं के मामलों में राजू घोसी बचता रहा। उसने नेपाल में भी कई सनसनीखेज हत्यायें कीं और बाद में उसने कृष्णानगर नेपाल के बाहुबली मिर्जा दिलशाद बेग से भी सम्बन्ध बना लिये। मिर्जा नेपाल में सांसद रहा और पाकिस्तानी खुफिया एजेंसी आई0एस0आई0 के लिए काम करता था। वह अंतर्राष्ट्रीय माफिया सरगना दाऊद इब्राहिम का भी करीबी था। 29 जून, 1998 को सुबह 9.30 बजे वह कांठमांडू के चाबहिल क्षेत्र में मारा गया जब वह अपनी दूसरी पत्नी से मिलने जा रहा था।

2 जुलाई, 1984 को दोपहर करीब दो बजे थाना नाका के इंस्पेक्टर गौतेन्द्र पाल के नेतृत्व में एक मुठभेड़ हुई, जिसमें दो शातिर अपराधी सज्जन उर्फ छोटे सेठ तथा उसका साथी अकरम उर्फ पंडित बुद्धा पार्क के पास मारे गये। ये दोनों शातिर लुटेरे थे जो किराये पर हत्यायें भी करते थे। उन्होंने इलाहाबाद, कानपुर, लखनऊ तथा मुम्बई में बैंक लूट की कई घटनाएं की थी। इसी गैंग ने महानगर गोल मार्केट चौराहा, लखनऊ में वर्ष 1984 में बैंक डकैती डाली थी। पुलिस मुठभेड़ में मारे जाने के मात्र 6 घंटे बाद ही इस गैंग के सदस्यों तारिक पुत्र अहमद हुसैन, घसियारी मंडी कैसरबाग, लखनऊ, तस्सन उर्फ लियाकत पुत्र नबी, निवासी बाजपुर मंझनपुर तथा शकील पुत्र मो0 शमीम, निवासी असरावल खुर्द, थाना पिपरी कौशाम्बी ने प्रतिशोध स्वरूप नाका थाने के सामने उसी थाने के दरोगा आर0बी0 लाल श्रीवास्तव की गोली मारकर हत्या कर दी। आर0बी0

लाल उस समय थाने के गेट के पास खड़े थे जहां मोटरसाइकिल सवार बदमाशों ने उन्हें गोली मार दी। इस हत्या के तुरन्त बाद बदमाशों ने पुलिस लाइन के पास गश्ह राज्यमंत्री, रणजीत सिंह जुदेव के घर के सामने थाना चिनहट के दरोगा विंध्याचल पांडे की भी गोली मारकर हत्या कर दी। घटनास्थल से कुछ कदम दूर मंत्री जी का सशस्त्र संतरी तैनात था ,जो भागते हुए बदमाशों पर गोली नहीं चला पाया। दोनों उप निरीक्षकों की सनसनीखेज हत्या से पूरे पुलिस महकमें में दहशत की लहर दौड़ गई। वर्ष 1984 में ही पुलिस अधीक्षक नगर के व्यक्तिगत सुरक्षा दस्ते के उप निरीक्षक आर0के0 चौधरी की भी हत्या हुई थी और हत्यारा राजू घोसी गिरफ्तार नहीं हो पाया था। जे0एन0 चतुर्वेदी (आई0पी0एस0-1951) उस समय उत्तर प्रदेश के पुलिस महानिदेशक थे और उन्होंने पुलिस अधीक्षक नगर सुभाष जोशी को स्थानांतरित करके 37वीं वाहिनी पीएसी कानपुर भेज दिया। जोशी के हटने के बाद मेरी नियुक्ति पुलिस अधीक्षक नगर, लखनऊ के पद पर 17 जुलाई, 1984 को की गई। अखबारों में लगातार खबरे छप रहीं थी कि पुलिस जब अपने विभाग के अधिकारियों के हत्यारों को ही गिरफ्तार नहीं कर पा रही है तो वह नागरिकों की सुरक्षा कैसे कर पाएगी।

इन घटनाओं के बाद लखनऊ पुलिस को सुदृढ़ बनाने के लिए यहाॅ जमे हुए पुराने कुछ पुलिस अधिकारियों को लखनऊ से बाहर कर दिया गया। डिप्टी एस0पी0 हजरतगंज, रमेश पाल सिंह, डिप्टी एस0पी0 कैसरबाग, दयाराम वर्मा लखनऊ से बाहर भेज दिये गये। उनके अतिरिक्त इंस्पेक्टर हजरतगंज जंगबहादुर सिंह, इंस्पेक्टर नाका गौतेन्द्र पाल सिंह, इंस्पेक्टर परमेश्वर राय और इंस्पेक्टर दीनानाथ पांडे भी लखनऊ से बाहर भेज दिये गये। ये अधिकारी काफी दिनों से यहाँ जमे हुए थे परन्तु अपराधों पर नियंत्रण नही कर पा रहे थे।

मैंने यहाँ आते ही माफिया गिरोहों पर कार्यवाही शुरू कर दी। नगर के चर्चित माफिया सरगना गुरूबख्श सिंह बख्शी, सुभाष भंडारी, राम गोपाल मिश्रा और अरूणा शंकर शुक्ला उर्फ अन्ना जेल भेज दिये गये। इन गिरोहों के काफी गुर्गे या तो पकड़े गये या लखनऊ छोड़कर भाग गये। निजामुद्दीन उर्फ राजू घोसी के पिता हाजी नूर की डालीगंज व महानगर में काफी बड़ी डेरी थी और उसका परिवार आर्थिक रूप से काफी संपन्न था। राजू घोसी राम गोपाल मिश्रा के संपर्क में आकर उसका खास शूटर बन गया। कुख्यात बबलू श्रीवास्तव, सुरेश जायसवाल भी रामगोपाल मिश्रा के शूटर थे। रामगोपाल मिश्रा का सम्बन्ध

गोरखपुर के बाहुबली नेता हरिशंकर तिवारी से था। राजधानी पुलिस राजू घोसी को ठिकाने लगाने के लिए हाथ धोकर पीछे पड़ी थी। पुलिस का भारी दबाव देखकर रामगोपाल मिश्रा ने राजू घोसी को गोरखपुर के माफिया सरगना के बहुचर्चित घर ''हाता'' में पहुंचा दिया। गोरखपुर के माफिया ने उसकी कद-काठी को देखते हुये उसका नया नाम दरोगा सिंह दिया। राजू घोसी ने उस माफिया सरगना के इशारे पर कई सनसनीखेज हत्यायें की।

उस समय हरिशंकर तिवारी और वीरेन्द्र शाही के बीच गैंगवार चरम सीमा पर था जिसमें राजू घोसी ने भी अहम भूमिका निभायी। मेरे द्वारा उस गैंग के शातिर अपराधी लखनऊ निवासी शंकर डे, शारिफ पकड़े गये थे जिन्होंने बताया था, कि राजू घोसी के साथ उन लोगों ने नेपाल, उत्तर प्रदेश के समीपवर्ती जनपदों में कई हत्याएं की। नेपाल में राजशाही का विरोध करने वाले लोग छिपकर उत्तर प्रदेश-नेपाल के सीमावर्ती जिलों में रहते थे। नेपाली खुफिया एजेंसी राजशाही के विरोधियों को ढूँढने में लगायी गयी थी और सूचना एकत्रित करके इन शूटरों को उपलब्ध करा देती थी। राजू घोसी, उसके साथी शंकर डे, शारिफ आदि उनकी हत्यायें कर देते थे। मैंने इस गैंग के शंकर डे, शारिफ की गिरफ्तारी के बाद स्वयं उनसे पूछताछ की थी, उन्होंने बताया कि नेपाल के बुटवल, पोखरा, काठमांडू में राजू घोसी तथा इन लोगों को अच्छे होटलों में ठहराया जाता था और खाने-पीने की अच्छी व्यवस्था की जाती थी। नेपाल के अपराधियों से भी राजू घोसी के बहुत अच्छे सम्बन्ध बन गये थे।

उस समय सिद्धार्थनगर जनपद की सीमा से लगे नेपाल का कृष्णानगर उर्फ झण्डे नगर में आई0एस0आई0 एजेन्ट मिर्जा दिलशाद बेग का बोलबाला था। वह नेपाल के अतिरिक्त भारत के फरार अपराधियों को शरण देता था और उनसे अपराध करवाता था। उसका मुस्लिम अपराधियों पर अधिक विश्वास रहता था। दिल्ली, हरियाणा, उत्तर प्रदेश से जो गाड़िया चोरी की जाती थीं उसे मिर्जा दिलशाद बेग के पास नेपाल पहुंचा दी जाती थी। मिर्जा के गुर्गे इन चोरी की गाड़ियों को सस्ती कीमत पर खरीदकर महंगी कीमत पर नेपाल में बेच देते थे। ऐसी बात नहीं थी कि पुलिस को इसकी सूचना नहीं थी परन्तु दूसरा देश होने के कारण वहां कार्यवाही करना सम्भव नहीं था। भारत-नेपाल खुली हुयी सीमा है, जहां किसी भी रास्ते से गाड़ियों को नेपाल पहुंचाया जा सकता है।

भारत–नेपाल सीमा पर स्थित दोनों देशों के एस0पी0, डी0एम0 से साल में कम से कम दो बैठकें करते हैं, जिससे अनौपचारिक रूप से दोनों देशों के पुलिस अधिकारी एक–दूसरे की मदद करते हैं।

मिर्जा दिलशाद बेग उस समय नेपाल का एम0पी0 था, जिसके कारण नेपाल पुलिस बिल्कुल सहयोग नहीं करती थी और उसकी अपराधिक गतिविधियां बेरोक–टोक चलती थीं। गाड़ियों के अलावा वह नकली भारतीय रूपयों, नशीलें पदार्थों तथा हथियारों की तस्करी में भी शामिल था, जिसमें पाकिस्तानी खुफिया एजेंन्सी आई0एस0आई0 उसकी मदद करती थी। नकली भारतीय रूपये उसे नेपाल में पाकिस्तानी दूतावास के माध्यम से मिलते थे। वह अपने गुर्गों से जासूसी भी करवाता था और आई0एस0आई0 को सूचनायें देता था। दो–तीन बार राजू घोसी मिर्जा दिलशाद बेग से मिला, वह उसकी कद–काठी और दिलेरी का कायल हो गया। लखनऊ का यह शातिर अपराधी गोरखपुर के माफिया के साथ–साथ मिर्जा दिलशाद बेग का भी खास शूटर बन गया।

15 अप्रैल, 1985 को थाना अलीगंज के थानाध्यक्ष, हरिशंकर शुक्ला मुझसे मेरे कार्यालय में आकर मिले। उन्होंने बताया कि रात्रि में गश्त के लिए उन्होंने अपने थाना क्षेत्र के कैफी जलील की गाड़ी ली थी, जिसे कैफी खुद चला रहे थे। उस समय वह शराब पिये हुए थे और उनसे कहा कि क्या आप राजू घोसी को मारेंगे ? उन्होंने उनसे यह भी बताया कि राजू घोसी शातिर अपराधी है और वह आसानी से गिरफ्तार नहीं होगा और वह पुलिस पर गोली अवश्य चलाएगा। सुबह के समय जब हरिशंकर शुक्ला, कैफी जलील के पास पुनः गये तब तक उनका नशा उतर चुका था और उन्होंने शुक्ला से कहा कि वे तो मजाक कर रहे थे। नशे में कैफी, राजू घोसी के बारे में बोल तो गये परन्तु नशा उतरते ही उनके सामने राजू घोसी का खौफनाक चेहरा सामने आ गया और उन्होंने झूठ बोलकर हरिशंकर शुक्ला को टाल दिया।

मैंने हरिशंकर शुक्ला को निर्देश दिया कि वे कैफी जलील को मुझसे मिलवा दें। दूसरे दिन ही कैफी मुझसे मिलने आये। मैंने उन्हें अपने कार्यालय में कॉफी पिलायी और किसी भी काम के लिए नहीं कहा। वे उस समय सबसे महंगी सिगरेट इंडिया किंग पीते थे, जिस पर मैंने उनका नाम ''इंडिया किंग'' रख दिया। मैंने सोचा कि यदि मैंने राजू घोसी के बारे में बात करने में जल्दबाजी की तो कैफी बहाना बनाकर मुझे भी टरका देगें। इसलिये मैंने उनसे दोस्ती बढ़ाना

शुरू कर दिया, जिससे मेरी "फ्रिक्वेन्सी" उनसे मैच हो जाये। मैं अपने सेवाकाल में अधिकारियों और मित्रों को छोड़कर किसी के घर खाना खाने नहीं जाता था क्योंकि सम्बन्ध का फायदा उठाकर कुछ लोग इसका दुरूपयोग करते हैं। एक महीने में ही मेरी मुलाकात दोस्ती में बदल गयी। उन्होंने मुझे अलीगंज, लखनऊ में अपने घर खाने पर बुलाया। कैफी, अलीगंज स्थित अपने मकान में अपने बड़े भाई तथा नौकरों के साथ रहते थे। दोनों भाई अविवाहित थे। इनके पिता जंगल विभाग में रेंजर थे, जिनकी मृत्यु हो चुकी थी। उनके पास एक सफेद रंग की फिएट गाड़ी थी जिसे वे टीप-टॉप हालत में रखते थे। उनकी गाड़ी की पहचान थी, गाड़ी का मुड़ा हुआ एंटीना। कैफी का लखनऊ के कुछ सम्भ्रांत व्यक्तियों और अधिकारियों के यहाँ उठना-बैठना था। मैंने उनका दावतनामा कुबूल किया और उनके घर डिनर पर गया। उन्होंने मुझे लखनऊ की मशहूर मटन बिरयानी, टुन्डे के कबाब तथा मटन रोगन जोश खिलाये। उन्हें भी लखनऊ के शहर कप्तान की दोस्ती बहुत अच्छी लगी।

कैफी से अब मेरी अच्छी दोस्ती हो चुकी थी। मैंने उनसे दरोगा आर0के0 चौधरी के हत्यारे राजू घोसी की गिरफ्तारी के संबंध में उनकी मदद मांगी, जिसे वे ठुकरा नहीं पाये। उन्होंने बताया कि जब उनके पिता जीवित थे तब राजू घोसी की डेयरी से ही उनके घर दूध आता था। धीरे-धीरे उनकी जान-पहचान शातिर बदमाश राजू घोसी से हो गई। उन्होंने बताया कि राजू, नेपाल में मिर्जा दिलशाद बेग व गोरखपुर के हरिशंकर तिवारी के यहां शरण पा रहा है और वे उसे लखनऊ बुला सकते हैं।

उन्होंने मुझे बताया कि मेरे कार्यालय का सिपाही फैजुल्ला सिद्दीकी राजू घोसी से मिला हुआ है और वह पुलिस की गतिविधियों की सूचना उसे देता है। उन्होंने शस्त्र लाइसेंस के दो फार्म पर मेरी संस्तुति लेकर अपने पास रख लिये और राजू घोसी को फार्म दिखाते हुए कहा कि उनके शहर कप्तान से घनिष्ठ संबंध है और वे उसके विरूद्ध कोई कार्यवाही नहीं होने देंगे। यह इसलिए किया गया क्योंकि मेरे कार्यालय का सिपाही राजू घोसी को उनसे मेरी निकटता की सूचना दे रहा था। कैफी ने मुझसे कहा कि आप कांस्टेबल फैजुल्ला सिद्दीकी से राजू घोसी के बारे में जो भी बात कहेंगे वह तुरंत राजू घोसी तक पहुंच जाएगी और राजू घोसी के माध्यम से वह सूचना उन तक पहुंच जाएगी। मैंने कांस्टेबल सिद्दीकी को बुलाकर कहा कि जब से मैं लखनऊ आया हूँ राजू घोसी लखनऊ

आ ही नहीं रहा है जबकि मुझे यह मालूम था कि राजू घोसी लखनऊ के चौपटिया निवासी फजल घोसी के घर पर मौजूद है जहाँ उसकी गिरफ्तारी करना उस समय सम्भव नहीं था। पुराने लखनऊ के घने इलाके से वह आसानी से भाग सकता था। सिद्दीकी ने मेरी तारीफ करते हुए कहा कि हुजूर आपके खौफ से वह नेपाल से यहाँ नहीं आ सकता है। दूसरे दिन शाम को कैफी भाई मुस्कराते हुए मेरे पास आए और बोले कि आपके सिपाही फैजुल्ला सिद्दीकी ने मुझसे हुई बातचीत की सूचना राजू घोसी तक पहुंचा दी है और उससे यह भी कहा कि जब तक वह एस0पी0, सिटी के कार्यालय में बैठा है, उसका कुछ नहीं हो सकता। राजू ने उसे तुरंत पाँच सौ रूपया इनाम दिया। कैफी ने मुझसे यह भी बताया कि मैं अब राजू के बारे में कोई बात फैजुल्ला सिद्दीकी से न बताऊँ।

एक दिन इंडिया किंग ने मुझे बताया कि वे राजू घोसी और उसके साथी के साथ फलकनुमा क्लार्क होटल में खाना खाने जाएंगे। मैंने उसी समय राजू घोसी को गिरफ्तार करने की योजना बनाई। मैंने एस0एस0पी0 तिलक काक, (आई0पी0एस0–1971) से एक हजार रूपए सीक्रेट सर्विस से प्राप्त किया और उनसे कहा कि क्लार्क होटल में खाना खाने जा रहा हूँ।

एस0एस0पी0 मुस्कराते हुये बोले कि उन्हें मालूम है कि मैं होटल में खाना खाने नहीं जाता हूँ और मैंने उनसे कभी सीक्रेट सर्विस का पैसा भी नहीं मांगा है। मैंने उन्हें अपनी योजना बता दी कि मेरे एक परिचित राजू घोसी के साथ होटल क्लार्क में खाना खाने आयेंगे जिसकी सीट पहले से बुक करा ली गयी है। मैंने भी अपनी सीट पास में बुक करायी है। राजू अपने शूटर टीपू घोसी के साथ आयेगा, वह खाना खाते समय अपनी थर्टी बोर पिस्तौल अखबार या मैंगजीन में लपेटकर मेज पर रख लेता है जिससे वह उसका आसानी से प्रयोग कर सके। टीपू घोसी भी शातिर अपराधी है। वे दोनों आसानी से गिरफ्तार नहीं होंगे और पुलिस पर गोलियां अवश्य चलायेंगे। मैं एक झोले में स्टेनगन लेकर जाऊँगा। मेरी टीम में सी0ओ0 हजरतगंज पी0के0 जोशी और ए0एस0पी0 मलय सिन्हा (आई0पी0एस0–1981) भी होंगे। मैंने अपने पेशकार के0पी0 यादव तथा हेड कांस्टेबल हरपाल सिंह यादव को भी अपनी टीम में शामिल किया है। गिरफ्तारी के समय यदि राजू सिन्हा फायर करता है तो स्टेनगन से गोली मैं चलाऊँगा, जोशी व सिन्हा पिस्तौलों से गोली चलायेंगे। भागने की स्थिति में होटल के जीने पर पेशकार के0पी0 यादव रहेंगे और यदि वह लिफ्ट से भागने

का प्रयास करेगा, तो वहां हेड कांस्टेबिल हरपाल यादव मोर्चा सम्भांलेंगे।

मैं, अपनी टीम के साथ होटल क्लार्क पहुंचा लेकिन राजू घोसी उस दिन वहां नहीं आया, जिससे मेरा प्लान फेल हो गया। बाद में मुझे मालूम हुआ कि राजू घोसी के मोहल्ला डालीगंज में तेज बारिश हुयी थी, जिसके कारण वह उस दिन होटल क्लार्क नहीं आया। मैंने समझा कि इण्डिया किंग बहाना बना रहें हैं परन्तु उनकी बात बिल्कुल सही थी। लगता है ईश्वर ने उसकी जिन्दगी दो दिन बढ़ा दी थी।

दो दिन बाद कैफी पुनः मेरे पास आये और उन्होंने बताया कि राजू किराये पर हत्या करने के लिए कानपुर जाएगा और वह रात्रि में दो बजे के बाद निकलेगा क्योंकि मेरे दफ्तर के कांस्टेबल फैजुल्ला ने उसे बता रखा था कि एस0पी0 सिटी रात्रि में दो बजे के पहले घर नहीं आते हैं। कैफी ने मुझे बताया कि वह गाड़ी स्वयं चलायेगा और उसके बगल में राजू घोसी पिस्टल के साथ बैठेगा। पिछली सीट पर उसका गोरखपुर निवासी साथी ब्लैक पैंथर बैठेगा। उन्होंने बताया कि वह कानपुर रोड स्थित सरोजनी नगर थाने में अपनी गाड़ी मोड़ देंगे, जहाँ उसे आसानी से गिरफ्तार किया जा सकता है। मैं, डिप्टी एस0पी0, पी0के0 जोशी के साथ स्टेनगन लेकर सरोजनी नगर थाने को जोड़ने वाली पुलिया पर लग गया परन्तु उस दिन भी राजू घोसी का प्लान बदल गया।

मैं, उस रात सो नहीं पाया था और रात भर मच्छरों ने भी काटा। कैफी 30 जून, 1985 की सुबह 8 बजे कैसरबाग कोतवाली के पीछे स्थित मेरे बंगले पर पहुंच गये और लगातार सिगरेट पिये जा रहे थे। मैं, उन पर झल्ला पड़ा और कहा कि जानबूझकर आप मुझे टाल रहे हैं। कैफी ने बड़े विश्वास के साथ कहा कि भाई साहब राजू घोसी आज नहीं बचेगा। उन्होंने बताया कि राजू जब उनके घर आता है तो उनके भाई और नौकरों को घर से निकलने नहीं देता है। वह 50-60 किलोमीटर दूर किसी ठिकाने पर देर शाम जाना चाहता है लेकिन उस जगह की जानकारी उन्हें अभी नहीं है। उन्होंने मुझसे कहा कि सादे कपड़ों में एक दरोगा को उनके आवास पर रात 9 बजे भेज दिया जाये तो वे किसी तरह उसे जाने वाले रास्ते की जानकारी दे देंगे। मैंने महानगर के दरोगा जयराम सिंह को इस संबंध में निर्देश दे दिया।

जयराम सिंह, कैफी के अलीगंज निवास पर पहुंचे, जहां राजू घोसी मौजूद

था। जयराम सिंह सादे कपड़ों में थे परन्तु अपना रिवाल्वर भी गलती से अपने साथ ले गये थे, जो उनके कपड़ों से बाहर दिखायी दे रहा था। कैफी ने तुरन्त स्थिति सम्भाली और राजू से बोले, "राजू भाई मिलिये इस्लाम भाई से"। इस्लाम भाई भी आपकी तरफ बरेली में एक दरोगाा की हत्या करके फरार हैं और देखिये उसका रिवाल्वर भी लूट लाये हैं। इस्लाम भाई और राजू घोसी ने एक-दूसरे के हथियारों को देखा। राजू बोला इस्लाम भाई मेरे पास थर्टी बोर की पिस्टल है जिसके सामने आपकी रिवाल्वर टिक नहीं सकती। मैंने इस पिस्टल से दर्जनों लोगों को मौत के घाट उतारा है। मेरी इस पिस्तौल ने मुझे कभी धोखा नहीं दिया।

कैफी ने जयराम सिंह को ऑख से इशारा किया और बोले राजू भाई, इस्लाम भाई को अभी मुरादाबाद जाने लिए लखनऊ मेल पकड़नी है, आप बैठे, मैं इन्हें घर के बाहर छोड़कर आता हूॅ। बहाना बनाकर कैफी भाई ने जयराम सिंह को अपनी योजना बता दी कि वे ठीक 11 बजे एच0डी0 चौराहा अलीगंज से गुजरेंगे और ब्रेक लगाकर गाड़ी रोकेंगे और कूदकर भाग जायेंगे। एस0पी0 सिटी को बता दें कि वह एच0डी0 चौराहा को, जीपों से अवरूद्ध कर दें। उन्होंने यह भी बताया कि वह 200-300 मीटर दूर से ही डिपर देंगे जिससे हम लोग सतर्क हो जायें। मैंने जीप से सड़क को रोकने की योजना टाल दी क्योंकि पुलिस की जीपों को देखते ही राजू तुरन्त सतर्क हो जाता। कैफी तक सूचना पहुंचाने का कोई तरीका नहीं था। मैंने सोचा कि कहीं जीपों को न देखकर कैफी बिना गाड़ी रोके आगे न निकल जायें। मैंने तुरन्त योजना बदली और जयराम सिंह को वर्दी पहनाया और निर्देश दिया कि डिपर देखते ही वह सामान्य रूप से सड़क पार करेंगे जिससे राजू को कोई शक न हो।

मैं, एस0एस0पी0 तिलक काक तथा डिप्टी एस0पी0, पी0के0 जोशी के साथ थाना हजरतगंज में बैठा था, जहाँ लगभग रात्रि 10 बजे सब इंस्पेक्टर जयराम सिंह हॉफते हुये आकर सूचना दिये। समय बहुत कम था। मैंने एस0एस0पी0 को कहा कि आप घर चलें जायें और मैं डिप्टी एस0पी0 पी0के0 जोशी, इंस्पेक्टर हजरतगंज, हरिराम भाटी के साथ "आपरेशन राजू घोसी" में जा रहा हूॅ। मैं वहाँ से अपनी टीम लेकर आई0टी0 चौराहा पार कर रहा था, तब तक मैंने देखा कि इण्डिया किंग की फिएट कार फैजाबाद रोड की तरफ से डालीगंज

की तरफ जा रही है। मैं समझ गया कि मेरी योजना के मुताबिक कैफी, राजू घोसी को लेकर एच0डी0 चौराहे की तरफ जा रहे हैं।

एच0डी0 चौराहा अलीगंज पर सड़क के दोनों किनारे यूकेलिप्टस के पेड़ लगे थे, जो छोटे होने के कारण झाड़ी जैसे लग रहे थे। मैंने अपनी टीम से कहा कि राजू घोसी बहुत खतरनाक है और गोली चलाने से बाज नहीं आयेगा। मैंने जयराम सिंह को वर्दी पहनाकर कैफी की गाड़ी की हेड लाइट के डिपर को देखते ही सड़क पार करने के लिए कहा जिससे कैफी को मालूम हो जाये कि पुलिस लगी हुई है और राजू घोसी को यह लगे कि कोई दरोगा गस्त कर रहा है। योजना के अनुसार 11:05 बजे रात्रि में इण्डिया किंग की फिएट कार दूर से ही डिपर देती हुयी एच0डी0 चौराहे पर पहुंची। वह गाड़ी में यकायक ब्रेक लगाकर कूद गये। इस आपरेशन की अगुआई मैं स्वयं कर रहा था। गाड़ी रूकते ही राजू घोसी समझ गया कि पुलिस ने उसे घेर लिया है। मैंने उसे ललकारा कि हथियार फेंककर अपने को पुलिस के हवाले कर दें परन्तु मनबढ़ राजू घोसी अपनी पिस्टल से फायर करते हुए भागा। मेरी टीम जिसमें डिप्टी एस0पी0 पी0के0 जोशी, इंस्पेक्टर हरिराम भाटी और थानाध्यक्ष अलीगंज हरि शंकर शुक्ला थे, ने उसे जिन्दा गिरफ्तार करने का प्रयास किया परन्तु बदमाशों की फायरिंग लगातार जारी रही। मैंने जवाबी फायरिंग में राजू घोसी और उसके साथी जब्बार उर्फ इनामुल उर्फ ब्लैक पैंथर पुत्र अब्दुल हमीद, निवासी मियाँ बाजार, गोरखपुर को मुठभेड़ में मार गिराया। इस प्रकार दरोगा आर0के0 चौधरी के हत्यारे, निजामुद्दीन उर्फ राजू घोसी और उसके साथी ब्लैक पेंथर को मौत के घाट उतार दिया गया।

कैफी, जानबूझकर उस दिन घड़ी नहीं पहने थे बल्कि समय जानने के लिए उन्होंने अपनी गाड़ी में लगा रेडियो चालू कर दिया था जिस पर फरमाइशी फिल्मी गीत आ रहे थे, जो रात्रि 11 बजे बंद हो जाते थे। उस समय टीवी का जमाना नहीं था और लोग फरमाइशी फिल्मी गाने के प्रोग्राम का बेसब्री से इन्तजार करते थे। यदि कैफी अपनी घड़ी बार-बार देखते तो राजू को शक हो जाता। रेडियो पर गाने लगातार चल रहे थे और एच0डी0 चौराहा भी बहुत नजदीक था। कैफी ने समय काटने के लिए एक पान की गुमटी पर गाड़ी खड़ी कर दी और बोले राजू भाई पान खा लिया जाय। राजू भी तैयार हो गया और तीनों ने पान खाया। कैफी ने दस रूपये का नोट दिया। उस समय दस रूपये

की बड़ी कीमत थी और अच्छे पान की कीमत एक रूपये से अधिक नहीं थी। गुमटी वाले ने लालटेन की टिमटिमाती रोशनी में कैफी को साढ़े सात रूपये लौटाये और उसी समय आल इन्डिया रेडियों पर फिल्मी संगीत का कार्यक्रम बंद हो गया। कैफी 11 बजे का समय होते ही पान खाते हुए गाड़ी को एच0डी0 चौराहा की तरफ डिपर देते हुए चल पड़े, जहां यह सफल पुलिस मुठभेड़ संभव हो पाया। राजू घोसी के मारे जाने से पंडित रामगोपाल मिश्रा को बड़ा झटका लगा क्योंकि वह बबलू श्रीवास्तव, सुरेश जायसवाल, शंकर डे, शारिफ में से सबसे खतरनाक शूटर था।

मैंने, कैफी को यह बताया था कि वह कभी भी इस घटना के बारे में किसी को न बताये परन्तु शराब के नशे में उन्होंने यह पूरा आपरेशन लीक कर दिया। कैफी पर जान का खतरा बढ़ गया था। मैंने उनके घर पर आर्मड गार्ड लगा दिये तथा उसको और उसके भाई को दो हथियारों के लाइसेंस भी दिलवा दिये। मैंने अपने कार्यालय में पहुंचकर कांस्टेबल फैजुल्ला सिद्दीकी को बुलाकर उसकी गद्दारी के संबंध में बात की जिस पर वह सिर झुकाये खड़ा रहा। मैंने उसे लखनऊ से बाहर दूरस्थ जिले में स्थानांतरित करवा दिया। बाद में मुझे मालूम हुआ कि वह परीक्षा पास करके डी0जी0पी0 कार्यालय में बाबू बन गया।

30 जून, 1986 को स्थानांतरित होकर मैं जनपद पीलीभीत चला गया। मेरे पीलीभीत जाने के कुछ दिन तक लखनऊ पुलिस कैफी को सुरक्षा प्रदान करती रही परन्तु बाद में उनकी सुरक्षा हटा ली गई। एक दिन शाम के समय राजू घोसी गैंग के सदस्य गोरखपुर निवासी इरफान उर्फ गामा ने अपने गुर्गों के साथ आटोमैटिक हथियारों से कैफी के घर पर हमला करके उनकी हत्या कर दी। इस प्रकार पुलिस विभाग के एक वफादार साथी को सूचना देने का खमियाजा अपनी जान देकर चुकाना पड़ा। इसमें गलती पुलिस के अलावा स्वयं कैफी उर्फ इंडिया किंग की भी थी, जिन्होंने बड़बोलेपन में सूचना लीक कर दी। दूसरी सबसे बड़ी गलती लखनऊ पुलिस की थी जिन्होंने मेरे जाने के बाद कैफी की सुरक्षा हटा ली। मुझे आज भी कैफी के मारे जाने का दु:ख है। पुलिस को सूचना देने वाले व्यक्तियों को बचाकर रखना चाहिए। पुलिस का यह कर्तव्य बनता है कि वह उनकी सुरक्षा करें अन्यथा पुलिस पर सूचना देने वालों का विश्वास हट जायेगा और कोई व्यक्ति शातिर अपराधियों के बारे में सूचना नहीं देगा।

9

दुःसाहसी माफिया देवेन्द्र चौधरी

जून, 1995 में मेरी नियुक्ति डी0आई0जी0 आगरा रेंज के पद पर हुई थी। सितम्बर, 1995 के आखिरी हफ्ते में एक दिन एक लड़का मेरे पास आया और अपना परिचय दिया। उसने मुझे बताया कि उसे साहसिक काम करने का शौक है। उसे उत्तर प्रदेश के कई नामी बदमाशों के बारे में जानकारी थी। अपने इस शौक के कारण वह गोरखपुर में कुछ दिन रहकर पुलिस को सूचनाएं देता रहा। उसे नेपाल के बारे में भी अच्छी जानकारी थी। उसे नेपाल के कृष्णानगर स्थित आई0एस0आई0 एजेण्ट मिर्जा दिलशाद बेग के आपराधिक गतिविधियों की भी जानकारी थी। वह मिर्जा के मिर्जा के यहाँ जावेद खान के नाम से कुछ दिन रह भी चुका था। उसे उत्तर प्रदेश के आधे से ज्यादा पुलिस अधीक्षकों के टेलीफोन नंबर जुबानी याद थे। उस समय वह लगभग 22.23 साल का था और कद काठी से काफी दुबला-पतला था। उसकी कद-काठी को देखते हुए मैंने उसका नाम .22 बोर रख दिया था। उसने मुझसे अनुरोध किया कि उसे किसी बड़े बदमाश के विरूद्ध ऑपरेशन में लगाया जाये।

मैंने, उसकी रूचि को देखते हुए पश्चिमी उत्तर प्रदेश के सतबीर गैंग के सदस्य देवेन्द्र चौधरी के विरूद्ध सूचनाएं एकत्रित करने के लिए उसे लगा दिया। उसे, देवेन्द्र चौधरी के बारे में जानकारी नहीं थी। मैंने, उसे पश्चिमी उत्तर प्रदेश के सतबीर और महेन्द्र फौजी गैंग के बारे में विस्तार से बताया जिससे उसे सतबीर गैंग के सदस्य देवेन्द्र चौधरी पर सूचना एकत्रित करना सुविधाजनक हो सके।

उस समय पश्चिमी उत्तर प्रदेश में महेन्द्र फौजी व सतबीर गैंग सक्रिय थे और दोनों गिरोहों में गैंगवार चल रहा था। मैं मेरठ का एस0एस0पी0 रह चुका था, जिसके कारण इन गिरोहों के बारे में मुझे अच्छी जानकारी थी। दोनों गिरोहों

को पश्चिमी उत्तर प्रदेश के कुछ राजनैतिक व्यक्तियों द्वारा संरक्षण दिया जा रहा था। महेन्द्र फौजी का संबंध डी0पी0 यादव से था तथा सतबीर को गाजियाबाद के जनता दल के विधायक महेन्द्र भाटी संरक्षण दे रहे थे। गैंगवार में, गैंग के सदस्यों के अतिरिक्त एम0एल0ए0 महेन्द्र भाटी तथा उनका भाई राजबीर भाटी महेन्द्र फौजी गैंग द्वारा मार दिये गये थे। बदले में सतबीर गैंग द्वारा डी0पी0 यादव के बहनोई कमलराज यादव, भाई राम सिंह यादव, पूर्व मन्त्री राजपाल त्यागी के भाई कुशल पाल त्यागी, लोनी के चेयरमैन जगमाल और राशिद अली की हत्याएं की जा चुकी थी। देवेन्द्र चौधरी ने सतबीर द्वारा किये गये कई अपराधों में महत्वपूर्ण भूमिका निभाई थी। उसकी गिरफ्तारी के लिये उत्तर प्रदेश सरकार ने एक लाख रूपये तथा दिल्ली पुलिस ने पचास हजार रूपये का इनाम घोषित किया था।

देवेन्द्र चौधरी पुत्र लक्ष्मी सिंह, 68-कृष्णापुरी कोतवाली मथुरा का रहने वाला था और मथुरा के पी0एम0बी0 पॉलीटेक्निक में पढ़ाई कर रहा था। पढ़ाई के समय ही उसका संबंध सतबीर गैंग के कुछ अपराधियों से हो गया था और वह उस गैंग का सक्रिय सदस्य बन गया। पी0एम0बी0 पॉलिटेक्निक में पढ़ाई करते समय वर्ष 1985 में उसने एक छात्र की चाकुओं से गोदकर हत्या कर दी जिसमें उसे जेल भेजा गया। इस मुकदमे में उसे आजन्म कारावास की सजा हो गयी थी, परन्तु मुकदमे में अपील करने के कारण जमानत पर जेल से बाहर आ गया था। बाहर आते ही उसका संबंध बुलंदशहर के नामी बदमाश चुन्ना पंडित, आगरा के अक्षय गौतम और मेरठ के जनवीर राठी से हो गया। इस बीच वह अपराध जगत में काफी तेजी से सक्रिय हो चुका था। वर्ष 1989 में इसने मथुरा में पुनः कई गंभीर वारदातें की। इसी बीच उसका विश्वस्त साथी अक्षय गौतम आगरा में हुए गैंगवार में मारा गया। उसके मारे जाने के बाद देवेन्द्र कमजोर हो गया परन्तु बुलंदशहर के चुन्ना पंडित और मेरठ के जनवीर राठी का साथ पाकर वह पुनः मजबूत हो गया। इसी बीच जनवीर राठी की हत्या वर्ष 1991 में मेरठ में कर दी गई और चुन्ना पंडित भी मारा गया।

देवेन्द्र चौधरी ने ग्राम मेवला गाजियाबाद निवासी सतबीर गैंग में अपनी अच्छी पैठ बना ली। इस गैंग के रविन्द्र भूरा, निवासी वलीदपुर दौराला, राजबीर रमाला, मेरठ इसके सबसे करीबी सहयोगी बन गये। उसने सतबीर गैंग के साथ आगरा, मथुरा, गाजियाबाद, मेरठ, बुलंदशहर, मुजफ्फरनगर, दिल्ली, हरियाणा में

हत्या, फिरौती के लिए अपहरण, रंगदारी आदि तमाम जघन्य घटनाओं को अंजाम दिया। देवेन्द्र चौधरी बहुत ही दु:साहसी अपराधी था। उसने मथुरा के मूर्ति तस्कर किशन पैट्रो की हत्या मथुरा जेल से निकलते समय जेल गेट पर ही कर दी थी जबकि वहाँ जेल के हथियारों के साथ सिपाही तैनात थे।

जिला मथुरा, पुरानी मूर्तियों की तस्करी के लिए कुख्यात था। कहा जाता है कि मुगलकाल में औरंगजेब ने मूर्तियों को मंदिरों से हटवाकर मथुरा के आस-पास जमीन में गड़वा दिया था। जहाँ-जहाँ टीले हैं उसके नीचे मूर्ति होने की संभावना अधिक रहती है। मूर्ति तस्कर ऐसे टीलों की जमीन खरीद लेते हैं और ट्यूववेल से टीलों पर पानी डाला जाता है, जिससे मिट्टी गलकर बह जाती है और उसके नीचे दबी हुयी मूर्तियां बिना किसी क्षति के मिल जाती है। यदि टीलों को जे0सी0बी0 मशीन या मजदूरों से खुदाई करके मूर्तियां निकाली जाये तो उनके टूटने की संभावनाएं बनी रहती है। यह काम कई तस्कर मिलकर करते हैं और मूर्ति न मिलने पर उन्हें घाटा भी हो जाता है। प्राचीन मूर्तियां बड़ी कीमती होती है और विदेशों में इनकी बड़ी माँग है, जो तस्करी के माध्यम से वहाँ पहुँचाई जाती थीं। अच्छी मूर्तियां मिलने पर बंटवारे के विवाद को लेकर तस्करों में गैंगवार भी छिड़ जाता था।

मथुरा के अलावा राजस्थान के आसपास के क्षेत्रों में भी प्राचीन मंदिर है। आगरा में मुगलकालीन प्राचीन स्मारक भी हैं। मूर्ति चोर, मंदिर में दर्शन करने के बहाने पुजारी से दोस्ती कर लेते थे और बार-बार वहाँ पूजा करने के बहाने आते-जाते थे। वे पुजारी को अच्छी दान-दक्षिणा भी देते थे और उन्हें भोजन के लिए अपने व साथियों के घरों पर आमंत्रित करते थे। दर्शन के बहाने मूर्ति चोर मूर्तियों को देख लेते थे और उसको वहाँ से उखाड़कर ले जाने की योजना बना लेते थे। पुजारी को भोजन कराने के बहाने किसी मित्र के यहाँ भेज दिया जाता था और मूर्ति चोर मंदिर में अकेले घुसकर पुजारी की अनुपस्थिति में मूर्ति चुरा लेते थे। मथुरा मूर्ति तस्करी में वहाँ तैनात कई प्रशासनिक और पुलिस अधिकारी भी सम्मिलत रहे। करोड़ों की एक मूर्ति चोरी में उन्हें भी काफी बड़ी रकम मिल जाती थी। कई अधिकारी प्राचीन मूर्तियां अपने घर पर उठा ले गये और अपने वरिष्ठ अधिकारियों को भी उपहार स्वरूप मूल्यवान मूर्तियां भेंट में दे दी।

किशन पैट्रो, मूर्ति तस्करों का सरगना था और कई बार अपने ही साथियों को हिस्सा न देने के लिए उनकी हत्यायें कर चुका था। देवेन्द्र चौधरी ने किशन

पैट्रो से भी रंगदारी मांगना शुरू किया परन्तु पैट्रो ने उसे रंगदारी देने से मना कर दिया। देवेन्द्र चौधरी ने रंगदारी न देने के कारण दिन-दहाड़े किशन पैट्रो की हत्या कर दी, जिसके कारण मथुरा, आगरा के तस्करों में उसका आतंक फैल गया और सभी तस्कर चौधरी को रंगदारी देने लगे।

1 फरवरी, 1993 को देवेन्द्र चौधरी ने मथुरा शहर कांग्रेस कमेटी के उपाध्यक्ष महेन्द्र सिंह यादव की हत्या मथुरा नगर के होली गेट चौराहे पर दिन-दहाड़े कर दी। महेन्द्र सिंह यादव अपने साथ चार सशस्त्र पुलिस के सिपाही रखते थे और कुछ सहयोगियों को भी हथियारों के साथ अपने साथ ले जाते थे, परन्तु दुःसाहसी देवेन्द्र चौधरी ने सुरक्षाकर्मियों के घेरे में घुसकर उनकी हत्या कर दी और सुरक्षित निकल भागा। एक प्रतिष्ठित व राजनैतिक पार्टी में महत्वपूर्ण पदधारक की हत्या से उसका आतंक आगरा, मथुरा के अलावा पूरे पश्चिमी उत्तर प्रदेश में फैल गया और वह पुलिस के अथक प्रयासों के बावजूद भी गिरफ्तार नहीं हो पाया।

आगरा के प्रापर्टी डीलर जौली व उसके साथी एक वकील की हत्या भी देवेन्द्र चौधरी द्वारा दिन-दहाड़े आगरा शहर में 30 मई, 1991 को की गयी थी, जबकि जौली के पास स्टेनगन के साथ एक सुरक्षाकर्मी साथ में था। 9 जनवरी, 1995 को देवेन्द्र चौधरी द्वारा मथुरा के प्रसिद्ध मिठाई प्रतिष्ठान के मालिक के पुत्र राजू चौधरी का अपहरण करके उनसे अस्सी लाख रूपये की फिरौती वसूली थी।

देवेन्द्र चौधरी, हत्या-अपहरण की घटनाओं में रविन्द्र उर्फ भूरा जाट, राजबीर रमाला, सरदार प्रभुजोत सिंह डिम्पी, गुरमीत सिंह बाबा और जसविन्दर रॉकी के साथ सम्मिलित होता था। वह सतबीर गैंग का मजबूत शूटर था। रविन्द्र भूरा मेरठ कचहरी में और राजबीर रमाला दिल्ली पुलिस द्वारा मुठभेड़ में मारे गये। जैतो मुक्तसर, पंजाब के सरदार प्रभुजोत डिम्पी की हत्या वर्ष 2006 में चंडीगढ़ में कर दी गयी। यह हत्या कभी उसके साथी रहे जसविन्दर रॉकी ने की थी। रॉकी ने मुख्तार अंसारी से पाला बदल लिया था और जौनपुर के बाहुबली राजपूत नेता व सांसद के सम्पर्क में आकर उत्तर प्रदेश में कई सनसनीखेज हत्याएं की थी। शिमला से पंजाब वापस आते समय गैंगवार में 1 मई, 2016 को रॉकी भी मारा गया। देवेन्द्र चौधरी ने सतवीर गैंग के साथ फिरौती के लिए अपहरण करके काफी धन कमाया और अपने ठिकाने बदल बदलकर दिल्ली, उत्तर प्रदेश, पंजाब, हरियाणा, उत्तराखंड तथा हिमांचल प्रदेश में रहता था। अपनी मारूति-1000

कार में जब वह निकलता था, तो उसके साथ में कोई लड़की अवश्य होती थी जिसके कारण पुलिस परिवार समझकर चेकिंग नहीं करती थी।

मुझे यह जानकारी थी कि मथुरा जनपद के दो दरोगाओं का संबंध देवेन्द्र चौधरी से जातिगत आधार पर है। मैंने मथुरा के एस0एस0पी, डॉ0 देवी सिंह ने अशोक को बताया कि दोनो दरोगा यदि चाहें तो देवेन्द्र चौधरी तक आसानी से पहुंचा सकते हैं क्योंकि इनके तार उससे जुड़े हुये हैं। उन्हें देवेन्द्र चौधरी की गिरफ्तारी के लिये लगाया गया परन्तु कार्यवाही करने के बजाय वे पुलिस की सूचना देवेन्द्र चौधरी तक पहुंचा देते थे और अधिकारियों को गुमराह करते थे। मुझे जानकारी थी कि जनपद आगरा के डी0जी0सी0 क्रिमिनल ऋषि गुप्ता, एडवोकेट का देवेन्द्र चौधरी से घनिष्ठ संबंध है। ऋषि गुप्ता, अजीत जैन और होटल अमर का मालिक सरदार अमरदेव सिंह मिलकर प्रापर्टी का काम करते थे। वे विवादित जमीनें सस्ते दर पर खरीद लेते थे। उन जमीनों पर कब्जा करने के लिए वे लोग शातिर अपराधी देवेन्द्र चौधरी के बाहुबल का प्रयोग करते थे।

मैंने, ".22 बोर" को बुलाकर देवेन्द्र चौधरी के बारे में विस्तृत जानकारी दे दी। ऋषि गुप्ता से संपर्क करने के लिए मैंने उसे एक योजना समझाई। मैंने, उसे बताया कि वह गुप्ता से अपना परिचय सोने के स्मगलर के रूप में दे और बताये कि वह नेपाल से सोने की तस्करी करता है और आगरा के एक ज्वैलर को सोना देता है। उस ज्वैलर ने उसका 80 लाख रूपये का सोना दबा लिया है और पैसे नहीं दे रहा है। उस ज्वैलर का पुत्र दून स्कूल में पढ़ता है, जिसका अपहरण वह करवा सकता है, जिसमें उसे कम से कम दो करोड़ रूपये आसानी से मिल सकते हैं। चूंकि उनका संबंध देवेन्द्र चौधरी से है, अत: वे इस काम के लिए देवेन्द्र चौधरी से मेरी बात करा दे क्योंकि यह काम केवल देवेन्द्र चौधरी ही कर सकता है। मैंने उसे यह भी बताया कि पहली बार ऋषि गुप्ता मना करने के साथ-साथ डांट-डपट कर सकता है। मेरे बताये अनुसार वह एडवोकेट ऋषि गुप्ता के पास गया और अपनी बात बताई जिस पर गुप्ता ने झल्लाकर गाली देकर उसे भगा दिया। मैंने दो दिन बाद दोबारा उसे गुप्ता के पास भेजा जहाँ उसने पुन: अपनी बात दोहराई और बताया कि इस अपहरण में उसे भी काफी धन मिल जायेगा। इस बार गुप्ता तैयार हो गया और उसके घर का टेलीफोन नम्बर ले लिया। तीन दिन बाद ".22 बोर" के नम्बर पर देवेन्द्र चौधरी का फोन आ गया। उसने उसे आगरा के ज्वैलर के बेटे के अपहरण की योजना बतायी, जिससे 2

करोड़ रूपया एक साथ मिल सकते थे। उसने, उसे आगरा आने को कहा परन्तु वह तैयार नहीं हुआ। उसने उसे बताया कि जब तक बृजलाल, डी0आई0जी0 आगरा तैनात है, वह आगरा की तरफ झांकेगा भी नहीं, आना तो बहुत दूर है। उसने यह भी बताया कि बृजलाल मेरठ में एस0एस0पी0 रहे हैं उसके मेरे गैंग के कई लोगों को मुठभेड़ों में मार दिया था और मेरे पीछे भी उसी समय से लगे हुये हैं। देवेन्द्र चौधरी ने आगरा शहर के अपने एक आदमी का टेलीफोन नंबर दिया और उससे संपर्क करने के लिए कहा। इतनी सूचना एकत्रित करने के बाद मैंने थानाध्यक्ष रकाबगंज आगरा के थाना प्रभारी बृजेन्द्र सिंह त्यागी को अपने पास बुलाया और उसे देवेन्द्र चौधरी की गिरफ्तारी की योजना समझाई। इसी बीच ''. 22 बोर'' ने देवेन्द्र चौधरी के आदमी से संपर्क कर लिया, जो उसे अपने साथ ले जाकर देवेन्द्र चौधरी से मिलाने के लिए तैयार हो गया।

मैंने ''.22 बोर'' को एक मारूति गाड़ी उपलब्ध करा दी। कांस्टेबिल एनुल को छद्‌म नाम इस्लाम भाई के नाम से उसके साथ लगा दिया। ''.22 बोर'' इस टीम के साथ देवेन्द्र चौधरी के सहयोगी को आगरा शहर से लेकर पलवल के लिए रवाना हुआ। मथुरा जनपद की सीमा से आगे बढ़ते ही एक मारूति-1000 गाड़ी ने हमारी टीम का पीछा किया। पुलिस द्वारा उपलब्ध कराई गई मारूति कार में बैठे देवेन्द्र चौधरी के सहयोगी ने हमारी टीम की गाड़ी रूकवा ली और अकेले में जाकर मारूति-1000 में बैठे देवेन्द्र चौधरी से बात कर की।

देवेन्द्र चौधरी इन्हें लेकर पलवल, हरियाणा के एक होटल में गया, जहाँ होटल स्टाफ ने उसका गर्मजोशी से स्वागत किया, जिससे लगता था कि वह उनसे पूर्व परिचित है। सतवीर गैंग का पलवल में बहुत पुराना ठिकाना रहा था, जहां उसके साथ देवेन्द्र चौधरी भी जाता था जिसके कारण होटल के कर्मचारी उससे परिचित थे। वह उन्हें होटल के एक कमरे में ले गया और नाश्ते का आदेश दिया। इसी बीच उसने अपनी चाइनीज स्टार पिस्टल निकालकर मेज पर रख दी। मेरी योजनानुसार ''.22 बोर'' ने उससे बात की और उसे बताया कि अपहरण में उसे आसानी से दो करोड़ रूपये मिल जाएंगे जिसमें से वह कुछ पैसा उसे दे दें बाकी पैसा वह खुद और एडवोकेट ऋषि गुप्ता ले लें। देवेन्द्र चौधरी तैयार हो गया लेकिन उसने इस काम के लिए ''.22 बोर'' से 5 लाख रूपया एडवांस मांगा, जिससे वह अपने कुछ सहयोगियों को जोड़

सके। मेरी योजनानुसार ".22 बोर" तुरंत राजी हो गया और बताया कि एक हफ्ते में पैसे का इंतजाम करके वह उसके पास आएगा।

मैंने आंकलन किया कि देवेन्द्र चौधरी को ज्वैलर के बेटे के अपहरण में रूचि नहीं है बल्कि वह ".22 बोर" से पांच लाख रूपये लेना चाहता है, जो उसे आसानी से मिल सकते थे। मैंने अपनी टीम से बातकर अग्रिम योजना पर काम करना शुरू कर दिया। दो असली नोटों के बीच सफेद कागज लगाकर नोटों की गड्डियाँ तैयार की गई। तैयारी हो जाने के बाद ".22 बोर" ने आगरा स्थित देवेन्द्र चौधरी के आदमी से बात की। उसने, उसे बताया कि अबकी बार वह साथ में नहीं जाएगा परन्तु वह देवेन्द्र चौधरी से दिल्ली में मुलाकात करा देगा। उसने, उसे बताया कि वह मथुरा पहुँचे और पी0सी0ओ0 से उससे संपर्क करें।

30 अक्टूबर, 1995 को मैंने, सब इंस्पेक्टर बी0एस0 त्यागी के नेतृत्व में तीन गाड़ियों में पुलिस की टीम तैयार की। पहली मारूति-800 गाड़ी में ".22 बोर" के साथ कांस्टेबिल एनुल उर्फ इस्लाम भाई को देवेन्द्र चौधरी के पास पहुंचना था और अन्य दो गाड़ियों में बी0एस0 त्यागी और उनकी टीम के सदस्यों को नजदीक रहकर देवेन्द्र चौधरी की गिरफ्तारी करनी थी। टीम मथुरा पहुँची और पी0सी0ओ0 से आगरा स्थित देवेन्द्र चौधरी के सहयोगी से बात की जिस पर उसने बताया कि वह शाम 4 से 5 बजे के बीच दिल्ली में होटल हयात रीजेंसी के सामने पार्क में मिलेगा। ".22 बोर" की बहन दिल्ली में रहती थी और टीम को वहां से होकर ही देवेन्द्र चौधरी के पास जाना था। यदि टीम की गाड़ी किसी कारण लेट हो जाती तो देवेन्द्र चौधरी तय समय के बाद वहां से चला जाता। इसलिये मैंने उसे ".22 बोर" की बहन का दिल्ली स्थित नंबर भी देवेन्द्र चौधरी को उसके सहयोगी के माध्यम से बता दिया कि यदि वह लेट हो जाये तो शाम 8 बजे उसे संपर्क कर ले।

दिल्ली जाते समय एक गाड़ी खराब हो जाने के कारण हमारी टीम दिल्ली पहुंचने में लेट हो गई। ".22 बोर" उन्हें अपनी बहन के घर दिल्ली ले गया जहाँ 8 बजे देवेन्द्र चौधरी का फोन आ गया। उसे आज 5 लाख रूपये मिलने थे, जिसके लिए वह काफी उतावला था। मैंने अपनी टीम को यह भी बताया था कि वह अकेला ही आएगा क्योंकि वह पूरा रूपया अकेला ही लेना चाहेगा। योजनानुसार टीम हयात रीजेंसी के सामने पार्क के पास पहुंच गई।

देवेन्द्र ने ".22 बोर" को अपने पास अकेले आने के लिए कहा। ".22 बोर" पार्क में पहुंचकर देवेन्द्र चौधरी से संपर्क किया जिसने तुरंत उससे पाँच लाख रूपये माँगे। मेरी योजनानुसार ".22 बोर" ने उसे बताया कि रूपये तैयार है परन्तु उसे उसके लिए आगरा चलना पड़ेगा। वह लूट के डर के कारण इतनी बड़ी रकम अपने साथ नहीं लाया है।

प्रधानमन्त्री नरसिम्हा राव, आगरा के आवंलखेड़ा में 1 नवम्बर, 1995 को पंडित श्रीराम शर्मा के जन्म स्थल पर एक बड़े कार्यक्रम में आने वाले है, जिसके कारण आगरा शहर के साथ-साथ आस-पास के जिलों में भी पुलिस द्वारा चेकिंग की जा रही है। ऐसे में पैसा लाना खतरे से खाली नहीं था क्योंकि चेकिंग में पकड़े जाने का डर था। प्रधानमन्त्री, आवंलखेड़ा में "सम्पूर्ण विश्व गायत्री परिवार" द्वारा आयोजित भव्य समारोह में आने वाले थे और वहां गायत्री परिवार द्वारा टेन्टों का भव्य टाउनशिप बना दिया गया था, जिसमें देश-विदेश के लाखों अनुयायी हवन-पूजा में सम्मिलित होने वाले थे। टाउनशिप की सुरक्षा की पूरी व्यवस्था मेरी देख-रेख में की जा रही थी। गायत्री परिवार का मुख्यालय शान्ति कुंज हरिद्वार में है परन्तु उसके संस्थापक पंडित श्रीराम शर्मा की जन्म-स्थली आंवलखेड़ा में उनके श्रद्धालु वहां भारी संख्या में आ रहे थे। आयोजन का समाचार सभी अखबारों में प्रकाशित हो रहा था, जिससे देवेन्द्र चौधरी भी परिचित था। उसे समझाया गया कि आगरा, मथुरा सहित आस-पास के जिलों की फोर्स इस समय आवंलखेड़ा में लगी है, अतः पुलिस का ध्यान केवल उसको शान्तिपूर्ण तरीके से सम्पन्न कराने पर है। इस बात से देवेन्द्र चौधरी ".22 बोर" पर काफी झल्लाया परन्तु उसके दिमाग में तो पांच लाख रूपया घूम रहा था और आगरा में उसके सहयोगी तो पहले से ही थे। मथुरा तो उसका घर ही था तथा रिश्तेदारियां भी आसपास थीं, जिसके कारण काफी ना-नुकुर के बाद वह आगरा चलने के लिए तैयार हो गया। उसने एक शर्त रखी कि वह आगरा किसी के घर नहीं जायेगा बल्कि जमुना के किनारे सुनसान स्थान पर वह अपने आदमी से रूपये मंगवा ले, जिसे लेकर वह तुरन्त वापस हो जायेगा।

मेरी टीम ने मुझे बताया कि दिल्ली में इस समय स्थिति ऐसी है, जिसके कारण उसकी गिरफ्तारी करना मुश्किल होगा। मैंने दरोगा बी0एस0 त्यागी को बताया कि उसे आगरा आने दिया जाये और थोड़े फासले से उसका पीछा किया जाये। आगरा में ही उसकी गिरफ्तारी का प्रयास किया जाये। चूंकि उसके पास

.30 बोर चाइनीज स्टार पिस्टल है, अतः टीम को काफी सावधानी रखनी चाहिए क्योंकि गिरफ्तारी की आशंका होते ही यह दु:साहसी अपराधी पुलिस टीम पर हमला अवश्य करेगा।

देवेन्द्र चौधरी, ".22 बोर" को अपनी मारूति–1000 गाड़ी में बैठाकर दिल्ली में किसी स्थान पर ले गया। हमारी टीम दिल्ली–आगरा रोड पर अपने वाहनों के साथ लग गई। आधी रात के बाद देवेन्द्र चौधरी दिल्ली से रवाना हुआ। मेरी टीम को उसकी गाड़ी का नंबर मालूम था, अतः उसका पीछा करने में कोई परेशानी नहीं हुई। 31 अक्टूबर, 1995 को देवेन्द्र चौधरी सुबह लगभग 4 बजे आगरा पहुंच गया। थाना रकाबगंज क्षेत्र में सैय्यद बाबा की दरगाह के पास बी0एस0 त्यागी की टीम ने देवेन्द्र चौधरी को घेरने का प्रयास किया। देवेन्द्र चौधरी सतर्क हो गया और अपने को घिरा देखकर झाड़ियों की आड़ ले ली। उसने पुलिस पार्टी पर अपनी चाइनीज स्टार पिस्टल से गोली चलाना शुरू कर दिया। पुलिस द्वारा भी गोली चलायी गयी जिसमें शातिर अपराधी देवेन्द्र चौधरी मारा गया।

मैंने अपनी टीम को पुरस्कत किया। ".22 बोर" को मैंने इनाम की राशि में से 40 हजार रूपया दे दिया। वह काफी दिनों तक मेरे संपर्क में रहा। मैंने उसके साहसिक कार्य को देखते हुए देवेन्द्र चौधरी आपरेशन में अपनी योजनानुसार लगाया और वह पूर्णतः सफल रहा। देवेन्द्र चौधरी का पिता अपने सहयोगियों के साथ आगरा पहुंच गया और उसके शव को मथुरा अपने घर ले जाना चाहता था। उसकी योजना थी कि आगरा–मथुरा हाईवे पर शव रखकर रास्ता जाम कर दे और फर्जी मुठभेड़ का आरोप लगाकर पुलिस टीम पर हत्या का मुकदमा कायम करने की मांग करे। बी0एस0 त्यागी ने उसके पिता की इच्छा के विरूद्ध आगरा में ही उसका अंतिम संस्कार कराया और फोटो भी खींचा। देवेन्द्र चौधरी का पिता सुप्रीम कोर्ट गया और फर्जी मुठभेड़ के आरोप के साथ–साथ पुत्र का शव उसे न सौंपने के लिये पुलिस के विरूद्ध कार्यवाही करने की याचिका दायर की। आगरा पुलिस को नोटिस प्राप्त होने पर जवाब के साथ अंतिम संस्कार के फोटो भी भेजे गये, जिसमें उसका पिता और उसके परिवारीजन भी सम्मिलित थे, जिस पर सन्तुष्ट होकर उच्चतम न्यायालय ने उसकी याचिका खारिज कर दी।

देवेन्द्र चौधरी के बारे में पहले मुझे केवल इतना मालूम था कि उसका संबंध आगरा के डी0जी0सी0 क्रिमिनल एडवोकेट ऋषि गुप्ता से हैं। ".22 बोर" की क्षमता को देखते हुए मैंने इस पूरे आपरेशन को संचालित किया और उसे विकसित करते हुए पूरी योजना तैयार की जिसके फलस्वरूप पश्चिमी उत्तर प्रदेश का दुर्दांत अपराधी देवेन्द्र चौधरी, साहसिक मुठभेड़ में 31 अक्टूबर, 1995 को मारा गया।

देवेन्द्र चौधरी मुठभेड़ में थानाध्यक्ष बी0एस0 त्यागी को राष्ट्रपति द्वारा वीरता का पुरस्कार दिये जाने हेतु प्रस्ताव जाना चाहिये था परन्तु उस समय कानपुर के आई0जी0 जोन कुछ कारणों से उससे नाखुश थे, जिसके कारण उनके मेडल का मामला डी0जी0पी0 को नहीं भेजा जा सका। मैं आगरा से भारत सरकार की सेवा में प्रतिनियुक्ति पर चला गया था और आई0जी0 जोन ने पुरस्कार की संस्तुति नहीं भेजी। ए0डी0जी0 कानून व्यवस्था, एस0टी0एफ0 के पद पर तैनात होने पर मैंने बी0एस0 त्यागी को एस0टी0एफ0 में ले लिया। त्यागी ने मेरे निर्देशन में कई शातिर अपराधियों को मौत के घाट उतार दिया जिसमें उसे दो बार वीरता के लिए पुलिस मेडल से सम्मानित किया गया। वर्ष 2009 में मेरे प्रयास से त्यागी को उत्तर प्रदेश मुख्यमंत्री का उत्कृष्ट सेवा मेडल भी प्राप्त हुआ।

10

घनश्याम केवट मुठभेड़

घनश्याम केवट, जनपद बांदा, चित्रकूट, कौशाम्बी तथा मध्य प्रदेश के सीमावर्ती जनपदों में सक्रिय दुर्दांत डकैत था। उसने डकैती, अपहरण, हत्या आदि के दर्जनों जघन्य अपराध किये थे। उसने चित्रकूट जनपद के एस0ओ0जी0 के कांस्टेबल अभय राय की हत्या कर दी थी, जिससे उसका मनोबल बहुत बढ़ गया था। घनश्याम केवट पहले शंकर केवट गैंग का सदस्य था। शंकर केवट के साथ शातिर डकैत अम्बिका पटेल उर्फ ठोकिया आदि सक्रिय थे। शंकर केवट और ठोकिया ने चित्रकूट जनपद के थाना कर्वी के ग्राम बगहिया पर हमला किया था और वहाँ के सात नागरिकों की हत्या करके पूरे गाँव को जला दिया था। इस घटना से शंकर केवट, ठोकिया का आतंक बांदा, चित्रकूट के पाठा क्षेत्रों तथा समीपवर्ती मध्य प्रदेश के जनपदों में भी फैल गया था। सबसे पहले गैंग लीडर शंकर केवट वर्ष 2006 में सरकंडी का जंगल थाना असोथर जिला फतेहपुर में पुलिस मुठभेड़ में मारा गया। ठोकिया पहले उस क्षेत्र में 30 साल से सक्रिय शिव कुमार उर्फ ददुआ गैंग में सम्मिलित था और बाद में अपना अलग गैंग बना लिया।

जब मैं अपर पुलिस महानिदेशक कानून व्यवस्था, उत्तर प्रदेश के पद पर तैनात था, उसी दौरान एस0टी0एफ0 से मुठभेड़ में 30 साल से सक्रिय दुर्दांत डकैत ददुआ अपने पाँच साथियों के साथ चित्रकूट में 22 जुलाई, 2007 को मारा गया। ददुआ को बिना पैसा दिये हुए बांदा, चित्रकूट के तेंदू पत्ते के ठेकेदार जंगलों से अपना कारोबार नहीं कर पाते थे। उस क्षेत्र में सरकारी कार्य करा रहे ठेकेदार भी ददुआ को रंगदारी देते थे। राजनेता ददुआ का आशीर्वाद लेकर चुनाव जीतते थे। चुनाव के दौरान बांदा, चित्रकूट में ददुआ का फरमान जारी होता था। ग्राम पंचायत के चुनाव में पाठा क्षेत्र के गांवों में वही प्रधान बनता था, जिन्हें ददुआ, ठोकिया समर्थन देते थे। दोनों कुर्मी जाति के थे और उन्होंने अपना-अपना

क्षेत्र बांट रखा था। कुर्मी बाहुल्य क्षेत्रों में उनकी जाति के लोग उन्हें शरण देते थे। ठोकिया ने अपनी चाची को ब्लाक प्रमुख बनवा दिया था। वह वर्ष 2007 में विधायक का चुनाव भी लड़ी थी और दूसरे नंबर पर रही थी। ददुआ का भाई बालकुमार मिर्जापुर से समाजवादी पार्टी का सांसद रहा। ददुआ का पुत्र वीर सिंह वर्ष 2012 में समाजवादी पार्टी का विधायक निर्वाचित हुआ। इन दोनों की विशेषता ददुआ का भाई तथा पुत्र होना था। ददुआ के मुठभेड़ के दिन ही ठोकिया ने यू0पी0 एस0टी0एफ0 के छः कमांडों और एक नागरिक की पुलिस चौकी भरतपुर चित्रकूट के जंगल में एम्बुश लगाकर हत्या कर दी थी।

मेरे पर्यवेक्षण में एस0टी0एफ0 ठोकिया के पीछे लगी रही और अंततः उसे 4 अगस्त, 2008 को मुठभेड़ में मार गिराया गया। ठोकिया की गिरफ्तारी के लिए उत्तर प्रदेश सरकार द्वारा 3 लाख रूपये का पुरस्कार घोषित था। उत्तर प्रदेश शासन द्वारा इस सफल आपरेशन के लिए मुझे 3 लाख रूपये का पुरस्कार प्रदान किया गया। मेरे अतिरिक्त मेरे 13 अन्य पुलिस अधिकारियों/कर्मचारियों को भी 3-3 लाख रूपये का पुरस्कार 16 जून, 2009 को दिया गया था।

इन कुख्यात डकैतों के मुठभेड़ में मारे जाने के बाद घनश्याम केवट उर्फ नान पुत्र नन्हू केवट निवासी ग्राम सुरवल थाना राजापुर जनपद चित्रकूट ने अपना स्वतंत्र गैंग बना लिया और ददुआ तथा ठोकिया के क्षेत्रों में अपना आधिपत्य जमा लिया। यह पहले भी एक सिपाही अभय राय की हत्या कर चुका था। घनश्याम शंकर केवट गैंग का मुख्य सदस्य था। शंकर केवट, उमर केवट का फतेहपुर, बांदा, चित्रकूट तथा मध्यप्रदेश के सीमावर्ती जिलों में आतंक था। यह दोनों ग्राम मीनातारा थाना किशनपुर फतेहपुर के रहने वाले थे। उमर केवट उर्फ बाबा को एस0टी0एफ0 द्वारा फतेहपुर में पुलिस मुठभेड़ में मारा गया था। उसके साथ उसका सबसे विश्वस्त साथी रामराज केवट भी मारा गया था। इस गैंग में घनश्याम केवट, नान बाबू उर्फ जंजीरा केवट, बच्चा केवट, बिचौली केवट आदि शातिर डकैत शामिल थे। जमुना के किनारे जिला आगरा से लेकर बांदा तक केवट जाति के गैंग हमेशा सक्रिय रहते थे। जमुना के किनारे मल्लाहों के गाँव है, जहाँ केवटों के गैंग शरण पाते रहे। केवट जाति के लोग जमुना नदी में नांव चलाना, मछली पकड़ने का कार्य करते हैं। डकैत गैंग इनकी नाव का प्रयोग करके अक्सर नदी पार करते थे, जिसके कारण

डकैतों से संपर्क होना स्वाभाविक था। चम्बल के बीहड़ों में भी विक्रम मल्लाह, रघुनाथ मल्लाह, राम अवतार मल्लाह, फूलन देवी आदि के गैंग बहुत कुख्यात थे, जो सभी केवट जाति के थे।

फतेहपुर, चित्रकूट तथा बांदा जनपदों में जमुना नदी के किनारे केवटों के गांव है, जहाँ इस जाति के कुख्यात अपराधी सक्रिय रहे। इन्हें उस क्षेत्र के कुछ सफेदपोश लोग भी पनाह देते थे। मुलायम सिंह ने मुख्यमंत्री रहते हुए ददुआ के भाई बालकुमार को मिर्जापुर सें सांसद, उसके पुत्र वीर सिंह को चित्रकूट से विधायक तथा भतीजे को प्रतापगढ़ से समाजवादी पार्टी का टिकट देकर विधायक बनवाया। मुलायम सिंह ने ही अपनी वोट बैंक की राजनीति के तहत चम्बल की कुख्यात डकैत फूलन देवी के सभी मुकदमें वापस लिये और पैरोल पर आते ही उसे वर्ष 1996 में मिर्जापुर से समाजवादी पार्टी के टिकट पर सांसद बनवाया। मुलायम सिंह के इस कदम से पूरे भारत में सदमें की लहर फैल गयी क्योंकि फूलन देवी ने 14 फरवरी, 1981 को ग्राम बेहमई, कानपुर देहात में बीस ठाकुरों को मौत के घाट उतार दिया था, जो केवल देश ही नहीं बल्कि विदेश में भी चर्चित रहा। मुलायम सिंह ने उसे उसी सीट से वर्ष 1998 में भी टिकट दिया परन्तु वह हार गयी। वर्ष 1999 में पुनः लोकसभा चुनाव हुये और फूलन समाजवादी पार्टी के टिकट पर चुनाव जीत गयी। 25 जुलाई, 2001 में सांसद रहते हुए दिल्ली में उसके घर के सामने उसकी हत्या कर दी गयी। जब प्रदेश के मुख्यमंत्री ने फूलनदेवी जैसे शातिर अपराधी को न केवल अपनी पार्टी में शामिल किया बल्कि अपनी पार्टी से सांसद भी बनवाया। इससे चम्बल एवं जमुना के बीहड़ों के केवट जाति के डकैतों का मनोबल सातवें आसमान पर पहुंच गया। इन डकैतों को भी राजनेताओं ने शरण देना शुरू कर दिया जिससे वे मजबूत होकर पुलिस पर हमला करने से भी नहीं चूकते थे।

फतेहपुर का थाना खखरेरू क्षेत्र के ग्राम कोट, रहमतपुर केवट गैंग के मुख्य शरण स्थल रहे हैं। दोनों गांव जमुना नदी के किनारे बसे हैं। ग्राम रहमतपुर के अतहर उर्फ लंगड़ा तथा कोट के इसराइल की आपसी दुश्मनी काफी दिनों से चली आ रही थी। अतहर उर्फ लंगड़ा ने शंकर केवट तथा इसराइल ने उमर केवट गैंग को शरण देना शुरू कर दिया, जिससे वे क्षेत्र में अपना दबदबा बना सके। उमर केवट एक दुर्दांत अपराधी था और उसके गैंग में 6–7 सक्रिय सदस्य

थे। उमर ने भी थाना असोथर, फतेहपुर के दो सिपाहियों नौशाद, बृजेन्द्र दुबे की हत्या वर्ष 2000 में कर दी थी।

अतहर लंगड़ा, इसराइल का संघर्ष लगातार चलता रहा और दोनों के विरूद्ध 50 से अधिक मुकदमें कायम हुए। ये दोनों कभी-कभी अपने ही गुर्गों की स्वयं हत्या करके दूसरे के विरूद्ध हत्या का मुकदमा कायम कराकर स्वयं गवाह बन जाते थे। अतहर लंगड़ा को आजन्म कारावास की सजा हो गयी और कुछ दिन बाद इसराइल भी मर गया। इसराइल अपने क्षेत्र के बाहुबली एम0एल0ए0 बीर अभिमन्यु उर्फ बीरन यादव तथा युवराज सिंह से जुड़ा था। इसराइल का संबंध कौशाम्बी जिले के माफिया सरगना श्याम नारायण करवरिया उर्फ मौला से था। ददुआ, ठोकिया, शंकर केवट, उमर केवट के मारे जाने के बाद ऐसा लगा कि बांदा तथा चित्रकूट का पाठा क्षेत्र डकैतों से मुक्त हो जायेगा परन्तु ऐसा नहीं हो सका। यह ऐसा क्षेत्र है जहां कोई न कोई दूसरा डकैत अपने गैंग लीडर की जगह ले लेता है। घनश्याम केवट भी मजबूत गैंग बनाकर हत्या, अपहरण तथा ठेकेदारों से चौथा वसूलने लगा।

घनश्याम केवट से मुठभेड़

16 जून, 2009 को सुबह 7 बजे ग्राम जमौली निवासी एक व्यक्ति ने थाना राजापुर पहुंचकर वहाँ के थानाध्यक्ष के0के0 मिश्रा को सूचना दी कि दुर्दांत डकैत घनश्याम केवट सुबह-सुबह उनके घर में आ गया है। यह डकैत केवट जाति के उस गांव के निवासियों से खाना लेता था और महिलाओं से बलात्कार भी करता था। घनश्याम के आते ही उस घर के मालिक ने छिपकर थाने पहुंचकर उसकी मौजूदगी की सूचना थानाध्यक्ष को दी थी। थानाध्यक्ष ने अपर पुलिस अधीक्षक चित्रकूट जुगुल किशोर को सूचना दी और वहां से स्पेशल ऑपरेशन ग्रुप को बुलवा लिया। सुबह 9:20 बजे के0के0 मिश्रा स्पेशल ऑपरेशन ग्रुप के साथ ग्राम जमौली पहुंचकर उस मकान की घेराबंदी कर ली और गृह स्वामी के साथ हर कमरे की तलाशी ले ली परन्तु वह नहीं मिला। एस0ओ0जी0 टीम घर के भीतरी आंगन के पास जीने से छत पर जा रही थी। एस0ओ0जी0 के सिपाही शमीम सबसे आगे थे। जीने से जैसे ही शमीम छत पर जाने के लिए कदम बढ़ा रहे थे, उसी समय घनश्याम ने खपरैल की दोछत्ती से ताबड़तोड़ फायरिंग करना

शुरू कर दिया। उसकी एक गोली शमीम के सिर पर लगी और वे वही शहीद हो गये। बदमाश ने हाई एक्सप्लोसिव ग्रेनेड (एच0ई0-36) भी फेंका जिससे एस0ओ0जी0 के कांस्टेबिल राजेन्द्र सिंह और दिलीप तिवारी घायल हो गये। घनश्याम, दोछत्ती से निकलकर छत पर आ गया और वहाँ से बगल के मकान में कूद गया जहाँ पुलिस टीम ने उसे घेर लिया। घनश्याम, पुलिस टीम पर लगातार गोली चला रहा था।

उस समय एस0पी0 चित्रकूट, राकेश प्रधान अवकाश पर थे और जिले का प्रभार अपर पुलिस अधीक्षक, जुगल किशोर के पास था जो वहाँ पीएसी व अतिरिक्त पुलिस बल के साथ पहुंच गये। मकान में पुलिस द्वारा भी हैंड ग्रेनेड और टीयर गैस ग्रेनेड फेंके गये। उसी दिन अपरान्ह में चित्रकूट के डी0आई0जी0 सुशील कुमार सिंह भी पुलिस बल के साथ पहुंचे और नेतृत्व संभाला। मेरे द्वारा वहाँ एस0टी0एफ0 के कमांडों के साथ इलाहाबाद और कौशाम्बी के अधिकारियों को भी मौके पर भेजा गया। रात्रि हो जाने के कारण सरकारी वाहनों को गाँव के चारों तरफ लगा दिया गया। गाड़ियों के हेड लाइट जलाकर प्रकाश की व्यवस्था की गई और बदमाशों की घेराबंदी जारी रखी गई।

17 जून, 2009 को डी0आई0जी0 के नेतृत्व में मकानों की घेराबंदी करके फायरिंग की गई परन्तु घनश्याम मकान में छिपकर गोली चलाता रहा। उसकी फायरिंग से एस0टी0एफ0 के इंस्पेक्टर नवेन्दु सिंह और हेड कांस्टेबिल अकरम घायल हो गये। डी0आई0जी0 ने 42वीं वाहिनी पीएसी को इंस्पेक्टर बेनी माधव सिंह को एल0एम0जी0 के साथ मकान की छत पर जाने का निर्देश दिया जो आपरेशन के दृष्टिकोण से उचित नहीं था। लाइट मशीन गन एरिया वैपन है और टारगेट मालूम होने पर 500 मीटर तक की दूरी से उसे बर्बाद किया जा सकता है। उस समय निश्चित जानकारी नहीं थी कि खपरैल से बनी किस झोपड़ी में घनश्याम कहाँ छिपा है। घनश्याम ने बगल की झोपड़ी से निशाना लेकर कम्पनी कमांडर पीएसी बेनी माधव सिंह पर गोली चला दी जिससे वे शहीद हो गये। बदमाश गांव में ठिकाने बदल-बदल कर पुलिस पर गोलियां चलाता रहा। पुलिस उपमहानिरीक्षक सुशील कुमार सिंह के नेतृत्व में पुलिस बल आगे बढ़ रहा था कि बदमाश की एक गोली डी0आई0जी0 के गनर इकबालुद्दीन को लगी और वे भी शहीद हो गये। इस प्रकार डकैत की गोली से पीएसी के इंस्पेक्टर सहित

दो कांस्टेबिल मारे जा चुके थे। बेनी माधव सिंह की शहादत के बाद पीएसी के उनके सहकर्मी उग्र हो गये और डी0आई0जी0 को गालियां देने लगे। वे लोग ड्यूटी से हटकर दूर चले गये।

इसकी सूचना मुझे व पुलिस महानिदेशक श्री विक्रम सिंह को दी गई। विक्रम सिंह ने पीएसी बल को नेतृत्व प्रदान करने के लिए आई0जी0 पीएसी वी0के0 गुप्ता, (आई0पी0एस0-1982) को हैलीकाप्टर से मौके पर भेजा। इस बीच खपरैल के मकानों में आग लग चुकी थी। आग और धुंए के बीच बदमाश घनश्याम चुपके से गांव के उत्तर दिशा में स्थित एक पक्के मकान में जाकर छिप गया। मुठभेड़ कई घंटों से चल रही थी जिसको कवर करने के लिए इलेक्ट्रानिक मीडिया वहां पहुंचकर सीधा प्रसारण कर रही थी। किसी ने पुलिस टीम को बताया कि घनश्याम एक मकान में जल कर मर गया है। आई0जी0 वी0के0 गुप्ता, डी0आई0जी0 सुशील कुमार सिंह पुलिस टुकड़ी को लेकर पक्के मकान की तरफ पहुंचे। वे वहाँ पहुंचे ही थे कि इसी बीच घनश्याम ने अचानक ग्रेनेड फेंक दिया जिससे आई0जी0 वी0के0 गुप्ता, डी0आई0जी0 सुशील कुमार सिंह गंभीर रूप से घायल हो गये। कौशाम्बी जिले के थाना पश्चिम शरीरा के थानाध्यक्ष भी घायल हो गये। इन घायल अधिकारियों को तत्काल चित्रकूट के अस्पताल में भेजा गया। यह पूरा घटनाक्रम ई0टी0वी0 के वरिष्ठ पत्रकार सूर्य प्रकाश शुक्ला ने अपने कैमरे में कैद कर लिया। घनश्याम मकान के एक फाटक को आधा हटाकर लगातार गोली चला रहा था परन्तु नेतृत्व विहीन होने के कारण पुलिस उसका मुकाबला प्रभावी ढंग से नहीं कर पा रही थी। जिस समय घनश्याम के हमले में आई0जी0, डी0आई0जी0 घायल हुए, उन दोनों के पास जवाबी कार्यवाही के लिए हथियार ही नहीं थे।

घटना की गंभीरता को देखते हुए पुलिस महानिदेशक ने इलाहाबाद के आई0जी0 जोन सूर्य कुमार शुक्ला को मौके पर भेजा परन्तु वे भी प्रभावी कार्यवाही नहीं कर पाये। पुलिस का मनोबल टूट चुका था और लगभग 200-250 पुलिस के जवान रायफल रेंज के बाहर रहकर कार्यवाही करने से बच रहे थे। यह स्वाभाविक भी था क्योंकि उस समय तक 3 पुलिसकर्मी मारे जा चुके थे और आई0जी0, डी0आई0जी0 सहित 7 अधिकारी गंभीर रूप से घायल हो चुके थे।

स्थिति की गंभीरता को देखते हुए मैंने पुलिस महानिदेशक विक्रम सिंह से अनुमति लेकर स्वयं मौके पर जाने का निर्णय लिया। मैंने जाने से पहले वहाँ के अपर पुलिस अधीक्षक जुगुल किशोर व अन्य अधिकारियों को निर्देशित किया कि गांव को घेरने के लिए प्रकाश की व्यवस्था और जवानों के लिए भोजन-पानी की व्यवस्था की जाये। मैं स्टेट हेलीकाप्टर से दिन के करीब 3 बजे चित्रकूट पुलिस लाइन के हैलीपैड पर उतरा और उसी हेलीकाप्टर से घायल आई0जी0, डी0आई0जी0 को पी0जी0आई0 लखनऊ भेजा। शाम करीब साढ़े चार बजे मैं मौके पर पहुंचा। मैंने पाया कि पुलिस बल का मनोबल गिरा हुआ है और बदमाश के छिपने के स्थान का भी पता नहीं है। फायर बिग्रेड द्वारा आग बुझाने के प्रयास के बावजूद गांव के अधिकांश खपरैल की झोपड़ियों में आग लग चुकी थी। गांव में 5-6 पक्के मकान थे। मैंने अनुमान लगा लिया कि घनश्याम आग से बचने के लिए इन्हीं में से किसी पक्के मकान में छिपा हुआ है। एस0टी0एफ0 घनश्याम के मोबाइल को सर्विलांस पर ले रखी थी और उसकी बातचीत के बारे में मुझे लगातार बता रही थी। घनश्याम ने अपने किसी सहयोगी से सुरंग बनाकर निकलने की भी योजना बताई परन्तु वह संभव नहीं हो पाया। इसी बीच उसका मोबाइल डिस्चार्ज हो गया।

शाम हो रही थी जिसके कारण तुरंत कार्यवाही करना आवश्यक हो गया था। मैंने दो टीम बनाई जिसमें एक टीम का नेतृत्व मैं स्वयं कर रहा था और दूसरी टीम की जिम्मेदारी आई0जी0 इलाहाबाद जोन सूर्य कुमार शुक्ला को सौंपी। प्रभावी व अग्रणी भूमिका निभाते हुए, आग बुझाने के लिए फायर बिग्रेड बुलाकर पुनः गांव में तलाशी अभियान शुरू कराया गया। इसी बीच घनश्याम ने एक पक्के मकान की छत से मेरे ऊपर लक्ष्य करके रायफल से गोली चलाई व ग्रेनेड से हमला किया। दीवार की आड़ लेकर मैंने अपना बचाव किया और एके-47 से बदमाश पर फायरिंग किया तथा हैंड ग्रेनेड फेंका परन्तु बदमाश पक्के मकान की प्रथम तल पर बने कमरे में छिपकर बचता रहा। रात हो जाने पर पुलिस की गाड़ियों की हेड लाइट जलाकर प्रकाश की व्यवस्था की गई और गांव के चारो तरफ पुलिस जवानों को लगाया गया कि गैंग रात में अंधेरे का फायदा उठा कर भाग न जाये।

मैंने अपने भूखे-प्यासे पुलिस कर्मियों का उत्साह बढ़ाया और उन्हें रात भर गांव के चारों तरफ लगातार गश्त करने के लिए कहा जिससे गैंग भागने

न पाये। अव्यवस्था की स्थिति यह थी कि जिले के अपर पुलिस अधीक्षक जवानों के लिए लाई-चना तक की व्यवस्था नहीं कर पाये थे। रात एक बजे चित्रकूट के जिलाधिकारी हृदेश कुमार ने टोकरियों में भरकर रोटियां, आलू की सूखी सब्जी भेजी। आई0जी0 सूर्य कुमार ने मुझसे डाक बंगले में रात्रि विश्राम के लिए जाने को कहा जिसको मैंने मना कर दिया। मैंने उन्हें बताया कि अगर मैं विश्राम के लिए डाक बंगले पर जाता हूं तो पुलिस के जवानों का मनोबल और टूट जायेगा और जवानों में गलत संदेश भी जायेगा। अत: मैं इन जवानों के साथ जमीन पर ही बैठूंगा।

रोटी कम थी जिस पर मैंने प्रत्येक जवान को दो-दो रोटी व आलू की थोड़ी-थोड़ी सब्जी लेने के लिए कहा। मैंने भी दो रोटी और सब्जी लेकर खाई और गांव के कुंए का पानी पिया। मै रात भर गांव के चारों तरफ घूम-घूमकर बदमाशों की घेराबंदी करता रहा। इसी बीच घनश्याम केवट ने रात में भागने का प्रयास किया जिस पर नौजवान पुलिस अधीक्षक कौशाम्बी एस0एन0 भारद्वाज ने फायर कर दिया। मेरी तरफ से भी फायरिंग की गई जिससे बदमाश घेराबंदी नहीं तोड़ पाया। गश्त व पहरेदारी करके रात बिताई गई। उस रात कोई भी सो नहीं पाया।

18 जून की सुबह हम लोग तैयार हुए। सुबह 6 बजे मैंने, आई0जी0 सूर्य कुमार शुक्ला, अन्य अधिकारियों जिसमें तीन अपर पुलिस अधीक्षक स्तर के अधिकारी सम्मिलित थे, बुलाकर विचार-विमर्श किया। आई0जी0 इलाहाबाद जोन, एस0टी0एफ0 के एक अपर पुलिस अधीक्षक ने मुझे अलग ले जाकर कहा कि मैं मीडिया से झूठ बोल दूं कि घनश्याम रात में ही कहीं भाग गया है। उनका कहना था कि पुलिस का मनोबल गिरा हुआ है और ऐसे में आपरेशन करना खतरनाक है और पुलिसकर्मी इसमें सहयोग भी नहीं करेंगे। मैंने उन्हें बताया कि अगर आप लोगों को डर लग रहा हो तो आप दूर रहे मैं स्वयं आपरेशन का नेतृत्व संभालूंगा। मैं ए0के0-47 रायफल लेकर दो सिपाहियों के साथ आगे बढ़ा और गांव के मध्य स्थित दो मंजिले मकान में बदमाश होने की संभावना पर अपर पुलिस अधीक्षक चित्रकूट जुगुल किशोर को तलाशी लेने हेतु निर्देश दिया। दूसरे पक्के मकान की तलाशी के लिए अपनी टीम के साथ मैं स्वयं आगे बढ़ा। गांव के मध्य में स्थित दो मंजिले मकान की छत पर अपर पुलिस अधीक्षक जुगुल किशोर तीन सिपाहियों के साथ चढ़ गये जिसमें कांस्टेबल वीर सिंह भी शामिल

थे। सबसे पहले आगे-आगे कांस्टेबल वीर सिंह छत से जीने के सहारे प्रथम तल पर आ गये उसी समय प्रथम तल पर बने कमरे में छिपे बदमाश ने फायर कर दिया जो सिपाही वीर सिंह की इंसास रायफल के मजल में लगी जिससे उनकी रायफल क्षतिग्रस्त हो गई। इसके बावजूद भी आरक्षी वीर सिंह अपनी इनसास रायफल से बदमाश पर फायर करने का प्रयास कर रहे थे परन्तु रायफल क्षतिग्रस्त होने के कारण वे फायर नहीं कर पाये। अपर पुलिस अधीक्षक जुगुल किशोर जीने के मध्य में थे और बदमाश द्वारा पहला फायर करने के बाद यदि वे एक भी फायर कर देते तो बदमाश दूसरा फायर नहीं कर पाता। अपर पुलिस अधीक्षक दोनों सिपाहियों के साथ जीना छोड़कर छत पर ऊपर भाग आये। इसी बीच घनश्याम केवट ने दूसरा फायर कर दिया जिससे सिपाही वीर सिंह मौके पर शहीद हो गये। यह पूरी घटना ई0टी0वी0 के कैमरे में कैद हो गई। सूर्य प्रकाश शुक्ला ई0टी0वी0 का स्वयं नेतृत्व कर रहे थे और उन्होंने इस पूरी घटना को रिकार्ड कर लिया।

अब बदमाश का लोकेशन मालूम हो चुका था। मैंने उस मकान पर ग्रेनेड फेंकना चाहा परन्तु 100-150 मीटर की दूरी से रायफल ग्रेनेड चलाना खतरे से खाली नहीं था। मैंने मकान के नजदीक 20-25 फुट की दूरी पर स्वयं जाने का निर्णय लिया जहां से बदमाश पर फायर कर सकूं और कवर फायर करने से पीएसी के कर्मी रायफल ग्रेनेड फेंक सके। मैंने जे0सी0बी0 से बगल के कच्चे मकान की दीवार तुड़वा दी। परन्तु इसी बीच घनश्याम ने छत पर से जे0सी0बी0 पर फायर कर दिया। उसकी रायफल की गोली जे0सी0बी0 की छत चीरते हुए निकल गई। मैंने ए0के0-47 रायफल से कवर फायरिंग देकर जे0सी0बी0 के ड्राइवर को नीचे उतारकर सुरक्षित स्थान पर पहुंचाया। मैं और मेरे गनर ने बारी-बारी से बदमाश के छिपे हुए कमरे की खिड़की पर ए0के0-47 रायफल से फायर करना शुरू कर दिया और पीएसी से ग्रेनेड फेंकने के लिए कहा। पीएसी का हवलदार जी0एफ0 रायफल से दो मंजिले मकान पर स्थित कमरे के दरवाजे तक ग्रेनेड नहीं फेंक पा रहे थे। अब मेरे समक्ष एक ही रास्ता बचा था कि मैं स्वयं 15-20 फुट की रेंज से हैंड ग्रेनेड फेंकू। यह पूरी घटना स्टार टी0वी0 लाइव प्रसारण कर रही थी जिनका कैमरा मेरे नजदीक था। इस घटना को मेरे परिवार के लोग टी0वी0 पर देख रहे थे और काफी भयभीत थे। मेरी पत्नी सरोज, दोनों बेटियां डॉ0 संगीता लाल, वंदना लाल व पुत्र अपूर्व कृष्ण टी0वी0 पर पूरी घटना देख रहे थे। मेरी छोटी बेटी ने

मुझे मोबाइल मिलाया और रोने लगी। मैंने उससे कहा कि अगर वह न देख पाये तो टी0वी0 से हट जाये। वंदना उस समय गाजियाबाद के यशोदा हास्पिटल में चीफ डायटीशियन के पद पर तैनात थी और किसी सहेली ने टी0वी0 देखकर इसकी सूचना उसे दी थी। मेरी पत्नी भी टी0वी0 देखकर भयभीत हो गई थी। अब भी वह टी0वी0 का फुटेज देख नहीं पाती है।

पुलिस महानिदेशक विक्रम सिंह भी मेरी सुरक्षा को लेकर चिंतित थे और मुझसे लगातार संपर्क बनाये हुए थे। मैंने उनसे कहा कि मैंने निर्णय लिया है कि मैं फायर बिग्रेड की सीढ़ी से छत पर जाऊंगा और छत से नीचे स्थित कमरे के दरवाजे पर ग्रेनेड डालूंगा जिससे दरवाजा टूट जाये जिस पर मैं जीने से उतरकर उस पर हमला कर सकूं। जीने के पास ही सिपाही वीर सिंह की लाश पड़ी थी। मैंने उन्हें यह भी बताया कि इस कार्यवाही में मेरे साथ केवल मेरे दो गनर ही जाने को तैयार है। मेरे अन्य अधिकारी, अधिकांश जवान रायफल रेंज के बाहर 400–500 मीटर दूर बैठे हुए थे। एस0टी0एफ0 के अपर पुलिस अधीक्षक ने मुझे सलाह दी कि मैं डी0जी0पी0 से कहकर इलाहाबाद से सेना का राकेट लांचर मंगवा लूं और उससे मकान के प्रथम तल पर स्थित कमरे पर राकेट दागकर गिरा दिया जाये। मैंने उनसे कहा कि यह सोचना भी गलत है। अगर ऐसा होगा तो पुलिस का सम्मान समाप्त हो जायेगा, अतः उपलब्ध हथियारों से ही हमें बदमाश पर हमला करना है।

बदमाश की लोकेशन दो मंजिले पर होने के कारण उसकी स्थिति बहुत अच्छी थी। वह वहां से सामने फोर्स पर आसानी से गोली चला रहा था। मैं व मेरी टीम के नीचे होने के कारण कार्यवाही करना आसान नहीं था। इसी बीच मैंने अपने गनर को कवरिंग फायर का निर्देश देकर 15–20 फुट की रेंज से स्वयं ग्रेनेड फेंकने लगा। मेरा ग्रेनेड मकान के दरवाजे पर पहुंचकर फटा परन्तु घनश्याम ने दीवार की आड़ ले ली। इसी बीच कौशाम्बी जिले का एक सूबेदार हैंड ग्रेनेड फेंकने के लिए आगे आया और मैंने उसे ए0के0–47 रायफल से कवरिंग फायर देना शुरू किया। मैंने एक चाल चली और तेज आवाज में चिल्लाया कि बदमाशों पर पेट्रोल ग्रेनेड फेंका जाये जिससे वहाँ आग लग जाये। इसका अनुकूल प्रभाव हुआ और घनश्याम हतोत्साहित होकर कमरे से बाहर निकला और छत से नीचे कूदा। इसी बीच मेरी एक गोली से वह घायल हो गया। हम लोगों ने उसे दौड़ा लिया। घनश्याम ने गांव

के पास से गुजर रहे नाले में शरण ले ली और पुलिस पर आड़ लेकर फायर करता रहा। मैंने अपनी टीम के साथ उस पर ए0के0–47 से गोलियां चलायीं। अपरान्ह् लगभग तीन बजे पचास हजार का इनामी घनश्याम केवट मारा गया। इस पूरे घटनाक्रम का आई0बी0एन0–7, ई0टी0वी0, स्टार टी0वी0, सहारा टी0वी0 आदि सभी प्रमुख चैनल लगातार सजीव प्रसारण करते रहे।

11

दस्यु ठाकुर मुरारी सिंह

9 जुलाई, 1993 को मैंने वरिष्ठ पुलिस अधीक्षक आगरा का कार्यभार ग्रहण किया था। आगरा के ग्राम नगला महराम, थाना खंदौली, निवासी ठाकुर मुरारी सिंह पुत्र पूरन सिंह एक शातिर डकैत था। उस समय वह जनपद आगरा, मथुरा और एटा के हाथरस क्षेत्र में सक्रिय था। शुरू-शुरू में वह लूट, डकैतियाँ तथा किराये पर हत्यायें करता था। बाद में वह व्यापारियों से रंगदारी वसूलने लगा। तीनों जनपदों में इसका आतंक व्याप्त था और कोई भी व्यक्ति इसके बारे में सूचना नहीं देता था। इसके लिए मेरे पूर्वाधिकारियों ने कई बार अभियान चलाया परन्तु सफलता नहीं मिली। उसके पास थर्टी स्प्रिंग फील्ड सेमी आटोमैटिक अमेरिकन रायफल थी। उस गैंग लीडर को उस समय एटा के सांसद स्वामी सुरेशानंद शरण देते थे। पुलिस मुठभेड़ में मारे जाने के बाद उन्होंने खुलकर पुलिस की आलोचना एवं प्रदर्शन भी किया था और इसे फर्जी मुठभेड़ बताया था।

मुरारी सिंह तीनों जिलों के ईंट-भट्ठा मालिकों से रंगदारी वसूलने लगा। यदि कोई भट्ठा मालिक उसे रंगदारी नहीं देता था तो ईंट पकते समय वह चिमनी गिरा देता था, जिससे पक रही ईंटे खराब हो जाती थी। चिमनी गिराने का भय दिखाकर मुरारी की वसूली बढ़ गई। सितंबर, 1993 में कुछ भट्ठा मालिक चुपके से मुझसे मिले और मुरारी से निजात दिलाने की गुहार लगाई। उसमें से एक व्यापारी मेरे पास 10 सितंबर, 1993 को पुनः आये और उन्होंने बताया कि बीती रात मुरारी अपने गैंग के एक साथी के साथ उनके ग्राम हसनपुर थाना खन्दौली, आगरा स्थित भट्ठे के पास स्थित ट्यूबवेल के कमरे पर आया था और मुनीम से रंगदारी के पैसे माँगने लगा। मुनीम ने उसे पाँच हजार रूपया उस समय दे दिया और बाकी बीस हजार दूसरे दिन मालिक से लेकर उसे देने का वादा कर लिया। मुरारी रात 10 बजे मुनीम के पास पहुँचा था। मैं उसे पकड़ने

हेतु स्वयं जाना चाहता था परन्तु एक नौजवान दरोगा ओम वीर सिंह ने मुझसे आग्रह किया कि मैं उसे ''आरपेशन मुरारी'' की रणनीति समझाकर पकड़ने की जिम्मेदारी दे दूँ।

मैंने ओमवीर को बताया कि मुरारी अवश्य आयेगा चूंकि उसे आज बीस हजार रूपये मिलने हैं। मैंने योजना बनाई कि पुलिस के चार कांस्टेबिल शाम होते ही अधेरे में कमरे की छत पर चढ़कर चुपचाप बैठ जायेंगे। सब इंस्पेक्टर ओमवीर अपने एक सहयोगी सिपाही के साथ मुनीम के कमरे में रहेगे। मैंने अनुमान लगाया कि आज वह पैसा लेने पहले पहुंच सकता है जबकि उसने रात 10 बजे आने का वादा किया था। मैंने यह भी अनुमान लगाया कि पैसा वह स्वयं लेगा और उसके गैंग के सदस्य दूर-दूर रहेंगे। मुरारी रंगदारी की रकम का अधिक हिस्सा स्वयं ले लेता था। वह अपने सदस्यों को कम पैसे मिलने की बात बताकर उन्हें कम हिस्सा देता था। ओमवीर के साथ एक कांस्टेबिल रायफल लेकर लग गया तथा ओमवीर को मैंने अपनी एफ0एम0 ब्राउनिंग बेल्जियन बारह बोर दुनाली बंदूक विदेशी कारतूसों के साथ दे दी। अंधेरी रात में 12 बोर से फायर करने पर कई बदमाश एक साथ घायल हो सकते थे। छत पर तैनात किये गये चारों सिपाहियों को मैंने निर्देश दिया था कि यदि गैंग के सदस्य हमला करते हैं तो वह छत से फायरिंग करेगें, जिससे गैंग के गुर्गों की कमरे तक आने की हिम्मत नहीं हो पायेगी।

मुरारी 11 सितंबर, 1993 को रात 9:30 बजे ही पहुंच गया। उसके एक साथी ने मुनीम को आवाज लगाई कि ठाकुर साहब आ गये हैं पैसा उन्हें दे दिया जाये। मुरारी बीस हजार रूपये लेने के लिए आगे बढ़ा। वह मुनीम के पीछे अन्धेरे में पोजीशन लिए दरोगा ओमवीर को नहीं देख पाया। नजदीक आने पर ओमवीर ने उसे आत्मसमर्पण करने के लिए ललकारा परन्तु मुरारी आत्मसमर्पण करने वाला बदमाश नहीं था। उसके साथियों ने भी फायर करना शुरू कर दिया, जिसका जवाब छत पर तैनात सिपाहियों ने अपनी रायफलों से देना शुरू कर दिया। उप निरीक्षक ओमवीर ने बारह बोर दुनाली बंदूक से फायर किया जिसके छर्रे मुरारी को लगे और वह मौके पर ही मारा गया। मैंने बड़ी पुलिस पार्टी इसलिए नहीं भेजी थी क्योंकि पुलिस के आने की सूचना उसके सहयोगियों को अवश्य हो जाती। छोटी पुलिस पार्टी ट्रैक्टर ट्राली में बैठाकर भेजी गई थी, जिससे गैंग को फोर्स के पहुँचने का शक नहीं हो पाया। मुरारी के मारे जाने से जनपद आगरा, मथुरा और एटा के व्यापारियों ने राहत की सांस ली और पुलिस की भूरि-भूरि प्रशंसा की मेडल में रूकावट नीचे संलग्न किया गया।

12

आगरा का मुड़कटवा गुलाम नबी उर्फ ''टोंटा''

वर्ष 1995–1996 में मैं डी0आई0जी0 आगरा के पद पर तैनात था। गुलाम नबी उर्फ ''टोंटा'' पुत्र गुलाम रसूल, निवासी ढोलीखार, मन्टोला, आगरा का कुख्यात अपराधी व हिस्ट्रीशीटर था। उसके पिता नामी-गिरामी पहलवान थे। गुलाम नबी उर्फ ''टोंटा'' भी अपने पिता के नक्शेकदम पर चलकर पहलवानी करने लगा और अपराध की दुनिया में सक्रिय हो गया। उसके दाहिने हाथ के पंजे में अंगूठे को छोड़कर चारों अँगुलिया दुर्घटना में कट गयी थीं, जिसके कारण उसे ''टोंटा'' कहा जाता था। वह हमेशा पिस्टल चलाता था और अपने एक हाथ से पिस्टल को कटे हुये हाथ का सहारा लेकर कॉक कर लेता था। उसके ऊपर जनपद आगरा, फिरोजाबाद, हाथरस, अलीगढ, मथुरा में पांच दर्जन से अधिक लूट, डकैती और हत्या के अपराध दर्ज थे। वह किराये पर कत्ल करता था और हत्या करने के बाद मौके से भागता नहीं था। हत्या करने के बाद वह मृतक का सिर अक्सर काटकर अपने साथ ले जाता था और हत्या कराने वाली पार्टी को उसके विरोधी का सिर दिखाकर तयशुदा रकम से ज्यादा पैसे वसूलता था।

आगरा के एक चमड़ा व्यापारी ने पांच लाख रूपये की सुपारी देकर अपने विरोधी अच्छन, निवासी अछनेरा, आगरा का कत्ल करवाया। ''टोंटा'' ने गोली मारने के बाद उसका सिर काटकर कनस्तर में रखा और चमड़ा व्यापारी के पास पहुंच गया और कटा हुआ सिर दिखाकर पैसे मांगे। व्यापारी ने उसे पहले से तयशुदा पांच लाख रूपये दे दिये परन्तु ''टोंटा'' सन्तुष्ट नहीं हुआ। उसने दो लाख रूपये और मांगे। व्यापारी ने उससे कहा कि पहलवान बात तो पांच लाख रूपये की हुयी थी। इस पर ''टोंटा'' ने धमकी देते हुये कहा कि दो लाख रूपये कटे हुये सिर का अलग से है, नहीं दोगे तो तुम्हारा भी सिर अभी काट दूंगा। व्यापारी ने डर के मारे दो लाख रूपये और देकर उससे छुटकारा पाया। उसने

मन्टोला क्षेत्र में सरेशाम अपने विरोधी हाजी हारून की गोली मारकर हत्या कर दी थी और कई लोगों को गोली मारकर घायल किया था। उसने हारून की लाश रेलवे लाइन की दूसरी तरफ डालकर हत्या का आरोप जाटव समाज के लोगों पर डालने का प्रयास किया, जिससे हिन्दू-मुस्लिम दंगा हो जाये परन्तु लोगों को पहले से जानकारी होने के कारण वह अपने मकसद में सफल नहीं हो पाया। आगरा और फिरोजाबाद के माफिया सरगना अशोक दीक्षित के लिये भी उसने कई हत्यायें की और उसका मुख्य गुर्गा बन गया। उस क्षेत्र के लोगों ने भी किराये पर अपने विरोधियों के कत्ल उससे करवाये।

मुझसे पहले कई अधिकारियों ने उसको घेरने की कोशिश की परन्तु सफल नहीं हो पाये। टोंटा को पकड़ने के लिये वहां के एस0एस0पी0, ए0के0 जैन (आई0पी0एस0-1979) ने दस तेज-तर्रार दरोगा और कान्सटेबिल के साथ दस-दस मोटरसाइकिल, पिस्टल, स्टेनगन व वायरलैस सेट के साथ एक स्क्वॉयड बनाया था, जिसका काम इस अपराधी को कानून के शिकंजे तक पहुंचाना था परन्तु शातिर गुलाम नबी लगातार बचता रहा।

मैंने ''टोंटा'' के सफाये के लिये अपने तेज-तर्रार इन्सपेक्टर बृजेन्द्र सिंह त्यागी को लगाया। अप्रैल, 1996 में उनकी नियुक्ति थाना मन्टोला में की गयी थी और उसी दिन उन्हें गुलाम नबी की सूचना मिल गयी। मन्टोला मुसलमानों का मोहल्ला है और बहुत घनी आबादी है। वहां ''टोंटा'' को घेरना बड़ा मुश्किल था क्योंकि वह सकरी गलियों से निकल जाता था और जबरदस्ती घरों में पनाह ले लेता था। किसी की हिम्मत नही थी कि कोई उसका विरोध कर सके। ''टोंटा'' एक घर में अपने साथी मोहल्ला कंस गेट, लोहामण्डी निवासी श्याम सिन्धी के साथ शराब पी रहा था। बृजेन्द्र सिंह त्यागी ने दरोगा एस0के0 शर्मा, दरोगा फरमूद अली पुंडीर, सिपाही एनुद्दीन व थाने के अन्य जवानों को लेकर घर के चारों तरफ, आस-पास के मकानों की छतों से उसे घेर लिया। घर के अन्दर घुसते ही ''टोंटा'' ने अपनी थर्टी बोर चाइनीज स्टार पिस्टल से

धुआंधार फायरिंग शुरू कर दी। श्याम सिन्धी भी .38 बोर रिवाल्वर से गोली चलाने लगा। बृजेन्द्र सिंह त्यागी की टीम ने स्टेनगन, पिस्टल से गोली चलायी और दुर्दान्त गुलाम नबी उर्फ ''टोंटा'' तथा उसके साथी श्याम सिन्धी को मार गिराया।

''टोंटा'' के मारे जाने से न केवल आगरा बल्कि आस-पास के जिलों में हर्ष की लहर फैल गयी और लोगों को उसके आतंक से मुक्ति मिली। मैं उस दिन जनपद एटा के दौरे पर था और त्यागी ने मुझे वायरलेस से ''टोंटा'' के मारे जाने की सूचना दी और मैं अपना दौरा बीच में ही छोड़कर आगरा आकर तुरन्त घटनास्थल पर गया। मैंने इन्सपेक्टर त्यागी, उनकी टीम को शाबाशी दी और अपने अलावा डी0जी0पी0 उत्तर प्रदेश से भी पुरस्कत करवाया। आगरा के निवासियों ने हमारी टीम का नागरिक अभिनन्दन भी किया था।